JN422211

제2판

# 프랜차이즈 경영론

김의근 · 선동규 · 현경호 · 우문호
추승우 · 배금련 · 박선주 · 이철우 공저

Franchise Business Management

法 文 社

# 제 2 판 머리말

1985년, 미국에서 대학원 재학 시절 수업 시간에 프랜차이즈라는 생소한 단어를 처음으로 들었는데 저것 한번 공부하고 싶다는 생각이 불연 듯 들었다. 그 후 박사학위 논문도 프랜차이즈를 주제로 하였고 논문도 몇 편 발표하였는데 왠지 남에게 프랜차이즈를 전공했다는 말을 하기가 쑥스러웠다. 프랜차이즈의 부분 부분은 알고 있는데 전체를 보는 것에 모자람이 많았기 때문이었다. 이를 메울 방법이 없나를 생각한 끝에 개론서 형태의 책을 써 보자는 생각을 하게 되었고 마침 1년간의 해외 출장 기회가 생겨 집필할 시간적 여유를 갖게 되었다.

본 책은 총 6장으로 구성되었다.

1장은 총론으로 프랜차이즈에 대한 전반적인 이해를 하기 위한 내용이 주를 이루고 있다.

2장은 프랜차이즈 개발에 관한 것으로 실제적으로 프랜차이저가 프랜차이징을 하는데 도움이 되기 위하여 실무적인 내용을 중심으로 서술하였다.

3장은 프랜차이저(가맹본부) 경영에 관한 것으로 가맹본부의 역할, 성공요인, 프랜차이즈 패키지, 수익원 등에 대해 서술하였다.

4장은 프랜차이지(가맹점사업자) 경영에 관한 것으로 성공적인 프랜차이지가 되기 위하여 해야 할 것과 과정에 대해 서술하였다.

5장은 프랜차이저와 프랜차이지 양자 간의 관계에 관한 것으로 서로 상생하기 위해 서로간의 소통 문제와 갈등관리에 대해 서술하였다.

6장은 프랜차이즈 관련법에 관한 내용으로 프랜차이즈는 새로운 형태의 상행위로 이에 대해 양자 간의 많은 오해와 분쟁이 있었다. 프랜차이즈 사업을 안정화시키기 위한 법률적인 여러 행위가 정부에 의해 이루어지고 있다. 이에 대한 이해를 돕고자 해설을 하였다.

졸저가 도입기의 국내 프랜차이즈 사업 발전에 기여했으면 하는 마음과 관심을 갖고 공부하는 분들에게 도움이 되었으면 하는 마음이 간절하다.

이 책이 나오기까지 옆에서 원고 정리와 컴퓨터 작업을 도와주었던 아내에게 고맙다는 말을 대면을 하고는 말하지 못 할 것 같다. 정말로 고맙다는 말을 글로나마 남기고 싶다. 6장 프랜차이즈 관련법 분야에 있어 고려대학교 법학전문대학원 최영홍 교수님의 감수가 없었다면 많은 오류가 있었을 것이다.

책을 개정하여 내용이 더욱 튼실하여졌다. 개정작업을 하는데 같이 힘을 더해 주었던 동료와 제자들이 있었기 때문이다. 선동규 교수, 이철우 박사, 배금련 박사, 우문호 박사, 현경호 박사, 추승우 박사 그리고 박선주 박사를 생각하면 힘이 나고 한편으로는 빚진 마음이 든다.

끝으로 어려운 여건 속에서도 출간을 허락해 준 법문사 사장님과 관계자 여러분에게도 감사를 드린다.

2017년 2월

대표저자 김 의 근

contents

# 차 례

## chapter 1 총 론

chapter 2

# 프랜차이즈 개발

chapter 3

# 프랜차이저 경영

chapter 4

# 프랜차이지 경영

## chapter 5 프랜차이즈 관계와 갈등관리

chapter 6

# 프랜차이즈 관련법

## 부 록

chapter

# 1 총 론

FRANCHISE

franchise

# 01 총 론

프랜차이즈의 기본철학은 프랜차이저와 프랜차이지 상생이다. 상생하기 위해서는 기본에 대한 이해가 절대적으로 필요하다.

## 1 프랜차이즈에 대한 이해

### 1) 프랜차이즈 탄생의 배경

마케팅 믹스 중 하나인 유통(channel)은 마케팅 성공의 큰 요인이다. 유통은 생산자와 소비자를 이어주는 통로인데 최근 들어 이 통로의 중요성은 더욱 부각되고 있다. 근래 들어 유통업자의 힘은 소비자에게 생산자의 힘보다 더 강하게 작용하고 있다. 최근에는 유통업자가 자체 브랜드(private brand: PB)를 만들어 생산자를 유통업자의 하청기업으로 만드는 경우도 많이 생겼다. 생산자 입장에서 유통기관인 도소매업자를 생산자의 힘으로 통제하기가 용이하지 않게 되었다는 의미이다. 도소매업자들은 자신들의 이해에 의하여 특정상품을 선택하여 구매하고 판매하기 때문이다. 소비자 입장에서는 현실적으로 생산자로부터 직접 구매하는 것은 불가능하기 때문에 중개기관인 유통기관에 대해 생산자와 소비자 모두는 의존이 생겨질 수밖에 없다. 몇 몇 생산자들은 자체적으로 유통기관인 대리점을 만들어 자신들이 생산한 제품만을 소비자에게 직접 판매하고 있지만 이는 큰 자본과 많은 인력이 필요하고 네트워크 형성까지 시간도 많이 소모되며 결과적으로 사업적 위험이 커지게 된다.

생산자 입장에서 이러한 문제를 타개할 수 있는 대안이 프랜차이즈 사업이 될 수 있다. 생산자가 프랜차이저가 되면 타인(프랜차이지)의 비용과 노력으로 프랜차이저의 상품을 판매할 수 있기 때문에 프랜차이저의 투자비용이 많지 않아도 되기 때문에 재무적 위험도 줄일 수 있고 프랜차이저 자체의 직원도 급격히 늘리지 않아도 된다. 또한 프랜차이지는 프랜차이저의 상품만을 판매하기 때문에 장기적 협력관계가 자연스럽게 형성되고 프랜차이저에 대한 충성심(loyalty)이 클 수밖에 없다. 프랜차이지 입장에서는 사업에 대한 경험이나 지식이 없음에도 불구하고 안정적으로 가맹점포를 운영할 수 있고 자신의 사업체이기 때문에 최선의 노력을 다 한다. 프랜차이저와 프랜차이지 모두가 윈윈할 수 있는 장점을 가진 프랜차이즈 방식 자체의 효율성 때문에 프랜차이즈 방식은 미래에도 지속적으로 성장·발전할 것으로 예측되고 있다. 우리나라의 현실과는 차이가 있지만 미국의 경우, 새로운 사업을 독자적으로 시작할 때의 성공률은 20%이고, 기존의 사업을 인수하여 시작할 때의 성공률은 70%이며, 프랜차이즈 방식으로 사업을 할 때의 성공률은 90%이다.

## 2) 프랜차이즈(franchise)의 개념, 유형, 정의 및 용어

### (1) 개 념

언제부터인가 프랜차이즈라는 외래어가 우리 일상에서 정확한 의미도 모른 채 편하게 사용되어지고 있다. franchise는 현재와 같은 뜻은 아니지만 오래 전부터 있던 단어였다. 단어의 기원과 의미는 다양하게 주장되어지고 있다. 그 내용을 종합해보면 프랜차이즈는 세금징수권, 특권, 권리, 연고권, 면책 등의 의미가 있나. 연고권의 의미 중에는 프로 스포츠구단의 지역연고권도 의미하고 있다. 가령 국내 야구 프로구

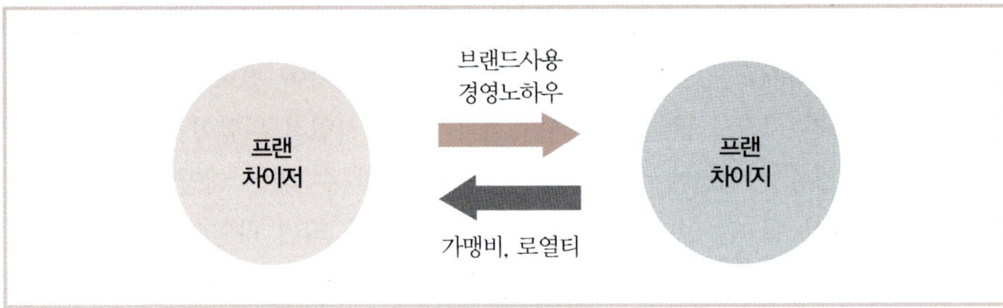


단 중 기아자동차는 광주지역을 연고로 하고 있는데 이를 광주 프랜차이즈라고 하고 있고 미국 야구의 DODGERS(다저스)팀은 LA를 연고로 하고 있는데 이 연고권을 프랜차이즈라 한다. 현재의 프랜차이즈 의미에는 위의 내용들이 부분적으로 담겨있다. 프랜차이저가 프랜차이지에게 특정지역을 연고로 사업을 할 수 있는 독점적 특권을 주는 대신 프랜차이저는 프랜차이지로부터 로열티를 징수하는 것이 프랜차이즈 시스템이기 때문이다. 프랜차이저는 프랜차이지에게 경영노하우 전수, 브랜드 사용권리 등을 제공하고 프랜차이지는 프랜차이저에 로열티 등의 금전적 대가를 지불하며 서로 간에 지속적으로 협력하는 관계이다.

### (2) 유 형

프랜차이즈 시스템은 점차로 발전하여 프랜차이즈 초기의 의미와 형태는 현재의 프랜차이즈 시스템과는 많은 차이가 있다. 초기의 프랜차이즈는 새로운 유통방식의 출현으로 현재의 상품 및 상표형 프랜차이즈(product and brand format franchise)에 해당된다. 그 후에 진화된 프랜차이즈는 새로운 경영시스템이라고 할 수 있는 사업형 프랜차이즈(business format franchise)이다. 상품 및 상표형 프랜차이즈방식은 프랜차이저가 프랜차이지에게 프랜차이저가 한정한 상품아이템을 특정장소에서 계약기간동안 분배하게 하는 독점권한을 부여한 것이다. 이에 속하는 대표적인 업종은 자동차판매, 정유판매, 의류판매, 편의점, 가전제품 판매 등의 소매유통업이 이에 속한다. 사업형 프랜차이즈 방식은 프랜차이저의 시장 검증된 사업컨셉과 훌륭한 경영능력을 가맹점 사업자에게 이식시켜서 사업을 하게 하는 방식이라고 할 수 있다. 이 방식은 프랜차이저가 프랜차이지에게 상품을 단순히 공급한다는 수준보다는 상품 공급을 포함한 가맹점 경영방법을 전수하는 보다 포괄적인 의미이다. 가령 대표적인 사업형 프랜차이즈 방식으로 운영되는 외식업의 경우 프랜차이저가 프랜차이지에게 식자재 공급만을 하는 것이 아니라 입지선정, 개업 공사과정, 교육 · 훈련, 마케팅, 직원관리, 세무 등에 대해 폭넓게 경영 노하우를 전수하고 있다. 업종에 따라서는 아예 원자재나 완제품 공급 없이 브랜드사용, 네트워(network)활동, 교육 · 훈련, 경영노하우 전수만 하는 분야도 있고 이에 속하는 것은 부동산중개업, 세무사, 병원, 휘트니스 센터 등이 있다. 사업형 프랜차이즈 방식의 대표업종은 외식업, 호텔업, 교육관련업, 청소업 등의 서비스업이 이에 속한다.

그러나 최근 들어 이 두 가지 형태의 프랜차이즈를 구분하기가 어려워졌다. 상품 및 상표형 프랜차이즈방식도 점차로 사업형 프랜차이즈 방식의 모습으로 진화해가고 있기 때문이다. 상품 및 상표형 프랜차이즈도 점차 경쟁이 심해지고 소비자의 수준이 높아짐에 따라 프랜차이저가 프랜차이지에게 상품 공급만 하는 것이 아니라 경영 노하우도 전수하고 교육 · 훈련도 시켜주기 때문이다. 상품 및 상표형 프랜차이즈에서는 눈에 보이는 유형적인 상품(tangible product)이 주가 되고 사업형 프랜차이즈에서는 형체가 없는 무형적 상품(intangible product)이 주가 되기 때문에 앞으로의 프랜차이즈 유형 분류는 무형재형 프랜차이즈와 유형재형 프랜차이즈로 구분해야 할 것이다.

### (3) 정 의

위에서 언급된 두 가지 형태의 프랜차이즈가 서로 다른 개념을 가졌음에도 불구하고 지금까지 학자들이나 관련기관에 의해 내려진 정의는 이를 구분하지 않고 한 가지로 프랜차이즈 정의를 내렸다.

Vaughn은 프랜자이스에 대한 정의를 "프랜차이지가 개인 또는 상대적으로 작은 기업(프랜차이지)에게 특정장소에서 일정기간 동안 약정된 방법 하에 분배하는 독점권한을 부여하는 것"이라고 하였다. Hewitt은 프랜차이즈는 생산자가 상인에게 특정장소에서 특별한 방법으로 상품판매를 촉진하며 효과적인 광고를 하고 그 대가로 생산자 자신의 상품 또는 서비스를 판매할 권한을 상인에게 부여하는 것이라고 하였다.

한국 프랜차이즈 협회는 "프랜차이즈는 프랜차이저가 프랜차이즈를 구매한 사람에게 프랜차이즈회사의 이름, 상호, 영업방법 등을 제공하여 상품과 서비스를 시장에 판매하거나 기타 영업을 할 수 있는 권리를 부여하며, 영업에 관하여 일정한 통제·지원을 하고 이러한 포괄적 관계에 따라 일정한 대가를 수수하는 계속적 채권관계"라고 하였다.

위 2개의 정의를 분석하면 프랜차이즈를 유통이나 마케팅 수준에서 설명하고 있는 상품 및 상표형 프랜차이즈 방식의 정의에 해당된다고 할 수 있다.

Kotler는 "프랜차이저에 의해 고안된 마케팅 체제하에서 상품과 서비스를 제공하고 유통시키는 권한을 프랜차이지에게 부여하며 상호 등의 사용도 허가하는 것"이라고 하였다. Stern & El-Ansary는 "프랜차이저는 프랜차이지가 프랜차이저의 상품 혹은 서비스를 판매할 수 있도록 자신의 상표 등의 사용권을 부여하고 노하우를 알려주는 등의 포괄적인 기업운영방법을 허가하는 것"이라고 하였다. 이 정의는 '기업운영방법을 허가'하는 것으로 사업형프랜차이즈를 잘 설명하고 있으나 너무 피상적이고 프랜차이지의 의무에 대하여 서술되어 있지 않다. 현재까지 많은 학자들과 프랜차이즈 관련기관이 프랜차이즈를 정의할 때 포함되었던 사항을 정리하면 다음과 같다.

위의 사항들을 종합하면 "상품 및 상표형 프랜차이즈는 프랜차이저가 자신의 상표 또는 상호가 명시된 상품 또는 서비스를 프랜차이지가 특정장소에서 일정기간 동안 약정된 방법으로 배분할 수 있는 독점적 영업권한을 주고 그 대가로 일정한 수수료를 프랜차이지로부터 받는 사업형태"라고 정의할 수 있다.

"사업형 프랜차이즈는 프랜차이저는 자신의 검증된 사업컨셉과 경영능력을 프랜차이지에게 이식시켜 가맹점경영시스템을 만들어 주고 특정장소에서 일정기간 동안 영업할 독점권한도 주며 그 대가로 일정 수수료를 프랜차이저에게 지급하도록 하는 사업형태"라고 할 수 있다.

위 두 개념의 가장 큰 차이는 상품 및 상표형 프랜차이즈는 유형성이 강한 상품의 유통 관점에서 보는데 사업형 프랜차이즈에서는 프랜차이저가 자신의 상품을 유형적인 어떤 것으로 보기 보다는 사업컨셉, 브랜드, 경영시스템과 같은 무형성이 강한 것을 자신의 상품으로 보고 있다는 것이다.

**표 1 상품 및 사표형 프랜차이즈와 사업형 프랜차이즈의 공통점 및 차이점**

| | 상품 및 상표형 프랜차이즈 | 사업형 프랜차이즈 |
|---|---|---|
| 개별특성 | 유통 | 사업컨셉, 가맹점 경영시스템 |
| 공통특성 | 프랜차이지에 대한 브랜드 사용허가, 일정한 계약기간 동안 특정 지역에 대한 프랜차이지의 독점적 영업권한 부여, 프랜차이저에 대한 가맹점의 일정한 수수료 지급, 약정된 방법의 운영 | |

### (4) 용 어

**① 프랜차이즈(franchise)**

프랜차이저가 프랜차이지에게 특정 지역에서 일정 기간 동안 프랜차이저가 고안한 사업을 할 수 있는 권한을 부여하는 것을 말한다. 우리나라 법률적인 용어로는 가맹권이라고 한다.

**② 프랜차이즈 시스템(franchise system)**

프랜차이즈를 하기 위하여 프랜차이저가 만들어 놓은 내부적인 사업체계.

**③ 프랜차이저(franchiser)**

우리나라의 법률적 용어로는 가맹본부에 해당되며 가맹계약에 의해 프랜차이지에게 프랜차이즈 사업을 할 수 있는 권한을 부여하는 사업자.

본 책에서는 1~5장까지는 프랜차이저라는 용어로 사용되고 6장에서는 가맹본부라는 용어로 사용.

**④ 프랜차이지(franchisee)**

우리나라의 법률적 용어로는 가맹점사업자에 해당되며 가맹계약에 의해 프랜차이저로부터 가맹권리를 부여받아 자신의 자원(자본, 인력 등)으로 프랜차이즈 점포를 직접 운영할 수 있는 권리를 가진 사업자.

본 책에서는 1~5장까지는 프랜차이지라는 용어로 사용되고 6장에서는 가맹점사업자라는 용어로 사용.

⑤ 체인(chain) 점포

직영방식의 점포, 프랜차이즈방식의 점포, 자율적 체인방식의 점포 등의 다양한 방식으로 점포를 확대하는데 이 여러 방법을 다 포괄하여 확대된 산하 점포를 체인 점포라 한다.

⑥ 프랜차이징(franchising)

프랜차이저가 프랜차이즈 방식으로 체인사업을 하는 것을 뜻한다.

⑦ 가입비(initial fee, 또는 franchise fee)

가맹비 또는 가맹금이라고도 하며 프랜차이즈 계약 시 일시에 내는 거래특유자산의 성격을 띠고 있으며 점포 오픈에 따른 많은 지원, 브랜드 사용, 상권보장 등에 대한 대가이며 반환이 되지 않는다. 우리 나라의 법률적 용어로는 가맹금이라고 한다.

⑧ 로열티(royalty)

프랜차이지가 프랜차이저로부터 프랜차이즈 권한을 유지하며 지속적 지원을 받기 위하여 매출액의 일정 비율 또는 일정액을 일정 기간마다 프랜차이지가 프랜차이저에게 납부하는 소모성 비용이다.

⑨ 마스터 프랜차이저(master franchiser)

프랜차이저가 프랜차이즈 방식으로 타국에 진출시, 피진출국의 파트너가 그 지역의 프랜차이저가 되는데 이를 마스터 프랜차이저라 하며 마스터 프랜차이저는 해당국에서 프랜차이저를 대신하여 모든 권한을 행사한다. subfranchiser라고도 한다.

⑩ 채널(channel)

유통을 의미하며 생산자와 소비자를 연결하는 역할을 하는 과정과 그 조직을 뜻한다.

## 3) 유통경로에서의 프랜차이즈와 유사개념체인

### (1) 유통경로의 개념과 유형

유통경로는 크게 전통적 마케팅 경로와 수직적 마케팅 경로로 나뉘고 그 아래 다음과 같이 세부적으로 나뉜다.

① 전통적 마케팅 경로

말 뜻 그대로 오랫동안 자연스럽게 만들어져 내려온 마케팅경로 방식으로 가장 일반적인 유통 방식이다. 유통경로의 각 기관이 독립적으로 소유되고 관리되며 각 유통기관은 자신들의 단기적 성과에 관심이 크고 다른 경로구성원에 대한 리더십 행사가 쉽지 않은 형태이며 비효율적인 측면이 많다.

② 수직적 마케팅 경로

전통적 마케팅 경로의 대안으로 생겨난 것으로 효율성을 위해 마케팅 경로 상에 리더십이 생긴 것이다. 다양하게 세분화된 형태로 발전하며 빠른 성장을 하고 있다. 다음과 같이 3가지 유형으로 다시 나뉘어진다.

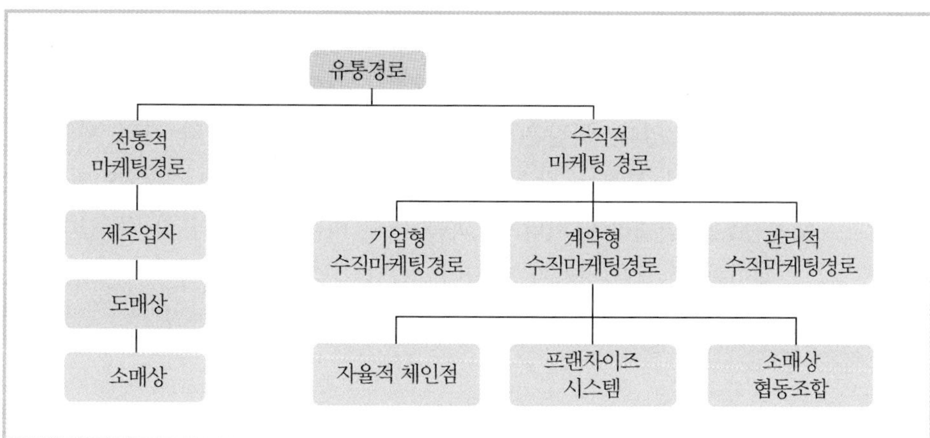


(가) 기업형 수직 마케팅경로

기업형 수직마케팅경로는 한 경로구성원이 다른 한 경로구성원을 소유하여 관리하는 형태이다. 의류기업인 이랜드가 의류를 판매하기 위하여 직접 투자하여 이랜드숍을 명동에 개점하여 운영한다면 이것은 기업형 수직마케팅경로의 예에 해당된다. 생산자가 유통업체를 소유하는 것을 전방통합(forward integration)이라 하고 유통업체가 생산 공장을 소유하는 것을 후방통합(backward integration)이라고 한다.

(나) 관리형 수직 마케팅경로

관리형 수직마케팅경로는 경로 상의 유통기관 소유가 서로 다르기 때문에 기본적으로 전통적 마케팅경로라고 할 수 있다. 그러나 전문성을 지닌 유통리더가 유통시스템형성과 관리를 주도하여 경로의 효율성을 살리는 형태이다.

경로구성원은 경로상의 효율을 위하여 서로 간 원칙을 정하고 긴밀하게 협조하지만 강제성이 없어 와해의 가능성이 있다.

(다) 계약형 수직 마케팅경로

계약에 의하여 경로구성원 각 각의 역할이 주어지는 것으로 자율적 연쇄점, 프랜차이즈 시스템, 소매상 협동조합이 있다.

### (2) 비슷한 유형의 다른 유통기관

① 체인(chain)

체인이란 의미는 자전거 체인을 연상하면 이해하기 쉽다. 자전거의 체인을 구성하는 똑같은 모양의 고리가 서로 연결되어 동력을 전달하는 역할을 하고 있다. 똑같은 모양의 고리 하나 하나가 각 각의 체인점포가 되고 체인 본부는 같은 컨셉 아래 서로 연결되어 경영되어지는 각 체인점포를 연결하여 시너지효과를 내게 하는 중심체라 할 수 있다.

체인화하는데는 4가지 방식이 있는데 분류기준은 투자자본의 주체, 매장 직원의 소속, 체인본부의 지원과 통제의 정도이다.

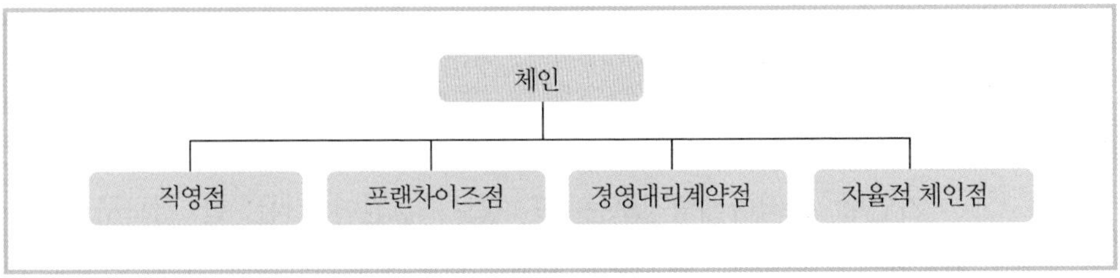


② 직영점(owner operated outlet)

직영점은 체인본부가 직접 투자하여 직접 운영하는 점포로 기업형 수직적 마케팅경로에 해당된다. 체인 본부의 경영방침이 가장 잘 스며들어 운영되는 형태이나 본부의 자원(자금, 인력 등)이 제한되어 체인 전개 속도가 느릴 수 있고 본부의 파견 직원이 업무에 수동적일 경우 영업성과가 가맹점보다 나쁠 수 있다. 체인본부는 직영점을 보유하여 높은 순이익을 낼 수 있고 운영데이터를 얻어 경영 자료로 활용할 수도 있고 체인본부 직원 및 프랜차이지의 교육장소로도 사용되어 질 수 있다. 미국 맥도날드는 전 점포의 25%를 직영점으로 운영하는 것을 원칙으로 하고 있다.

직영점을 레귤라(regular)체인점이라고도 한다. 국내의 서구형 패밀리 레스토랑인 아웃백, TGIF, 베니건스 등과 패스트 푸드점인 버거킹, KFC 등도 이에 속하고 이마트(E Mart) 등과 같은 대형마트도 국내에서 직영 점포만으로 경영하고 있다.

여기서 프랜차이저(가맹본부)라고 하지 않고 체인본부라고 하는 것은 프랜차이저는 가맹점만 있을 경우에 해당되는데 반해 체인본부는 직영점, 가맹점, 경영대리계약점 모두가 소속되었을 때도 논리적으로 모순이 없는 용어이기 때문이다. 프랜차이저는 프랜차이지에 대응되는 개념의 용어일 뿐이다. 가령 놀부보쌈의 경우, 직영점과 가맹점 모두를 산하에 두고 있는데 직영점 입장에서 본부에 대해 프랜차이저라고 칭하면 직영점 자신이 가맹점에 해당되는 논리적 모순이 있어 직영점과 대응해서 본부를 칭할 때는 체인본부라고 써야 한다. 허나 프랜차이지가 본부를 칭할 때 프랜차이저라고 표현하는 것은 정확한 표현이고 체인본부라고 해도 맞는 표현이기 때문이다.

③ 경영대리계약점(management contract outlet)

금전적 투자 능력이 있는 자가 투자만 하고 운영은 체인본부에서 하는 형태이며 이익은 서로 나눈다. 소유와 경영이 분리되는 형태이다. 이 방식은 주로 호텔산업에서 많이 일어나고 국내의 힐튼호텔, 인터콘티넨탈호텔, 하이얏호텔, 웨스틴호텔 등의 대형 특급호텔 대다수가 이 방식에 의해 운영되어지고 있다. 위탁경영이라고도 불리운다.

④ 자율적 체인점(Voluntary Chain Outlet)

프랜차이즈 방식의 강점은 언급하지 않아도 될 정도로 많으나 또한 문제점도 있어 대안으로 생긴 것이 자발적 체인점이다. 유통경로의 분류에서 보면 계약형 수직마케팅경로의 도매상 지원의 자율적 체인점이나 소매상협동조합에 해당될 것이다.

프랜차이즈 방식에서 프랜차이지에 대한 프랜차이저의 통제 강도가 높고 가맹금과 로열티 등과 같은 추가적인 재정 부담도 상당하다. 그뿐 아니라 좋은 프랜차이저는 가입조건도 꽤 까다롭다. 가맹희망자의 경력과 재정 상태에 대한 심사도 심도있게 한다. 컨버젼(conversion) 가맹희망자(같은 사업을 하는 사업장을 현재 독립적으로 운영하고 있으며 이를 가맹점으로 전환하려는 사람)의 경우 현재의 대상 사업장이 프랜차이저가 기준으로 삼고 있는 시설규모와 시설수준에 해당되는가 등의 진입장벽(entry barrier)도 있고 계약기간 중 이행해야 할 사항도 많을 뿐더러 계약기간 이전에 탈퇴 시 상당한 액수의 벌칙금(penalty)부과 등과 같은 많은 제약이 따르는 퇴출장벽(exit barrier)도 프랜차이지가 되는 것을 주저하게 하는 이유가 된다.

이러한 것을 회피하여 생긴 것이 자율적 체인점이다. 경로구성원 중 또는 제3자가 개입하여 본부를 만드는 경우도 있고, 경로구성원 모두가 본부의 지분을 갖는 형태도 있어 이런 경우 경로구성원 모두가 본부의 의사결정에 참여할 수 있다.

자율적 체인점은 가입과 탈퇴가 비교적 용이하며 로열티도 적다. 공동구매로 원가도 낮출 수 있고 같은 브랜드를 사용함으로써 브랜드 인지도도 높일 수 있다. 대형 자율형체인은 마케팅 활동도 활발하다. 자율적 호텔 체인은 중앙공동예약시스템(central reservation system)까지 갖추고 있다. 그러나 자율적 체인도 많은 문제점을 가지고 있다. 위에서 언급된 직영점, 프랜차이즈점, 경영대리점은 체인본부와 수직성이 강해 컨셉의 동일성이 서로 강하고 관리가 잘 되어 소비자에게 제공되는 상품과 서비스의 품질 관리가 잘 되는 편인데 반하여 자율적 체인형 체인본부와 체인점포 간은 수평성이 강해서 통제력이 약하고 체인 안의 점포 간 동질성이 약하며 제공되는 상품과 서비스의 질도 일정하지 않아

소비자를 혼란스럽게 할 수 있어 결과적으로 강한 브랜드 파워 구축이 어렵다. 미국에는 리퍼럴 시스템(referral system)이라 불리는 자율적 체인과 비슷한 것이 있는데 이는 자율적 체인보다는 수직적이고 결합도도 높다. 미국의 유명한 호텔 체인인 베스트 웨스턴(Best Western)이 리퍼럴 시스템의 대표적 예이고 미국에서는 호텔산업에서 이 방식이 많이 쓰여지고 있으며 우리나라에서는 연쇄화체인점, 연쇄화점 등의 이름으로 불리어지기도 한다.

체인본부가 체인화사업을 하며 위의 시스템 중 한 유형만 선택하여 하는 경우도 있지만 대개는 여러 유형을 동시에 다 쓰고 있다. 즉 한 체인본부 안에 직영점, 프랜차이즈점, 경영대리점 방식이 혼재되어 있다는 의미이다. 다만 위의 3개 방식으로 체인 전개를 하는 체인본부는 통제가 어려운 자율적 체인점 방식의 체인점은 두지 않음으로써 브랜드 파워를 지키고 있다.

**손하나 까딱 않고 돈버는 창업 시스템 인기**

공동투자 · 위탁경영 창업이 인기를 끌고 있다. 창업자는 자금만 투자하고 매장 운영은 프랜차이즈 본사가 담당하는 방식이다. 본사가 전문적으로 운영해 수익금을 지급하기 때문에 안정적인 수익을 기대할 수 있다는 것이 가장 큰 장점이다.

위탁경영은 가맹점주가 창업자금의 일부 또는 전액을 투자하고 본사가 운영을 맡아 수익을 나누는 형태다. 공동투자형 매장은 50여평 이상의 대형 매장을 5~6명의 사람들이 창업 자금을 모아 공동투자를 운영하는 것을 말한다.

점포에 직접 가지 않아도 매출과 매장상황을 확인할 수 있어, 직장인 재테크 창업으로 제격이다. 매출은 인터넷으로 점포의 웹 POS를 통해 확인할 수 있고 매장상황은 실시간으로 동영상 카메라를 통해 볼 수 있다.

먼저, 세계맥주전문점 '와바'(http://www.wabar.co.kr/)는 2003년부터 공동투자 창업을 도입했다. 한명만 투자하는 것이 아니라 여러 명이 공동으로 투자하는 형태다. 투자자들은 지분에 따라 수익 배당을 받는다. 특히 본사도 일정한 금액을 투자해 책임성을 높였다는 점에 주목할 만하다.

기술과 자금이 합쳐져 시너지 효과를 볼 수 있는 것이 특징이며, 체험창업의 한 장으로 활용하여 창업 실패 확률을 줄일 수 있다는 점도 공동창업의 성공 요인이다.

창업 시 가장 큰 부담으로 다가오는 자금문제를 해결하는 좋은 방법일 뿐만 아니라 투자에 대한 위험 역시 줄일 수 있어 투잡을 원하는 직장인부터 자영업자, 청년층까지 관심을 보이고 있다.

또 위탁경영을 실시하고 있는 프랜차이즈 업체는 대표적으로 콩나물국밥 전문점 '완산골명가'(www.wansangol.com)가 있다. 완산골명가는 회사의 경쟁력, 운영 노하우, 물류시스템, 직원들의 전문성 등을 바탕으로 '위탁직영점' 제도를 실시하고 있다.

창업자금의 일부 또는 전액을 가맹점주가 투자하고 약정한 기간 동안 본사가 운영을 맡아서 수익을 나눈다. 초보창업자는 물론 직장인의 부업과 투잡족에게 인기가 높다.

이같은 공동투자 · 위탁경영 창업 시스템은 소자본 창업시장의 경쟁이 치열해지면서 안정적인 창업을 원하는 예비창업자들에게 많은 인기를 얻고 있다. 또한 새로운 재테크 수단으로까지 관심을 끌고 있는 실정이다.

출처 : 머니투데이(2010.12.23)

## 4) 프랜차이즈의 적용 산업 분야

프랜차이즈의 적용산업분야는 의외로 넓다. 현재 유통되는 상품과 서비스 거의 모두가 프랜차이즈의 대상이고 서비스산업분야에서도 급속하게 팽창되고 있다. 캐나다에서는 은행도 프랜차이즈 방식으로 지점을 두고 있을 정도이다. 다만 많은 투자를 요하는 업종이나 운영이 복잡하고 어려운 업종은 프랜차이즈 방식 적용이 어렵다. 가맹희망자 대부분이 개인으로 소자본투자를 원하고 특별한 경험이나 지식이 없는 개인이 복잡하고 어려운 업종을 운영하기가 어렵기 때문이다. 다만 호텔업은 많은 투자가 필요하고 운영도 복잡하지만 미국에서는 대부분 프랜차이즈 방식으로 운영되고 있다. 호텔상품 자체가 무형성이 커서 고객의 브랜드 의존도가 매우 높기 때문에 브랜드화 되어 있는 호텔이 경쟁력이 있기 때문이다. 미국 내 객실 수의 65%는 프랜차이즈화 되어 있다. 다음의 프랜차이즈 적용산업분야는 프랜차이즈사업이 가장 발전한 미국과 우리나라의 업종을 대상으로 조사한 것이다.

| | |
|---|---|
| 서비스업 | 청소업(사무실청소, 가정청소, 간판청소 등), 이·미용업, 사진관, 부동산중개업, 인력중개업(기술직, 유모 등), 세탁업, 휘트니스센터, 파티&이벤트 기획, 인터넷 PC방, 교육(학습지, 학원 등), 영화관, 세무 관련업, 우편, 호텔 등 |
| 외식업 | 피자, 햄버거, 치킨, 도넛, 커피, 김밥, 국수, 도시락, 라면 떡볶이, 만두, 족발, 보쌈, 아이스크림, 우동, 갈비 및 냉면 중식, 일식, 칼국수, 꼬치, 닭갈비, 삼겹살, 회, 주점(맥주포함), 제과, 요거트 등 |
| 소매업 | 편의점, 유아용품, 액세서리, 안경, 반찬, 팬시, 반찬, 와인판매, 자동차, 가전제품, 의류, 주유업, 가구점, 꽃가게, 선물가게, 서점 등 |

## 5) 프랜차이저와 프랜차이지가 됨에 따라 얻는 것과 잃는 것

### (1) 프랜차이저가 됨에 따라 얻는 것

① 제한된 자원으로 빠른 사업 확대

프랜차이즈 사업은 프랜차이지 인력과 자본으로 가맹점포를 만드는 것이다. 프랜차이저는 자본, 인력 등의 자기 자원이 한정되어 있어 직영점만으로는 빠른 점포 확대가 어려운데 프랜차이지의 자원을 활용하여 사업을 빠르게 성장시킬 수 있다.

② 재무위험 회피

프랜차이즈 사업은 사업규모에 비해 프랜차이저의 자본금이 적다. 따라서 그 만큼 재무적 위험도 줄일 수 있다.

③ 노사문제 회피

가맹점 직원의 고용주는 프랜차이지이기 때문에 가맹점의 노사문제는 프랜차이저와 직접적으로는 상관이 없다.

### (2) 프랜차이저가 됨에 따라 잃는 것

① 품질관리의 어려움으로 인한 상표 손상

프랜차이즈 시스템에서 프랜차이저가 프랜차이지를 완전히 통제하기는 어렵다. 프랜차이지의 경영능력부족, 기술부족 또는 원가절감 등의 이유로 상품의 품질관리를 못 하여 상품 질을 낮추는 결과를 가져올 수 있고 이로 인하여 프랜차이저의 소중한 무형 자산인 브랜드의 가치가 훼손당할 수 있다.

② 느린 의사 결정

프랜차이저는 중요 의사결정 시 많은 프랜차이지의 상황과 의견을 반영해야 하는 경우가 있는데 프랜차이지 각자가 다른 상황과 의견을 가질 수 있으므로 여러 의견을 집약할 때까지 시간이 소요되는데 빠른 의사 결정을 요하는 현대 사회에서는 경쟁에서 뒤질 수 있다.

③ 법적 분쟁

프랜차이저와 프랜차이지 각 각은 독립사업자이다. 이들은 서로에 대한 기대가 어긋나고 불신이 생기면 소송까지 갈 수 있고 이는 프랜차이저의 신인도에 손상을 주는 것이다.

### (3) 프랜차이지가 됨에 따라 얻는 것

① 검증된 사업컨셉 이용

프랜차이저는 프랜차이즈 사업을 시작하기 전에 자신의 사업 컨셉을 시장에서 폭 넓고 깊이 있게 검증받아야 한다. 프랜차이지는 검증된 사업 컨셉을 활용하여 안정되게 사업을 시작할 수 있다.

② 브랜드 사용

상표는 판매자의 상품 또는 서비스를 표시하고 경쟁자의 그것들과 구별하기 위하여 사용되는 이름, 용어, 표시, 상징, 도형 또는 이것들의 집합체로 상표의 출처 표시기능, 품질보호기능 그리고 광고기능을 가진다. 현대 사회에서 브랜드의 가치는 점점 상승하고 있는데 프랜차이지가 알려진 브랜드를 활용할 수 있는 것은 프랜차이즈 시스템의 큰 장점이다.

③ 교육 · 훈련

프랜차이저는 프랜차이지와 그 직원을 위한 다양한 교육프로그램을 가지고 있다. 프랜차이저는 가맹점에 대해 직접 통제권이 없으므로 교육훈련을 통해 프랜차이저의 경영이념부터 품질관리까지 전수하여 상품

표준화를 이룰 수 있고 경험이나 지식이 없는 프랜차이지는 교육훈련을 통해 경영노하우를 쌓아 어려움 없이 사업을 시작할 수 있는 능력을 갖게 된다. 맥도날도는 햄버거대학을 산하 교육기관으로 두고 프랜차이지와 직원들을 교육시키고 있다.

④ 공동광고

프랜차이즈 사업에서는 프랜차이지 개인이 할 수 없는 정도의 대규모 광고를 프랜차이저와 프랜차이지가 공동으로 한다. 전체 가맹점으로부터 매출의 일정 비율 또는 일정액을 광고비로 프랜차이저가 받아 이를 가지고 효과적으로 광고 활동을 한다.

⑤ 대량구매에 의한 원가절감

프랜차이저는 품질의 표준화를 위하여 일정한 설비 원자재 또는 완제품의 구매를 프랜차이지에게 요구하고 있다. 많은 프랜차이지가 구매함에 따라 대량구매가 발생하여 구매가격의 인하를 가져온다.

⑥ 입지 선정

프랜차이즈 사업의 업종 대부분은 점포입지가 매우 중요하다. 프랜차이저는 오랜 경험으로 컨셉에 적합한 입지 선별력을 가지고 있고 입지 계약에도 조언을 해 줄 수 있다.

⑦ 점포개업서비스

경험이 없는 프랜차이지는 개업을 하는 과정에 대해 전혀 지식이 없다. 필요한 설비와 시설은 무엇인지, 기간은 얼마나 걸리는지, 비용은 얼마나 들지 등에 대해 프랜차이저는 도움을 줄 수 있다. 프랜차이저가 보통 가맹점의 점포공사(hardware)와 시스템 구축(software)을 주관한다.

⑧ 지속적 운영 지원

프랜차이저는 가맹점 개업 후에도 지속적으로 프랜차이지와 관계를 갖고 다양한 영업지원을 한다. 품질관리, 마케팅, 세무 등에 대해 폭넓게 컨설팅을 해준다.

⑨ 용이한 자금조달

국내에서는 프랜차이지라 할지라도 금융기관에서 대출에 특혜를 주지 않으나 미국의 경우 유명 프랜차이즈의 프랜차이지가 되면 그 자체가 신용도를 높여 자금조달이 쉬워진다. 유명 프랜차이즈는 그 만큼 도산율이 낮기 때문이다.

#### (4) 프랜차이지가 됨에 따라 잃는 것

① 독자적 경영권 제한

프랜차이지가 되면 프랜차이저의 경영정책에 따라서 경영활동을 해야 한다. 프랜차이지의 판단대로 운영할 수 있는 부분도 있지만 제한된다. 가령 외식업에서 메뉴에 추가할 새로운 음식이 있어도 사전에 반드시 프랜차이저의 허가가 있어야 한다.

② 추가비용 발생

프랜차이지가 됨에 따라 프랜차이저에 가맹금, 로열티 등을 지불해야 한다.

## 2 프랜차이즈 발전사

### 1) 해　　외

#### (1) 태동기의 프랜차이즈(1940년대 이전)

프랜차이즈의 기원에 대해서는 여러 가지 설이 분분하다. 중세의 와인업자(winery)들 사이에서 최초로 시작되었다는 설도 있지만 확실한 문헌적 근거를 찾지는 못하였다.

16C부터 Franchise라는 단어가 쓰여 지기는 했지만 오늘날의 의미로 쓰인 것은 아니었다. 오늘날과 비슷한 의미로 쓰여 지기 시작한 것은 19C 초 영국에서 이다. 그 당시 영국의 숙박 및 음식점주(tavern and pub owner)들은 재정난을 겪기 시작하였고 그들은 맥주회사(brewing company)에 재정적 노움을 요청하였다. 맥주회사들은 재정지원의 대가로 자기 회사만의 맥주 판매를 숙박 및 음식점주들에게 요구하였다. 강

제적으로 구속한 것은 아니었지만 독점적 판매로 이행해 가는 한 과정이라고 볼 수 있다.

근대산업 많은 부분의 발전이 미국에서 이루어졌듯이 프랜차이즈 분야도 미국에서 크게 성장 발전이 시작되었다. 1850년 미국의 맥커믹 농기구회사(Mc Cormick Harvesting Machine Company)는 그들의 농기계제품을 팔 지역독점상(exclusive local agents)을 선정한 것이 최초라고 할 수 있다. 허나 이들 지역독점상들은 맥커믹회사의 제품만을 판 것이 아니기 때문에 순수한 의미의 프랜차이지 라고는 할 수 없다. 실제적인 의미의 최초 프랜차이징은 이삭 싱거(Issac Singer)에 의해 설립된 싱거재봉틀회사(Singer Sewing Machines)이다. 싱거사는 본격적인 성장에 앞 서 몇 가지 난관에 봉착하였다. 첫째는 마케팅적 문제이다. 당시로는 재봉틀은 첨단적인 혁신제품이었기 때문에 소비자가 사용방법을 모른다는 것이었다. 둘째는 재정적 문제로 공장을 짓고 많은 대리점을 개설할 자금이 없었다. 셋째는 직원을 채용하여 교육시킬 여력도 없었다. 싱거사는 이를 타개할 묘안으로 1851년 프랜차이징을 시작하였다. 프랜차이지를 뽑아서 그들의 자금으로 가맹점을 열게 하고 프랜차이지에게 재봉틀에 대한 교육을 시키고 그들에게 재봉틀을 팔게 하고 수리도 하게 하였다. 허나 프랜차이징의 성공을 통해서 경영적으로 안정을 찾은 싱거사는 1860년대 들어서며 가맹점을 직영점으로 전환하였다.

18C 중엽에 일어난 산업혁명(The Industrial Revolution)은 유통업계에도 큰 변화를 야기시켰다. 산업혁명으로 인하여 대량생산이 가능하게 되어 생산업자는 대형화되었고 독과점 현상이 일어나 그 수는 줄어들어 시장경쟁이 약화되어 공급업자(생산업자)의 통제 속으로 들어갔다. 많은 생산업자들은 유통업체의 유통 마진마저 챙기기 위하여 유통채널도 직영화하여 최대한의 이익 챙기기를 시도하였다. 산업재 시장에서는 직영유통방법이 상당한 실적을 올리는데 반해 소비재 시장에서는 그리 효과적이지 못 하였다. 소비자시장의 판매는 단순히 가격경쟁과 품질만으로 발생하는 것은 아니기 때문이었다. 점포의 입지, 상품구색, 직원의 친절한 설명과 응대 등의 여러 매출영향 변수가 있기 때문이다.

소비재 중 가장 성공을 이룬 분야가 자동차 판매업과 주유업 이었다. 이 두 분야의 성공은 다른 여러 산업의 프랜차이즈 방식 도입에 영향을 미쳤다. 약국(drug store), 의류, 화장품, 청량음료(Soda)산업에서도 이루어지기 시작하였다. 외식분야에서는 1925년 하워드 존슨(Howard Johnson)이 매사추세츠(Massachusettes)주에서 처음으로 3종류의 아이스크림을 판매하는 점포를 연 것이 성공하였다. 이 아이스크림 점포는 발전하여 식당(restaurant)으로 변모하였다.

1932년 이 하워드 존슨 식당은 2번째의 식당을 내게 되었는데 이 식당은 프랜차이즈 방식에 의하여 오픈하게 되었고 이는 외식업분야의 첫 프랜차이즈 식당으로 남게 되었다. 외식업에서 성공한 하워드 존슨은 1954년 호텔산업에도 진출하여 현재는 미국 환대산업의 강자 중의 하나로 남게 되었다.

한편 유럽에서는 세자르 리츠(Cezar Ritz)에 의해 리츠호텔이 파리(1898), 모나코(1906), 마드리드(1910)에 세워졌으나 프랜차이즈 방식이 기본적으로 갖추어야 할 표준화가 이루어지지 못하고 같은 이름의 브랜드(brand)만 사용되어 진정한 프랜차이즈방식이라 할 수 없다. 그러나 후에 Ritz development Company가 생겨 오늘날까지 전 세계 곳곳에 리츠칼튼(Ritz Carlton)호텔이 퍼지게 되었다.

이 시대의 프랜차이즈 개념은 단순한 유통채널의 역할이 강했고 법률적으로는 허점이 많았고 경영적인 측면에서도 정교하지 못 하였다.

### (2) 발전기의 프랜차이즈(1950년대~1970년대 후반)

미국은 2차 대전과 한국전쟁을 종결시키면서 많은 제대 군인들이 쏟아져 나와 실업 문제가 발생할 가능성이 생겼으나 1929년의 대공황(The Great Panic)을 경험한 미국정부는 고용창출과 경기활성화를 위하여 다양한 정책을 써서 극복하여 미국은 1950년대 들어서며 명실상부한 세계 최강국의 면모를 갖추게 되었다. 이러한 여건 속에서 별 다른 경험이 없는 많은 제대군인이 프랜차이지가 되어 50년대에 프랜차이즈 붐이 불게 되었다. 또 이 시대에는 다양한 업종에서 프랜차이즈 방식이 활용되기 시작하였다. 부동산중개, 호텔, 세탁소, 편의점 등의 분야까지 프랜차이즈 방식으로 사업 전개를 하기 시작하였다. 프랜차이즈 방식이 이렇게 발전할 수 있었던 것은 프랜차이즈 방식이 자본이 적고 아이디어가 많은 사람들이 할 수 있는 사업이라는 것으로 사람들에게 인식되어 많은 사람들이 프랜차이저가 되었고 프랜차이즈 방식 자체의 특성 중의 하나인 특별한 경험과 경력이 없는 사람도 프랜차이저의 알려진 상표(brand)와 교육으로 쉽게 사업을 할 수 있다는 큰 장점 때문이었다. 오늘날 알려진 많은 프랜차이즈 기업들이 이 시대에 탄생하였다. 맥도날드, KFC, 던킨도너츠, 버거킹 등이 대표적인 예이다. 1968년 프랜차이즈 방식에 의한 매출이 미국에서 1천억 불이 넘었고 이는 미국 GDP의 10%이상의 규모이며 소매 매출의 25%를 넘는 엄청난 규모이었다.[1)]

그러나 이러한 발전 뒤에는 많은 부작용도 있었다. 미국의 유통정책은 기본적으로 자유방임적이어서 시장에 맡긴다는 것이 원칙이었는데 이를 이용하여 일부 악덕 프랜차이저가 비윤리적으로 가맹사업을 하여 프랜차이저만 단기적인 이익을 보고 프랜차이지는 도산시키는 일이 많았다.

악덕 프랜차이저는 프랜차이지로부터 계약금과 로열티만 챙기고 프랜차이지에게 제대로 지원하지 않아 도산시키는 방식이었다. 이의 방지를 위하여 미 의회는 70년대 들어 여러 프랜차이즈 관련 법안을 제정하여 피해를 최소화 하려는 시도를 하였다.

FTC(Federal Trade Commission: 미국 연방거래위원회)가 만든 프랜차이즈거래 법안의 핵심 내용은 프랜차이저의 자격요건을 정하였고 예비 프랜차이지(가맹희망자)에게 프랜차이저에 대한 정보를 제공하는 것을 의무화하였다.

이 시기에 프랜차이즈는 법률적, 경영적으로 보다 정교해져서 발전의 기반을 마련하였고 단순한 상품 및 상표 형 프랜차이즈로부터 사업형 프랜차이즈로의 무게중심의 변화가 나타나 보이기 시작하였다.

### (3) 성숙기의 프랜차이즈(1980년대 이후)

프랜차이즈법안 등의 제정으로 프랜차이지를 보호할 수 있게 됨에

---

1) A Kostecka, u.s. Dept. of Commerce and Int'l Trade Association, Franchising in the Economy, 1963-1985(Washington, DC: us. Government Printing Office, 1985) pp. 28-31.

따라 프랜차이즈에 대한 일반적 인식이 개선되고 프랜차이즈 방식 자체의 장점으로 인하여 시간이 흐를수록 프랜차이즈는 더욱 성숙하고 진화하는 시기이었다. 이를 입증하는 것이 프랜차이즈 점포가 개인적으로 독립되게 운영되는 점포에 비해 높은 성공률을 보이는 것이었다.

독립개인사업자는 개업 1년 안에 약 50%가 도산하고 5년 안에 65%가 도산하는데 반해 프랜차이즈 점포는 1984년 3.3%정도의 도산율을 보이고 있었을 뿐이었다. 이러한 낮은 도산율은 제2의 프랜차이즈 도약기를 일으켰다. 또한 업종도 더 다양해져서 학원, 은행, 이발 및 미용, PC방, 청소대행업, 어린이 돌보기(baby sitting), 자동차수리, 휘트니스센터(fitness center) 등까지 거의 모든 서비스 업종에까지 프랜차이즈 방식이 확산되었다.

1990년대 들어서며 급격하게 발전한 IT(information technology: 정보기술)분야는 프랜차이즈분야의 경쟁력을 더욱 강화시켰다. 프랜차이저들은 독립업소에 비해 더 빠르게 더 발전된 정보기술을 경영에 접목시키게 됨에 따라 더욱 차별화되고 효율적인 경영기법을 활용할 수 있게 하였다. 또한 1990년 말과 2000년대 초반의 경기침체는 오히려 프랜차이즈 발전에 기여하는 결과를 가져 왔다. 많은 사람들이 개별적으로 독립되게 사업을 시작하기보다는 이미 시장에서 입증된 프랜차이즈 기업의 브랜드를 선택하는 경향이 높아졌다. 또 프랜차이즈 자체의 경쟁력을 인정받아 현업에 종사하는 독립업소가 업종을 그대로 유지하며 프랜차이지로 전환하는 사례가 많이 발생하였다. 이를 전환 프랜차이징(conversion franchising)이라 한다.

2007년 미국의 프랜차이즈 분야에서는 80여만 개의 업소(outlet), 1천여만명의 고용, 2,500억 달러의 급여, 6,500억 달러의 매출이 일어났다.

또 이 시기의 가장 큰 발전은 프랜차이징이 한 나라에 머물지 않고 국제적으로 확산되어가고 있다는 점이다. 기업이 외국시장에 진출하는 것은 어렵고 시간도 많이 걸리는 일이나 모든 기업이 성장을 위하여 글로벌화는 피할 수 없는 과정으로 여기고 있다. 국제 프랜차이징은 글로벌화를 위한 여러 가지 난제를 한꺼번에 해결할 수 있는 좋은 방법으로 떠오르고 있다. 현지국가의 마스터 프랜차이저(master franchisor)는 현지국의 언어는 물론이고 정치, 법률, 문화, 경제 등에 대해 정통하고 국제적인 진출에 따른 비용도 최소화할 수 있기 때문이다. 한마디로 프랜차이저의 해외 진출에 따른 위험을 최소화 할 수 있는 방법이다.

미래에는 모든 소매업종을 비롯하여 서비스업이 프랜차이징의 대상이 될 수 있을 것으로 예상된다. 소매업 프랜차이징의 경우도 단순하게 상품을 공급하는 것으로만 그치는 것이 아니고 경영방법까지도 프랜차이저가 프랜차이지에게 이식시키는 고도화된 형태인 사업형 프랜차이즈가 될 것이다.

### 2) 국내 프랜차이즈 발전사

미국에 비해 국내 프랜차이즈의 역사는 일천하다. 국내 프랜차이즈의 시작은 전자산업과 의류산업에서 시작되었다. 70년대 들어서며 국내산업이 빠르게 성장하며 그 당시 전자산업과 의류산업에서는 유통경로로 대리점이라는 것을 두었다. 그 당시에는 국내에 프랜차이즈라는 용어가 없어 대리점이라는 명칭으로 유통경로상의 중개상을 두었는데 이것이 실제적으로는 프랜차이즈 방식의 가맹점이었다. 대리점은 한 개인이나 법인이 특정회사의 상품만 한 지역에서 독점적으로 판매했다는 것은 프랜차이즈를 의미한다. 전자산업계의 삼성전자나 LG전자(당시는 금성) 및 의류업계도 지금은 없어졌지만 70~80년대에 유명했던 논노, 페페 등과 같은 브랜드도 프랜차이즈화 하였고 80년대 후반에는 이랜드가 다양한 의류 브랜드를 출시하며 프랜차이즈방식으로 대리점을 개설하며 대단한 실적과 함께 성장을 하며 신화를 만들었다. 프랜차이즈라는 단어가 80년대 후반과 90년대 초반에 외식업에 프랜차이즈 붐이 일면서 본격적으로 쓰이기 시작하였다. 당시의 외식업에서 일어난 프랜차이즈 붐은 아직 프랜차이즈라는 용어에 대한 이해노 부족한 가운네 쉽게 할 수 있는 사업으로 보고 많은 사람들이 프랜차이저가 되었고 신문에 프랜차이지 모집광고를 내어 프랜차이즈 사업을 시작하였다. 이렇게 많은 프랜차이저가 생겼지만 결과는 금방 나타났다. 많은 프랜차이저는 경영능력과 자금부족으로 도산하였고 프랜차이지 역시 같은 길을 걷게 되어 사회적으로 많은 문제를 야기시켰고 결과적으로 프랜차이즈 사업에 대해 부정적 견해를 갖는 사람이 많아졌다. 1997년 IMF체제 편입 이후 직장에서 퇴직한 많은 사람들이 창업을 하였고 이들 중 상당수가 프랜차이지가 되었는데 여전히 부실한 프랜차이저로 피해자들이 많이 생기게 되었다.

이에 정부는 가맹사업거래의 공정화에 관한 법률을 2002년 제정하여 부실 프랜차이저 퇴출을 시작하여 가맹희망자들을 보호하였으며 2007년에는 가맹사업 진흥에 관한 법률을 제정하여 프랜차이즈 사업의 발전 기틀을 만들었다.

## 3 국내 프랜차이즈 사업의 현황

국내 프랜차이즈 기업의 운영 체계와 노하우도 그리 넉넉히 쌓여 있지 않고 역사도 짧지만 프랜차이즈 사업 규모, 범위 및 발전 속도는 대단하고 국내 경제에 미치는 영향도 무시 못 하게 성장하였는데 반해 정부의 무관심으로 2002년 이후 프랜차이즈 관련 자료가 발표되기 시작하였다.

본고에서는 통계청 자료와 지식경제부와 상공회의소가 2008년 12월 기준으로 발표한 프랜차이즈업 정책연구 보고서의 내용을 바탕으로 아래의 내용을 분석하였다.

### 1) 국내 프랜차이즈 사업의 규모

(단위 : 조)

| 업종 | 2002년(추정) | 2005년(추정) | 2008(추정) | 2002년대비 2008년증감 |
|---|---|---|---|---|
| 외식업 | 11.18(26.8%) | 24.07(39.3%) | 40.17(52.0%) | 259.3% |
| 소매업 | 26.08(62.5%) | 34.13(55.7%) | 28.02(36.2%) | 7.4% |
| 서비스업 | 4.43(10.6%) | 3.11(5.0%) | 9.12(11.8%) | 106% |
| 계 | 41.69 | 61.31 | 77.31 | 85.4% |

(이 통계자료 분석에 있어 기준년도가 되는 2008년이 세계금융공황으로 인하여 경기가 급격히 위축되었던 해가 되어 적절한 분석이 될 수 없을 수도 있음을 미리 전제한다.)

국내 프랜차이즈 사업 분야의 총매출은 2002년 41.69조원에서 2008년 77.31조원으로 6년간 85.4%나 증가되었다. 2008년 GDP(국내총생산) 930조원 대비 프랜차이즈 총매출 77.31조원은 8.3% 규모의 비중을 차지하고 있으며 2008년 국내 도소매업 전체 매출은 662.4조원 대비 11.7%이다. 미국의 경우 프랜차이즈 방식에 의해 일어나는 총매출이 미국 도소매 전체 매출의 50%를 훨씬 상회하는 것을 볼 때, 우리나라는 앞으로 프랜차이즈사업의 발전 여지는 많다고 할 수 있다.

이 6년간 외식 프랜차이즈 분야는 비약적인 발전을 한데 비해 소매업은 거의 성장을 못 한 것으로 나타났다. 이 시기에 대형마트가 직영방식으로 빠르게 체인화 하여 소매업에서 프랜차이즈 방식의 성장이 상대적으로 침체된 것으로 판단된다.

### (1) 외식산업

| | 2002 | 2005 | 2008 | 2002년 대비<br>2008년 증감 |
|---|---|---|---|---|
| 프랜차이저수 | 559 | 1,194 | 1,523 | 172.5% |
| 가맹점수 | 50,873 | 141,992 | 131,193 | 157.9% |
| 총매출 | 11.18(조) | 24,07(조) | 40.17(조) | 259.3% |
| 총종사자수 | 233,899 | 391,160 | 560,456 | 139.6% |
| 프랜차이저당<br>평균가맹점수 | 91 | 119 | 86 | 5.5%↓ |
| 가맹점당<br>평균매출 | 262,763,000 | 169,517,000 | 306,190,000 | 16.5% |
| 가맹점당<br>평균종사자수 | 4.60 | 2.75 | 4.27 | 7.2%↓ |
| 종사자 1인당<br>평균매출 | 47,774,552 | 61,642,370 | 71,707,287 | 50% |

2002년부터 2008년까지 6년간 프랜차이저 숫자는 559개에서 1,523개로 172.5% 증가하였으나 프랜차이저 당 평균 가맹점포 수는 91개에서 86개로 줄었다. 이는 프랜차이저의 사업규모가 작아졌음을 의미한다. 가맹점 당 평균 매출은 이 6년간 16.5% 늘었지만 이는 6년간의 물가상

승률에 못 미치는 것으로 가맹점포의 실질적인 매출은 위축되었다고 판단된다. 이 기간 동안 외식산업 프랜차이즈 시장 매출규모는 무려 259.3%나 성장하였다.

### (2) 소매업

| | 2002 | 2005 | 2008 | 2002년 대비 2008년 증감 |
|---|---|---|---|---|
| 프랜차이저수 | 817 | 515 | 437 | 46.5% |
| 가맹점수 | 44,175 | 87,511 | 61,611 | 39.5% |
| 총매출 | 26.08(조) | 34.13(조) | 28.02(조) | 7.4% |
| 총종사자수 | 223,507 | 231,202 | 169,702 | 24.0%↓ |
| 프랜차이저당 평균가맹점수 | 54 | 170 | 141 | 161.0% |
| 가맹점당 평균매출 | 590,379,174 | 390,008,133 | 454,788,918 | 23.0%↓ |
| 가맹점당 평균종사자수 | 5.06 | 2.64 | 2.75 | 46.0%↓ |
| 종사자 1인당 평균매출 | 116,685,383 | 147,730,353 | 165,377,788 | 41.7% |

2002년부터 2008년까지 6년간 프랜차이저는 817개에서 437개로 46.5% 감소하였으나 프랜차이저 당 평균 가맹점포 수는 54개에서 141개로 증가했음을 보여 주고 있다. 이는 프랜차이저의 규모가 커졌음을 의미한다. 이 기간 동안 소매업 프랜차이즈 시장 전체 매출은 7.4% 성장하였으나 가맹점 당 평균 매출은 23%줄고 6년간의 물가상승률까지 감안하면 가맹점포의 실질적인 매출은 많이 위축된 것이다. 종사자 1인당 평균 매출이 3업종 중 가장 높은 것은 유통업이기 때문이다.

### (3) 서비스업

2002년부터 2008년까지 6년간 프랜차이저 244개에서 466개로 108% 증가하였고 총 매출은 106% 증가하여 꾸준한 성장을 하고 있음을 보이나 오히려 이 기간 동안 가맹점 당 매출은 21.5%나 감소하였다.

| | 2002 | 2005 | 2008 | 2002년 대비 2008년 증감 |
|---|---|---|---|---|
| 프랜차이저수 | 224 | 502 | 466 | 108% |
| 가맹점수 | 24,575 | 54,679 | 64,470 | 162% |
| 총매출 | 4.43(조) | 3.11(조) | 9.12(조) | 106% |
| 총종사자수 | 108,688 | 209,365 | 271,334 | 149.6% |
| 프랜차이저당 평균가맹점수 | 109.7 | 108.9 | 138.3 | 26% |
| 가맹점당 평균매출 | 180,264,496 | 56,877,412 | 141,461,145 | 21.5%↓ |
| 가맹점당 평균종사자수 | 4.4 | 3.8 | 4.2 | 4.5%↓ |
| 종사자 1인당 평균매출 | 40,758,869 | 14,854,441 | 33,611,711 | 17.5%↓ |

## 2) 국내 프랜차이즈 사업 문제점

### (1) 프랜차이저의 경영 능력 부족

프랜차이즈 사업을 주도하는 것은 실제적으로 프랜차이저이다. 허나 국내 가맹사업의 역사는 일천하여 프랜차이저는 경영 노하우를 가지고 있지 못 하고 전문 인력도 없다. 이로 인해 가맹점 창업과정부터 프랜차이지를 체계적으로 이끌지 못 하고 개업 이후 가맹점 관리도 제대로 못 하여 프랜차이지로부터 불신을 당하여 결국은 분쟁을 유발한다.

**표 2 평균사업지속기간**

| 설립년도 | 사업체 수 | 비율 |
|---|---|---|
| ~1990년 | 51 | 3.4% |
| 1991년~1995년 | 75 | 5% |
| 1996년~2000년 | 255 | 17% |
| 2001년~2005년 | 720 | 48% |
| 2006년~2008년 | 387 | 25.8% |

〈1,500개 업체를 대상으로 조사〉

프랜차이즈 기업 평균 사업 지속 기간은 6.7년이다.

### (2) 프랜차이저의 영세성

프랜차이저 당 직영점 수는 3.44개 이며 평균 매출액은 119.83억 원이다. 평균 자본금은 18.3억 원이다.

**표 3 | 프랜차이저 자본금 규모**

| 자본금 규모 | 사업체 수 | 비율 |
|---|---|---|
| 1억미만 | 339 | 22.6% |
| 1~10억 | 747 | 49.8% |
| 10~100억 | 186 | 12.4% |
| 100억 이상 | 57 | 3.8% |
| 무응답 | 171 | 11.4% |

(1,500 업체를 대상으로 조사)

평균 자본금으로 보면 적은 것은 아닌데 자세히 보면 1억 원 미만의 소기업이 전체의 22.6%를 차지하고 1~10억 원 사이가 49.8%에 있다. 몇 개 대기업이 수백억 대의 자본금이 있기에 평균 자본금이 올라갔고 대다수의 프랜차이저는 영세하다.

### (3) 정부의 프랜차이즈 지원 사업의 중복

청년 실업과 조기 퇴직 등의 사회, 경제적 문제가 최근 발생하자 정부는 그 돌파구를 창업으로 해결하고자 한다. 프랜차이즈는 적절한 대안이 될 수 있어 최근 정부에서는 많은 관심을 갖고 정책적으로 지원하려 한다. 그러나 프랜차이즈 사업에 대한 지원이 지식경제부, 중소기업청, 공정거래위원회 등의 여러 부서에서 이루어져 일원화되지 못 하여 체계적이지 못 하게 이루어져 중복되는 것도 있고 낭비도 많았다. 프랜차이즈 사업의 규모도 크고 미래 사업인 만큼 일원화시켜 체계적 지원과 통제가 이루어지는 것이 바람직하다.

### (4) 프랜차이즈 사업에 대한 일반인의 불신

국내 프랜차이즈 발아기부터 지금까지 프랜차이저는 제대로 된 노하우와 자본도 없이 프랜차이즈를 노다지로 생각하고 뛰어들어 결과적으로 많은 피해자를 만들어 피해당사자는 물론이고 일반인에게도 나쁜 인식을 주었다. 이제는 관련 법 체계도 갖추어 졌고 서서히 자리도 잡아가는 만큼 프랜차이즈협회 등이 중심이 되어 사회적 계몽이 필요할 때이다.

# chapter 2

# 프랜차이즈 개발

FRANCHISE

franchise

## 02 프랜차이즈 개발

성공적인 프랜차이즈 기업운영을 위해서는 사업 전에 세심하게 계획을 짜서 실행을 해야 한다. 주먹구구식 프랜차이즈 개발은 성공하기 어렵고 궁극적으로는 많은 프랜차이지들을 어렵게 하는 결과를 낳을 수 있기 때문이다.

프랜차이즈 개발과정은 기업 및 산업의 상황에 따라 조금씩 차이가 있을 수 있다. 산업의 특성이 다르고 사업의 출발점이 기업에 따라 다르기 때문이다. 기업이 현재 운영하는 사업을 프랜차이즈방식으로 확대하는 경우와 특정 아이디어를 가지고 새롭게 프랜차이즈 방식으로 사업하는 경우는 개발과정이 서로 차이가 난다. 기존의 사업을 프랜차이즈 방식으로 확대하는 경우는 이미 직영점이 개발되어 있고 운영도 되어 지고 있기 때문에 그와 관련된 여러 단계가 생략되어질 수 있기 때문이다.

**프랜차이즈 개발과정**

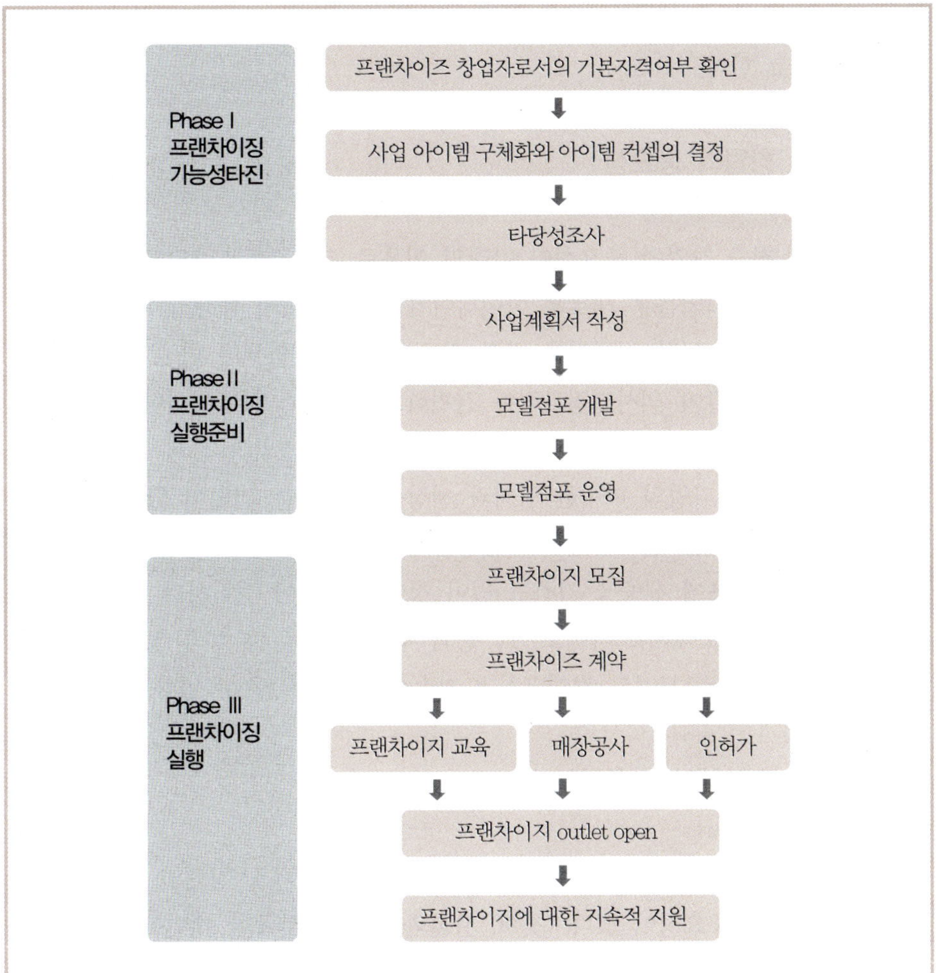


# 1 창업의 의의

## 1) 창업의 뜻

창업이란 새로이 사업을 하기 위하여 회사를 설립하는 것을 의미한다. 그 규모는 1인이 조그마한 가게를 개업하는 것부터 수 만 명이 근무하는 대규모 회사를 설립하는 것까지 다양하다 할 수 있다. 창업에는 창업자, 창업자금, 창업아이템(아이디어)이 필요하고 이를 창업의 3요소라고 한다.

### 2) 창업의 중요성

최근 창업의 중요성이 아래의 이유로 더욱 더 부각되고 있다. 첫째, 기존의 기업들은 새로운 아이디어가 조직 자체의 폐쇄성 또는 위험 회피성으로 인하여 새로운 기술 진보에 한계가 있는데 반해 벤처(venture) 기업과 같이 의사결정과정이 간편하고 빠른 기업은 아이디어를 신기술화 시키는 것이 쉽고 이를 바탕으로 새로운 영역과 틈새시장을 개척하여 기존 기업의 미비한 영역과 시장을 보완하는 역할이 있다. 둘째, 최근 기업들은 인력운영의 효율성문제, 높은 인건비, 노조문제 등으로 정규직 채용에 신중을 기하고 있어 청년 실업난이 심각하다. 이를 해소하기 위하여 환경, 바이오, IT 등과 같은 새로운 분야의 창업을 통하여 고용을 창출시키고 경제발전의 지속성을 유지시킬 수 있다.

### 3) 프랜차이즈 창업의 중요성

창업의 일반적인 중요성 이외에도 프랜차이즈 창업의 다음과 같은 이유로 중요성이 있다. 첫째, 자본과 인력이 부족한 개인이나 중소기업들도 프랜차이즈 방식의 활동으로 성장할 수 있는 기회를 얻을 수 있다. 이랜드는 조그마한 옷가게에서 출발하여 프랜차이즈 방식을 활용하여 이랜드 가맹점을 늘려 오늘날의 대기업이 되었다.

둘째, 새로운 유통방식의 도입으로 과거유통방식의 불합리한 부분을 개선시키는 역할을 하고 있다.

셋째, 성공한 프랜차이저의 경영노하우가 같은 산업의 다른 기업에도 알려져 산업 전체를 업그레이드(up-grade)시키는 역할을 한다.

넷째, 프랜차이저가 성장함에 따라 고용 창출을 일으키고 있다.

## 2 프랜차이즈 창업을 위한 3요소

프랜차이즈 창업도 기업 창업의 3요소와 기본적으로 같다. 창업은 창업자가 자본을 투입하여 사업 아이디어를 재화나 서비스로 생산하는 시스템을 만드는 과정이다. 창업자, 사업 아이디어, 자본을 창업의 3요소라고 한다.

### 1) 창업자

#### (1) 역할과 중요성

창업자는 사업의 주체이며 능동적인 조직 구성자로서 사업 아이디어와 사업 자본을 결합하여 사업성분석과 사업계획을 수립·실행을 주도하는 사람이다. 창업자는 기업설립에 필요한 유·무형의 자원을 동원하고 이를 적절히 결합하여 기업이 목표 하는 시스템을 만들고 관리하는 역할을 수행한다. 창업자의 능력이나 가치관 등은 창업기업의 성패와 효율에 지대한 영향을 미치게 되므로 창업에 있어 가장 중요한 요소이다.[1)]

#### (2) 갖추어야 할 자질

① 기업경영능력

기업의 비전을 세우고 이를 추진할 수 있는 능력을 갖추어야 한다. 이를 위해서는 경영환경 변화에 대한 예측을 할 수 있어야 하고 이를 전략적으로 해결할 수 있는 전략적 마인드가 필요하고 임직원을 이끌 수 있는 리더십이 필요하다. 특히 프랜차이지와 더불어 기업을 발전시킨다는 공동체적 기업가 정신이 필요하다. 또한 전반적인 경영학적 지식이 요구된다.

---

1) 홍금표외 1인, 프랜차이즈 경영론 p. 102, 글로벌, 2005.

② 인성

바른 원칙아래 폭 넓은 인간관계를 맺으며 사회적 책임의식도 갖추고 있으며 다른 이로부터 신뢰를 받을 수 있는 인격이 필요하다.

③ 건강

최근 들어 창업자나 최고경영자의 건강은 기업의 가치에 큰 영향을 미친다. 애플컴퓨터의 최고경영자 스티브 잡스의 건강에 관한 뉴스는 애플컴퓨터의 주가에 바로 반영시키는 것이 극명한 예이다. 최고경영자는 본인의 건강이 기업의 흥망에 영향을 끼친다는 사실을 잊지 말고 건강관리에 신경을 써야 한다.

## 2) 창업자금

역량 있는 사업가가 좋은 사업아이템을 가지고도 자금부족으로 기업을 도산시키는 일은 흔한 일이다. 프랜차이즈 사업은 자금이 필요하지 않다고 생각하는 사람이 많은데 그것은 잘못 알고 있는 일이다. 같은 사업을 하는데 직영방식으로 하는 것보다 적게 들 뿐이다. 프랜차이즈 창업자는 기획하는 단계의 소요비용, 상표·로고 제작 및 등록비용, 시범점포 개설에 따른 부동산 취득, 시설 및 설비 비용, 그리고 개업 후 최소한 1년 정도의 사무실 및 점포 운영비용 정도는 있어야 한다. 창업에 소요되는 자금 모두가 창업자 개인의 보유 자기자금일 수도 있지만 그렇지 못 할 경우 모자라는 자금을 어떤 방법으로 조달할 것인가를 사업 시작 전에 확실하게 매듭지어야 하고 사업 시행시기도 자금 투입시기와 함께 조절하여야 한다.

## 3) 사업아이템(business item)

### (1) 사업아이템의 뜻

사업아이디어가 구체화된 것이 사업아이템이다. 사업아이템이란 판매할 재화나 서비스이다. 사업아이템에서 사업의 구상이 시작되며 사업의 규모를 결정짓는 한 요인이 된다.

### (2) 사업아이템이 프랜차이즈 되기 위하여 갖추어야 할 조건

① 독창성

수요가 있다는 전제하에 사업아이템은 기존의 비슷한 다른 경쟁 아이템에 비하여 독창성이 있어야 한다. 또한 모방되기가 쉽지 않아야 하고 대체 상품도 없어야 성공 가능성이 높아진다.

② 3S

3S는 표준화(Standardization), 단순화(Simplification), 전문화(Specialization)이다. 프랜차이즈 사업은 반드시 3S가 갖추어져야 한다. 매뉴얼 제작도 3S를 위한 하나의 작업이다.

표준화는 체인 점포내 어디에서나 같은 원자재, 같은 제조공정을 거쳐 같은 상품이 출시되어야 한다는 것이다. 유형적인 상품뿐만이 아니라 무형상품도 똑 같은 과정을 거쳐 어디서나 동일한 표준화된 모습과 내용으로 나와야 한다.

단순화는 제조공정이 복잡하고 어려우면 표준화된 상품이 나오기가 어려우므로 제조공정을 누구나 쉽게 이해하고 작업할 수 있도록 해야 한다는 것이다.

전문화는 다른 경쟁상품이 따라오기 어려운 노하우가 기업조직, 제조공정 또는 상품 등에 있어 경쟁력을 갖추어야 한다는 것이다.

### (3) 사업아이템 선정 시 고려 사항

① 사업아이템에 대한 이해 정도와 적합도

창업자가 이 사업아이템에 대해 이전의 경험이나 지식이 어느 정도인가는 기본적인 사항이다. 그리고 나와 적성 및 여러 상황이 적합한지도 확인해 보아야 한다.

② 사업아이템의 특성

원자재가 필요한 아이넴이라넌 원자재 취득의 용이성을 보아야 하고 원자재의 가격 변동성도 확인해 보아야 한다. 원자재 가격의 등락폭이 크면 사업의 확장에 문제가 될 수 있고 아이템의 계절성이 너무 강하면 이에 따라 매출의 등락이 커져서 안정적인 사업유지가 힘들다. 또한 완성품의 생산에 많은 인력이 필요하면 인력획득도 어려워질 것이고 결과적으로 원가 상승요인이 된다.

③ 아이템의 사업수명주기(Business Life Cycle)

아이템이 BLC상 어디에 있는 것인가를 파악해야 한다. 이미 성수기에 와 있는 아이템이라면 안정성은 있을지 몰라도 성장성은 낮을 것이다. 또한 사업수명주기가 짧은 사업인 경우는 도입기에 있다 할지라도 금방 수명이 다하기 때문에 수명주기도 고려해야 한다. 너무 가격이 싸거나 자극적인 사업이나 상품은 통상 수명주기가 짧다.

④ 사업아이템의 수월성

구상중인 사업아이템이 경쟁업체의 그것과 비교하여 어떤 장점이 있어 시장침투가 가능한가에 대해 생각해 볼 필요가 있다. 수월성은 원가, 품질, 브랜드 등의 측면에서 분석할 수 있다.

⑤ 사업 아이템의 공익성과 법적규제

아이템이 공익성이 없으면 지속가능한 사업으로 발전시키기 어렵다. 또한 사업의 개념이 법의 테두리 안에서 이루어져야 장기적으로 지속가능하다. 가령 사업의 컨셉이 길가의 포장마차라고 할 때에 이것이 1~2개 정도 할 때는 별 문제가 없을지 모르지만 수백 개 규모의 체인 형태가 된다면 사회적으로도 큰 문제를 일으킬 수 있다. 이 포장마차가 법적인 하자 없이 실행되려면 사전에 영업허가, 세금납부, 도로교통법 등에 대해 세밀한 검토를 하여 사업시행 여부를 판단해야 한다. 또한 사행성 게임 사업의 경우도 시장성과 수익성 모두를 갖추었지만 공익성이 없어 이들 사업체의 시장진입과 성공을 막기 위하여 정부는 다양하고 강력하게 법적으로 규제하고 있다.

또 일반적인 사업을 하려할 때도 가맹사업거래공정화에 관한 법률과 그 시행령, 불공정거래행위의 기준지정고시, 프랜차이즈 윤리강령 등을 검토하여 본 사업이 이 법령 및 강령의 토대 위에서 가능한가를 판단해야 한다. 또한 가맹계약서도 현행법의 테두리 안에서 작성되어야 한다. 이러한 것들이 제대로 안되어 있을 시 가맹사업 개시 후 고발이나 법적 분쟁이 야기되는 것은 자명한 일이고 이는 궁극적으로 프랜차이즈 사업 성공에 장애가 되는 것이다.

### 4) 프랜차이즈 창업원천 유형

프랜차이즈를 시작한 계기는 다양하다. 계기가 무엇이냐에 따라 프랜차이즈 사업 성공확률도 다르다.

#### (1) 성공적인 점포에서 출발

프랜차이즈를 염두에 두지 않고 점포를 열었는데 점포의 컨셉이 성공적으로 시장에 안착하고 운영도 제대로 하여 주변에 알려져 자의 반 타의 반으로 제2, 3의 점포를 열며 체인화해가는 것으로 매우 자연스럽고 다른 유형의 프랜차이즈 창업에 비해 성공 확률이 높다.

#### (2) 기획에 의해 출발

첫 점포를 열 때부터 프랜차이즈를 염두에 두고 치밀하게 준비해서 점포를 개업하는 형태로 비교적 성공 확률이 높다.

#### (3) 공급업자에서 출발

프랜차이저와 관련을 맺어 가맹점에 납품을 하는 공급업자가 직접 가맹사업을 시작하여 가맹점을 개설하는 형태로 프랜차이즈 사업을 쉽게 생각하고 시작하여 결과적으로 실패로 끝나는 경우가 많다.

#### (4) 프랜차이지에서 출발

프랜차이지로서 가맹점포를 운영하다가 직접 가맹사업을 시작하여 프랜차이저가 되는 경우이다. 보통 프랜차이지가 속했던 프랜차이저가 부실화되어서 스스로 프랜차이저가 되거나 프랜차이저와 극심한 갈등으로 스스로 프랜차이저가 되는 경우가 대부분으로 실패의 확률이 높다.

### (5) 공사업자에서 출발

식당 인테리어 공사를 하기 시작하여 식당의 성공요인이 인테리어에 있다고 판단하여 인테리어와 브랜드 네임을 가지고 가맹사업을 시작한 경우로 이 역시 외식산업에 대한 근본적 이해 부족으로 대부분 실패하였다.

## 3 컨셉(concept)

### 1) 컨셉의 의미

창업의 3요소가 확인되면 사업아이템을 구체화해야 한다. 사업아이템을 구체화시킨 것이 컨셉이다. 사업아이템은 아이템 자체 만을 의미하지만 컨셉은 좀 더 포괄적이고 구체적인 것이다. 컨셉이란 생산자가 자신의 상품을 다른 상품과 구별된 혜택과 이미지를 만들어 고객에게 차별화된 인식을 주기 위하여 상품 외적인 여러 요소를 상품에 스며들게 하여 만들어 낸 이미지가 담긴 포괄적 상품이다.

컨셉은 유형상품(tangible product)뿐만 아니라 무형상품(intangible product)에서도 적용된다. 특히 의류 상품에서 컨셉이란 단어가 많이 사용되어지고 있다.

### 2) 컨셉의 구성요소와 유기성

컨셉을 이루는 세부 구성요소가 있고 그 구성요소는 사업아이템에 따라 차이가 있을 수 있지만 대략 다음과 같다. 아이템(item), 구색(variety), 표적시장(target market), 가격대(price zone), 매장의 분위기(outlet atmosphere) 접객서비스수준(level of customer service), 매장입지(outlet location) 매장규모(outlet size), 영업시간(operating hour), 판매방법(sales method), 이용상황(situation) 등이 있다. 이 구성요소들은 유기성이 있는데 유기성이란 구성요소 간에 서로 연관성이 있다는 의미이다. 가령 외식산업에서 식당이 목표시장을 여대생으로 삼았다면 여대생이 좋아하는 메뉴를 정하고 그들이 기꺼이 지불할 수 있는 가격대를 정해야 하며 그들이 많이 통행하는 지역에 식당이 입지해야 하며 그들이 좋아하는 식당 분위기를 만들어야 한다는 의미이다.

### 프랜차이징을 쉽게 할 수 있는 사업 컨셉

**① 창업비용이 적게 들어야 한다.**

호텔 등과 같이 창업에 비용이 많이 드는 예도 있지만 대부분의 프랜치이지 희망자들은 많은 자본이 없다. 따라서 창업비용이 너무 많이 드는 프랜차이징은 성공하기 힘들다. 그러나 창업비용이 매우 적게 드는 프랜차이즈 컨셉은 프랜차이지의 사업열정과 몰입도가 낮고 최종고객에게도 호소력이 떨어져 실패할 가능성이 높다.

**② 운영이 쉬워야 한다**

프랜차이저의 지원이 많아 프랜차이지가 너무 과중한 업무에 시달리지 않는 시스템이어야 한다. 주문 및 배송시스템이 잘 갖추어져 있고 장부업무도 단순하며 판촉과 광고도 본사의 지원으로 프랜차이지의 업무가 단순하고 용이하여야 한다.

**③ 최소한의 직원을 고용하여야 한다.**

많은 직원(시간제 직원 포함)을 필요로 하는 컨셉은 인건비 비중도 높아지며 구인난을 포함한 인사관리의 어려움이 실제 현장에서는 많이 일어나서 적은 인원으로 운영 가능해야 한다.

**④ 경기 및 계절의 영향이 적어야 한다.**

경기에 예민하거나 계절별로 매출 차이가 크면 운영의 어려움이 생긴다.

**⑤ 입지를 쉽게 찾을 수 있어야 한다.**

컨셉에 맞는 입지성격이나 입지규모가 찾기 쉬워야 한다. 통행량이 많은 곳을 필요로 하는 입지는 찾기도 어렵고 찾는다 해도 권리금과 월세가 매우 높아 운영을 어렵게 할 수도 있다.

## 4 타당성조사(Feasibility Study)

### 1) 타당성 조사의 의의

우리는 어떤 특정사업에 투자하기 앞서 과연 이 사업이 성공할 것인가에 대해 많은 의문을 갖게 된다. 사업의 결과를 미리 알고 싶은 것이 투자자의 마음이기 때문이다. 타당성조사는 특정사업을 시작하기 이전에 사업의 시장성, 기술성, 수익 및 경제성 등을 평가하여 사업의 성공여부를 미리 판단해 볼 수 있는 체계적인 보고서이다. 투자자나 운영자는 그 사업에 대한 감(感)이나 위협 요소를 미리 인지하여 실제 사업 실행 시 창업기간도 단축할 수 있고 시행착오도 최소화시킬 수 있어 결과적으로 창업비용도 줄이고 시행자의 경영능력도 향상 시킬 수 있어 궁극적으로는 사업의 성공 가능성을 더 높이는 역할도 한다.

이외에도 외부투자유치 용도로도 활용되어질 수 있다. 타당성 조사는 사업자가 직접 하는 경우도 있지만 좀 더 객관적인 결과를 얻기 위하여 외부전문용역기관에 의뢰하여 전문적이고 체계적인 결과를 얻는 것이 일반적이다. 많은 사람들이 사업계획서와 타당성조사에 대해 혼동하고 있다. 타당성조사는 사업을 시작하기 이전에 사업의 시작여부를 결정하려고 만드는 보고서이고 사업계획서는 사업을 하기로 결정한 후 작성하는 것으로 타당성조사의 내용을 대부분 포함하고 있으며 인력계획, 조직도, 교육·훈련, 마케팅 계획, 구매, 설비, 사업일정 등이 추가로 포함되어 있는 좀 더 구체적이고 포괄적이며 종합적인 것이다.

### 2) 타당성조사의 체계와 목차

타당성 조사의 내용은 목적이나 산업에 따라 다를 수 있다. 가령 하이테크 산업의 경우는 기술성 분석이 추가될 수 있고 외부투자용인 경우는 수익성분석에 좀 더 치중할 수도 있다. 또 프랜차이즈 타당성조사의 경우는 법적인 측면에서 문제가 없는 가도 세밀히 확인해 보기도 한다. 보통 프랜차이즈 타당성 조사의 목차는 요약, 사업의 개요, 시장성분석, 기술성분석, 수익 및 재무분석 그리고 결론으로 구성된다.

### 3) 타당성 조사의 내용

#### (1) 요 약

타당성조사 전체 내용을 2~3쪽 정도로 축약하여 타당성조사의 제일 앞부분에 첨부한 것으로 이는 타당성조사의 모든 내용을 꼼꼼히 볼 수 없는 최고경영자를 위한 것으로 활용되어지기도 한다.

#### (2) 사업의 개요

하고자 하는 사업의 내용을 1~2쪽 정도의 분량으로 나타낸 것으로 사업의 주체, 사업의 목적과 내용이 담겨진 것이다. 즉 처음 보는 이가 사업의 개요를 통해 이 사업이 어떠한 것인가를 이해하게 하는 것으로 5W1H의 원칙아래 간단명료하게 기술한다.

#### (3) 시장성분석

시장성분석의 기본은 수요량과 질, 공급량과 질, 그리고 그 관계를 파악하는 것이다. 이를 정확하게 이해하고 파악하기 위해서는 산업특성, 소비의 특성, 유통경로, 경쟁상황 등에 대해 분석해야 한다. 이는 사업시행 결정 후 마케팅에도 절대적으로 필요한 기초 자료가 된다.

**① 산업구조분석**

산업구조분석이란 시장의 규모와 성장성, 경쟁관계, 산업의 특성, 제품의 차별화 정도, 공급업자의 협상력과 구매자의 협상력을 파악하여 산업의 매력도를 평가하는 것이다. 이를 통해 산업특성, 시장규모, 경쟁상태를 파악할 수 있다.

(가) 시장의 규모와 성장성

현재의 시장규모와 미래의 성장성은 산업의 매력도에 큰 중요 변수

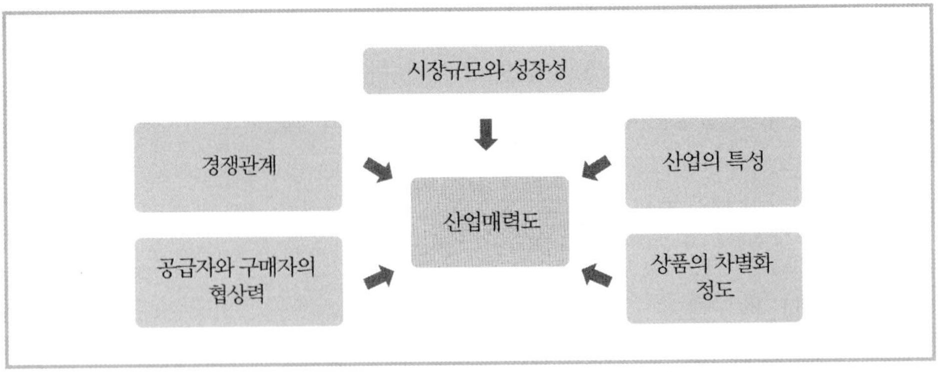


이다. 미래시장규모 추정은 과거 3년 정도 및 현재의 시장규모를 바탕으로 경쟁관계, 대체품출현, 고객의 선호도 변화 등의 변수를 두어 측정하는데 매우 난이도가 높은 작업이다.

(나) 경쟁관계

첫째는 기존업체간의 경쟁을 확인하고 둘째는 미래에 진입할 계획을 가지고 있는 기업을 확인하고 동시에 어느 정도 규모의 투자를 하는가도 알아야 한다. 셋째는 대체품 출현 가능성이다. 공중전화는 무선전화(핸드폰)의 출현으로 거의 고사상태에 이르렀고 해운대 해수욕장의 모텔들과 민박집은 찜질방의 출현으로 성수기에 막대한 타격을 입었다. 경쟁자들의 현재의 매출, 이익, 점유율 등과 전략 등에 대해서도 분석이 필요하다.

(다) 산업의 특성

진입장벽이나 퇴출장벽의 높낮이를 확인해야 한다. 많은 자본이나 높은 기술력을 필요로 하는 분야나 허가요건이 까다로운 분야는 진입장벽이 높다고 할 수 있다. 또한 기존 시설의 변경이나 매각이 쉬운 분야는 퇴출장벽이 낮다고 할 수 있다. 진입장벽이 낮을수록 경쟁강도가 심해지고 퇴출장벽이 낮을수록 경쟁강도는 약해질 수 있다.

(라) 제품의 차별화 정도

다양한 시장세분화가 가능하고 제품의 차별화가 가능하다면 경쟁을 분산할 수 있다.

(마) 공급업자와 구매자의 협상력

원자재나 설비를 공급하는 업자의 수에 의하여 협상력이 결정된다. 공급업자의 수가 많으면 그만큼 좋은 조건에서 협상이 가능하지만 공급업자의 수가 적으면 그만큼 협상조건이 나빠질 수 있다. 구매자 역시 매우 한정되어 있으면 구매자의 조건에 맞추어 줄 수밖에 없기 때문에 협상력이 약해질 수밖에 없고 그 반대인 경우는 공급업자가 주도권을 쥐고 협상을 할 수 있다.

**② 소비자 특성**

마케팅의 시작은 소비자의 욕구에서 시작하기에 소비자에 대한 이해를 게을리 할 수는 없다. 소비자는 상품에 따라 다른 시각을 가지고 있고 욕구도 다양하기 때문에 구매의사 결정에 영향을 미치는 요인을 이해해야 한다.

(가) 수요의 성격

본원적 수요인가 파생적 수요인가를 확인해야 한다. 가령 호텔 숙박은 여행이나 컨벤션 참가로 인한 수요이기 때문에 본원적 수요인 여행이나 컨벤션 수요에 의해 파생수요인 호텔 숙박은 결정된다. 즉 파생적 수요는 본원적 수요의 영향을 크게 받는다.

(나) 구매의사 결정과정

구매의사결정과정은 상품의 성격에 따라 달라진다. 편의품은 구매의사결정이 단순하다고 할 수 있는데 반해 조직구매행동은 복잡하고 시간도 많이 걸릴 수 있다. 취급하는 상품이 어떤 성격을 띄고 있느냐를 파악하고 이에 따른 마케팅전략이 필요하다.

(다) 구매과정에서의 참여자

상품에 따라 구매과정 참여자의 수가 다르지만 많은 경우 사용자, 의사결정자, 승인자, 구매자, 정보통제자 등이 있다. 어떤 경우는 위의 참여자가 동일한 한 사람일 수도 있지만 다른 경우는 위의 참여자가 모두 다를 수도 있다. 이들은 서로 의견 조율을 하며 의사결정을 내리는 것이 보통이지만 특별한 경우 결정적인 의사결정을 하는 영향력 있는 한 사람이 있을 수 있다.

(라) 구매과정의 영향요인

가격, 품질, 시간, 규모, 브랜드 명성, 구매자와의 인간관계 등의 영향요인이 있다. 기업이나 상품의 성격에 따라 가격경쟁력을 내세워 가격중심으로 의사결정을 내리는 경우도 있고 시간이 급한 경우는 빠른 공급이 가능한 곳이 경쟁력이 있을 수 있고, 일정량이상의 공급능력이 있는 곳을 중시할 수도 있다. 매우 중요한 것의 하나가 구매자와 판매자 사이의 그동안의 신의와 신뢰가 매우 중요하여 구매에 결정적 역할을 하는 경우가 많다.

③ 유통구조

유통은 상품이 생산자로부터 고객에게 흘러가는 과정이다. 생산공장으로부터 고객에게까지 상품이 전달되는 과정의 구조는 비슷한 것 같지만 상품마다 특징이 있어 다를 수 있다. 이 유통과정과 특성을 파악하여 시장진입의 장벽을 이해해야 한다.

### (4) 생산 및 기술분석

프랜차이즈기업의 판매 상품이 무엇이냐에 따라 생산 및 기술분석의 내용은 달라질 수 있다. 판매 상품이 재화이냐 또는 서비스이냐에 따라 달라질 수 있고 같은 재화 중에서도 기술력이 중요한 상품도 있고 생산성의 우위가 중요한 상품도 있다.

판매상품이 재화인 경우는 기존상품에 대한 비교 우위적 기술적 특성, 생산입지 및 능력, 기술 및 기능인력 확보가능성, 시설계획, 원자재 조달계획, 시설계획에 따른 소요자금 추정 등에 대해 분석이 필요하다. 판매상품이 서비스인 경우는 상품의 차별적 우위, 가맹점관리의 우위 등에 대한 분석이 될 수 있다.

### (5) 수익 및 재무분석

수익 및 재무분석은 기획중인 사업이 수익성과 투자효율성이 있는 것인지를 추정하는 것으로 타당성 평가의 마지막단계이다. 일단 시장성이 있다고 예측되면 수익 및 재무분석을 한다. 만일 시장성이 없다고 판단되면 수익 및 재무분석으로의 진행에 대해 숙고가 필요하다. 시장성이 없는 사업이 수익을 내기는 어렵기 때문이다. 시장성이 없어도 사업을 진행하는 경우는 이 사업으로 인해 기업 내의 다른 부분에 수익이 나게 할 수도 있게 하거나 기업의 전체적인 사업포트폴리오 구성상 이 부문의 사업이 필요하기 때문에 적자를 감수하며 하는 경우도 있다. 또한 경우에 따라서는 장기적인 부동산투자의 관점에서 손해를 감수하며 사업을 진행하는 경우도 있다.

수익 및 재무 분석은 다음의 도표와 같이 진행한다.

① 매출계획

매출추정은 시장성분석을 기초로 계산되며 사업 시작 후 3~5년 정도를 예측한다. 매출규모는 사업규모를 결정짓는 것으로 사업소요자금과도 직접적으로 관련이 있다. 예상매출액의 산정은 산업전체의 매출규모를 파악한 후 자사의 시장점유율을 예측하여 매출을 추정한다. 프랜차이저의 매출은 직영점 매출, 가맹점으로부터 발생하는 가맹금, 로열티, 교육비, 광고분담금, 예약비(호텔의 경우)와 원자재 판매 매출 등으로 구성된다. 예상 매출은 보수적으로 산정하는 것이 일반적이다.

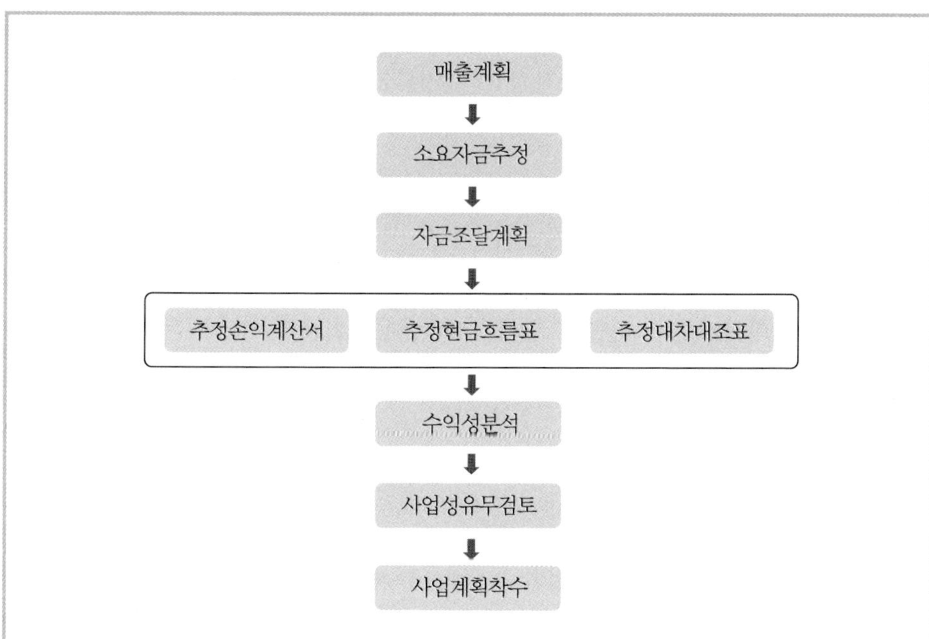

② 소요자금 추정 및 자금조달

소요자금이란 창업 시 필요한 자금을 뜻하며 산업의 성격에 따라 소요자금의 규모는 차이가 많이 있다. 또한 소요자금의 규모는 사업규모와 자금조달능력에 의하여 결정된다. 또 소요자금에는 사업개시 후 1년 정도의 운영비까지도 포함해야 한다. 또한 실제 사업을 시행하다 보면 추정된 소요자금보다도 더 많이 소요되기 때문에 추정자금액수의 120~150% 정도를 예상해야 한다. 자금조달은 자기자본과 차입 부분으로 대별할 수 있는데 자기자본이 2/3이상 되어야 과도한 차입에 따른 이자 중압감에서 벗어날 수 있다. 차입도 금리가 낮은 제1금융권을 중심으로 차입해야 하지 고리의 사채를 쓰면 경영에 큰 무리를 줄 수 있다. 최근에는 창업자와 중소 상공인을 위한 정부의 다양한 정책지원 자금이 있다. 이들 대부분이 장기저리신용대출이므로 이에 대한 정보를 탐색하여 활용에 적극적이어야겠다.

③ 수익성 및 손익분기점 분석

추정된 매출액과 자금조달에 따른 이자비용, 감가상각 등을 고려하여 3~5년간의 추정손익계산서, 대차대조표, 현금흐름표 등을 작성하여 수익성을 분석한다. 또한 손익계산서 분석을 통하여 흑자 전환시점을 파악해야 한다. 손익분기점까지 이르는 시간이 많이 걸리면 자금력이 약한 기업은 치명적일 수 있기 때문에 반드시 해야 하는 분석이다.

④ 자금운용계획표

자금운용계획표는 자금의 조달 시기와 지급 시기를 일목요연하게 시간적으로 정리한 자금의 수급에 관한 일정표로 자금운용의 효율성을 극대화시켜주는 역할을 한다. 자금운용계획표의 내용에는 차입금 상환 및 원금회수 계획도 포함되어 있다.

## 5 사업계획서의 작성

### 1) 사업계획서의 뜻

사람들이 모든 것을 체계적으로 정확하게 기억할 수 있다면 사업계획서는 필요 없을 것이다. 머릿속에 담겨져 있는 대로 사업진행을 하면 될 것이기 때문이다. 그러나 인간의 기억력과 체계성은 한계가 있기 때문에 사업계획서가 필요한 것이다.

사업을 실행하며 제일 먼저 해야 할 것 중의 하나가 사업계획서 작성이다. 사업계획서는 말 그대로 사업에 앞서 계획을 체계적으로 정리하여 실행할 수 있도록 문서로 만들어 놓은 것이다. 즉 건물 건축에 앞서 만든 설계도라고 보면 된다.

### 2) 사업계획서와 타당성조사의 차이

앞서 언급한 내용대로 타당성조사는 사업에 앞서 사업시행 여부를 결정짓기 위하여 미리 조사한 문서이고 사업계획서는 사업을 시행하기로 결정한 후에 앞으로 어떻게 사업을 진행할 것인가에 대한 내용이 담긴 문서이다. 하지만 서로 간에 중복되는 내용도 상당하다. 그러나 사업계획서는 타당성조사보다 포괄적이며 세밀하고 종합적이다.

### 3) 사업계획서의 효용성

#### (1) 체계적인 사업시행이 가능하다.

사업계획서의 내용은 사업진행을 순차적으로 진행 가능하게 만들어져 있기 때문에 사업계획서의 내용대로 진행하면 큰 차질 없이 사업진행이 순조롭게 된다.

### (2) 창업비용과 시간을 줄여준다.

창업과정은 생각보다 복잡하고 어렵다. 또한 예상하지 못한 일도 많이 일어 날 수 있다. 시행착오도 많을 수 있다. 사업계획서는 이러한 일들을 사전에 대비하여 최소화시켜 창업비용과 기간을 줄일 수 있게 됨에 따라 사업이 조기에 정착할 수 있게 한다.

### (3) 자본조달수단이다.

사업실행에 있어 타인자본의 유치나 금융기관으로 부터의 대출이 필요할 때 사업에 대한 설명을 사업계획서로 대신할 수가 있다. 금융기관은 대출시 사업계획서를 요구하기도 한다.

### (4) 경영의 지침서이다

창업 진행기간에는 실제 창업진행이 사업계획서에서 의도한 대로 진행되고 있는가를 확인하여 평가하는 기준이 되고 영업 활동이 시작된 이후 역시 사업계획서대로 이행되고 있는가를 확인하여 차이가 있다면 원인을 찾아 계획을 조정해야 한다. 즉 통제기능이 있다.

### (5) 사업관련 이해관계인에게 활용한다.

사업을 시작함에 따라 여러 이해 관계인이 생긴다. 인허가를 위하여 관청의 공무원도 있을 수 있고, 납품업자도 있을 수 있다. 또한 새롭게 채용해야 할 직원도 있을 수 있다. 이들에게 회사의 비전을 효과적으로 홍보할 수 있는 도구로도 사용될 수 있다.

### (6) 사업자의 경영능력을 키워준다.

사업계획서 작성 그 자체가 경영의 한 행위이다. 사업계획서 작성과정을 통해서 사업의 핵심 요인을 다시 파악하게 되고 그것을 이루기 위하여 어떤 것이 필요한가를 인지하게 되고 행동하게 된다. 이를 통하여 경영자는 자연스럽게 경영능력을 키우게 된다.

## 4) 사업계획서 작성 시 주의 사항

### (1) 정확해야 한다.

사업계획서는 사업성공가능성을 높이기 위한 것이므로 정확성이 생명이다. 정확하기 위해서는 객관적이어야 하고 객관적이기 위해서는 실제 데이터를 바탕으로 정확하게 분석되어 기술되어야 한다.

### (2) 실현가능성 있게 작성되어야 한다.

사업계획서는 꿈을 쫓는 것이 아니고 현실을 헤쳐 나가는 방법을 담아 놓은 문서이므로 현실에서 이루어질 수 있는 목표와 방법을 기술해야 한다.

### (3) 핵심 내용은 부각시켜라

대개의 사업계획서들이 내용이나 체계가 서로 비슷하다. 다른 기업의 창업계획서와 차별되게 작성해서 자신들의 핵심 내용을 잘 도출시키는 것이 좋은 사업계획서이다.

### (4) 보수적으로 작성하라

매출은 가능하면 줄이고 비용은 늘려서 작성해라. 실제적으로 운영하다 보면 매출은 예상보다 적고 비용은 예상보다 늘어난다.

### (5) 쉽게 작성하라

누가 보아도 이해할 수 있도록 작성해야 한다.

### (6) 계량적으로 표현해라

많이, 조금, 크게 등의 부사적 표현보다는 5%, 1억 등과 같이 확실한 의미가 담긴 표현을 가능한 한 많이 해라.

### (7) 시행 중에라도 틀린 것이 있으면 수정해라

소수의 사람들은 사업계획서의 내용을 금과옥조로 여기고 무리해서라도 내용을 따르려 하는데 그것은 잘못된 것이다. 사업계획서는 인간이 작성한 것이어서 잘못 작성하였을 수도 있고 경영환경이 변했을 수도 있으니 내용을 수정할 수도 있다. 다만 너무 많은 변경을 하면 사업계획서 작성의 의미를 손상할 수도 있게 된다.

### 5) 사업계획서의 분류

사업계획은 필요에 따라 다양한 형태의 사업계획서가 있다

#### (1) 기간에 의한 분류

① **단기계획** : 1년
② **중장기계획** : 3~5년

#### (2) 범위에 의한 분류

① **종합계획** : 회사의 전체적인 계획
② **부문계획** : 부문별 계획으로 마케팅, 생산, 재무 등이 있다.

#### (3) 사업시기에 의한 분류

① **창업계획** : 사업을 처음 시작하며 만드는 사업계획
② **신사업계획** : 이미 기존의 사업을 하는데 추가적으로 사업을 확대하여 만드는 사업계획

#### (4) 용도에 의한 분류

① **내부용** : 사업의 체계적 진행과 효율을 위하여 작성된다.
② **외부용** : 금융기관이나 관청 등에 제출하기 위하여 작성된다. 이 경우 특정한 양식이 있을 수 있다.

### 6) 사업계획서 체계와 내용

내부용 사업계획서의 경우는 사업자의 필요에 의하여 만들어지는

것이기 때문에 특별한 양식이 없을 수 있으나 결과적으로 만들어진 후는 외부용 사업계획서와 체계와 내용이 비슷하게 된다. 내부용이나 외부용이나 사업계획서 작성 의도가 서로 비슷하기 때문이다. 외부용 사업계획서는 외부자가 보는 독자적 시각이 있기에 형식과 체계가 다를 수 있다. 금융기관 제출용은 대여금의 회수에 초점이 있고 재정지원을 받기 위한 정부기관 제출용인 경우는 기술성 같은 것에 초점을 맞추어야 한다. 그러나 어떤 경우도 과장되지 않고 객관적으로 작성되어야 한다. 여기서는 내부용을 기준으로 서술한다. 사업계획서의 기본 체계는 다음과 같다. 그리고 이미 첫 점포를 운영하는 경우와 아직 점포를 운영하지 않는 경우는 사업계획서의 체계와 내용이 다르다.

Ⅰ. 목차
Ⅱ. 사업의 개요(컨셉 설명)
Ⅲ. 기업 및 경영진소개
Ⅳ. 산업현황
Ⅴ. 조직 및 인사/교육 계획
Ⅵ. 마케팅 계획
Ⅶ. 생산계획 1. 공장(주방)건축계획
2. 생산설비계획
3. 원자재 구매 계획
Ⅷ. 재무계획(수익구조분석)
Ⅸ. 내부 운영 및 프랜차이지 점포 관리계획
Ⅹ. 계약서 및 법적 문제 준비
XI. 사업일정표

### (1) 목 차

목차는 사업계획서를 보기 전 어떠한 내용이 있는가를 미리 대략적으로 파악할 수 있고 보고서의 체계를 인지할 수 있는 것으로 꼭 필요하다.

### (2) 사업의 개요

사업자가 어떤 사업을 할 것인가를 5W1H방식으로 간단명료하게 하여 누구나 쉽게 알 수 있도록 표현하는 부분이다. 외식업의 경우는 컨셉(concept)을 포함하여 기술하면 된다.

### (3) 회사 및 경영진 소개

기존의 회사가 특정사업을 새로이 하는 경우도 있고(사업 다각화), 특정사업을 위해 새롭게 회사를 창업하는 경우도 있을 수 있다. 기존의 회사가 신사업으로 특정사업을 시작하는 경우는 하나의 새로운 부서 또는 팀이 신설되는 것이어서 기존의 경영조직에 새롭게 한 부서(팀)가 생기는 형태가 될 것이고 특정사업 때문에 새롭게 회사가 창업되는 경우는 기업의 모든 기능이 새롭게 만들어지는 것이다. 회사의 자본금, 연혁, 경영진 및 주주의 이력, 회사의 법적형태, 직원 수, 소재지 등이 서술된다.

### (4) 산업현황

해당 산업의 현재 상황, 구조, 특성 등을 분석하고 이를 바탕으로 미래를 예측하는 것으로 산업에 대한 이해를 돕는다. 구체적으로는 시장규모, 현재 및 미래의 경쟁업체, 성장률 등에 대한 설명도 필요하다.

### (5) 회사의 조직 및 인사 · 교육 계획

업무추진을 위한 회사의 예상 조직도를 짜고 각 부서의 역할과 기능을 명시해야 한다. 또한 직원의 채용, 교육 · 훈련, 배치 등에 관한 원칙이 있어야 하며 보상 및 복리후생을 포함한 인력 운영계획이 필요하다. 교육 · 훈련 계획은 직급별 · 부서별 교육이 필요하고 가맹점주 및 가맹점 직원교육 프로그램도 필요하다. 매뉴얼 작성계획도 포함시켜야 한다.

아래의 내용은 한 예이다.

① 조직

조직의 규모나 형태는 가맹점수의 규모에 따라 변할 수 있다.

(가) 발아기

체인내의 직영점과 가맹점수가 적은 초창기에는 프랜차이즈 본부조직이 단순하다.

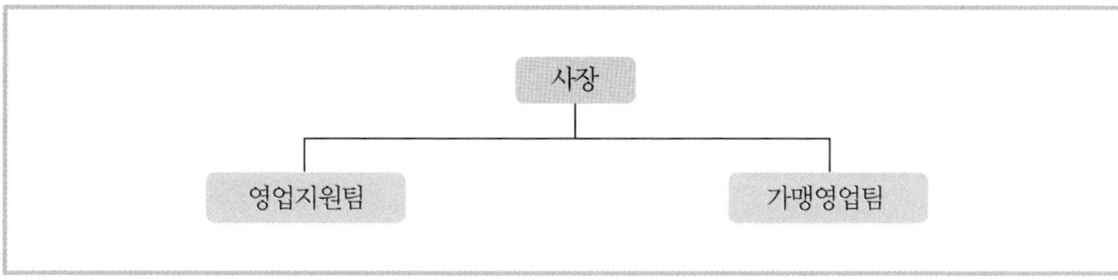


영업지원팀은 직영점 운영, 가맹점 영업지원, 교육·훈련, 상품개발, 마케팅, 가맹점오픈, 구매, 물류, 회사운영 등의 광범위한 업무를 수행한다. 가맹영업팀은 상권분석, 가맹영업의 업무를 관장한다.

(나) 성장기

직영점표가 1~5개 정도이며 가맹점이 10~30개 정도일 때 필요한 조직이다.

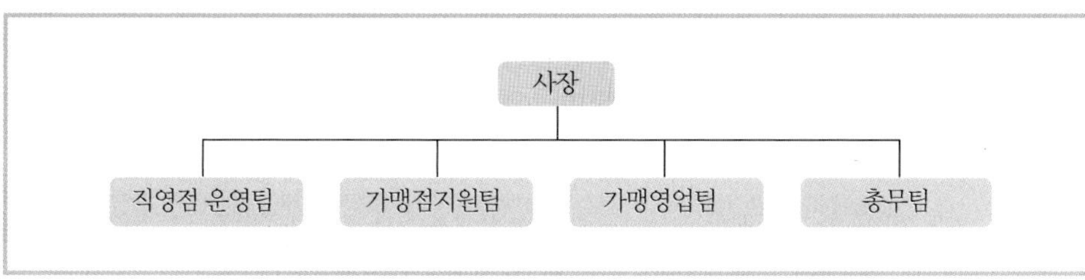


직영점 운영팀은 직영점을 직접 운영하여 직영점의 운영결과와 시행착오를 피드백(feedback)시켜 영업개선 및 신상품개발을 하며 마케팅 전략도 세운다. 가맹점 지원팀은 선발된 가맹점에 대한 교육·훈련 및 개점이후의 영업지원을 담당한다. 가맹점 개발 및 오픈도 담당한다. 가맹영업팀은 가맹점 모집을 위한 프로모션, 가맹점 계약관련업무, 상권분석 등의 업무를 담당한다. 총무팀은 회사 내부의 일상적인 업무(routine work), 인사업무, 회계업무, 구매, 물류 등의 관리영역의 업무를 주 임무로 하고 있다.

(다) 완성기

기업다운 조직을 비로소 갖추게 될 때로 직영점과 가맹점수가 100개 정도가 있을 때이다(소형 컨셉인 경우는 200개 정도). 업무영역이 세분화되고 전문화되는 단계이다.

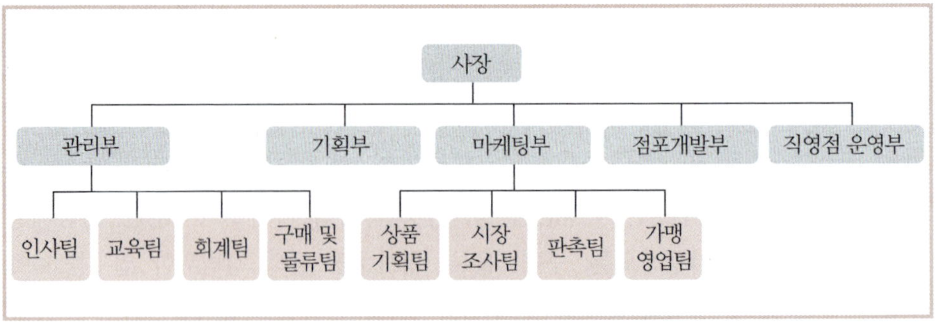


발아기, 성장기, 완성기는 설명의 편의상 나눈 것으로 기업의 특성, 경영자의 철학, 영업점포의 규모 등에 따라 상이한 형태의 조직모습이 나타날 수도 있다.

② 인사 · 교육 계획

아래의 사항에 대한 계획을 수립한다.

| 업무 | 내용 |
|---|---|
| 필요인력 산출 | 직무별 필요 인력 수, 직무별 자격수준 |
| 채용 | 모집방법(공채, 추천), 시험방법(지필, 면접, 적성검사) |
| 교육 | 신입직원(공통, 직무), 경력직원(직급, 직무) |
| 배치 | 각 직무별로 직원의 적성과 희망에 따라 배치 |
| 승진 | 인사고과와 연공서열 등을 감안한 승진제도 |
| 보상 | 급여와 인센티브 등의 책정 |
| 복리후생 | 휴가, 보험, 상조, 자녀학비 보조 등 |

### (6) 마케팅계획

마케팅계획은 타당성조사의 시장분석과 많이 중복되어 시장분석부문 거의 대부분이 사업계획서 작성 시 그대로 인용된다. 마케팅계획의 세부내용으로는 소비자분석, 경쟁자분석, CI(Corporate Identity)작업, 시장세분화(Segmentation), 목표시장설정(Targeting), 포지셔닝(positioning), 목표설정, 마케팅 믹스(marketing mix: product, place, price, promotion)등이 있다. 프랜차이즈 마케팅계획에서는 시장이 2개임을 명심하고 작성해야 한다. 하나는 최종소비자(end user)이고 또 하나는 프랜차이지(franchisee)이다.

### (7) 생산계획

투자 가능 규모와 시장점유 가능성을 감안하여 생산 규모를 결정하는 것이 일반적이다. 생산 규모가 결정되면 그와 관련하여 공장 규모, 생산인력, 공장 내부설비, 원자재 구매방식과 량이 결정된다. 최근에는 프랜차이즈회사 자체가 공장을 가지고 있지 않고 생산은 모두 외주를 주어 본사는 슬림화하고 위험성도 분산하며 핵심 기능에만 몰두하는 경향이 있다. 특히 무형 상품(intangible product)을 주 상품으로 하는 사업형(business format) 프랜차이즈 기업은 컨셉 상 유형적인 공장 자체가 필요 없을 수도 있다.

#### ① 공장건축계획

공장건축의 주요 의사결정 사항 중의 하나는 입지이다. 입지가 한번 결정되면 바꾸기가 힘들기 때문이다. 입지의 결정의 큰 변수는 부동산 비용, 물류의 용이성과 비용, 노동력 취득 용이성, 세금, 지방정부의 정책 등이다. 건설 일정도 제시되어야 한다. 식당에서는 식당건축계획이 이에 해당된다고 할 수 있다.

#### ② 생산설비계획

공장 내에 필요한 설비가 무엇인지 확인하고 이를 어떠한 방식으로 설치하여 가장 높은 생산성을 찾을까를 연구하여야 한다. 외식산업에서는 주방내의 적절한 주방장비와 이의 레이아웃(layout)을 통하여 생산효율성과 편의성을 찾아야 할 것이다.

#### ③ 원지제 구매 계획

생산설비 등과 같은 것은 보통 한번 구매하면 장기간 구매하지 않지만 원자재는 생산이 지속되는 한 계속적으로 구매한다. 구매방식과 구매처에 따라 원자재 구매가격과 질은 크게 차이가 난다. 또한 구매명세서 같은 것을 사전에 만들어 놓으면 구매가 쉬워진다. 이에 대한 철저한 조사가 사전에 필요하다.

### (8) 재무계획

#### ① 재무계획

재무계획 역시 시장성조사의 재무분석의 내용을 그대로 활용할 수 있다. 다만 좀 더 정교화 시키고 있다. 또한 가맹점의 예상 재무제표도 만들어야 한다.

#### ② 수익구조분석

수익구조분석은 프랜차이저와 프랜차이지 각 각의 수익성을 분석하여 양자 간의 적절한 수익성을 다시 조정하는 것이다. 수익구조분석은 프랜차이즈 시스템의 성공과 실패를 가르는 매우 중요한 포인트이다.

프랜차이저가 과다하게 가맹비, 로열티, 교육비 등을 요구하면 프랜차이저의 수익성이 단기적으로 좋아질 수 있지만 상대적으로 프랜차이지의 수익성이 나빠져서 장기적으로 프랜차이지의 모집도 어려워지고 운영 중인 프랜차이지도 수익성이 악화되어 도산 또는 탈퇴할 수 있어 궁극적으로는 프랜차이즈 시스템 자체가 붕괴될 수 있다. 반대로 너무 적은 가맹비, 로열티 등으로 프랜차이저의 수익성이 나쁘면 가맹점에 대한 적절한 지원을 할 수 없어 프랜차이즈 시스템이 성장하지 못하고 유명무실해 질 수 있다.

프랜차이저는 프랜차이즈 시스템을 충분히 운영할 수 있는 정도의 비용과 성장을 위한 재원을 축척할 수 있는 정도의 수익성이 확보되어야 하고 프랜차이지는 투자액의 2~3% 정도의 순이익이 매달 생길 수 있어야(소형점포의 경우, 프랜차이지의 인건비 포함하여 4~5%) 정상적인 프랜차이즈 시스템으로 발전할 수 있다.

### (9) 내부 운영 및 프랜차이지점포 관리계획

#### ① 내부운영계획

기업내부의 업무영역과 흐름이 유기적이며 체계적으로 연결이 되어 있어야 혼선을 줄이고 인력도 절감되며 업무처리 시간도 단축된다. 따

라서 내부 부서 또는 담당자의 연계와 흐름을 원활하게 할 수 있는 운영체계가 필요하다

**가맹점포 개설흐름도**

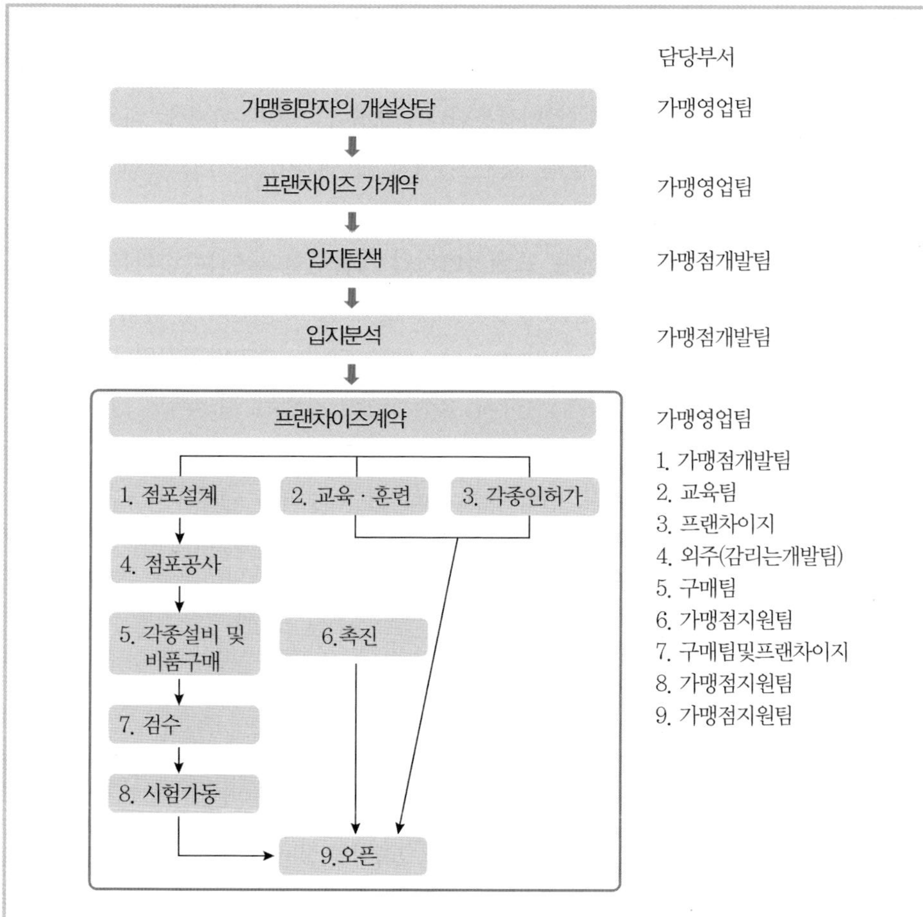


위의 도표는 하나의 내부 운영 흐름이 일례이고 모든 업무가 이러한 형식으로 된다면 효율적으로 될 수 있다.

② 프랜차이지 점포 관리계획

프랜차이지 점포 관리계획의 실체는 지원 계획이다. 사업파트너인 프랜차이지 점포를 지원하는 것은 법적인 의미이기 전에 서로 공생의

관계가 있다. 프랜차이저가 프랜차이지를 성실하게 지원하면 프랜차이지의 성과는 좋아지고 프랜차이지는 그 만큼 많은 로얄티를 프랜차이저에게 지불해야 하고 그런 만큼 더 많은 프랜차이즈 가입 희망자가 늘어 결과적으로 프랜차이저는 로열티 수입과 가맹비 수입이 많아져 성공한 프랜차이저가 된다. 즉 프랜차이지가 성공하면 프랜차이저는 자연히 성공하게 된다는 의미이다. 맥도날드의 슬로건인 프랜차이지 성공을 통한 프랜차이저의 성공과 일맥상통한다. 그러나 프랜차이저에 대한 지원이 많다고 해서 무조건 좋은 것은 아니다. 프랜차이즈 기업 발전 단계별로 프랜차이지에 대한 지원 정도의 범위와 깊이를 적절하게 정해야 한다. 불필요하게 많은 지원은 프랜차이지의 자율권을 줄이는 결과를 낳고 프랜차이저는 지원 비용을 불필요하게 많이 들이는 결과가 되어 가맹비와 로열티를 상승시키는 요인이 된다. 광고, 교육, 슈퍼바이저의 가맹점 방문 회수 등을 적절하게 정하되 경쟁기업과 차별된 지원책도 강구하여야 한다. 가맹 점포관리의 범주는 영업관리, 인사관리, 재고 및 물류관리, 교육 · 훈련, 운영지침, 갈등해결 등의 넓은 영역이 있다.

왜 지하철 역 주변에는 커피전문점, 편의점 등이 많을까.

그 이유는 상권과 업종의 궁합을 맞춰 주는 '보이지 않는 손'이 존재하기 때문이다.

창업을 생각하는 이들은 십중팔구 이 보이지 않는 손에 의지를 하고 있다. 이 손이 점 찍어 준 상권이 꼭 성공한다는 보장은 없지만 최소한 실패확률은 낮출 수 있기 때문이다.

CJ푸드빌 관계자는 "창업 성공에서 점주의 역량이 50%를 차지하고 나머지 50%는 상권이라고 볼 수 있다"고 강조했다.

창업에서 성공은 점주의 경영방식이나 사업의지 만큼 몫이 좋은 입지를 선택하는 것이 중요하다는 의미이다.

편의점, 베이커리, 커피 전문점 등 기업형 프랜차이즈 업체들이 부동산개발 전담팀을 꾸리고 자체 운영을 하는 것도 같은 이유에서다.

이들은 상권 분석 및 정보 수집을 위해 첩보요원처럼 전국을 돌아다니며 상권뿐 아니라 경쟁사 점포 정보를 수집해 데이터를 축적해놓고 있다.

① 상권분석 왜 중요한가

벤처사무실이 밀집돼 있는 서울 가산디지털단지에 소자본으로 샌드위치 가게를 오픈했던 신모 씨는 1년만에 가게를 접었다.

벤처 직원을 대상으로 간단한 식사거리인 샌드위치 판매가 될 것이라는 확신과는 달리 영업에 어려움을 느꼈기 때문이다. 신 씨는 "새로운 회사가 들어오고 망해서 나가는 과정이 반복되는 까닭에 단골 고객을 확보할 수 없었다"고 말했다.

오피스 상권이라는 특성만 고려했을 뿐 고객의 지속성과 유동성은 감안하지 못했던 결과였다.

때문에 창업 전문가들은 자본, 아이템, 경영자 마인드, 음식의 맛은 창업의 필요조건일 뿐, 상권의 입지가 성공 창업의 키포인트라고 지적한다.

② 어떻게 분석하나

때문에 대부분의 프랜차이즈 업체들은 본사에 '개발팀'을 두고 있다.

이들이 하는 일은 크게 두 가지다.

가맹점이 들어서기 좋은 입지인 '포인트'를 잡아내 임대차계약을 맺고 이후 가맹을 희망하는 예비점주에게 해당 입지를 소개해주고 계약을 체결하는 것이다.

점포 개설이 전국적으로 이뤄지는 만큼 이 같은 업무를 담당하는 개발팀도 전국에 산재해 있는 경우가 많다. 특히 편의점업계 개발팀의 규모와 활동성이 도드라진다.

현재 5,300여개의 점포를 보유한 편의점업계 1위 업체 보광훼미리마트는 총 12개의 개발팀을 운영하고 있다. 서울은 강남과 강북을 양분해 2개, 그 이외에 수도권은 인천을 포함해 3개, 나머지는 충청도와 강원도, 경상북도, 부산・경남, 호남, 제주 등 지자체 행정구역별로 별도의 사무실을 두고 있다.

상권이 조밀한 서울과 수도권 지역은 팀장을 포함해 10여명이, 지방의 경우 6~7명이 근무하는 등 전국 훼미리마트 개발팀은 총 80~90명에 달한다. GS25를 운영하는 GS리테일은 병원과 경기장 등을 별도 관리하는 특수입지 팀을 포함, 전국에 16개 개발팀을 두고 있다.

파리바게뜨, 파스쿠찌 등을 운영하는 SPC도 파리바게뜨 47명, 배스킨라빈스 11명, 던킨도너츠 12명 파스쿠찌 5명 등 개발팀원만 75명을 두고 있다.

뚜레쥬르, 빕스, 투썸플레이스 등 프랜차이즈를 운영하는 CJ푸드빌은 25명으로 구성된 개발팀을 운영하고 있다. 각 팀원은 각자 지역을 할당해 담당한다.

개발팀이 상권 정보를 모으는 방식은 매우 다양하지만 가장 우선하는 것은 바로 현장조사와 인터뷰이다.

CJ푸드빌 관계자는 "베이커리 점포를 입점시키고 싶은 건물이 있다면 건물주를 포함해 세입자, 그 앞을 지나는 행인과 근처 거주자 등 거의 모든 사람에게 소득수준과 소비의향, 예전에는 이 건물에 어떤 점포가 있었는지 등을 세세하게 묻는다"고 말했다.

황성남 세븐일레븐 RFC는 "팀원 개개인은 모두 자기가 맡은 지역의 지도를 가지고 있다"며 "지도를 세세히 쪼개 그 안의 배후세대와 특수시설, 음식점과 슈퍼는 몇개 있는지, 심지어 점포 간판 사이즈와 점포 측면길이, 매장면적을 포함해 2,000여가지 항목을 조사한다"고 설명했다.

③ 좋은 입지란?

이렇게 모은 정보는 해당 지역 개발팀 사무실로 모아져 팀원이 결정한 입지가 가맹점 오픈에 적절한지를 결정하는 근거로 활용된다.

SPC 관계자는 "팀원이 선택한 포인트는 팀장과 개발임원까지 직접 찾아가 둘러본 뒤에야 비로소 임대계약으로 이어진다"며 "선택기준이 매우 깐깐해 실제로 보고한 입지 중 50% 이상은 이 과정에서 탈락한다"고 전했다.

전문가들이 꼽은 창업하기 좋은 상권 기준은 '고매출'이 아닌 '투자 대비 수익'이다. 편의점 업계 관계자는 "사실 매출이 높은 점포는 누가 봐도 예상이 가능하다"며 "문제는 그런 곳은 투자비와 고정비용이 높아 안정된 수익을 얻기 힘들다는 것"이라고 말했다.

실제 주요 편의점 업체에서 전국 매출 상위권에 드는 점포들은 대부분 야구장이나 병원, 코엑스 등의 특수입지에 들어선 매장으로, 일 매출만 800만원에 달하지만 순수익은 오히려 지방 주택가 보다 낮은 경우도 많다.

④ 상권과 업종 궁합

상권은 크게 A, B, C 급 등 3가지로 구분된다.

보통 A급 상권은 역세권이나 유동인구가 많은 곳을 말한다. 이에 속하는 상권은 종로, 홍대, 강남 등이 대표적이다. B급 상권으로는 역세권이나 대학을 낀 상권을 말한다. 고객층은 다양하나 특정 시간 동안 고객을 흡수하는 비율은 어느 상권보다 높다. C급 상권은 골목상권들이다. 대로변이나 역세권이 아닌 골목에 위치해 있는 상권은 여러모로 불리한 조건을 가지고 있다. 하지만 고정고객이 확보되면 어느 상권보다 안정적인 수익과 매출을 올릴 수 있는 상권이기도 하다.

최근에는 창업비용에 대한 부담감과 상권과는 상관없이 매장을 오픈할 수 있는 아이템들이 나오면서 골목상권에 대한 관심이 높아지고 있다.

이상헌 한국창업경영연구소 소장은 "상권에 따라 선택해야 하는 창업아이템은 따로 있다"며 "성공창업을 하려면 우선은 업종에 맞는 상권을 찾는 것이 성공의 지름길"이라고 조언했다.

출처 : 서울경제(2010.12.16)

### (10) 계약서 및 법적 문제 준비

프랜차이즈 시스템에서 프랜차이저나 프랜차이지는 원칙적으로는 서로 독립된 사업자이다. 독립사업자들이 모여 같은 경영철학을 공유하며 동일한 브랜드와 이미지 아래 동일한 상품을 판매함에 따라서 시너지 효과를 내는 것이 프랜차이즈 시스템의 핵심이다. 프랜차이즈 시스템의 유지를 위해서 프랜차이저와 프랜차이지 서로의 관계를 설정하고 각각의 권리와 의무를 명시해 문서화 시킨 것이 프랜차이즈 계약이다. 또 프랜차이즈 시스템의 핵심가치 중의 하나가 상표이다. 상표를 독자적으로 사용할 수 있는 법적 장치도 필요하다. 이러한 법적 문제를 미리 사업계획서 작성 단계에서 잘 해결해 놓으면 추후에 법적 문제의 소지를 없애서 안정적인 운영을 할 수 있게 된다.

#### ① 유통산업 발전법과 가맹사업거래 공정화에 관한 법률의 이해

프랜차이즈 계약서를 만들기 앞서 유통산업 발전법과 가맹사업거래 공정화에 관한 법을 이해해야 한다. 이에 대한 이해가 있어야 법적 문제가 없는 프랜차이즈 계약서를 만들 수 있기 때문이다. 유통산업발전법은 유통산업의 지원과 육성에 대하여 포괄적으로 규정하고 있다. 체인사업의 경영개선에 관련된 규정들이 있다. 가맹사업거래의 공정화에 관한 법률은 프랜차이저와 프랜차이지가 대등한 지위에서 상호보완적으로 균형 있게 발전할 수 있게 함으로써 공정한 거래 질서를 확립하고 프랜차이즈 사업을 안정적으로 발전할 수 있게 만들어 놓은 법이다. 프랜차이즈 사업이 1990년대 이후 활성화됨에 따라 큰 발전이 있었으나 그 이면에는 부정적인 면도 생겨서 법적 분쟁이 많이 생겼다. 프랜차이즈 사업은 국내에서 새롭게 생긴 사업이라서 이에 대한 당시의 법체계나 내용으로는 프랜차이즈 분쟁을 판단하는데 한계가 있어 2002년 가맹사업거래의 공정화에 관한 법률이 제정되었다. 이 법은 프랜차이즈사업 안정화에 큰 기여를 하였다.

#### ② 정보공개서의 이해

가맹사업거래의 공정화에 관한 법률의 중요 내용 중의 하나가 정보공개서이다. 이는 예비 프랜차이지가 프랜차이즈계약에 서명하기 전 프랜차이저에게 프랜차이저에 대한 정보를 요구하여 계약 여부를 판단하게 하는 문서이다. 그 내용으로는 일반현황, 가맹사업현황, 프랜차이저와 그 임원의 법 위반 사실, 프랜차이지의 부담, 영업활동에 대한 조건, 영업개시에 대한 절차와 소요시간, 교육 · 훈련 등이다. 미국에는 이와 비슷한 UFDD(Uniform Franchaise Disclosure Document)가 있다.

③ 가맹사업 계약 내용과 프랜차이즈 표준계약서

가맹사업거래법 제11조 2항에 가맹사업계약의 내용이 명시되어 있다. 그 내용은 계약일반, 판촉 및 상호 · 상표 등의 영업표식 사용, 가맹비 등에 사항, 계약기간, 갱신 및 해제에 관한 사항 등의 내용이 있다.

프랜차이즈 표준계약서는 가맹사업거래의 공정화에 관한 법률에 별첨되어 있는 것으로 공정거래위원회에서 권장하고 있는 계약서이다. 프랜차이저는 위의 법률 사항들을 사전 검토를 토대로 상거래 전문 변호사와 의논하여 프랜차이즈 계약서를 만드는 것이 바람직하다. 프랜차이저에게 일방적으로 유리한 계약서는 서로 서명한 이후라도 불공정거래가 되어 수정될 수 있고 불화 및 소송의 요인이 될 수 있다. 프랜차이즈 표준계약서는 외식업, 교육서비스업, 도소매업 3유형이 제시되어 있다.

④ 상표등록

상표사용권은 경영노하우와 더불어 프랜차이저가 프랜차이지에게 주는 가장 중요한 혜택이다. 국내에서 80년대 이전에는 시장경쟁력의 주요 요인이 제품의 기술력이었으나 지금은 브랜드 인지도와 명성이 주요 시장경쟁의 주요 요인이 되고 있어 브랜드는 단순히 브랜드로 그치는 것이 아니고 기업의 중요 자산이 되었다. 프랜차이즈사업에서도 역시 브랜드는 기업의 무형적 자산이므로 법적보호와 전반적 관리가 필요하다. 법적보호를 받기 위해서는 특허청에 등록신청을 하여 심사를 거쳐 상품등록이 되어야 한다.

법적 문제에 대해서는 6장에서 상세히 다루어질 것이다.

## (11) 사업추진일정표

특정사업이 추천되는 과정은 세분화된 여러 단계로 나누어지는데 그 각 단계를 시간적 순서에 의해 정렬하여 각 단계별로 추진 기간을 정하여 놓은 시간 일정표(time schedule)가 있는데 이를 사업추진일정표라고 한다. 사업추진일정을 예측할 수 있고 사업추진일정표와 실제진행 상황을 비교하며 사업을 추진하여 사업을 효율적으로 추진할 수 있게 하는 장점이 있다. 다음의 일정표는 프랜차이즈 사업추진 일정표의 예이다.

**사업추진일정표**

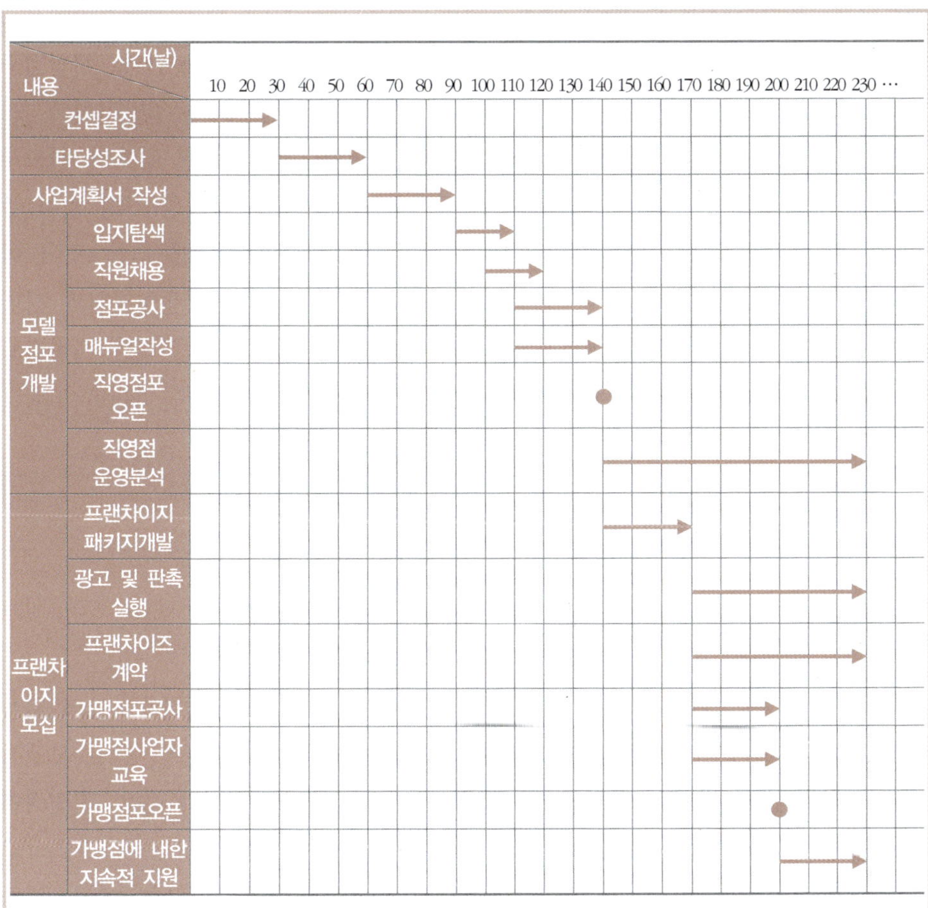

# 6 모델점포(model store)개발

## 1) 모델점포의 개념

모델점포는 프랜차이징에 앞서 시장성을 검증받고 운영의 표준화를 위한 시범점포이다. 모델 점포가 영업측면에서 성공하지 못하면 프랜차이징을 시도할 수 없다. 식당의 경우 효율적인 작업성과를 낼 수 있도록 주방시설이 설비되어야 하고 레이아웃 되어야 할 것이며 이를 통해 표준화 작업을 해야 한다. 또한 객석이 있는 홀(hall)도 운영측면에서도 효율적이어야 하며 고객에게도 매력적인 디자인이어야 한다. 시범점포는 프랜차이저가 직접 투자하여 운영하는 직영방식이 일반적이다. 프랜차이징을 기획하지 않고 만들어진 기존의 운영 중인 점포가 반드시 모델 점포가 될 수 있는 것은 아니다. 이런 경우 특별한 기획 없이 주먹구구식으로 만들어져서 이를 바탕으로 표준화 작업을 하는 것이 어렵기 때문이다. 이런 경우에는 운영 중이었던 점포의 운영경험과 시행착오를 바탕으로 새롭게 모델 점포를 만든다면 좀 더 완벽한 시범점포가 될 것이다. 미국에서는 모델 점포를 pilot store 또는 flagship store 라고도 한다.

## 2) 모델점포가 갖추어야 할 조건

### (1) 반드시 좋은 수익성이 있어야 한다.

수익성을 통해서 시장성을 검증받아야 한다. 모델점포에서 이익을 내지 못한다면 어떻게 프랜차이지를 설득할 수 있겠는가? 만일 모델점포에서 이익을 못 낸다면 컨셉의 조정이 필요하거나 사업의 전면적인 재검토가 필요할 것이다.

#### (2) 프랜차이저의 경영철학과 사업컨셉의 함축

현재 운영하는 모델점포를 통해 프랜차이즈 사업이 어떤 사업이라는 것을 명확하게 나타나도록 해야 하며 경영자의 경영철학과 고객에 대한 소구점이 분명하게 보여지도록 하여야 한다.

#### (3) 효율적인 작업을 위한 시설 및 레이아웃

프랜차이즈 점포가 경쟁력을 갖추기 위해서는 공간의 효율적 활용과 작업인력의 근무 쾌적성 및 효율성이 고려된 레이아웃이 필요하다. 매장, 창고, 사무실 등의 적절한 면직과 배치는 공간의 활용도를 높일 수 있다. 또한 고객과 직원 등의 동선을 고려한 레이아웃은 고객에게는 편의성을 제공하고 직원에게는 근무 피로감을 줄일 수 있을 뿐만 아니라 근무인력도 최소화 할 수 있어 경영효율성을 높일 수 있다.

#### (4) 매력적인 내외장(ex/interior)

성공적인 점포가 되기 위해서는 점포의 외관이 목표고객층의 눈길을 끌어야 한다. 간판도 중요한 역할을 한다. 실내장식 역시 목표고객층에 호소력(appeal)이 있어야 한다. 내외장 모두가 서로 일관성이 있어야 하지만 호화롭거나 격조 있게 만들어지는 것만이 좋은 것은 아니다. 내외장은 프랜차이즈 컨셉이 반영되어야 하며 지역특성 또한 곁들어 지면 더욱 바람직하며 공사비용도 고려되어야 한다.

### 3) 모델점포의 역할

#### (1) 시험센터

새로운 상품, 컨셉 또는 시스템을 개발하여 시장에 출시하기 이전에 프랜차이저의 통제가 가능한 모델점포에서 시험적으로 일정기간 동안 먼저 운영하여 고객의 반응과 매출을 확인하는 과정이 필요하다. 모델점포에서 이것이 성공하면 전 점포로의 확신이 가능하게 되는 것이다.

#### (2) 기준점포

내 · 외장, 레이아웃 등이 모델점포가 기준이 되어 가맹점포도 같은 모습으로 만들어진다. 또한 모델점포의 운영을 바탕으로 운영 매뉴얼(operation manual)이 만들어져 모든 가맹점포 운영의 본이 된다. 즉 하드웨어(hardware)측면과 소프트웨어(software)측면 모두의 기준이 되고 있다.

#### (3) 교육센터

본사 직원이나 프랜차이지에 대한 교육은 이론과 실무로 나뉠 수 있다. 보통 이론 교육은 교실에서 이루어지나 실무교육은 현장에서 OJT(on the job training) 형식으로 이루어지고 이 실무교육은 모델점포에서 이루어진다. 본사 직원의 경력개발을 위해서도 모델점포는 필요하다. 모델점포 설계 시 교육장소로서의 역할도 고려해야 한다.

#### (4) 신뢰성 부여

국내의 프랜차이저 중에서는 직영점포를 하나도 갖지 않은 채 운영하는 곳도 상당수 있다. 대개 이런 곳은 자본력도 빈약하고 운영 노하우도 변변치 못한 곳일 수도 있다. 가맹희망자 입장에서는 직영모델점포의 유무를 통해 프랜차이저에 대한 신뢰 기준을 둘 수도 있다.

#### (5) 프로모션(promotion)역할

모델점포는 입지가 좋은 곳에 위치하는 것이 보통이다. 성공적으로 운영되는 점포는 많은 사람의 눈길을 끌게 되고 이에 따라 사업 참여에 관심을 갖게 된다.

### 4) 모델점포의 개발과정

컨셉이 소프트웨어라면 모델점포는 하드웨어에 해당된다고 할 수 있다. 컨셉이 지닌 의미를 제대로 유형화 시켜 모델 점포를 목표시장에 소구력 있는 건물이 되도록 세밀한 개발 과정이 필요하다.

### (1) 개발팀의 구성

기업 규모와 신규 프로젝트의 성격에 따라 개발팀의 규모도 달라지지만 컨셉 제안자, 기획팀장, 건축설계자, 마케팅전문가, 생산책임자, 매장지배인, 재무담당자, 부동산 컨설턴트 정도가 참여하는 것이 이상적이다. 신규 프로젝트가 기업의 첫 사업이거나 중요 프로젝트인 경우는 사장 또는 소유주도 일원으로 참석한다.

### (2) 개발과정

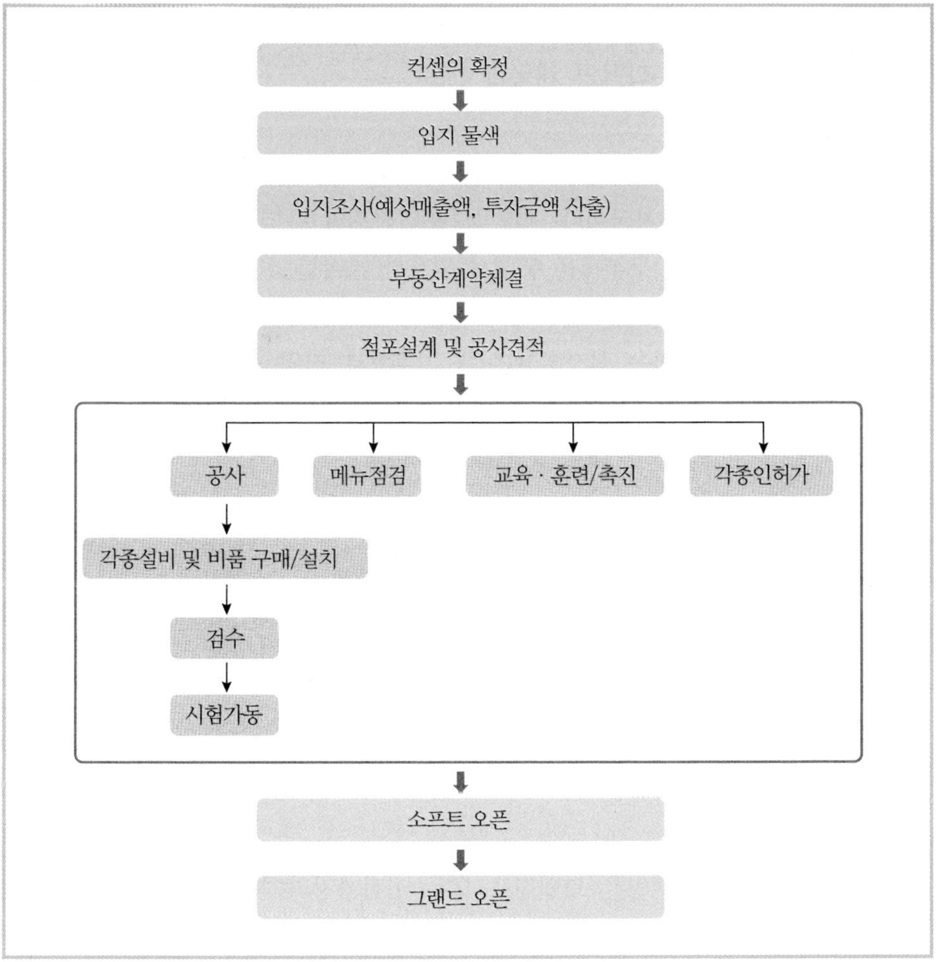

# 7 모델점포의 운영

모델점포의 개발이 전략적 측면이라면 모델점포의 운영은 그 하위 단계에 있다. 그렇지만 좋은 컨셉의 점포도 운영 미숙으로 실패한 경우는 많이 있다. 좋은 컨셉의 개발과 원숙한 운영은 성공의 쌍두마차와 같다. 프랜차이징 하기 앞서 반드시 신청되어야 할 조건이 모델점포의 성공이다.

## 1) 모델점포 직원의 채용과 교육

모델점포는 기업이 고객에게 보이는 첫 이미지이고 기업의 흥망을 가리는 첫 발자국이다. 따라서 모델점포의 운영인력은 매우 중요하다. 모델점포의 직무분석을 통해서 필요한 분야를 설정하고 그 분야에 필요한 적정직무인원을 계산하여 채용을 시작한다. 각 포지션(직무)별로 필요한 자격요건을 설정하고 이를 기준으로 직원을 채용한다. 자격요건보다 너무 좋은 직원을 채용할 경우 조기 퇴직할 수도 있음을 유의하라. 모델점포는 말 그대로 모델점포이기 때문에 운영도 모범적으로 되어야 하기 때문에 직원교육의 기본은 원칙대로 점포 운영하여야 한다는 정신하에 운영을 실행하여야 한다는 것이다. 이 원칙은 후에 체인화 되었을 때 모든 체인점포가 그대로 운영되어야 하기 때문이다. 직원의 사기진작을 위하여 모델점포의 운영성과에 따른 인센티브를 시행하는 것도 좋은 방안이 될 것이다.

## 2) 모델점포운영

모델점포운영은 모델점포 오픈 이전까지의 책상에서 만들어진 기획물의 실제 현장 실행이다. 프랜차이즈사업 컨셉을 시장에 선보이고 고객의 반응과 영업 성과를 바탕으로 프랜차이징의 가능성을 예측한다.

고객의 상품선호성향, 광고 및 판촉을 포함한 마케팅, 직원관리 및 교육, ex/interior, 레이아웃, 장비관리, 매장관리 등에 관한 문제점을 확인하여 개선책을 찾아 사업컨셉의 표준화를 찾는 과정이기도 하다. 모델점포를 4계절 이상 운영하여 수익구조와 수익성 파악과 모델점포 운영경험을 바탕으로 프랜차이즈 패키지를 개발해야 프랜차이즈 사업 성공의 가능성을 높일 수 있다.

### 3) 매뉴얼(manual) 작성

모델점포의 실제 운영을 통하여 매뉴얼을 작성한다. 매뉴얼의 사전적 의미는 교본, 소책자, 입문서 등이다. 프랜차이즈 시스템에서의 매뉴얼의 의미는 프랜차이즈 시스템 안에 있는 모든 점포의 운영 표준화를 위한 교본으로 내용을 간편화시켜 초보자도 쉽게 이해할 수 있도록 만들어져 있다. 운영 매뉴얼, 교육 매뉴얼, 마케팅 매뉴얼, 품질관리매뉴얼, 현장관리매뉴얼, 매장개업매뉴얼 등이 있다.

## 8 프랜차이지 모집

이전 단계까지는 프랜차이즈 사업을 위하여 내부적으로 준비한 것이고 이제부터는 외부를 향한 본격적인 프랜차이즈 사업 활동을 시작하는 것이다.

### 1) 내부준비

#### (1) 프랜차이즈 상담 및 프레젠테이션 자료 준비

예비프랜차이즈를 설득할 수 있는 모든 자료를 일목요연하게 정리하는 과정이다. 브로슈어와 CD형태로 만드는 것이 보통이다.

포함되어야 할 내용은 다음과 같다

- 프랜차이즈 시스템이란?
- 프랜차이저의 경영철학 및 기업비전
- 프랜차이저의 조직도 및 재무상태
- 프랜차이즈 사업 컨셉
- 프랜차이지가 됨에 따른 혜택
- 기존 프렌차이지의 영업 현황
- 점포개설에 따른 예상투자액 산정
  - 가맹금, 교육비, 보증금 등
  - 인테리어비용
  - 설비 및 비품비
- 추정손익 계산서
- 표준상담절차

### (2) 상담자의 선발 및 업무

① 상담자의 자격요건

프랜차이즈 상담자는 프랜차이지 모집에 결정적 역할을 하기 때문에 프랜차이즈 사업 초기에는 높은 직급의 직원이나 사장이 직접 담당한다. 프랜차이즈 개념을 잘 이해해야 하고 회사의 내부 사정도 잘 알고 있어야 하며 가맹희망자의 심리도 잘 파악할 수 있고 설득 능력도 있어야 하기 때문이다. 이러한 자격을 갖추기 위해서는 담당자는 사업 초기부터 근무하며 모델 점포의 운영도 직접 해 본 경험이 있는 것이 바람직하다.

② 상담자의 역할

상담자는 가맹희망자에게 프랜차이저의 얼굴이자 대표자이다. 또한 가맹희망자에게는 가맹 계약 체결 전까지 모든 공식적인 의사소통의 통로 역할을 한다. 상담자의 말은 회사의 의견이 되기 때문에 신중해야 한다. 따라서 원칙을 중시해야 하며 재량권도 필요하다.

## 2) 촉 진

### (1) 광 고

광고는 광고주(기업, 국가, 개인 등)가 자신의 비용으로 자신의 상품, 아이디어, 서비스 등이 팔려지도록 정보를 제공하는 비인적 촉진활동이라고 할 수 있다. 프랜차이즈 사업을 처음 시작하는 프랜차이저는 광고를 통해 일반 대중에게 상품을 인식시키고 가맹점도 모집하려 한다. 많은 비용이 수반되는 프랜차이즈 광고는 브랜드 알림의 효과는 어느 정도 있으나 가맹점 모집에 직접적인 효과는 적은 것으로 알려지고 있다. 광고매체는 주로 신문과 창업관련 잡지이다.

### (2) 홍 보

홍보는 소비자를 포함한 다양한 이해관계자들에게 호의적인 감정과 선호를 갖도록 하는데 사용되어지는 마케팅커뮤니케이션 도구로 제3자의 뒷받침을 통해서 이루어지는 것이다. 많은 기업들이 경쟁적으로 광고를 하여 소비자들과 다양한 이해 관계자들은 광고 내용의 진실성에 회의도 느끼고 식상도 하여 광고의 효과는 점점 떨어지고 있어 홍보의 중요성이 커지고 비용대비 효과가 크다. 기업의 뉴스 가치가 있는 정보를 언론기관에 지속적으로 보내어 기사화되면 신뢰성이 생겨 기업에 대한 긍정적 인식이 일반대중에게 심어진다. 이는 광고보다도 영향력이 강하게 나타난다. 프랜차이즈사업의 프랜차이지 모집은 프랜차이지에게 신뢰를 바탕으로 한 호감이 중요하기 때문에 홍보의 중요성은 다른 어떤 촉진책보다 중요하다고 할 수 있다.

### (3) 인적판매

일반기업에서의 인적판매는 판매사원(sales man)이 상품판매를 위하여 고객을 직접 만나 서로의 대화를 통해서 설득하는 커뮤니케이션 활동이다. 프랜치이즈 기업의 상담자가 하는 모든 업무가 인적 판매이다. 그러나 이는 프랜차이즈기업의 상담자가 하는 기본 업무이고 좀 더 적극적인 인적판매는 전업유도이다. 전업유도란 지금 다른 영업을 하는 기존 매장을 설득하여 자사의 브랜드로 바꾸게 하는 것이다. 대상점포는 입지가 좋음에도 불구하고 업종 선택이 잘 못 되어 영업이 부진한 곳이 좋다. 이런 경우 프랜차이즈 계약조건을 프랜차이지에게 유리하게 할 수 있는 융통성도 필요하다.

#### (4) 사업설명회

프랜차이즈기업은 가맹희망자 개인 개인에게 자사에 대해 설명하기 어려울 때 정기적 또는 비정기적으로 사업설명회에 대한 광고를 하여 가맹희망자에게 사업설명을 하는 것으로 창업에 관한 관심이 큰 청중들이기 때문에 높은 성과가 있는 커뮤니케이션 방법이다. 사업설명회 끝난 후 별도의 상담 시간을 참석자를 위하여 마련하는 것도 바람직하다. 그리고 참석자와 같이 모델점포 견학까지 하는 것을 포함하는 것이 바람직하다.

#### (5) 박람회 참여

프랜차이즈 박람회, 창업 박람회, 외식산업 박람회 등에 참석하여 브랜드 인지도도 높이고 가맹희망자와의 커뮤니케이션을 통해 설득하는 것도 프랜차이즈사업 초기에는 효과적인 방법이다.

#### (6) 지인을 통한 가맹점 모집

지인이란 프랜차이즈 기업의 내막을 잘 아는 사람으로 지금 영업 중인 프랜차이지, 프랜차이지 점포의 직원들을 말한다. 지인들이 정보를 제공하는 대상은 그들과 친밀한 사람들이기에 그 정보는 신뢰성이 높고 설득력이 있어 프랜차이지 모집에 큰 원천(source)이 되고 있다. 이는 가맹점포가 성공적으로 운영되어진다는 전제가 있을 때 가능한 것이다.

### 3) 계약과정

가맹점 상담부터 계약에 서명하는 단계는 실제적으로 매우 복잡하지만 보여지는 과정은 단순하다.

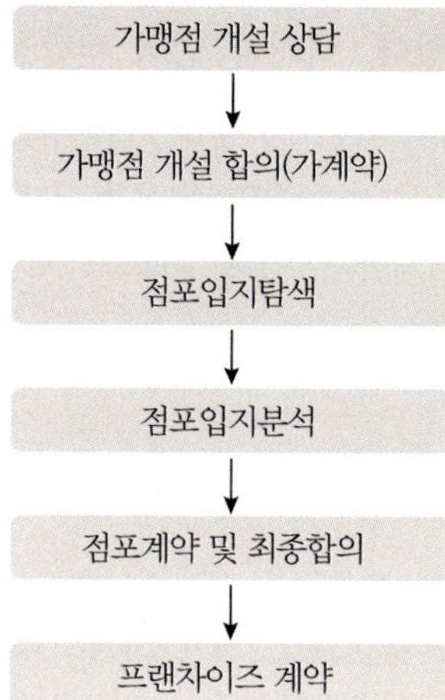


## 9 프랜차이즈 계약

가맹점 개설 상담 이후 여러 단계를 거친 후 프랜차이저와 가맹점 사업자 간의 합의에 의하여 최종적으로 프랜차이즈 계약서에 서명하기에 이른다.

### 1) 프랜차이즈 계약의 의미

프랜차이저와 프랜차이지 각각은 독립된 사업자이기 때문에 서로의 관계를 확인할 수 있는 것이 법적 계약이다. 프랜차이즈 계약은 프랜차이저와 프랜차이지가 장기적 협력을 위하여 양자의 권리와 의무, 그것의 이행 방법과 기간을 서로 합의하여 놓은 문서라고 할 수 있다. 프랜차이즈 계약관계에 있어서 프랜차이저가 일방적으로 만들어 놓은 문서에 프랜차이지가 별 이의 없이 그대로 서명하는 것이 보통이어서 프랜치이지에게 불공정했던 조항이 많아 계약이후 사업실행하며 서로 간의 다툼의 여지가 많았다. 분쟁을 최소화하기 위하여 정부는 2002년 가맹사업거래의 공정화에 관한 법률 및 시행령을 제정하였고, 프랜차이즈 표준계약서도 만들었다. 이러한 법의 뒷받침은 프랜차이즈 사업의 안정화에 큰 기여를 하였다. 가맹희망자는 프랜차이즈 계약 전에 세밀하게 계약서를 검토해 보고 의문점이 있으면 프랜차이저 또는 전문가에게 문의해 보아야 한다. 계약서 서명 이후는 서로 계약 내용을 충실하게 준수해야 하기 때문이다.

### 2) 가맹희망자의 정보공개서 요구

가맹희망자는 프랜차이즈 계약 체결 전에 프랜차이저에게 정보공개서를 요구할 수 있고 프랜차이저는 가맹사업거래의 공정화에 관한 법률에 의해 정해진 내용을 가맹희망자에게 공개해야 한다. 가맹희망자는 계약서에 서명하기 전에 프랜차이즈 계약서와 정보공개서를 반드시 꼼꼼하게 검토해야 한다.

프랜차이즈 계약서와 정보공개서에 대해서는 6장에서 자세히 공부하게 된다.

## 10 영업점포 인허가 · 공사 · 교육

점포임차계약과 프랜차이즈계약이 성사되면 바로 영업인 · 허가 신청을 하여야 하고 한편으로는 ex/interior를 포함한 건축공사를 하여야 하며 프랜차이지 및 그 직원에 대한 교육이 동시에 일어나 개업 전까지는 모두 끝나야 한다.

### 1) 인허가 및 사업자 등록

#### (1) 인 · 허가

사업 시작에 앞 서 영업신고, 등록 또는 허가가 필요하다. 인허가 대상, 주무행정관청, 허가 절차, 제출서류, 신고기한 등에 대해 대부분의 프랜차이지는 정확하게 모르므로 프랜차이저가 지도하여 행정상의 불이익이 안 생겨 프랜차이지 점포 사업진행이 순조롭게 되도록 해야 한다. 신고는 절차가 간단하고 즉시 처리되지만 등록이나 허가는 현장조사와 서류검토가 필요하고 처리기간도 있어 시간적으로 여유를 가지고 대응해야 한다. 또한 지자체별로 다름도 유의하라.

다음의 사항은 한 예이다.

### 인허가 사항 첨부

| 인허가명 | 유통관련(멀티 · 전용게임장, 노래연습장) 영업등록 |
|---|---|
| 대상 · 목적 | 유통관련업을 운영하고자 하는 경우에 신청하는 서류 |
| 구비서류 | 1. 유통관련업자 등록신청서<br>2. 영업시설 · 기구 및 설비개요서<br>3. 법인등기부등본(법인인 경우에 한함)<br>4. 임대차계약서 사본(임차한 경우에 한함) |
| 수수료 | 게임장 30,000원, 노래연습 창업 15,000원 |
| 처리절차 | 인원서류 접수 → 현장조사 및 서류검토 → 등록증교부 |
| 처리기간 | 3일 |
| 유의사항 | 학교보건법 적용, 정화조 용량 검토 |

| 인허가명 | 식품영업 영업신고(자동판매기, 건강보조식품, 식품운반업 · 식품 등 수입판매, 기타 식품판매, 유통 전문업체, 식품소분업) |
|---|---|
| 대상 · 목적 | 식품영업 허가를 신청하는 민원서류 |
| 구비서류 | 1. 식품영업 영업신고서<br>2. 교육필증 1부<br>3. 제조 · 가공하고자 하는 식품의 종류 및 제조 방법 설명서 1부<br>4. 시설 사용계약서 1부(식품운반업에 있어서 차고 또는 세차장을 임대할 경우)<br>5. 먹는물 관리법에 의한 먹는물 수질검사 기관에 발행한 수질검사 성적부 1부<br>6. 액화석유가스사용시설 완성검사 필증 1부<br>7. 소방 · 방화시설 완비증명서 1부(지하의 경우) |
| 수수료 | 28,000원 |
| 처리절차 | 민원서류 접수 → 서류 검토 → 신고증교부 |
| 처리기간 | 즉시 |

| 인허가명 | 식품접객업(휴게 · 일반 · 단란 · 유흥) 지위승계(명의변경) |
|---|---|
| 대상 · 목적 | 식품접객업 영업을 명의변경하고자 하는 경우에 신청하는 민원서류 |
| 구비서류 | 1. 영업자 지위 승계 신고서<br>2. 양도양수서(양도자는 반드시 인감도장 날인, 양수자는 일반도장)<br>3. 양도자 인감증명서 1통<br>4. 양수자 위생교육필증<br>5. 구 허가신고증 반납 |
| 수수료 | 10,000원 |
| 처리절차 | 세무과 체납확인 → 위생과 행정처분 사항 조회 → 민원서류 접수 → 위생과 처리 → 허가신고증 교부 |
| 처리기간 | 즉시 |
| 유의사항 | 최근 1년 이내의 행정처분 사항은 양수자에게 승계되어 같은 위반사항으로 적발시에는 가중처분됨. |

| 인허가명 | 유흥주점업 허가 신청 |
|---|---|
| 대상 · 목적 | 유흥주점 영업을 신규로 허가 받고자 하는 경우에 신청하는 민원서류 |
| 구비서류 | 1. 유흥주점 영업허가 신청서(신규)<br>2. 액화석유가스 사용시설 완성검사 필증 1부<br>3. 영업주 위생교육 필증<br>※ 위생교육 실시기관<br>– 한국유흥업중앙회 교육장<br>4. 소방 · 방화시설 완비 증명서 1부(소방서 방호과)<br>5. 학교환경 위생정화위원회 심의필증<br>6. 먹는물 관리법에 의한 먹는물 수질검사기관이 발행한 수질검사성적서 1부 |
| 수수료 | 28,000원 |
| 처리절차 | 민원서류 접수 → 현장조사 및 서류검토 → 허가증 교부 |
| 처리기간 | 3일 |
| 유의사항 | 도시계획상의 지역구분은 상업지역, 건축물의 용도는 위락시설에 한 함. |

## (2) 사업자등록

사업자등록은 세금납부와 상거래를 위하여 세무서에 신청하여 사업자등록증을 발급받는 것이다. 사업규모나 업종에 상관없이 모두 사업자등록을 해야 한다. 사업인허가를 받은 개인사업자는 20일 이내에 법인사업자는 설립등기일로부터 30일 이내에 본점 소재지 관할 세무서에 신청해야 한다.

**사업자 등록 신청첨부**

| 인허가명 | 사업자등록증 신청 |
|---|---|
| 대상 · 목적 | 사업을 시작하는 경우에는 규모나 업종에 관계없이 세무서에 신청하고 사업자등록증을 발급받아야 한다. 사업자등록을 하면 사업자등록번호가 나오는데 이 번호는 모든 상거래에 있어서 그 사업체를 표시하며 거래시마다 사용되는 고유번호이다. |
| 구비서류 | 1. 사업자등록 신청서 2부(세무서 민원봉사실에 비치)<br>2. 개인 주민등록등본 2부, 법인 법인등기부등본 1부<br>3. 사업허가증 사본 1부<br>4. 전세 임대차계약서 사본 1부<br>5. 법인설립 등기 전이나 사업허가 전에 등록을 할 때는 법인설립을 위한 발기인의 주민등록등본 또는 사업허가신청서 사본이나 사업계획서를 첨부 |
| 처리절차 · 기간 | 사업자등록은 사업을 시작한 날로부터 20일 이내 구비서류를 갖추어서 관할 세무서 민원봉사실에 신청하면 된다.<br>민원봉사실에서는 과세특례자와 제조 · 도매업을 제외한 일반과세자에게는 컴퓨터를 이용해 즉시 발급하고, 수동발급 대상인 경우에는 발급일시를 기재한 접수증을 발급해 납세자가 예정된 발급일시에 민원봉사실에서 사업자등록증을 받을 수 있다.<br>이 경우 처리기한은 7일이다. 그러나 사업자가 사업을 개시하기에 앞서 상품을 구입하거나 시설투자를 하고자 하는 경우 매입시 부담한 부가가치세를 돌려 받으려면 사업을 개시하기 전에 사업자등록을 할 수 있다.<br>이 경우 미리 사업자등록을 해서 매입 세금계산서를 교부받는 것이 유리하다. 사업개시 전에 사업자등록을 했지만 사실상 사업을 시작하지 않게 된 경우에는 지체없이 관할 세무서에 폐업신고를 해야 한다. |

### 2) 프랜차이지 개업 교육

프랜차이저에게 있어 교육은 가맹점포 운영에 관한 노하우를 전달하는 한 방법이기도 하지만 커뮤니케이션 수단이기도 하다. 교육대상은 프랜차이지와 그 직원들이다. 대상에 따라 교육 내용은 달라질 수 있고 교육내용은 프랜차이저에 대한 소개, 경영철학, 리더십, 상품지식, 접객서비스, 점포광고 및 홍보 과정과 방법, 세무교육 등이 있다. 또한 교육일정표도 있어야 한다. 교육방법은 교실에서 시행되는 이론교육과 현장에서 시행되는 실습교육이 있다. 교육기간은 산업의 성격에 따라 다르지만 1일~6개월까지 다양하다. Holiday Inn 같은 호텔체인은 총지배인과정, 식음료임원 과정 등의 다양한 코스를 가지고 있고 그 기간도 상당하다. 맥도날드는 미국 시카고 근처에 Hamburger University를 설립하여 프랜차이지, 직영점포 점장 등을 대상으로 체계적 교육을 시킨다.

### 3) 점포공사 및 기자재 설치

#### (1) 중요성

부동산 관련 비용을 제외하고 가장 많은 비용이 발생하는 부분이 점포공사와 기자재 설치 비용이다. 특별한 경우는 이 부분이 부동산 임차 비용보다 많이 드는 경우도 있을 정도이다. 점포공사는 작업의 효율성과 고객에 대한 감성적 호소력이 나타나는 분야로 점포 경쟁력의 큰 요인이 되고 있는 매우 중요한 분야이므로 세밀하고 조심스러운 접근이 필요하다. 프랜차이저는 체인내의 일체감을 중시하고 프랜차이지는 공사비 절감에 관심을 가지고 있다.

국내의 프랜차이저들은 점포공사를 통해서 얻는 수수료가 프랜차이저 수익의 큰 부분이기도 하기 때문에 점포공사가 양자 간의 불화의 첫 단추가 되는 경우가 많아 프랜차이저는 장기적 협력을 위하여 공사비용을 공정하게 산출하는 것이 바람직하다. 프랜차이지도 시공업자와 관계없이 프랜차이저가 정한 사양에 따라 설계, 시공해야 한다.

그리고 대부분의 사람들이 인테리어 공사라는 말을 쓰는데 점포공사에서 인테리어의 부분이 큰 것은 사실이지만 일부분일 뿐이다. 이외에도 전기 공사, 상하수도 공사, 가스공사 등이 있어 점포공사라고 쓰는 것이 정확하다.

### (2) 공사과정

점포공사는 프랜차이저가 주도하여 하는 경우와 프랜차이지가 주도하여 공사하는 2가지의 경우가 있다. 프랜차이저가 주도하는 경우는 자신의 회사와 협력관계가 있는 공사업체가 있어서 이들이 실제적으로 공사를 진행한다. 프랜차이지가 주도하여 하는 경우는 반드시 프랜차이저가 정한 사양에 의해 공사를 하여야 하며 이를 위해 프랜차이저 소속의 담당 직원과 논의하며 공사를 진행해야 한다. 따라서 누가 공사의 주체가 되느냐에 따라 공사 진행과정과 역할이 변할 수 있다.

다음은 공사 진행 과정도이다.

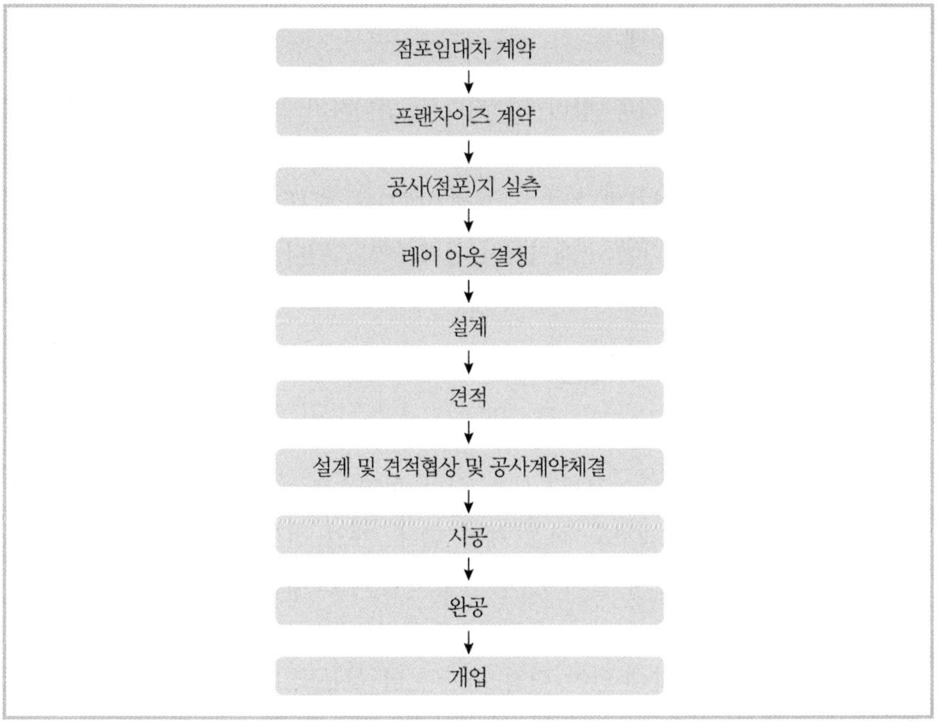

점포 임대와 계약과 프랜차이즈 계약이 끝나면 공사할 건물 또는 부지의 평수 및 건물구조를 파악하기 위하여 실측한다. 실측 후 공사업자는 프랜차이즈 ex/interior 컨셉을 바탕으로 프랜차이지와 레이아웃에 대해 논의하여 최종적으로 레이아웃을 결정한다. 레이아웃이란 각종 장비 및 집기 설치와 고객의 동선을 고려하여 공간을 배분하는 것으로 문의 위치, 창고의 위치, 진열공간의 위치, 카운터의 위치, 화장실, 직원휴게실 등의 공간 내의 위치 결정에 관한 일이다. 외식업소같은 경우는 문의 위치와 주방의 위치를 먼저 정하고 객석의 위치 등의 다른 공간은 그 이후에 정한다.

레이아웃을 기초로 설계도면이 나오고 이에 따라 견적이 산출된다. 프랜차이지는 설계 및 공사비를 검토한 후 수정할 부분이 있으면 협상을 통해 수정을 하고 최종적으로 공사계약을 체결하는 것이다. 마지막으로 완공이 되면 도면대로 공사가 되었는가를 프랜차이지는 확인해야 한다.

### (3) 기자재 구매

기자재는 각종 장비 및 집기를 의미하며 기자재도 상품 질을 통일되게 유지하기 위해서는 프랜차이저가 추천하는 기자재를 구매하야 한다. 똑같은 기자재 가격이 프랜차이저가 제시하는 것보다 다른 구매처가 저렴하면 다른 구매처에서 구매하여도 된다.

## 11 프랜차이지 점포 개업

프랜차이지는 점포공사를 하며 한편으로는 교육도 받아야 하며 또 개업을 위한 업무도 직접 해야 한다. 개업 전까지 초도상품 발주는 물론 상품진열까지 끝내야 하고 필요 인력도 채용하여야 하며 개업 이벤트도 해야 한다. 물론 프랜차이저가 이 모든 것에 도움을 주기는 하지만 프랜차이지 본인이 직접 하여야 할 부분도 많고 도움을 확인해야 하는 것도 많다.

아래는 프랜차이지가 직접 추진 및 점검해야 할 사항이다.

**개업추진 및 점검표**

| 점검대상 | 세부점검사항 | 점검 결과 | 완료 시한일 |
|---|---|---|---|
| 카운터 | POS설치와 작동<br>신용카드사 가맹<br>필기류를 포함한 사무용품<br>영수증과 고무인준비<br>영업허가증/사업자등록부착<br>거스름돈준비<br>메뉴판(외식업소의 경우) | | |
| 매장(홀) | 진열대 또는 탁자 등의 진열 및 청결상태<br>소품설치 상태<br>냉난방시설 정상가동여부 | | |
| 화장실 | 청결과 위생상태<br>화장실 비품준비(화장지, 세탁제 등)<br>청소확인표 | | |
| 사무실 및 라커룸 | 직원편의시설<br>컴퓨터작동 점검<br>탈의실과 옷 보관함 | | |
| 창고 | 보관대 설치<br>청결 및 위생상태 | | |
| 주방(외식업) | 주방기 설치 상태<br>냉장/냉동고 작동점검<br>식기류 준비 상태<br>청결 및 위생상태 | | |
| 주차장 | 주차요원 고용<br>주차라인<br>안내표시 | | |
| 점포전면 | 간판상태<br>점포 앞 보도 상태<br>점포전면의 느낌 및 청결상태 | | |
| 행정 및 세무 | 영업허가증 및 사업등록증 발급여부<br>위생교육(외식업)<br>직원건강진단(외식업) | | |

| | | | |
|---|---|---|---|
| 안전 | 소화기 설치<br>시건 장치 설치 | | |
| 상품 | 초도상품 적절량 주문<br>배달된 상품 검수<br>상품진열 상태<br>원자재 재고 상태(외식업) | | |
| 접객직원 관리 | 유니폼 발주 및 검수<br>두발, 손톱, 구두, 화장상태 | | |
| 촉진 | 전단지 발주 및 신문잡지 배달 일정<br>개업초대장 명단확보 및 발송<br>판촉물주문 · 배달 · 검수<br>플래카드설치장소 확보 및 설치, 이벤트계획 | | |
| 인사 · 교육 | 예정인력충원 상태<br>직원교육상태 | | |
| 운영자금 | 3개월 정도의 운영자금 확보 여부 | | |

개업일자는 미리 정하고 이 일정을 맞추어 개업하기 위해서 최선의 노력을 해야 하지만 만일 이 일정대로 준비가 안 된다면 개업을 늦추는 것이 바람직하다. 준비가 안 된 상태에서 고객을 맞이하면 첫 인상이 나쁘게 되어 다시는 안 오게 되기 때문이다.

필자가 아는 외식업소 하나는 주인이 "자신 식당의 음식에 만족 못 하는데 어떻게 고객에게 판매하냐?" 며 음식 맛을 조정하느라 모든 시설이 완비되고 직원이 채용된 상태에서 한 달여간이나 개업을 미룬 것을 보았다. 후에 이 외식업소는 크게 성공하는 것을 보았다.

## 12 프랜차이지에 대한 지속적 지원

프랜차이지가 폐업을 선언한 때까지 프랜차이저가 장기적으로 꾸준하게 프랜차이지를 지원하여 주는 것은 프랜차이저의 책임이자 의무이다. 지속적으로 좋은 지원을 하기 위해서는 프랜차이저는 연구 · 개발을 하여 프랜차이지에 대한 수월성을 유지해야 한다.

프랜차이지 점포 개업이후 지원은 크게 세 방향으로 나눈다. 첫째는 매뉴얼이다. 매뉴얼은 프랜차이지 점포의 일상적인 업무(routine work)를 효율화시키는 것이다. 둘째는 슈퍼바이징(supervising)이다. 경영환경의 변화는 늘 있기 마련인데 매뉴얼은 주로 기능적인 업무에 대한 편람이기 때문에 환경변화에 대해 프랜차이지는 당황할 수 있다. 이 때 필요한 것이 경영컨설턴트인 슈퍼바이저(supervisor)이다. 영업현장에서의 어려움은 다양하기 때문에 그 모든 것을 매뉴얼로 설명하기는 어려워 경험이 많은 슈퍼바이저가 그 상황에 맞는 대안을 제시하는 컨설팅 기능이 주역할로 하며 또한 프랜차이저와 프랜차이지 양자 간의 의사소통 통로이며 양자 간 의견 차이가 있을 때 조정자 역할을 한다. 또한 프랜차이지가 본사의 영업방침을 잘 따르고 있나를 살피는 감독기능도 있다. 슈퍼바이징의 범위는 산업의 특성, 점포의 규모 등에 따라 다르나 포함될 수 있는 범위는 매장관리, 설비관리, 품질관리, 마케팅, 인사, 교육, 금융정보, 물류, 회계, 법규 및 행정사항 등 거의 모든 분야가 해당된다.

세번째는 컨벤션(convention)이다. 매뉴얼이나 슈퍼바이저에 의해서 만족이 안 되는 부분도 있고 비효율적인 면도 있어 프랜차이지들이 다 함께 모여 특정 주제에 대해 강의도 듣고 서로 토론도 하며 경영역량을 키워지게 할 목적으로 프랜차이지 컨벤션이 프랜차이저에 의해 개최된다. 부수적으로 얻어지는 것은 프랜차이저와 프랜차이지 간의 신뢰를 쌓아 파트너임을 재확인하는 것이다.

프랜차이저의 성실하고 공정한 지원은 프랜차이지에게 신뢰를 주고 신뢰는 프랜차이지가 점포 운영에 좀더 몰입하게 되며 궁극적으로는 프랜차이지에게 높은 수익성을 가져다준다. 프랜차이지의 높은 수익성은 바로 프랜차이저의 높은 수익성과 연결이 된다. 프랜차이지에 대한 프랜차이저의 성실하고 공정한 지원은 프랜차이저 성공의 출발점이다.

chapter

# 3 프랜차이저 경영

FRANCHISE

franchise

# 03 프랜차이저 경영

## 1 프랜차이저 경영철학

일반 산업분야에서 중시되는 시장지향성, 환경지향성, 윤리지향성 등과 같은 경영철학은 프랜차이즈사업에서도 마찬가지로 중시된다. 또한 프랜차이즈 사업은 자체가 가진 특성의 하나인 프랜차이저-프랜차이지와의 관계에 관련한 주제도 성공을 위한 중요한 요소이므로 경영철학에 포함시켜야 한다. 또 이 관계에는 공급업자도 포함될 수 있다. 부동산 중개, 학원, 은행 등과 같은 순수 사업형프랜차이즈 사업 분야에는 공급업자가 없을 수 있다. 외식산업의 경우는 공급업자의 역할이 매우 중요하다. 이들 간의 관계는 단순하고 일회성적인 거래로 끝나는 것이 아니고 장기적이며 수많은 거래를 하는 관계이고 이 관계를 주도하는 것은 프랜차이저이다. 프랜차이저는 상생해야 한다는 경영철학 아래 서로 신뢰하고 몰입할 수 있는 장기적 협력 경영시스템을 설계하여 서로 간에 시너지 효과가 날 수 있도록 해야 한다.

프랜차이즈 창업시장에서 상생 마인드의 중요성이 부각되고 있다. 본사와 가맹점이 함께 성장할 수 있는 브랜드가 높은 호응을 얻고 있기 때문이다. 오픈 후 사후관리가 가맹점 성패를 좌우한다고 해도 과언이 아닐만큼 본사의 체계적인 지원 시스템이 중요하다는 것이다.

가맹점은 본사의 지원 체계 속에서 효율적으로 운영될 수 있다. 많은 창업자들이 프랜차이즈를 선택하는 이유이기도 하다. 가맹점에 대한 가맹본사의 체계적인 지원이 이뤄지지 않을 경우 고객 감소에 따른 매출 악화와 경영난을 배제할 수 없기 때문이다.

㈜FC첼린지의 상하이짬뽕(www.sanghaichampong.com)의 경우 점포를 운영하면서 발생할 수 있는 문제를 즉각적으로 대응 할 수 있는 '헬프데스크'시스템을 갖추고 있다. 가맹점주를 사업의 동반자로 생각하는 경영이념이 반영됐다.

문제가 발생하면 1차적으로 외부 담당인테리어회사, 주방설비업체, 사인물업체가 대응하여 조치하고, 2차적으로 본사 보전 담당자가 관여해 문제해결을 매듭짓는 방식이다.

'슈퍼바이징' 또한 가맹점 관리에서 중요한 부분으로 손꼽힌다. 슈퍼바이저가 정기적으로 매장에 방문해 운영 상황을 진단하고 즉시 해결해주기 때문에 초보창업자도 어렵지 않게 프랜차이즈 창업을 할 수 있는 것이다.

떡볶이 전문점 요런떡볶이(www.yodduk.co.kr)는 가맹점에 문제가 발생하기 전에 운영 전반을 개선할 수 있도록 슈퍼바이징 시스템을 강화했다. 월 1회 이상 슈퍼바이저가 반드시 가맹점에 방문한다. 직접 방문을 통해 퀄리티나 위생, 조리 상태를 체크하고 부족한 점은 보완해준다.

전주 콩나물국밥 전문점 완산골명가(www.wansangol.com)는 '체인점은 곧 나, 나는 곧 회사'라는 사훈이 돋보인다.

완산골명가는 슈퍼바이저가 다른 브랜드에 비해 4배 정도 많다. 외식 프랜차이즈 슈퍼바이저 1인이 관리해야 하는 평균 매장수는 30~50개지만 완산골 명가는 10개 정도다. 슈퍼바이저 인력을 늘림으로써 가맹점 관리의 질을 높였다.

프랜차이즈 업체의 이같은 상생 마인드는 가맹점주의 만족도를 높이고 나아가 가맹점 매출과 본사의 이미지 제고에도 큰 역할을 하고 있다.

출처 : 머니투데이(2010.12.13)

## 2 프랜차이지에 대한 프랜차이저의 역할

### 1) 검증된 사업컨셉 개발

프랜차이저에 의하여 개발된 사업컨셉이 시장에서 범용적으로 받아들여지는 것을 입증하여야 한다. 또한 모델점포 개발을 통해 개점 노하우를 쌓고 운영을 통하여 매뉴얼도 제작하여야 한다.

### 2) 브랜드화

상표등록을 통하여 독점적 사용권을 얻고 마케팅활동을 통해 상표를 소비자에게 좋은 이미지로 인지시킨다.

### 3) 자격 있는 프랜차이지 선정

사업가적 자질, 재정상태 등의 자격을 갖춘 프랜차이지를 뽑아 훈련을 통하여 유능한 프랜차이지로 키운다.

### 4) 가맹점포의 수익성 제고

가맹점포의 매출이 올라 이익이 날 수 있도록 프랜차이저는 계속적인 영업지원을 한다.

### 5) 시장 변화에 따른 적응

소비자의 선호도 변화에 민감하게 반응하여 적절한 시기에 신상품을 출시하여 가맹점의 경쟁력 수월성을 유지한다.

### 6) 기업으로서의 수익성 및 지속성 유지

기업으로서 지속하기 위하여 수익성이 있어야 하고 계속 기업으로서 유지하기 위하여 내부시스템을 강화시키고 마케팅 파워도 키워야 한다.

### 7) 준수사항

아래의 내용은 가맹사업거래의 공정화에 관한 법률의 5조 프랜차이저의 준수사항이다.

(1) 가맹사업의 성공을 위한 사업구상
(2) 상품이나 용역의 품질관리와 판매기법의 개발을 위한 계속적인 노력
(3) 프랜차이지에 대하여 합리적 가격과 비용에 의한 점포설비의 설치, 상품 또는 용역 등의 공급
(4) 프랜차이지와 그 직원에 대한 교육 · 훈련
(5) 프랜차이지의 경영 · 영업활동에 대한 지속적인 조언과 지원
(6) 가맹계약기간중 프랜차이지의 영업 지역 안에서 자기의 직영점을 설치하거나 프랜차이지와 유사한 업종의 가맹점을 설치하는 행위의 금지
(7) 프랜차이지와의 대화와 협상을 통한 분쟁해결 노력

**프랜차이저의 신뢰성 저하 요인**

1위 가맹점에 대한 지원 약속 미이행(28.9%)
2위 과장된 예상 매출 제시(25.1%)
3위 인근 지역에 신규 가맹점 개설(19.8%)
4위 과다한 인테리어 비용 산정(18.8%)
5위 일방적 사업방식 변경으로 금전적 부담 가중(14.7%)

출처 : 2008년 프랜차이즈업 현황 및 발전 방안 연구

# 3 프랜차이즈 사업의 성공요인

세상에는 여러 산업이 있고 그 산업들은 제 각기 특성이 있고 산업특성에 따라 성공요인이 차이가 있다. 각 산업은 일반적으로 기술력, 마케팅, 원가, 디자인 등이 성공요인이고 이것들 각각의 중요성 비중은 약간 씩 차이가 날 수 있다.

산업별로 성공요인이 서로 다르다. 산업특성에 따라 기술력, 마케팅, 원가, 디자인 등의 일반적 경쟁우위의 경중이 있다.

프랜차이즈기업에서는 어떤 것들이 성공요인이 될까?

프랜차이즈기업 성공요인에 대해서는 지금까지 충분하게 연구성과가 축적되지는 않았다. 지금까지는 성공요인은 발전단계별, 산업별로 나뉘어 연구되었다. 성공요인은 새로이 프랜차이즈를 계획하는 기업에게는 어떤 길을 가야할 지를 알려주고 가맹희망자에게는 어떤 프랜차이저를 선택해야 하는 지를 알려주고 있다.

## 1) 발전단계별 성공요인

### (1) 창업 초기의 성공요인

Shane & Spell은 27개 산업의 157개 프랜차이즈 기업을 대상으로 연구하였다. 새로이 창업된 프랜차이즈 기업의 1/3은 4년 이내에 도산하였고 3/4은 12년 이내에 도산하였다. 성공적으로 창업된 프랜차이즈 기업은 다음과 같은 특징을 가지고 있다.

① 점포숫자가 많아야 한다.

직영 및 가맹점포가 많아져야 촉진비 등에서 규모의 경제가 실현되기 때문이다.

② 프랜차이저의 프랜차이지에 대한 지원이 너무 많지 않아야 하다.

프랜차이지에 대한 많은 지원은 프랜차이저의 많은 지출을 유발하여 프랜차이즈 시스템 강화에 집중하지 못하여 결과적으로 프랜차이지에게도 손해가 될 수 있다. 또한 프랜차이지가 프랜차이저에게 너무 심하게 의존하면 자생력이 떨어지는 문제도 발생한다.

③ 프랜차이저의 브랜드 인지도가 높아야 한다.

브랜드 인지도가 높아져야 당연히 최종소비자에게 어필할 수 있기 때문이다.

④ 프랜차이즈 계약기간이 길어야 한다.

계약기간이 길어야 프랜차이저에 대한 신뢰가 생기고 장기적 협력이 가능해진다.

⑤ 프랜차이지 점포 당 본부 인력수가 적어야 한다.

프랜차이저의 인력운영 효율성이 좋아 관리비가 적게 들어야 한다.

### (2) 중장기 성공요인

초창기를 성공적으로 극복한 프랜차이즈 기업은 새로운 성공요인이 필요하다고 Bharadwaj는 말하였다. 그는 중장기적으로는 프랜차이즈기업에서는 경쟁우위와 지속가능 경쟁우위가 요구된다고 하였다. 경쟁우위는 경쟁기업에 비해 원가 우위나 차별화 우위를 지닌 기업의 핵심역량을 의미하고 지속가능경쟁 우위는 장기적으로 경쟁기업에 지속적으로 우위에 있을 수 있는 기업역량을 뜻한다. 기업의 경쟁우위는 단순하게 생기는 것이 아니고 여러 원천(source)에서 모여져서 기업의 힘으로 나타내어지는 것이다. 원천은 브랜드, 기술혁신, 정보기술, 규모의 경제, 품질, 마케팅 파워 등으로 초창기 프랜차이즈기업의 성공요인과 대부분 중복되고 있다.

## 2) 산업별 성공요인

프랜차이즈 산업별 성공요인이 산업간 차이가 없다는 주장도 있지만 산업별로 투자규모, 영업방법, 인력운영, 마케팅 방법 등이 나르기 때문에 성공요인이 서로 약간의 차이가 있다.

Falbe & Welsh의 연구는 외식산업, 서비스산업, 도 · 소매업, 기타 등으로 나누어 연구 하였는데 여기서는 외식산업, 서비스산업, 도 · 소매업만 서술한다. 서비스산업 분야는 사업형 프랜차이즈(business format franchise)이고 도 · 소매업분야는 상품 및 상표형 프랜차이즈(product and brand name franchise)이며 외식산업분야는 위의 두 가지 형태의 혼합형이라고 할 수 있다. 외식산업분야가 혼합형인 것은 경영지도와 브랜드 같은 것은 사업형 프랜차이즈에서 중시하는 것과 같고 외식업소에 필요한 식자재 공급은 상품 및 상표형 프랜차이즈에 있는 기능이기 때문이다.

### (1) 외식 프랜차이즈기업의 성공요인

외식업소는 영세생업형과 기업형으로 나눌 수 있는데 영세생업형은 진입장벽이 낮아 경쟁이 매우 치열하고 기업형은 경쟁은 약한데 투자액이 의외로 높다. 국내 외식프랜차이즈기업은 주로 영세생업형인 소규모 외식업소 컨셉으로 체인화를 하고 외국계 외식 프랜차이즈기업 기업형은 대규모 외식기업 컨셉으로 국내 시장에 진출하였고 영세생업형 외식업소와의 성공요인은 다를 수 있는데 이에 대한 국내 연구가 없어 여기서는 언급할 수 없고 Falbe의 연구결과를 중심으로 서술한다.

① 품질

여러 성공요인 중에서 가장 중요한 요인으로 다시 세분하면 맛과 접객서비스이며 맛은 다른 요인을 압도하는 가장 중요한 요인이다. 최근 들어 접객서비스의 질도 중시되고 있다.

② 브랜드

브랜드란 특정기업의 상품이나 서비스를 소비자에게 식별시키고 경쟁자들의 것과 차별화하기 위하여 사용되는 독특한 이름과 상징물(로고, 디자인 등)들의 결합체를 의미한다.[1]

최근 들어 브랜드의 중요성은 더 부각되고 있다. 기업의 기술력이 평등화되어 상품 간의 기술격차 보다는 이미지 격차가 생겼고 너무 많

---

1) 안광호외, 마켓팅 관리적접근, 학현사, 2007, p. 250.

은 상품이 시장에 출시되어 소비자는 인지된 브랜드를 선택하는 경향이 생겼다. 따라서 이제는 브랜드 자체가 기업의 큰 무형자산이 되었다. 인터브랜드(Interbrand)사는 매년 세계 유명 브랜드를 선정하여 그것의 순위와 가치를 발표한다. 2009년 맥도날드는 세계 5위에 랭크되었으며 가치는 323억달러(3조5천억원 정도)이다. 100위 안에 드는 외식기업은 KFC(61위), Starbucks(90위), Burger King(93위)이다. 이 순위와 가치는 매년 변동이 있다.

### 삼성전자, 브랜드 가치 22조…세계 19위

**현대차는 4계단 올라 65위**

전 세계 시장에서 삼성전자의 브랜드 가치가 2년 연속 20위 안에 들었다. 현대자동차도 미국 시장에서의 선전을 바탕으로 브랜드 순위가 눈에 띄게 올라갔다.

글로벌 브랜드 컨설팅 업체인 인터브랜드는 16일 '2010 세계 100대 브랜드' 보고서에서 삼성전자와 현대자동차의 브랜드 가치가 각각 194억9,100만달러와 50억3,300만달러로 전 세계 브랜드 가운데 19위와 65위를 차지했다고 발표했다. 삼성전자는 지난해와 같은 순위를 지켰으며, 현대자동차는 4계단 올랐다.

**세계 100대 브랜드 순위** (단위 : 백만달러)

| 순위 | | 기업명 | 브랜드 가치 | | 소속국 |
|---|---|---|---|---|---|
| 2010 | 2009 | | 2010 | 2009 | |
| 1 | 1 | 코카콜라 | 70,452 | 68,734 | 미국 |
| 2 | 2 | IBM | 64,727 | 60,211 | |
| 3 | 3 | 마이크로소프트 | 60,895 | 56,647 | |
| 4 | 7 | 구글 | 43,557 | 31,980 | |
| 5 | 4 | GE | 42,808 | 47,777 | |
| 6 | 6 | 맥도날드 | 33,578 | 32,275 | |
| 7 | 9 | 인텔 | 32,015 | 30,636 | |
| 8 | 5 | 노키아 | 29,495 | 34,864 | 필란드 |
| 9 | 10 | 디즈니 | 28,731 | 28,447 | 미국 |
| 10 | 11 | HP | 26,867 | 24,096 | |
| 19 | 19 | 삼성전자 | 19,490 | 17,520 | 한국 |
| 65 | 69 | 현대차 | 5,033 | 4,604 | |

자료 : 인터브랜드

인터브랜드 관계자는 "삼성전자는 휴대폰 등 디지털 기기와 제품 디자인 부문에서 인지도를 향상시켰다"고 말했다. 현대자동차의 경우 실직시 차량을 환불할 수 있도록 하는 '어슈어런스 프로그램' 등 창의적인 전략과 월드컵 슈퍼볼에서 적극적인 마케팅 활동이 주효했다는 설명이다.

이번 발표에서는 애플과 구글의 도약이 돋보였다. 올해 애플의 브랜드 가치는 211억4,300만달러로 지난해 154억3,300만달러에 비해 37% 늘어 100대 브랜드 가운데 가장 높은 가치 상승률을 보였다. 순위는 17위로 지난해 20위에 비해 3계단 뛰었다.

전 세계에서 가장 브랜드 가치가 높은 기업은 코카콜라(704억5,200만달러)였으며 이어 IBM(647억2,700만달러), 마이크로소프트(608억9,500만달러), 구글(435억5,700만달러) 등의 순이었다.

출처 : 한국경제(2010.9.16)

③ 소비자 기호도 변화적응력(Adaptability)

소비자의 기호는 바뀐다. 기호변화의 대상이 메뉴일 수도 있고 인테리어 일 수도 있다. 또는 판매방법일 수도 있다. 기호변화의 요인은 소비자의 건강지향성, 새로운 사회풍조, 조류독감이나 광우병 등과 같은 질병이 된다. 미국의 패스트푸드(fast food)식당의 경우는 drive-through가 없으면 영업에 막대한 타격이 있을 정도로 판매 방법도 다양화 되었다. 건강을 중시여기는 고객이 증가하는 것을 감지한 미국의 KFC는 전기구이 통닭을 새로이 출시하여 판매하고 있다. 변화하는 소비자에게 빨리 적응하여 상품을 출시하여야 한다.

④ 상품차별화

경쟁 프랜차이즈기업과 차별화하기 위하여 나름대로의 특이점을 고객에게 호소(appeal)한다. 미국의 패스트 푸드 체인인 Hardee's는 햄버거에 다진 쇠고기(patty)대신에 얇게 썰은 로우스트 비프(roast beef)를 넣어 타 회사와 차별화시켰고 버거킹은 맥도날드와 다른 점을 강조하기 위해 햄버거 고기(patty)를 석쇠에서 불로 직접 구운 점을 강조하며 소비자에게 부각시키고 있다.

⑤ 프랜차이지에 대한 지원

프랜차이지에 대한 지원은 입지개발부터 시작하여 개업이후의 운영까지 넓고 다양한 범위의 경영지도이다. 특히 개업 후의 지속적이며 수준 있는 슈퍼바이징이 필요하다. 앞서 창업 초기의 프랜차이즈 기업 성공요인 중의 하나가 프랜차이지에 대한 지원이 많지 않아야 된다라는 내용이 있었다. 이는 지금의 내용과 대치되는 것이다. 이에 대한 해석은 앞의 내용은 프랜차이즈기업 전반에 관한 것이고 지금의 내용은 외식산업에 국한된 것이다. 외식산업이 다른 산업에 비해 그 만큼 많은 어려움이 있다는 뜻이기도 하다. 경쟁은 심하고 매일 매일의 운영의 기복이 심해서 전문가의 도움이 그 만큼 절실하다는 것이다.

### (2) 서비스 프랜차이즈 기업의 성공요인

제조업과 차별되는 4대 특성이 서비스산업에 있다. 이 4대 특성을 어떻게 운영하는가에 의하여 성공과 실패가 갈라진다.

① 무형성(intangibility)

서비스는 형체가 없기 때문에 구매 전에 상품의 가치를 느낄 수 없다. 판매 이후에도 구매자는 손에 쥐는 것이 없다. Robert Lewis는 다음과 같이 말했다. '서비스 구매자들은 빈손으로 돌아가지만 빈 머리로 돌아가지는 않는다.' 즉 구매 후 느낌은 가지고 있다는 뜻이다. 그 느낌을 바탕으로 재구매 여부를 결정짓는다. 구매 전에 구매를 촉진하기 위해서 브랜드 강화가 필요하다.

② 이질성(heterogeneity)

서비스는 전달하는 사람, 전달하는 방법, 장소, 시간 등에 따라 품질이 달라지고 소비자의 성격과 상황에 따라 다르게 느껴질 수 있는 것이다. 이 문제를 최소화 시키는 것은 표준화이다. 매뉴얼은 서비스를 표준화시키는 한 방법이다.

③ 소멸성(perishability)

서비스는 저장할 수 없다. 오늘 팔지 못한 여분의 객실을 내일 팔 수 없다. 청량음료는 여름 성수기를 위하여 봄부터 만들어 보관하였다가 더운 여름에 팔 수 있지만 해운대에 있는 호텔은 봄에 못 팔은 객실을 모아 두었다가 한 여름에 팔 수 없다. 적절한 수요를 예측하는 것이 꼭 필요하고 수요가 적을 때 이를 극복하기 위한 사전 대책이 필요하다. 호텔 같은 경우 패키지 프로그램을 개발하고 대규모 단체고객을 저가로 유치하기도 한다.

④ 비분리성(inseparability)

서비스는 생산과 소비가 동시에 발생한다. 호텔직원의 인사는 서비스 생산이고 인사에 답례하는 고객의 인사는 서비스 소비이다. 상업용 비행기의 비행은 서비스를 생산중인 것이고 그 비행기를 타고 목적지로 가고 있는 고객은 서비스를 소비하고 있는 것이다. 이렇게 서비스는 생산자가 생산하는 즉시 소비자가 소비하는 특성이 있다. 이 특성 때문에 미리 서비스를 생산해서 비축할 수 없기 때문에 갑작스러운 대량 주문에 제대로 응할 수가 없다. 이에 대한 대책으로는 직원에 대한 교육을 통해 서비스 숙련도를 높여 갑작스러운 수요에 즉각 대응이 가능하도록 하며 좀 더 효율적인 생산성을 보일 수 있도록 하고 한편으로는 고객의 참여도 유도한다.

### (3) 도 · 소매 프랜차이즈기업 성공요인

도 · 소매업은 의미하는 그대로 유통적인 의미를 지니고 있다. 프랜차이저는 도매 또는 생산자가 되고 프랜차이지는 소매자 역할을 한다. 도 · 소매 프랜차이즈 기업의 성공요인은 일반 도소매기업의 성공요인과 일치된다.

성공요인으로는 프랜차이즈 시스템의 내부화이고 내부화는 물류 및 정보시스템 구축과 효과적인 머천다이징이다.

① 물류 및 정보시스템구축

주문 · 배송 · 검수 · 저장 등의 물류시스템은 유통업의 핵심기능이며 정보시스템은 물류시스템을 효율적으로 운영하게 하여 주는 역할을 한다.

② 효과적인 머천다이징

고객이 원하는 상품을 발굴하여 적절한 시기에 합리적인 가격으로 출시하는 것을 의미한다.

## 4 프랜차이저의 프랜차이지에 대한 지원

프랜차이징에 앞 서 프랜차이저는 프랜차이지에게 어떤 지원을 할 것인가를 명확하게 하고 이를 실행하기 위하여 내부 시스템을 갖추어야 한다. 내부지원시스템을 못 갖추고 프랜차이징을 시도하면 프랜차이지는 성공할 수 없고 결과적으로 프랜차이저도 실패하게 된다.

프랜차이저의 사업컨셉과 특성에 따라 프랜차이지에 대한 지원범위와 깊이는 달라질 수 있고 이에 따라 프랜차이저 내부 지원 시스템도 확대 또는 축소될 수 있다.

### 1) 프랜차이저 내부지원 시스템

프랜차이저는 아래의 내부시스템을 갖추어야 하고 이 기능은 프랜차이저의 핵심기능이다. 이들 기능은 서로 유기적 관계에 있다.

#### (1) 정보화 시스템

정보화 시스템은 경영기능의 한 기능이라기보다는 모든 경영기능에 스며 들어가 조직의 의사결정과 통제를 효율적으로 하게 하는 시스템이다. 비체인 점포와 체인 점포 간의 가장 차별화된 것이 바로 경영정보시스템이다. 대개의 비체인 점포들은 정보화에 대한 전문지식이 없고 비용도 많이 드는데다가 처리된 데이터의 분석도 서투르기 때문에 거의 정보화가 안 되어 있다. 그에 반해 체인본부는 체인점과의 관계의 효율성을 지키기 위해 정보시스템이 필요하다. 정보화의 내용은 매출, 주문, 배송, 재고관리, 커뮤니케이션 등이다. 구체적 시스템의 예는 판매정보를 위한 POS, 주문, 발송, 재고를 위한 ARS시스템이 있다. 체인본부는 POS 자료를 통해 시장상황을 파악하고 신제품개발 등을 하기도 한다.

### (2) 감독(Supervising)시스템

말은 감독이지만 실제로는 프랜차이지에 대한 지원기능이다. 본부의 가맹점지도직원(슈퍼바이저)이 가맹점 각각의 문제점을 파악하고 개선해서 가맹점 각각의 성과를 극대화시키기 위한 포괄적 기능이다. 가령 프랜차이즈 식당의 경우, 메뉴의 품질이 지켜 지는지, 직원들의 서비스 상태는 어떤지, 위생 상태는 어떤지, 프로모션은 적절하게 하는지 등을 확인하고 문제가 있다면 프랜차이지와 의논하여 개선방안을 찾고 그 실행을 도와주는 것이 감독 시스템의 역할이다. 그러나 슈퍼바이저의 지나친 개입은 프랜차이저와 프랜차이지 간의 관계에 부정적 영향을 줄 수 있어 양자 간의 다리 역할을 하는 슈퍼바이저는 균형감각과 능력이 있어야 한다. 맥도날드의 경우는 슈퍼바이저가 5개 정도의 매장을 감독하는데 업무 능력이 뛰어난 매장매니저 중에서 슈퍼바이저를 선발한다. 슈퍼바이저는 프랜차이즈시스템의 핵심 기능을 수행하는 중요 인력이다.

### (3) 물류시스템

물류란 공급자의 원·부자재가 소비자에게까지 전달되는 과정을 의미한다. 프랜차이즈 시스템에서의 물류란 프랜차이저의 원·부자재가 또는 프랜차이저가 정한 공급업자의 원·부자재가 프랜차이지에게 전달되는 과정을 말한다. 무형상품만을 취급하는 프랜차이즈 시스템에서는 물류시스템이 필요 없을 수도 있다.

최근에 물류관리는 컴퓨터를 통한 물류관리시스템을 이용한다. 이 시스템은 주문, 포장, 운송, 재고 등의 기능을 유기적으로 연결하여 물류비용, 시간 등을 최적하고 효율적으로 관리해 준다.

### (4) 상품개발시스템

소비자 취향의 변화, 경쟁업체의 신상품 출하 등은 지속적인 상품개발을 하지 않을 수 없게 한다. 소비자가 좋아하는 창의적 상품을 적시에 개발하여 출시하는 것은 프랜차이즈 성공의 가장 중요한 요인 중의 하나이다. 건강 지향적 소비자가 많이 출현하게 됨에 따라 KFC는 전기

구이 통닭을 출시하였고 Burger King의 Whopper가 소비자의 선호도가 높아짐에 따라 McDonald는 Black Angus Burger를 출시하게 되었다.

### (5) 커뮤니케이션시스템

프랜차이저와 프랜차이지는 서로 독립적인 사업자이기 때문에 불화도 있을 수 있다. 불화의 시작은 의사소통의 오해와 부족이다. 양자 간의 이해촉진을 위하여 슈퍼바이저의 매장방문, 정보시스템을 통한 의사소통, 프랜차이저의 정기 간행물 발간 등이 있다.

### (6) 교육 · 훈련시스템

프랜차이즈 시스템에서의 교육의 궁극적 목표는 전체인 점포의 표준화된 상품 및 서비스를 통해 고객에게 동일한 이미지를 주어 브랜드 가치의 지속 및 향상에 있다. 프랜차이지는 법률적으로 프랜차이저와 대등한 관계에 있기 때문에 프랜차이저의 완벽한 통제 속에 있지 않아 상품과 서비스의 질이 차이가 같은 브랜드 점포에 따라 날 수 있다. 고객에게 균일화된 상품과 서비스를 제공하기 위해서는 프랜차이지에게 교육이 필요하다. 교육의 대상은 프랜차이저 직원, 프랜차이지, 프랜차이지 직원으로 구별될 수 있고 그 내용도 중복되는 부분도 있고 서로 다른 부분도 있다. 프랜차이저 직원에게는 프랜차이지 지도를 위한 교육이며, 프랜차이지는 점포 경영을 위한 경영 개념 및 기능적 교육이 포함되고, 프랜차이지 직원은 점포의 운영을 위한 기능적인 하위 업무에 관한 것이다. 매뉴얼은 이들을 위한 기본 교재이다. 매뉴얼은 모델 점포운영을 토대로 만든다. 올바른 교육을 위해서는 교육의 목표가 확실해야 하며 이를 전담할 직원이 있어야 하고 적절한 교육 장소와 교육 설비도 필요하다.

| 교육내용/교육대상 | 프랜차이저 직원 | 프랜차이지 | 프랜차이지 직원 |
|---|---|---|---|
| 본사의 경영이념 | ○ | ○ | △ |
| 직원관리와 리더쉽 | ○ | ○ | × |
| 상품지식 | ○ | ○ | △ |
| 접객서비스 | ○ | ○ | ○ |
| 품질관리 | ○ | ○ | ○ |
| 위생관리 | ○ | ○ | ○ |
| 원가관리 | ○ | ○ | |
| 회계지식 | ○ | ○ | |
| 사고방지 | ○ | ○ | |
| 판촉 | ○ | ○ | |
| 재고관리 | ○ | ○ | |
| 설비및집기관리 | ○ | ○ | |
| 매출분석 | ○ | ○ | |
| 청소 | ○ | ○ | |

(○ : 철저한 이해 △ : 대략적 이해 × : 이해할 필요없음)
이는 산업의 성격, 프랜차이지의 규모에 따라 달라질 수 있다.
프랜차이지 직원은 시간제 직원 포함

### (7) 마케팅관리시스템

마케팅관리는 기업의 목적을 이루기 위해 소비자(시장)조사를 통하여 관련자료를 수집·분석하여 마케팅전략을 수립하고 실행하여 그 결과를 평가하고 통제하는 광범위한 행위이다.

프랜차이즈 시스템에서 마케팅활동은 특이하고 복잡하다.

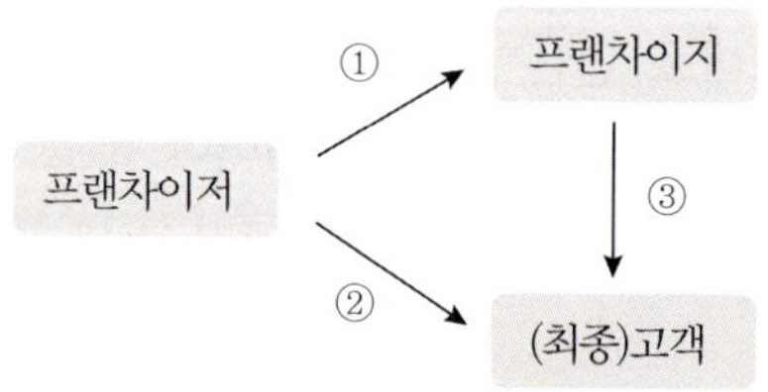


프랜차이저는 프랜차이지와 최종고객을 고객으로 두고 있다. 따라서 프랜차이저는 프랜차이지를 위한 마케팅활동 ①과 최종고객을 위한 마

케팅활동 ②을 따로 각각 해야 한다. 또 프랜차이지는 고객에 다가가기 위한 마케팅 활동 ③도 해야 한다. 당연히 ①, ②마케팅활동은 프랜차이저가 해야 하지만 프랜차이지가 고객에게 하는 마케팅 활동 ③도 프랜차이저가 계획하고 프랜차이지로 하여금 실행하게 하여야 한다. 프랜차이지는 마케팅에 대한 지식과 이해도 부족하고 영세하기 때문에 마케팅 전 영역을 다 포괄적으로 하는 것은 불가능하고 지역광고나 촉진활동 정도가 가능하기 때문이다.

### (8) 원부자재개발시스템

원부자재 개발은 상품과 관련된 적절한 원자재 발굴 및 신뢰성 있는 공급업자의 발굴이다. 좋은 원자재 품질은 최종 상품의 품질경쟁력에 영향을 미치고 경쟁력 있는 구매가격은 수익성에 영향을 주기 때문에 신뢰성 있는 공급업자를 발굴하는 것이 원부자재 개발의 중요 업무이다. 신뢰성 있는 공급업자는 경쟁력 있는 가격으로 좋은 품질의 원자재를 적시에 공급할 수 있는 업자를 말한다. 원자재 개발이 제대로 안되면 상품 품질, 수익성, 물류시스템에 적신호가 들어온다. 맥도날드는 프랜차이즈의 3요소를 프랜차이저, 프랜차이지, 공급업자(supplier)라고 했다.

프랜차이즈 시스템 아직 갈길멀다

프랜차이즈 시스템 구축이라는 말을 우리는 흔히 사용한다.

프랜차이즈 본사를 설립하면서 가장 먼저 해야 할 업무 중 하나가 시스템 구축을 해야 한다고 생각들을 하기 때문이다.

그럼 시스템 구축하는데 들어가는 비용은 얼마일까? 가장 흔히 듣는 질문이다.

대부분 나와 같은 직종의 전문가들이 프랜차이즈 시스템 구축 업무를 해주고 있다.

운영매뉴얼, 개발매뉴얼, 점포매뉴얼, 서비스 매뉴얼, 교육 매뉴얼, 영업 매뉴얼, 위생 매뉴얼 등등 과거에는 프랜차이즈 본사들이 아무 기반도 없는 상태에서 이러한 매뉴얼을 만들고 나름 시스템이 갖춰졌다고 생각했던 시절이 있었다.

하지만 매뉴얼구축 만으로 프랜차이즈 본사가 잘 운영이 될까?

또 가맹점 출점만을 전문적으로 도와주는 인큐베이팅 회사도 있다.

그럼 모든 것이 완벽하게 갖춰진 것일까?

진정한 프랜차이즈 본사의 경쟁력과 자신감은 누가 매뉴얼을 만들어 준다고 또는 가맹점 출점을 도와준다고 성공하지는 않는다.

물론 부족한 부분은 전문가의 도움을 받는 것이 맞을 것이다. 그러나 그것이 전부라고 생각해서는 큰 오산이다.

대부분의 회사들이 전문가의 도움을 받고 나면 모든 것이 다 이루어진 것처럼 생각하는데 그것은 하나의 지원적인 측면이지 현실의 다음 단계는 전문적인 도움을 기반으로 자력으로 성장 시켜나가면서 가꿔가는 것이다.

프랜차이즈 본사의 가맹단계 문의에서부터 사후 관리까지 일목요연한 파악이 되지 않으면 매일 같은 반복의 실수를 하면서도 도대체 무엇이 문제일까 또는 어떻게 실행해야 되는지를 잊어버린다.

우리가 잘 알고 있듯이 최고의 프랜차이즈의 본사의 경쟁력을 갖추기 위해서는

첫째 가맹점 출점이 잘 되어야 한다.

둘째 물류수익이 확보되어야 한다.

셋째 가맹점 매출부진에 대한 대응 안을 갖고 있어야 한다.

위의 세 가지 경쟁력을 갖추기 위해서 프랜차이즈 시스템 구축은 아직도 갈 길이 멀다.

우리가 늘 상 인터넷에서 일정한 프로그램으로 이메일과 문자를 주고받으며 서로 간에 소통을 하듯이 이제는 프랜차이즈 본사가 갖추고 가야 할 경쟁력의 기반은 직원간, 가맹점간, 협력업체간, 고객간에 원활한 소통을 도와주는 프랜차이즈 경영정보시스템을 구축하는 일이다.

대 기업들이 자체적으로 사내 그룹웨어 및 ERP(전사적 자원관리)를 많은 금액을 투자하여 구축하는 이유도 그 회사의 수많은 업무 노하우를 전산시스템으로 체계를 잡아 운영을 하면서 업무간의 소통도 잘 이루어지고 수익창출에도 크게 기여하기 때문이다.

현시대는 정보화시대이다.

전산시스템은 엄청난 비용투자를 요구한다. 하지만 현재는 기술의 발달로 1인 기업일지라도 대기업 수준의 시스템을 운영 할 수 있게 되었다. 다만 그런 것을 운영할 실행방법을 모를 뿐이다. 이제는 시스템 구축할 수 있는 여력이 없다는 것은 핑계에 불과하다.

이제 프랜차이즈 경영정보시스템 구축은 프랜차이즈 본부 경영자에게 상황을 판단 할 수 있는 근거를 마련하는 정보를 제공하는 시스템으로 프랜차이즈 본사의 새로운 시스템 구축의 핵심으로 진행되어 질 것이다.

출처 : 머니투데이(2010.6.1)

## 2) 프랜차이지에 대한 지원

프랜차이저가 프랜차이지에게 공여하는 지원은 프랜차이지 입장에서 보면 프랜차이저부터 받는 혜택이라고 할 수 있다. 프랜차이저가 프랜차이지에게 제공하는 지원은 개업 전과 개업 후로 나눌 수 있다.

### (1) 개업 전 지원 서비스(pre-opening service)

① 입지조사

입지는 영업성패에 결정적 요인이다. 따라서 프랜차이저는 컨셉에 따른 입지기준을 가지고 프랜차이지 점포의 입지선정을 도와주어야 한다.

② 부동산계약 조언

프랜차이지는 자신의 건물 또는 나대지에서 가맹사업을 하는 경우도 있지만 이는 드물고 타인의 건물이나 나대지를 임차하여 운영하는 것이 보통이다. 타인의 부동산을 임차하여 운영할 때는 임차 계약 전에 권리금, 보증금, 임대료, 임대기간 등의 임대조건협상이 필요하다. 이에 대해 프랜차이저는 조언을 하여 프랜차이지의 투자액 절감 및 재산권 유지에 유리하게 해주어야 한다.

③ 내·외장 및 레이아웃

내·외장은 고객이 특정점포를 찾는 큰 요인이다. 프랜차이저는 미리 내·외장 컨셉을 가지고 있어야 하며 이에 따른 내·외장 설계를 하여야 한다. 공사비용도 최소화시킬 수 있도록 설계되어져야 한다. 레이아웃도 작업 효율성, 공간 활용성을 높일 수 있도록 하여야 한다.

④ 금융정보

프랜차이지는 사업자금이 부족한 것이 일반적이다. 최근에 중앙정부 또는 지자체 차원에서 중소기업 및 영세사업자에게 유리한 조건으로 대출해 주는 금융 대출 프로그램이 많다. 프랜차이지 대부분이 이 프로그램을 모르는 경우가 많아 활용을 못하는 경우가 있으므로 프랜차이저는 프랜차이지에게 금융정보를 제공해줄 수 있어야 한다.

⑤ 교육 · 훈련

프랜차이즈 시스템 내에서 교육의 목표는 프랜차이지의 경영능력 향상과 표준화된 상품품질 유지이다. 이를 위해 프랜차이지와 그 직원을 대상으로 다양한 교육을 실시한다.

⑥ 점포공사알선

프랜차이저는 체인점포 공사를 시공 경험이 있는 공사업체를 소개하여 체인의 통일된 점포컨셉을 유지하고 공사 공정의 시행착오를 최소화 시킨다.

### (2) 개업 후 지속 서비스

개업 후 지속 서비스는 가맹 매장이 개업한 이후에도 프랜차이저의 프랜차이지에 대한 계속적 지원을 말한다.

① 촉진

가맹점사업자의 상권과 입지를 감안하여 알맞은 촉진방법을 강구하여 목표시장을 지속적으로 공략할 수 있도록 조언하는 것을 뜻한다. 광고, 판촉, 시연회, 할인쿠폰, 지역이벤트 후원 등이 있다.

② 교육 · 훈련

개업 후에도 가맹점 사업자 및 그 직원에 대한 교육 · 훈련을 지속적으로 시켜 상품을 표준화 시키고 경영성과도 높인다.

③ 원자재 및 완제품 구매대행, 배송 그리고 재고관리

프랜차이저는 프랜차이지가 필요로 하는 원자재 및 완제품을 경쟁력 있는 가격으로 가맹점사업자에게 적시에 제공해야 하고 더 나가서는 프랜차이지의 재고관리까지 정보시스템을 통해서 해 준다 .

④ 감독(supervising)

가맹점포 운영의 문제점을 슈퍼바이저가 방문하여 직접 확인하고 이에 대한 개선 방안을 제시하는 서비스이다.

⑤ 행정 · 세무 · 보험 등에 대한 조언

대부분의 프랜차이지들은 부가가치세나 종합소득세 등의 산정 방법,

신고절차와 방법 등에 대해 모른다. 또한 고용보험, 산재보험, 국민연금, 건강보험 등에 대해서도 모른다. 이에 대해 프랜차이저는 프랜차이지에게 시기별 신고내용과 방법에 대해 조언하는 것을 말한다.

## 5 프랜차이지 모집 과정과 프랜차이지 선정기준

2장에서 프랜차이즈 계약과정에 대해서는 간단하게 언급한 바 있으나 본장에서는 좀 더 범위를 넓히고 상세하게 서술하고자 한다.

국내에서는 아직 프랜차이즈 사업이 정착되지 않았고 경쟁력 있는 프랜차이즈 기업도 거의 없어 모집 과정도 체계적이지 못하고 프랜차이지가 갖추어야 할 자격에 대한 프랜차이저의 심사숙고도 없이 가맹비만 납부하면 계약을 하여 파트너가 된다. 프랜차이저는 계약에 따른 가맹이익에 관심이 크고 프랜차이지는 프랜차이즈 시스템에 대한 이해도 없이 계약을 하였기에 계약 이후 공사과정과 영업과정에서 지속적으로 불화가 생기는 원인이 되었다.

프랜차이즈 사업에서 프랜차이지의 획득은 가맹사업의 발전을 위하여 반드시 필요하나 전체적으로 보면 프랜차이즈개발 시스템의 일부분일 뿐이다. 미국의 경우, 경쟁력 있는 프랜차이즈 기업의 프랜차이지가 되기 위해서는 허가과정이 까다롭고 검토 시간도 많이 걸리며 또한 가맹희망자의 적격성 여부를 프랜차이저에 의해 검토되어 선별되어 진다. 맥도날드의 경우 200명의 가맹신청자 중 1명 정도가 선택되어질 정도이다. 프랜차이즈 사업은 적합한 자격을 갖춘 프랜차이지가 열심히 가맹점을 운영해서 높은 수익성을 올릴 때 프랜차이저의 성과도 좋아지기 때문에 프랜차이지 모집과정을 합리적으로 만들고 프랜차이지의 자격기준도 적절하게 정해야 한다.

### 1) 프랜차이지 모집 과정

아래의 도표는 미국 유명 프랜차이즈 외식기업들의 일반적인 모집

과정이다.

| 순서 | 절차 | 내용 |
|---|---|---|
| 1 | 가맹희망자의 개설문의 | 직접방문, 전화 또는 온라인으로 접촉 |
| 2 | 기본정보가 담긴 패키지를 가맹희망자에게 직접전달 또는 발송 | 패키지 내용으로는 기업소개, 컨셉 설명, 지원내역, 프랜차이저 윤리규정, 가맹사업지원서가 있음 |
| 3 | 가맹희망자의 지원서 제출 | 지원서의 내용은 가맹희망자의 학력과 경력, 재정상태, 가맹의도 등의 내용이 담겨 있음 |
| 4 | 프랜차이저의 가맹희망자 서류검토 | 프랜차이저는 가맹희망자의 재정상태를 중심으로 적합성 검토 |
| 5 | 1차 면접 | 프랜차이저는 가맹희망자가 제출한 서류의 진위여부를 확인하고 가맹희망자는 세부적인 질의가 가능함 |
| 6 | 2차 면접 | 프랜차이저는 가맹희망자에게 프랜차이저의 경영철학과 프랜차이즈개념을 설명하고 가맹희망자의 사업자질을 파악. 이 단계에서 가맹계약 여부가 결정됨 |
| 7 | 가맹희망자에게 구체적 정보제공 | 프랜차이저는 가맹희망자에게 정보공개서 제공 |
| 8 | 프랜차이저와 가맹희망자와 협의와 가계약 | 개설지역과 개설비용에 대해 구체적으로 정보교환 |
| 9 | 가맹희망자의 교육·훈련 | 가맹희망자는 반드시 이 과정을 통과해야 함 |
| 10 | 가맹점포입지 탐색 | 프랜차이저와 가맹희망자 함께 입지를 찾고 프랜차이저는 입지 타당성 분석함 |
| 11 | 점포계약 | 프랜차이저는 계약과정과 조건에 대해 조언 |
| 12 | 프랜차이즈 계약서명 | 이 시점 이후는 양자에게 책임과 의무가 법적으로 주어지며 가맹희망자는 가맹금 등을 납부 |
| 13 | 공사시작 | 프랜차이저는 점포컨셉을 건축업자에게 줌 |

위의 과정에서 국내와 달리 특이한 사항은 가맹희망자가 교육·훈련 과정을 통과해야만 프랜차이즈 계약이 가능하다는 점이다.

## 2) 프랜차이저의 프랜차이지 선정 기준

프랜차이지는 프랜차이저의 브랜드 아래에 최종소비자와 직접 접촉하며 상품이나 서비스를 판매하기 때문에 소비자는 프랜차이지와 프랜차이저를 동일 시 한다. 그런데 만일 프랜차이지가 프랜차이저가 지향하는 상품과 상품의 이미지를 그대로 소비자에게 전달하지 못한다면 프랜차이저에게는 큰 타격을 줄 수 있다. 따라서 프랜차이저는 자격이 있는 프랜차이지를 선정하는 것은 성공과 실패를 가르는 중요 요인이 된다. 프랜차이지가 일반적으로 갖추어야 할 요건은 다양하다. Clarkin & Swaverly[2]는 프랜차이저가 가맹희망자 선택요인과 그 중요성에 대한 연구결과를 아래와 같이 발표하였다.

| 기준 / 중요도 | 재정상태 | | 일반사업경력 | | 관련사업경력 | | 교육정도 | | 심리상태 | | 면접 | |
|---|---|---|---|---|---|---|---|---|---|---|---|---|
| | 빈도수 | % | 빈도수 | % | 빈도수 | % | 빈도수 | % | 빈도수 | % | 빈도수 | % |
| 5 | 330 | 34.0 | 218 | 22.5 | 106 | 10.9 | 24 | 2.5 | 114 | 11.9 | 588 | 60.6 |
| 4 | 291 | 29.9 | 350 | 36 | 140 | 14.4 | 115 | 11.9 | 255 | 26.7 | 261 | 26.9 |
| 3 | 253 | 26.0 | 299 | 30.8 | 253 | 26 | 453 | 46.7 | 329 | 34.4 | 94 | 9.7 |
| 2 | 80 | 8.2 | 83 | 8.5 | 228 | 23.4 | 272 | 28.0 | 151 | 15.8 | 14 | 1.4 |
| 1 | 18 | 1.9 | 21 | 2.0 | 246 | 25.4 | 106 | 10.9 | 107 | 11.2 | 13 | 1.3 |
| | 972 | 100 | 971 | 100 | 973 | 100 | 970 | 100 | 956 | 100 | 970 | 100 |

위 연구결과를 분석하여 보면 면접의 결과를 가장 중요시 하고 두 번째로 중요한 것을 재정상태로 꼽았다. 가맹희망자의 학력은 중요하지 않은 요소로 나와 있다. 필자는 이 결과에 개인적으로 공감을 하고 있다.

지금까지의 연구결과를 종합하여 보면 프랜차이저의 프랜차이지 선정은 다음과 같은 기준이 활용되고 있다.

---

2) Clarkin & Swaverly, "How Franchiser Choose Franchisees: A Comparison of Prospective Franchisee Evaluation Criteria, "in Internal Society of Franchising Proceedings (San Antonio, Feb 2003), pp. 417-439.

### (1) 재정상태

가맹희망자의 재정상태는 가맹사업을 위한 가장 기본적인 요건이다. 재정능력이 안되면 아래에 언급되는 나머지 4개 요건이 훌륭하게 갖추어져도 가맹사업을 시작할 수 없기 때문이다. 프랜차이저 입장에서는 가맹희망자의 재정능력은 가장 객관적으로 판단할 수 있는 부문이다. 프랜차이저가 요구하는 투자액의 80%는 자기자본이어야 안정되게 사업을 할 수 있다.

### (2) 경력과 학력

가맹희망자가 과거에 했던 일에 대한 평가로 관련 산업 또는 다른 산업에서의 경력, 근무했던 업무분야 등을 평가한다. 또 교육은 얼마나 받았는가? 전공은 무엇인가? 도 따져본다. 필자의 경험에 의하면 좋은 회사에서 높은 직급으로 근무했던 사람과 학벌이 좋은 사람이 프랜차이즈 사업에 반드시 유리한 것은 아니었다고 판단된다.

### (3) 프랜차이저 경영철학과 프랜차이즈 개념에 대한 이해

프랜차이저의 경영철학을 가맹희망자가 잘 이해하는 것은 매우 중요하다. 프랜차이저의 경영철학을 이해해야 서로가 동반관계의 시작을 판단해 볼 수 있기 때문이다. 또한 가맹희망자는 프랜차이즈 시스템 안에서 서로의 역할을 이해하고 받아들이는 것과 프랜차이즈시스템의 장·단점을 잘 활용할 수 있는 능력도 갖추어야 한다.

### (4) 사업가적 자질

사업가적 자질은 꼭 프랜차이즈 사업에서만 요구되는 것은 아니고 다른 사업에서도 요구되는 공통성이 있을 것이다. 기업가정신, 타인과의 협조, 적성, 근면성, 관리능력, 시스템적 마인드, 위험회피 및 대처능력, 직무만족, 장기몰입 등이 필요하다. 사업을 시작할 때는 재정적 능력이 가장 필요하지만 일단 시작하고 나면 사업가적 자질이 성공의 가장 큰 요소이다.

## 6 프랜차이저의 수익원천과 구조

프랜차이저는 가맹점포 오픈 지원, 개점 후 지속적 경영지원, 교육, 광고, 브랜드 등을 패키지(package)화하여 프랜차이지에게 부여하고 그 대가로 가입비, 로열티, 광고비, 교육비 등을 받는다. 프랜차이즈 사업에서 프랜차이지가 지불하는 이러한 대가는 투자비 또는 비용이지만 프랜차이저 입장에서는 수입으로 프랜차이저 운영의 젖줄이다.

### 1) 프랜차이저 수익 원천의 유형

#### (1) 가맹금(initial fee, franchise fee)

가맹금은 프랜차이즈 계약서 서명과 동시에 프랜차이지가 프랜차이저에 지불하는 투자비로 가맹점포 오픈, 브랜드 사용, 상권보장, 개점 후 지원 등에 대한 대가이며 반환이 안 되는 것이 일반적이다. 프랜차이저의 지명도와 산업의 특성에 따라 가맹금은 천차만별이지만 비교적 큰 액수이다. 호텔산업에서는 가맹비로 객실 규모와 상관없는 일정액과 1객실 당 일정액을 합쳐 부과하고 있다. 즉 객실 규모와 상관없는 일정액인 $20,000과 객실 당 $200이고 호텔의 총 객실 수가 150개라면 $30,000이어서 총가맹금은 $50,000이 되는 것이다. 외식업에서는 점포당 일정액을 부과하고 있다. 프랜차이지는 가맹금을 가입 시 1회적으로 큰 액수를 프랜차이저에 지불하기 때문에 진입장벽(entry barrier)이 되기도 하고 가맹한 프랜차이지에게는 거래특유자산 또는 족쇄가 되어 퇴출장벽(exit barrier)이 된다.

#### (2) 로열티(royalty)

로열티는 프랜차이지가 프랜차이즈 권한을 유지하기 위해 매월 또는 분기별로 매출액의 일정비율 또는 일정액을 프랜차이저에 납부하는 비용이다. 프랜차이저는 이 대가로 가맹점포를 지원한다. 로열티는 프랜차이저의 가장 큰 수익 원천이다.

### (3) 광고비(advertizing fee)

자사의 브랜드 명성 유지를 위하여 꾸준하게 광고와 촉진활동을 하는 것이 필요하다. 프랜차이저는 여러 프랜차이지에게 매출액의 일정비율을 부과하여 모아진 돈으로 가맹점 한 점포가 할 수 없는 대규모 광고활동을 한다. 미국의 경우 보통 매출액의 2~4% 정도를 광고비로 책정하고 있다.

### (4) 원자재 및 완제품 판매이익

미국의 경우 프랜차이저가 원자재 및 완제품을 프랜차이지에게 판매하여 이익을 보는 경우는 거의 없다. 프랜차이저가 이익을 본다는 것은 프랜차이지가 그 만큼 비싸게 매수하여 프랜차이저와 프랜차이지의 경쟁력이 약해진다는 것을 의미하기 때문이다. 오히려 프랜차이저가 여러 가맹점포의 것을 한 번에 대량으로 구매하기 때문에 시중가격보다 더 저렴하게 공급하여 프랜차이지가 경쟁점포에 비해 더욱 경쟁력을 갖출 수 있는 요인이 되고 있다.

그러나 한국의 경우는 로열티를 안 받는 대신 원자재 및 완제품에 마진을 더하여 프랜차이지에게 매수토록 하고 있다.

### (5) 임대료 수입

맥도날드의 경우는 프랜차이지가 점포를 직접 소유 또는 직접 임차할 수 없고 맥도날드로 부터만 임차할 수 있다. 즉 맥도날드 본사는 맥도날드 입지를 대지 소유주 또는 건물 소유주로부터 구입 또는 임차하여 다시 프랜차이지에게 임대하여 주는 것이다. 이 과정에서 맥도날드는 임대차익이 발생하여 그 부분을 이익으로 삼고 있다. 이러한 수입을 얻고 있는 프랜차이저는 많지 않다.

## (6) 예약비(reservation fee)

이는 호텔산업에서만 있는 특이한 예이다. 호텔 프랜차이저는 세계적으로 예약이 가능한 예약시스템을 운영한다. 가령 서울에 있는 고객이 미국 마이애미에 있는 Marriott 호텔에 예약을 하려면 서울 Marriott 호텔을 통하거나 on-line 상의 Marriott Hotel 예약시스템을 통하여 마이애미 Marriott 호텔에 예약을 하면 된다. 이런 경우 마이애미에 있는 Marriott 가맹호텔은 아무 노력 없이 Hotel 예약시스템을 통하여 고객에게 객실을 판매하여 매출을 일으키게 되었고 Marriott 프랜차이저는 이 예약시스템을 운영하기 위하여 많은 비용을 쓰고 있다. 이에 따라 마이애미의 Marriott 가맹호텔은 프랜차이저인 Marriott Co.에 일정비율 또는 일정액을 지불하는 것이다.

## (7) 계약갱신수수료(renewal fee)

정해진 계약기간이 끝난 후 계약연장을 위하여 프랜차이지가 프랜차이저에 내는 수수료로 보통 소액이다.

## (8) 이전비(transfer fee)

프랜차이지가 가맹점포를 운영하는 중에 가맹점포를 매도해야 하는 경우가 발생할 수 있다. 이 매도는 프랜차이저의 승인이 필요하고 프랜차이저가 승인 시 교육비로 약간의 액수를 부과할 수 있다.

## (9) 교육비(training fee)

프랜차이저는 프랜차이지에게 프랜차이즈계약 전후로 교육 · 훈련을 시킨다. 이 과정에서 프랜차이저는 경영 노하우와 여러 기술적인 운영방법 등을 가맹점 사업자에게 전수시킨다. 이러한 대가로 따로 교육비를 받기도 한다.

## (10) 보증금

프랜차이저가 프랜차이지에게 원자재 및 완제품을 공급할 때 먼저 프랜차이지에게 배달해주고 배달 후 입금을 받는 것이 일반적이다. 이에 대한 보증의 형식으로 일정액을 프랜차이즈 계약 시 프랜차이저는 프랜차이지에게 받는다. 보증금은 계약이 종료되면 프랜차이저는 가맹사업자에게 돌려주어야 하는 것이다. 보증금은 프랜차이저 입장에서는 계약기간 동안 사용할 수는 있지만 기본적으로 부채에 해당된다.

## 2) 프랜차이저 수익구조의 산정

위에서 언급된 프랜차이저 수익 원천들 각 각은 어느 정도 책정하느냐는 프랜차이즈사업의 흥망이 달려있을 정도로 중요 사항으로 많은 고려 요소와 전략적 판단이 감안되어져야 하는 핵심 사항이다. 위에서 언급된 수익원천 중 가장 중요하고 비중이 큰 것은 가맹비와 로열티이다. 광고비의 경우는 비중은 크지만 프랜차이지로부터 입금된 액수를 프랜차이저는 마케팅 비용으로 집행하기 때문에 프랜차이저의 수익에 직접적으로 관련성이 없다.

### (1) 가맹금 및 로열티 산정 고려사항

가맹비와 로열티수입을 산정할 때는 다음의 여러 요소를 일단 고려해야 한다

① 브랜드의 가치

최근에 들어 상표의 중요성에 대해서는 더 이상 논할 것이 없을 정도이다. 프랜차이지의 상당수는 브랜드 사용권 때문에 프랜차이지가 된다. 유명 브랜드를 가진 프랜차이저는 많은 가맹금과 높은 비율의 로열티를 요구한다.

② 프랜차이저가 제공하는 서비스 내용과 그 원가

산업과 사업컨셉에 따라 프랜차이저가 제공하는 서비스의 내용의 폭과 질은 다양하다. 서비스 내용이 많고 질이 좋으면 그에 따른 발생원가가 높아져 서비스 내용에 따라 로열티가 높아진다.

③ 경쟁자의 가맹비와 로열티

같은 산업군의 비슷한 사업컨셉을 가진 경쟁자의 가맹금과 로열티를 고려하여 결정하여야 한다.

④ 프랜차이지에게 할당되는 상권의 질과 크기

프랜차이저는 프랜차이지와 프랜차이즈 계약 시 상권의 질과 크기에 의해 가맹금을 차등 부과할 수도 있고 동일한 액수를 부과할 수도 있다.

방문교육업체(윤선생영어, 장원한자 등)들은 전국을 행정 단위와 똑같이 나누어 각 행정단위를 하나의 상권으로 보고 행정단위 별로 지역판권을 나누어 가맹점 사업자를 두고 있다. 그런데 서울의 강남구와 경북의 청송군을 비교해 보자. 강남구는 청송군에 비해 인구수도 많고 인구밀집도도 높고 소득수준도 높다. 더구나 목표 시장인 초·중고 학생은 더욱 많다. 이렇게 사업 환경의 질이 차이가 나는데 가맹금을 동일하게 할 것인가 차등화 할 것인가를 판단해야 한다. 차등화 할 경우, 프랜차이저 전국의 모든 행정단위의 상황을 파악하여 이를 차등화 시키는 작업을 해야 한다.

베이커리(bakery) 프랜차이저는 서울 강남역 인근에 몇 개의 가맹점을 열 것인가에 대해 생각해 보아야 한다. 이 문제는 상권의 크기에 관한 문제로 한 상권 내에 몇 개의 가맹점포를 낼 것인가에 관하여 의사결정 해야 한다.

한 점포만 내어서 상권을 넓게 해 줄 것인가 또는 여러 개로 쪼개어 여러 점포를 낼 것인가를 보고 프랜차이지와 프랜차이저 각 각의 입장에서 보아야 한다. 강남역 인근 같은 곳은 소비자층이 두터워 충분한 구매력이 있다고 판단할 수 있다. 강남역 인근에 가맹점이 하나만 있다면 프랜차이지는 마음이 편하고 매출도 점차 증가할 것이다.

그러나 프랜차이저의 사업컨셉이나 상품이 경쟁력이 있다는 전제 아래서 복수의 가맹점포를 여느 것도 프랜차이저나 처음의 가맹점사업자에게 긍정적일 수 있다.

가맹점포가 추가로 더 생기더라도 기존점포의 초기 매출은 약간 감소 할지 모르지만 중장기적으로는 원래 상태의 매출로 돌아갈 수 있기 때문이다. 소비자 가까운 곳에 베이커리숍이 하나 더 생겨 소비자에게 구매의 편의성이 생겼고 새로운 가시성에 의해 소비자가 더 생겨 매출이 늘어나기 때문이다. 특히 그 입지에 다른 경쟁 브랜드의 가맹점이 생긴다면 더욱 치열한 경쟁이 일어날 수도 있어서 부정적인 측면으로만 생각할 수는 없다. 프랜차이저 입장에서는 좋은 입지에 복수의 가맹점이 생기면 그 만큼 브랜드 경쟁력이 생기고 재정적으로 좀 더 건전해 질 수 있어 그 만큼 프랜차이저의 힘이 강화되고 강화된 힘을 다시 프랜차이지 지원에 보탬이 될 수 있는 선순환의 구조로 갈 수 있다. 다만 한 지역에 과도한 가맹점포 개설은 양자가 서로 힘들 수 있다. 모 브랜드 햄버거 체인은 부산 남포동에 직경 100m이내에 3개의 점포를 개설하였다가 얼마 후 세 점포 중 한 점포가 문을 닫는 것을 필자가 목격하였다. 이 과정에서 프랜차이지는 프랜차이저에 심하게 항의하였고 프랜차이저는 체인내의 다른 프랜차이지에게도 신뢰를 잃게 되었다. 프랜차이저가 브랜드 파워를 과신하며 너무 근접하게 점포개설을 하여 실패한 예이다.

⑤ 계약기간

보통 계약기간이 길면 일반적으로 가맹비가 높아진다.

⑥ 교육훈련의 질과 양

컨셉이 복잡하여 교육의 양이 많거나 교육질이 높아 비용이 많이 들면 역시 가맹비가 높아진다.

### (2) 가맹금 및 로열티산정의 전략적 측면

가맹금과 로열티 산정이 중요한 이유는 프랜차이저와 프랜차이지 양자가 서로 노력하여 브랜드를 키우고 발전하여 시장의 크기를 키우는 것이 제일 중요한 일이지만 성장의 대가인 파이의 분배도 중요하기 때문이다. 파이(이익)의 크기는 일정한데 이것 한 편이 많이 가져가면 다른 한편은 그만큼 적어지는 zero sum 게임이기 때문이다. 서로 성장할 수 있고 서로 불만이 없는 황금 비율의 분할이 필요하다. 이 황금 분할은 기업의 상황에 따라 달라질 수 있다.

① 가맹금

프랜차이저에게 가맹금은 일회적 수입이지만 목돈이어서 로열티에 이은 두 번째 큰 수익의 원천이다. 가맹금의 높고 낮음은 프랜차이즈 기업의 성장속도에 큰 영향을 준다. 가맹금이 높으면 프랜차이지의 확보가 어려운 대신 프랜차이지의 사업 몰입도가 높고 기회주의적 행동이 적어져 가맹점 수의 성장 속도는 느리지만 안정되게 성장할 수 있다. 가맹금이 낮으면 프랜차이지의 확보가 쉬워져 빠른 성장을 할 수 있지만 프랜차이지의 사업몰입도가 낮고 그 만큼 기회주의적 행동이 많아져 부실한 성장이 될 수도 있다. 프랜차이저의 성장전략에 의해 가맹금 수준이 정해진다.

② 로열티

로열티는 프랜차이지가 사업을 개시한 후 프랜차이저에게 정기적으로 지급하는 비용성 경비로 매월 또는 분기별로 매출의 일정 비율 또는 일정액을 지불하는 것이다.

프랜차이즈 시스템 성장에 따른 로열티 변화에 대한 연구가 많았는데 연구결과들이 서로 상반되어 이렇다하게 이론화된 것이 없다. Lafontaine & Shaw의 연구결과에 의하면 대부분 프랜차이저는 프랜차이저가 발전하여도 로열티 징수 비율을 변화시키지 않는다고 하였다. 또한 모든 프랜차이지에게 표준 로열티 징수 비율을 적용시켜 공정성을 유지한다고 하였다.

통상 신규가맹본부는 지명도가 있는 가맹본부에 비해 가맹금이나 로열티가 낮은 편이다. 지평도가 있는 가맹본부에 비해 프랜차이즈시스템의 안정성이 떨어지기 때문이고 비지니스리스크도 크기 때문이다.

프랜차이즈기업이 성장하여 유명 기업이 되기까지는 프랜차이지의 호응과 노력이 있었기 때문인데 유명 기업이 되었다고 로열티비율을 높이는 것은 바람직한 경영행위가 아니다. 만일 로열티를 올린다면 프랜자이지들의 저항이 생기고 불신이 생겨 궁극적으로 프랜차이즈기업의 전체적 성과가 훼손될 수 있다. 프랜차이저의 사업컨셉 또는 상품을 최종소비자에게 판매하는 것은 프랜차이지라는 것을 프랜차이저는 잊어서는 안 된다.

### 3) 국내 프랜차이즈기업의 가맹금 및 로열티 실태

프랜차이즈기업의 주 수입원은 프랜차이지로부터 들어오는 가맹비와 로열티이고 이 수입을 가지고 기업을 운영하고 있다. 그러나 대부분의 프랜차이저는 프랜차이즈 계약 시 프랜차이지로부터 가맹금을 받는데, 운영하며 받아야 하는 로열티는 못 받고 있다. 국내 최대의 외식프랜차이즈 기업이라고 할 수 있는 롯데리아도 프랜차이지로부터 로열티를 받지 못 하는 실정이다. 외국계인 피자헛과 도미노피자 정도가 로열티를 받는 정도이다. 대부분의 프랜차이저들이 로열티를 받지 않고도 운영이 가능하고 심지어 일부 프랜차이저는 가맹금 마저 안 받고 있는데 어떻게 운영이 가능한가가 의문이다. 국내 유명 프랜차이즈 기업을 포함한 거의 모든 프랜차이즈 기업은 프랜차이지에게 거의 강제적으로 인테리어 공사권을 위임받아 가맹금 이상의 많은 수익을 올리기 때문에 가맹점 획득에 힘을 쏟고 있다.

이는 프랜차이지를 기만하는 행위로 장기적으로는 불화의 씨앗이 되고 있다. 또 프랜차이저가 로열티를 안 받는 것은 원자재 및 완제품을 공급하며 이익을 취하기 때문이다. 프랜차이지는 시중가보다 비싼 가격으로 프랜차이저가 보내는 물품을 구매하게 됨에 따라 프랜차이지는 프랜차이저를 불신하게 되고 기회주의적 행동을 하게 된다.

이런 결과를 낳게 된 데는 양자 모두에게 아래와 같은 책임이 있다.

#### (1) 프랜차이저의 브랜드 인지도 및 경영능력 부족

프랜차이저는 점포 오픈 지원을 끝으로 그 이상 프랜차이지에게 전수해 줄 수 있는 전문적인 경영노하우가 거의 없고 브랜드 인지도로 낮아 프랜차이지에게 로열티 부과에 대한 정당한 당위성이 약하다.

## (2) 가맹점 사업자의 의식

대부분의 프랜차이지는 프랜차이즈 개념에 대한 이해가 부족하고 프랜차이저의 경영지원에 대해 당연하다고 여기고 이에 대한 대가(royalty)를 지불해야 한다는 의식이 전혀 없다. 또한 로열티를 내기 위해서는 매출액을 정확하게 집계하여 공개해야 하고 이에 따라 부가가치세, 종합소득세 또한 정확하게 납부해야 하는데 이에 대해 프랜차이지는 거부반응을 보여 로열티 대신 물품 공급에서 프랜차이저는 이익을 보고 있다.

피자헛이나 도미노피자 같은 프랜차이즈 기업은 브랜드를 키우고 상품을 차별화하여 상품가격을 높여서 부가가치가 크게 함으로써 프랜차이지에게도 충분한 이익을 주고 로열티도 받고 세금도 정당하게 내며 기업을 운영하고 있다. 국내 프랜차이즈 기업도 개업 대행 본부 수준에서 벗어나 경영노하우를 쌓아 당당하게 로열티를 받아야 한다.

### 맥도날드 글로벌 프랜차이즈전략, 한국서 통할까?

맥도날드가 본격적인 프랜차이즈사업을 진행할 예정을 밝혔지만, 우리나라 창업시장의 현황파악이 부족해 보여 성공할지 의문이 제기되고 있다. 이미 맥도날드라는 브랜드로 국내에 240여개의 매장이 성공적으로 운영되고 있다고 하지만, 이중 프랜차이즈 매장은 10개에 불과한 상황이다.

한국맥도날드는 한국 창업시장의 현황을 무시한 채 여타국에서 성공한 모델을 일방적으로 국내에 도입하겠다는 방침이어서, 이 시도가 성공할 것인지 관심이 모아진다.

**① 프랜차이즈 가맹점 5년간 현 10개에서 200개로 확대 예정**

한국맥도날드(대표 션 뉴튼)는 지난 17일 기자간담회를 통해 향후 5년 간 본사의 지원을 통해 총 5,000억 원을 투자하고 현재 243개의 매장을 2015년까지 약 500개로 확대하고자 하는 계획을 발표했다.

이외에도 프랜차이즈의 모집을 더욱 강화해 향후 5년간 전국 매장 중 프랜차이즈 매장 수를 현재 10개에서 200여개로 약 20배 정도 확대한다는 계획이다.

맥도날드 측은 프랜차이즈사업과 관련해 “이미 전 세계적으로 맥도날드만의 노하우와 시스템으로 전 세계에서 장기간 성공적으로 진행되어 온 만큼 경쟁력이 있다”며 “이미 글로벌시장에선 매장의 60%가 프랜차이즈 매장형태로 운영되고 있다"고 밝혔다.

프랜차이즈사업의 매장은 본사에서 직접 부동산 장기임대와 매장 건축을 진행하게 된다. 가맹점주는 초기에 사업자금을 지불하고 본사에 매장의 임대료와 매출에 대한 일정 부분을 로얄티 개념의 서비스료로 지불하게 된다.

매장운영과 관련된 교육은 직영점과 동일하게 9개월간 교육 프로그램이 진행된다. 맥도날드 관계자는 "고객들에게 맥도날드 가치를 전달하기 위해 프랜차이즈사업자도 직영점과 동일한 교육프로그램을 받아야 한다"며 "운영 시스템을 공유함으로써 보다 체계적이고 안정적인 운영이 가능토록 지원한다"고 설명했다.

이외에도 본사에서 음식과 설비를 직접적인 판매를 하지 않고, 안전하고 효율적인 공급망을 구축 입증된 공급자를 선택해 운영한다고 강조했다.

**② 한국 창업시장과 차이 많아 성공 여부 미지수**

맥도날드의 이러한 프랜차이즈사업 계획에 대해 외식창업전문가들은 성공 가능성에 의문을 제시하고 있다. 한국의 창업시장과 분위기가 너무 다르기 때문이다.

한 외식창업전문가는 "맥도날드가 운영하려는 프랜차이즈 시스템이 이미 해외에서 검증을 받았다고 하나 한국의 자영업 창업시장에서 문화적 · 기업적으로 차이가 있는 것 같다"며 "특히 창업자가 자금투자 이후 9개월 교육을 받는 것이나 투자대비 수익률, 원금보장률에 대해 오랜 시간이 필요해 단점으로 지적될 만하다"고 말했다.

또 다른 전문가는 "가맹점에 본사에서 물류를 지원하지 않고, 안정적인 공급망을 제공하는 공급자(벤더)를 이용하는 것은 직영점과 가맹점간의 맛의 차이가 발생할 위험소지가 있다"며 "이는 프랜차이즈 서비스와 맛의 통일이라는 기본이 미지와 다소 차이가 있는 것으로 이렇게 해서 실패한 국내 프랜차이즈업체들이 꽤 있다"고 지적했다.

이 전문가는 또 "매장운영의 점포관리와 관련해 맥도날드가 직접 임대 또는 매장 건축을 진행하는 것은 향후 맥도날드가 부동산시장으로 진출할 가능성도 있는 것 같다"고 지적했다.

이러한 지적에 대해 맥도날드 관계자는 "기존 국내 프랜차이즈와는 차이점이 많을 것이라고 생각한다"며 "다만 한국시장에 대한 현황 파악이 부족하다거나 한국 사정을 무시해서가 아니라 차별화되고, 그리고 수십년간 전 세계에서 입증 받은 강력한 시스템과 브랜드를 토대로 한 장점을 적용하는 것"이라고 말했다.

출처 : 머니투데이(2011.1.20)

chapter

# 4 프랜차이지 경영

FRANCHISE

# 04 프랜차이지 경영

## 1 소규모 창업의 의미와 유형

### 1) 소규모 창업의 의미

프랜차이지 대부분은 소규모로 사업을 시작한다. 소규모라는 의미를 개념적으로는 모두 이해하고 있지만 정확하게 어느 수준이어야 소규모라고는 설명하기는 어렵다. 중소기업기본법 제 2조에 의하면 상시종업원수를 기준으로 제조업, 광업, 운송업은 50명 이하, 건설업은 20명 이하, 상업 및 서비스업은 10명 이하라고 규정하였다.

대략 이 정도면 우리가 개략적으로 생각하는 소기업의 규모에서 벗어나지 않은 것 같다. 특히 프랜차이즈사업에서 큰 비중을 차지하는 외식업의 경우 정규직이 10명이 되는 경우는 드물다. 최근에는 기업이 대규모화 되는 것이 추세이지만 업종에 따라서는 소규모 기업이 유리한 경우도 많다. 특히 새로운 환경에 대한 적응력이 뛰어나고 창조적이며 혁신적일 수 있어 빠른 성장도 가능하다.

## 2) 소규모 창업의 유형

개인이나 소규모 기업이 창업할 때 창업방법은 여러 가지 방법이 있다. 첫 번째는 독립적으로 창업하는 방법이 있고 두 번째는 프랜차이즈 창업이 있다.

독립적 창업은 다시 2가지 형태로 분류할 수 있다. 첫 번째는 자신의 독창적 아이디어를 가지고 독자적으로 창업하는 것이고 두 번째는 기존의 영업 중인 점포를 그대로 인수하여 영업하는 것이다. 프랜차이즈 창업도 마찬가지로 신규창업과 운영 중인 프랜차이즈 점포를 인수하는 방법으로 나눌 수 있다.

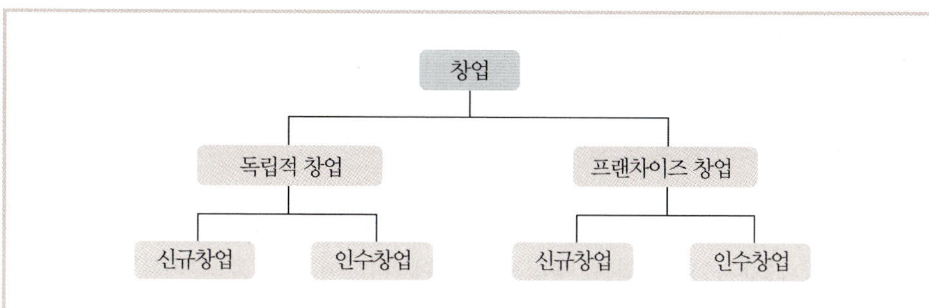


4가지 유형의 창업이 가진 각각의 장단점과 리스크 정도는 다음과 같다.

| | | 장점 | 단점 | 리스크 정도 |
|---|---|---|---|---|
| 독립 창업 | 신규 | 자신의 아이디어를 최대한 살릴수 있고 간섭 없이 운영도 가능 | 창업에 따른 모든 요인들이 위험요인으로 작용할 수 있어 사업 리스크가 크고 외부로부터 체계적인 도움을 받기가 어려움 | 매우 큼 |
| | 인수 | 타인이 운영하는 것은 그대로 이어받아 안정적인 운영이 가능 | 자신의 아이디어를 살리기에 제한이 있고 영업이 잘 되는 점포 인수의 경우는 권리금이 커서 위험성이 그만큼 큼 | 큼 |

<table>
<tr><td rowspan="2">프랜차이즈 창업</td><td>신규</td><td>전문적인 지식 없이도 순조롭게 개점이 가능하고 운영도 독립창업보다는 쉬움</td><td>가맹에 따른 추가적인 지출이 늘어나고 운영 중에는 경영간섭이 있음</td><td>적음</td></tr>
<tr><td>인수</td><td>즉각적으로 운영이 가능하고 수익성도 안정되어 있음</td><td>권리금과 추가 가맹비가 있어 창업 비용이 많이 들고 자신의 아이디어를 살리기가 가장 어려움</td><td>매우 적음</td></tr>
</table>

위의 자료를 보면 프랜차이즈 창업의 많은 장점에도 불구하고 아직 독립창업을 선호하고 있는데 이는 프랜차이저의 경영 노하우 부족과 일부 부실 프랜차이저의 사기적 행동으로 인한 나쁜 인식 때문인 것으로 판단된다.

## 2 프랜차이즈 방식으로 창업하는 이유

프랜차이즈창업은 독립적 창업에 비하여 추가적인 비용도 들고 경영권도 제한되는데도 불구하고 최근의 추세는 프랜차이즈 창업으로 가는 것이 대세이다.

97년 IMF사태 이후 고용안정이 깨지며 많은 직장인이 창업을 염두에 두고 있고 실제로 창업을 하는 사람들이 많아져 소규모로 할 수 있는 모든 업종의 경쟁이 치열해졌고 직장생활의 경험과 학력이 성공적인 창업으로 연결되지 않아 안정성 있는 프랜차이즈 창업에 관심이 많게 되었다. 예비창업자들이 갖고 있는 구체적인 불안감은 다음과 같다.

### 1) 사업컨셉에 대한 불안감

창업자 자신이 사업컨셉이 없거나 또 가지고 있다 하여도 그것이 시장에서 선호될 지에 대한 자신이 없다. 성공한 프랜차이저는 이미 시장에서 검증된 사업컨셉을 가지고 있어 가맹희망자의 사업성공 확률을 높여주고 있다.

## 2) 개업과정에 대한 노하우부족

창업자 자신이 사업컨셉을 가지고 있다 하여도 그 분야에서의 경력이나 지식이 없으면 컨셉을 구체적으로 창업 점포에 구현시키기가 어렵다. 시행과정에서도, 입지선정에도 자신감이 부족하고 점포공사에서도 많은 시행착오를 겪어 시간과 비용도 추가적으로 요구될 수 있다. 개업이후에도 잘못된 점포구조와 레이아웃으로 운영이 어렵고 운영경비도 많이 들어 경쟁점포에 경쟁력을 잃을 수가 있다. 따라서 개업에 대해 경험이 많고 전문지식이 많은 프랜차이저에게 맡기고 싶은 마음이 예비창업자에게 있다.

## 3) 브랜드에 대한 의지

최근 들어 브랜드가 오히려 상품을 지배하고 있다는 느낌이 들 정도로 브랜드의 중요성은 부각되고 있다. 독립사업자의 브랜드가 소비자에게 인지되기까지는 많은 비용과 시간이 요구된다. 브랜드 인지도가 높은 프랜차이저의 브랜드를 활용하여 쉽게 시장에 안착하고 싶은 것이 창업자의 심리이다.

## 4) 운영에 대한 불안감

창업을 제대로 하였다 할 지 라도 운영을 어떻게 해야 하느냐는 또 다른 문제이다. 특정 산업분야의 경험이 없는 독립사업자는 실제 운영에서 많은 어려움을 겪을 것이다. 프랜차이즈 시스템 안에는 프랜차이지와 그 직원에 대한 교육 프로그램이 있고 다양한 운영 매뉴얼이 있어 큰 시행 착오 없이 운영에 안착할 수 있다. 또 매뉴얼 상에 없는 어려움은 슈퍼바이저를 통해서 해결할 수 있는 장점이 있다.

## 3 프랜차이지로서의 적합도

가맹점의 성과는 프랜차이저 요인, 프랜차이지 요인, 프랜차이저- 프랜차이지 관계요인에 의하여 결정되어진다. 프랜차이즈 사업은 프랜차이저에 의해 만들어진 사업컨셉, 브랜드, 지원시스템, 매뉴얼 등의 잇점이 있어 창업희망자가 프랜차이즈 방식으로 사업하기를 원하지만 이것만으로는 사업 성공하기에는 부족하고 창업자 본인이 직접 경영을 하는 것이기 때문에 창업자 본인의 자세와 주변상황도 매우 중요하다.

프랜차이지 요인은 다시 프랜차이지의 자금력, 인성, 과거의 경력, 프랜차이즈시스템에 대한 이해도, 전업성 여부, 가족의 후원 그리고 점포입지로 나누어진다. 세부요인 중 점포입지는 사업이 아직 본격적으로 시작하지 않아서 입지가 확정되지 않았으므로 나머지 요인에 대해서 가맹희망자는 확인해 보아야 한다.

### 1) 프랜차이지의 자금력

(1) 점포임차료를 포함한 창업비는 어느 정도 준비되어 있는가?
(2) 최소 6개월 정도의 운영비는 가지고 있는가?

### 2) 프랜차이지의 인성 및 건강

(1) 당신과 당신 가족은 정신적, 육체적으로 건강한가?
(2) 당신과 당신 가족은 최근에 건강진단을 받아 보았는가?
(3) 당신은 다른 사람과 잘 어울리는가?
(4) 당신은 남을 기쁘게 하는 것을 즐기는가?
(5) 당신은 어려움을 이겨낼 인내력이 있는가?
(6) 당신은 서비스 정신이 있다고 생각하는가?
(7) 당신은 리더십이 있다고 생각하는가?

### 3) 프랜차이지의 경력

(1) 기업을 포함한 조직체에서의 근무경력은 얼마나 되는가?
(2) 고려중인 특정업종에서 근무한 경력이 있는가?
(3) 학력은 어느 정도인가?

### 4) 프랜차이즈 시스템에 대한 이해도

(1) 프랜차이즈 시스템의 장 · 단점을 알고 있는가?
(2) 프랜차이저의 정책을 따르고 프랜차이지 자신의 독자적 경영이 침해되는 것을 받아들일 수 있는가?
(3) 프랜차이저에게 주기적으로 지불해야 하는 로열티를 기꺼이 납부하겠는가?

### 5) 전업성 여부 및 가족의 후원

(1) 배우자 또는 가족이 당신의 사업에 동의하였는가?
(2) 〃 부분적으로 참여하는가?
(3) 당신은 전적으로 이 사업에 참여하는가?
(4) 당신의 배우자도 전적으로 이 사업에 참여하는가?

**가맹점 개설 소요 비용**

2008년 지경부와 상공회의소가 조사한 바에 의하면 프랜차이지의 투자액은 아래와 같다.

| | |
|---|---|
| 3,000만원 이하 | 0.7% |
| 3,000~5,000만원 | 0.6% |
| 5,000만원~1억 | 45.2% |
| 1~2억 | 21.6% |
| 2억 이상 | 14.7% |

## 4 프랜차이지 신규 창업과정

본 책에서는 위의 4가지 창업 유형 중 프랜차이즈 신규창업에 대해서 공부하기로 한다. 창업을 하기 전에 입지가 확정된 경우와 미확정된 경우로 나눌 수 있는데 각 경우에 따라 창업진행 과정이 다르다. 사업 컨셉에 따라 다르기는 하지만 외식업종, 소매업종 그리고 일부 서비스 업종은 점포 또는 사무실의 입지가 사업 성공여부에 큰 영향을 미친다.

### 1) 입지가 확정되어 창업을 시작하는 경우

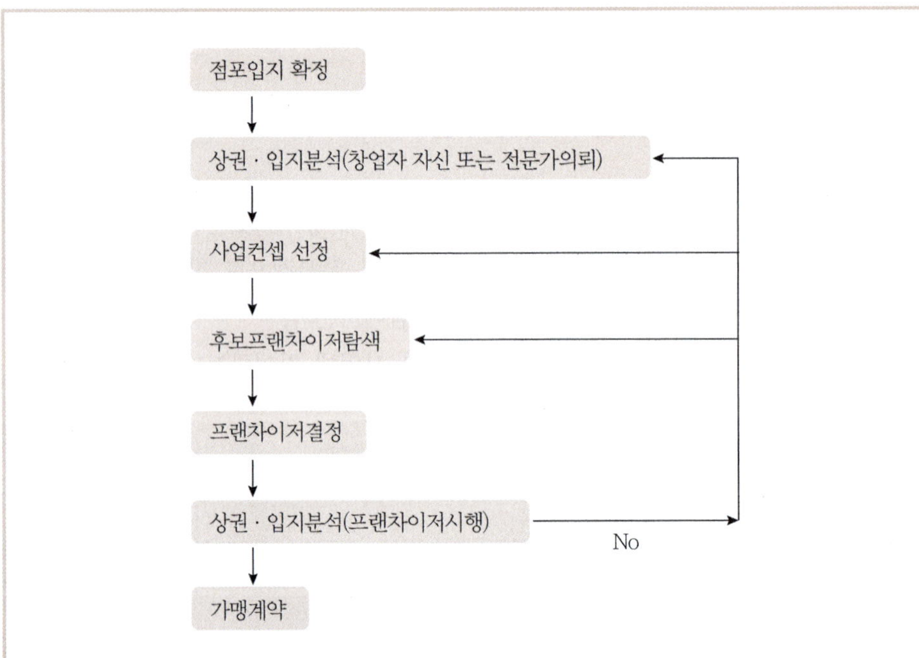


점포의 입지가 이미 결정되었을 경우 그 입지는 이미 고유의 성격을 가지고 있어 그 입지에 적합한 사업을 해야 하므로 선택할 수 있는 사업 컨셉이 매우 제한되어 있다.

상권 및 입지분석을 통하여 상권의 영역, 상권내의 상주인구 수와 질, 상주인구의 주거형태와 소득 등의 인구통계적 변수, 상권내의 업종 분포, 입지 앞의 유동인구수와 질, 가시성, 통행 유발요인 등을 고려하여 사업 컨셉을 정한다.

### 2) 입지가 정해지지 않고 창업을 시작하는 과정

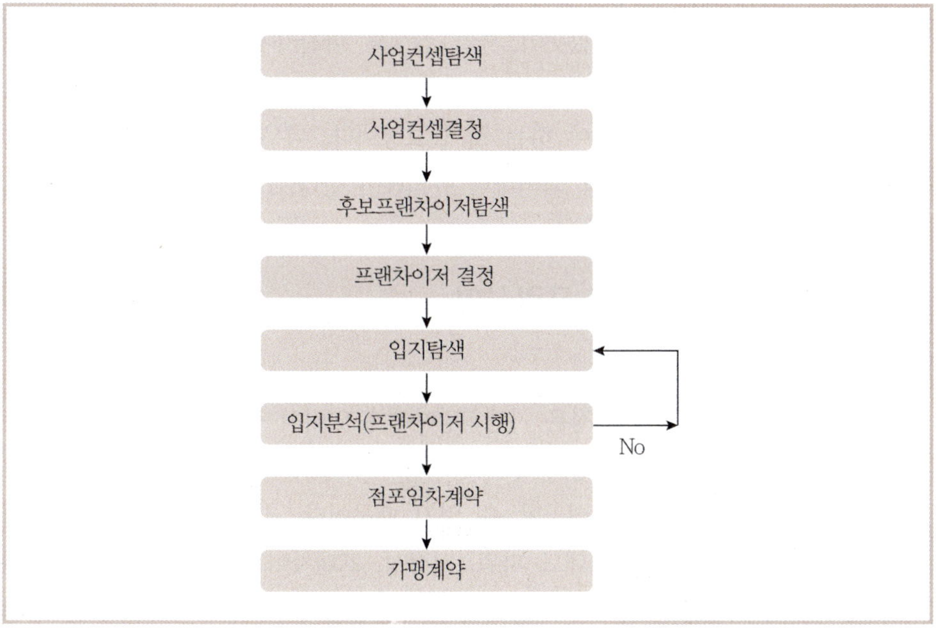


입지가 정해지지 않은 경우는 창업자가 선택할 수 있는 사업컨셉의 폭은 매우 넓어진다.

사업컨셉 선정 시 다음과 같은 사항을 고려해야 한다.

① 자신의 사업조건에 맞는 컨셉

아무리 성장성이 있어도 자신에게 맞는 사업컨셉 이어야 오랫동안 무리하지 않고 할 수 있다. 자신의 건강, 체력 그리고 자본력 등을 감안하여야 한다.

② 자신의 적성에 맞는 컨셉

창업자 자신이 평소에 관심이 많았던 또는 좋아하는 것과 관련된 사업이면 매우 좋지만 그렇지 못 한 경우도 많다. 음식 만드는 것을 싫어하는 사람이 외식업을 하게 되면 금방 싫증을 느끼고 성의도 없어져서 도산할 우려가 매우 높아진다. 만일 자신의 적성을 정확하게 파악하고 있지 못 하다면 그 업종에서 미리 근무해 보는 것도 도움이 된다.

③ 성장 가능성이 있는 컨셉

인간이 수명이 있듯이 사업 컨셉도 마찬가지이다. 수명을 4단계로 보통 나눈다. 도입기, 성장기, 성숙기 그리고 쇠퇴기가 있는데 도입기나 성장기에 시작을 해야 하는 것이 보통이다. 너무 갑자기 빠르게 부상하는 사업 컨셉은 금방 쇠퇴하니 유의해야 한다.

## 5 프랜차이저 선정 시 고려사항

프랜차이저의 선정은 가맹희망자에게 있어서 성공과 실패를 결정짓는 중대한 의사결정 사항이다. 가맹희망자의 능력이 출중해도 프랜차이저가 부실하면 가맹점은 성공할 수 없기 때문이다. 가맹희망자는 프랜차이저의 역량, 상품력, 브랜드 파워, 시장성, 프랜차이즈 비용, 기존 프랜차이지의 의견을 종합하여 최종적인 의사결정을 한다. 정보의 대부분은 공정거래위원회에 등록된 해당 프랜차이저의 정보공개서에서 얻을 수 있다.

### 1) 프랜차이저의 역량

프랜차이저가 프랜차이즈 사업을 이끌 수 있는 현재와 미래의 힘을 의미한다.

#### (1) 임직원의 경력

현재의 임직원들이 과거에 어떤 일을 했으며 어떤 성과를 이루었는

가는 사업전개를 예측할 수 있는 척도이다.

### (2) 최고경영자의 경영마인드와 사업비전

최고경영자가 프랜차이즈 사업의 기본인 프랜차이지와 모든 것을 공유한다는 정신이 있는 지와 미래의 비전과 사업계획을 갖고 있는 지도 확인해 보아야 한다.

### (3) 경영실적과 재무건전성

가맹사업 이후의 경영실적과 부채비율, 유동성의 건전도를 확인해 보아야 한다.

### (4) 가맹점선발 과정 및 프랜차이지 자격기준 확립 및 준수

프랜차이즈 사업에서 가맹점포를 확보하는 것은 매우 중요한 일이다. 가맹사업 초기에는 가맹희망자가 적어 기준 없이 모든 가맹희망자를 선발하여 자격이 없거나 자질이 없는 프랜차이지가 많아 결과적으로 부실 가맹점포를 양산하게 되어 프랜차이저도 타격을 받게 되는 경우가 생긴다. 따라서 프랜차이저는 프랜차이지 모집에 정해진 선발 과정과 정해진 자격을 준수하는 프랜차이저인가를 확인해 보아야 한다.

### (5) 프랜차이저 및 그 임직원에 대한 민 · 형사 소송 및 행정제재 전력

프랜차이저나 임원이 범죄사실이 있거나 기소되어있는 것에 대한 확인과 소송중인 것이 있는 지를 파악해야 한다. 또한 행정당국으로부터 제재를 받고 있는 것이 있는 지도 확인해야 된다. 이러한 것에 대해 프랜차이저에 설명을 요구해야 한다. 소송건수가 많거나 설명이 미진하면 계약을 포기해야 한다.

### (6) 프랜차이저의 프랜차이즈 사업 운영기간

프랜차이저의 프랜차이즈사업 운영을 시작한지 오래되지 않은 곳은 일단 위험성이 클 수가 있다. 프랜차이즈 첫 계약 기간을 넘기고도 프랜차이저가 건재한 곳은 안정성이 어느 정도 있다고 판단할 수 있다.

### (7) 가맹점수와 가맹점 증가 속도

프랜차이저의 전략에 의해 가맹점 증가 속도와 가맹점수가 조절될 수 있지만 너무 적은 가맹점수와 느린 속도의 프랜차이저는 프랜차이즈 사업에서 생기는 가맹점의 수에서 나오는 규모의 경제와 시너지 효과를 얻을 수 없다는 점도 인지하여야 한다.

### (8) 직영점수와 직영점비중

직영점수와 직영점 비중은 프랜차이저의 전략적 판단일 수 있는 부분이다. 그러나 보통 많은 수의 직영점포를 보유한 프랜차이저는 재무상태가 건전하다고 할 수 있고 프랜차이저 임직원과 프랜차이지를 위한 교육장, 신상품 판매의 시험장소 등으로 활용할 수가 있어 직영점 수가 많은 것은 가맹희망자에게는 좋은 선택요인이 된다.

### (9) 가맹점 폐업률

가맹점 폐업이란 프랜차이지가 계약기간중 가맹점포의 영업을 중지한 것이다. 가맹점 폐업률은 일정기간동안(보통은 직전 1년) 계약기간 중임에도 불구하고 영업이 중단된 가맹점포의 비율을 말한다.

$$\text{가맹점 폐업률} = \frac{\text{폐업한 가맹점포수}}{\text{전체 가맹점포수}}$$

가맹점 폐업사유는 단순히 영업부진 만은 아닐 수 있다. 부동산 계약의 문제, 프랜차이지의 개인적 사정 등이 있을 수 있지만 대부분은 영업부진이다. 따라서 폐업률이 높은 프랜차이저와의 계약은 조심해야 한다.

2008년 지경부와 상공회의소 조사에 따르면 프랜차이저 평균 20.3개 점포를 개설하였고 5.5 개 점포를 폐점하였다.

### (10) 가맹점 평균 매출액 및 이익

현재 가맹점 등의 평균 매출액 및 이익은 가맹희망자 자신의 미래 손익계산서라고 생각하면 된다. 좀 더 자세히 알아보려면 평당 매출액과 이익 그리고 가맹희망자가 개점하려는 인근 지역 기존사업자의 평균 매출과 이익을 살펴보아야 한다.

### (11) 가맹점 지원시스템

가맹점에 대하여 지원이 많으면 많을수록 좋은 프랜차이저라는 일반적인 인식이 있는데 연구·결과에 의하면 그렇지 않은 것으로 나타났다. 그 이유는 많은 지원은 그 만큼 많은 비용이 프랜차이저에 발생하고 장기적인 R&D 부문에 투자할 여력이 적어진다. 또한 가맹점은 사업자 입장에서도 프랜차이저의 너무 많은 지원으로 인하여 프랜차이지의 창의성이 떨어지고 프랜차이저에 너무 의지하게 되어 프랜차이즈 사업의 혁신성이 떨어지고 전체적으로는 활력이 떨어지는 프랜차이즈 기업이 된다.

그렇지만 적당한 지원이 무엇인가를 찾는 것은 참으로 어려운 일이다. 프랜차이저가 갖추어야 할 최소한의 지원시스템은 입지분석, 정보시스템, 원활한 물류시스템, 적절한 슈퍼바이징, 교육시스템이다.

### (12) 프랜차이저의 혁신성

시대의 흐름에 따라 트렌드로 변하고 있고 인간의 선호도로 바뀌고 있다. 본래의 햄버거 점포들은 햄버거, 프렌치프라이, 청량음료만 팔았으나 소비자의 선호도가 다양해짐에 따라 닭튀김, 생선류, 샐러드 등과 아침 메뉴로 팬케익과 오렌지쥬스 등이 추가되었다. 또한 판매방법도 자동차판매로(drive-throughs)를 만들어 차에서 내리지 않고도 구매가 가능하게 하였다. 미국에서 이 방식은 획기적인 매출증대로 이어졌다. 또한 일부 국내의 햄버거체인에서는 일정 금액이상 주문 시 배달(delivery)해주는 제도를 만들었는데 이도 크게 성공을 하였다. 프랜차이저는 시대의 흐름을 잘 파악하며 혁신적으로 대응해야만 지속 가능할 수 있다.

### (13) 프랜차이저와 프랜차이지 간의 대화통로

프랜차이저와 프랜차이지는 법적으로는 독립적이지만 실제적으로는 같은 길을 가는 파트너이다. 프랜차이저가 도산하면 가맹점포도 같은 길을 갈 수 밖에 없게 된다. 마찬가지로 가맹점포가 도산하면 프랜차이저도 흔들릴 수 밖에 없다. 따라서 서로 동지애적인 감정이 필요한데 서로의 이해가 달라서 많은 갈등도 생긴다.

이러한 경우를 대비할 수 있는 시스템이 필요하다. 프랜차이저는 프랜차이지들이 서로 만나는 것을 매우 싫어하는 경향이 있다. 프랜차이저는 그들의 모임에서 나오는 의견에 대해 좋은 것은 받아들이고 잘 못 알려진 것이 있다면 해명하면 된다. 오히려 프랜차이지 모임을 만들어 주어 그들을 파트너로 삼아 진지하게 대화할 때 프랜차이지들로 부터 신뢰도 얻고 좋은 의견은 받아들여 프랜차이저는 한 단계 올릴 수 있도록 하는 것이 바람직하다. 뉴스레터 발간, 프랜차이지와의 정기적 회의, 전자게시판 개설 등을 통하여 지속적으로 대화가 가능하게 하는 시스템이 필요하고 이러한 시스템이 있는 프랜차이저는 자신감이 있는 곳이다.

## 2) 상품력

### (1) 품질경쟁력

품질경쟁력이란 경쟁상품에 비해 동일한 가격대에서 우위적인 요소가 있는 것을 의미한다. 상품에 따라 우위성은 다르다. 교육은 좋은 강의 내용이고, 음식은 맛이 있고 건강지향적인 것이며, 의료는 정확한 진단과 처방이다. 이러한 것이 갖추어졌는가를 확인해 알아야 한다.

### (2) 원가경쟁력

원가경쟁력이란 경쟁자와 비슷한 품질대의 상품을 만드는데 비용이 적게 드는 것을 의미한다. 이는 공정상의 특별한 노하우를 통해서 이루어지든가 싸게 원자재 구매를 통해서 이루어진다. 경쟁사와 원가율을 비교해 보는 것이 필요하다.

### (3) 매출변동성

매출변동 폭이 계절 별로 크게 나는 상품이나 원자재의 구매가 어렵거나 변동 폭이 큰 사업 컨셉은 그 만큼 안정성이 떨어지는 것이다.

#### (4) 사회적 건전성

법적으로는 별 문제가 없지만 도덕적인 측면에서 문제가 되는 사업 컨셉은 장기적으로 지속 가능하지 못한 사업이다.

#### (5) 상품 또는 사업수명주기(Product or Business Life Cycle)

고려중인 사업개념 또는 상품의 수명주기가 얼마나 되는지를 확인해 보아야 한다. 짧은 생명주기의 상품이나 사업은 투자 자본회수를 할 수 없다. 또 수명주기가 긴 상품도 성숙기 이후에 진입하는 것은 고려해 보아야 한다. 시장규모도 알아보아야 한다.

### 3) 브랜드

#### (1) 브랜드파워

브랜드는 소비자에게 각 기업에서 만든 상품과 서비스를 구별시켜 줄 수 있는 독특한 이름과 상징물이다. 브랜드파워는 기본적으로는 상품 자체의 경쟁력에서 나온 부산물이라고 할 수 있지만 최근에는 브랜드 자체가 상품의 경쟁력을 갖게 되어 브랜드 관리를 어떻게 하느냐는 기업의 중요한 과제가 되었다. 오늘 날 상표는 소비자에 대한 단순한 상품 식별력의 차원을 넘어 기업의 큰 자산이 되었다. 기업 간 경쟁이 치열해져 너무 많은 상품이 나와 소비자는 상품식별력을 점점 잃고 있어 기존의 유명 브랜드의 가치는 점점 더 올라가고 있다. 따라서 가맹희망자는 프랜차이저의 브랜드인지도와 이미지를 살펴보아야 한다.

#### (2) 브랜드(상표) 보호

상표가 법적으로 보호받을 수 있는 것인지도 확인해야 한다. 상표등록을 안 했거나 안 되는 상표도 있다. 김밥나라나 김밥천국같은 상표는 상표등록이 안 되고 로고만 등록이 된다. 김밥나라라는 이름을 쓰는 프랜차이저 6~7개 있는데 이들 회사의 로고 인지력은 낮아 실제적으로 소비자에게 구별이 안 되고 있다. 특허청 등록이 안 되는 이유는 김밥이라는 단어가 음식 자체에 대한 보통명사인데다가 천국 또는 나라라는 단어는 장소적인 의미를 띄고 있어 상표등록이 안 되고 있다. 상표등록 여부는 특허청에 직접 문의해 보아야 한다.

### 4) 프랜차이즈 비용

프랜차이지는 프랜차이즈 시스템 안에 들어감에 따라 추가적인 비용이 발생하는데 가맹금(initial fee), 로열티(royalty), 광고비(advertizing fee), 보증금(security deposit) 등이 있고 호텔산업의 경우는 예약비(reservation fee)가 따로 있다. 산업과 매장의 규모에 따라 달라져서 이들 비용의 규모는 일정하지 않다.

하지만 업계 평균이나 관행에서 벗어나는 비용을 요구하는 곳은 조심해야 한다. 어떤 곳은 전혀 가맹비나 로열티를 요구하지 않는 곳도 있다. 이러한 곳은 특히 조심해야 한다.

### 5) 기존 프랜차이지의 의견

프랜차이저에서 추천하는 가맹점이 아닌 곳의 점주를 3명 이상 만나 의견을 나누어야 한다. 프랜차이저에서 제시하는 매출액의 진위 확인, 프랜차이저에서 약속한 계약조건의 이행여부, 계약기간 종료 시 재계약 여부 등에 대해 확인해 보아야 한다.

#### (1) 내 · 외장

가맹점에 갔을 때 우선 확인하여야 하는 것이 점포 외부의 모습이다. 외부에서 볼 때 시선을 끌 수 있는 외관인가를 확인하고 시간이 흘러도 처음의 모습을 그대로 유지할 수 있는 모습인가도 확인해 보아야 한다.

### (2) 매출액 확인

프랜차이저가 알려준 특정 가맹점의 매출이 실제로 동일한가와 맨 처음 가맹사업을 시작할 때 프랜차이저에 의해 예측된 매출과 실제 운영하며 생긴 매출과는 어느 정도 차이가 있는지를 알아본다.

### (3) 프랜차이저가 약속한 각종 지원의 이행

신상품개발, 광고, 슈퍼바이저 방문, 교육 등과 같은 지원 상황이 개업 후 제대로 이행되는가도 확인해 보아야 한다.

### (4) 계약종료 후 재계약 또는 프랜차이저 추천 여부

기존의 프랜차이지 자신이 프랜차이저와의 계약기간 종료 시 재계약할 것인가와 피상담자인 가맹희망자가 프랜차이저와의 프랜차이즈계약을 추천하는 지를 묻는다. 만일 재계약을 하지 않을 것이라면 그 이유는 무엇인가도 묻는다.

#### 부실 가맹본사 선별 11계명

여기서 제시하는 부실가맹본사 선별 요령은 깊게 조사하지 않아도 쉽게 알 수 있는 포인트이다. 다음의 10개 중 2개 이상이 속하는 프랜차이저와는 프랜차이즈 계약을 피하라

**① 직영점이 없는 프랜차이저**

직영점이 없는 프랜차이저는 자본력이 매우 취약한 상태일 수 있으며 직영점이 없기 때문에 경영 노하우 축적이 불가능하여 가맹점에 대해 적절한 지원이 어렵다.

**② 너무 저렴한 프랜차이즈 비용을 받는 프랜차이저**

가맹금과 로열티가 없거나 너무 싼 프랜차이저는 무슨 수익으로 프랜차이저를 운영할 수 있을까? 이런 프랜차이저는 인테리어 비용을 과대하게 받아 점포만 개점시켜주는 개점대행본부 역할을 하고 그 개점이후는 경영지원을 안하는 곳이다.

**③ 가맹점주소와 연락처를 알려주지 않은 프랜차이저**

이런 유형의 프랜차이저는 실제 가맹점이 없거나 있어도 내세울만한 가맹점이 없는 경우로 사기 프랜차이저일 가능성이 크다.

④ **조급하게 의사결정을 재촉하는 프랜차이저**

가맹희망자가 망설이면 가맹조건을 낮추면서 계약을 서두르는 프랜차이저는 피해라.

⑤ **성공에 대한 너무 많은 약속을 하는 프랜차이저**

투자비용은 적은데 수익성은 높다는 식의 허황된 이야기를 하는 프랜차이저는 사기 프랜차이저일 가능성이 높다.

⑥ **지나치게 많은 광고를 하는 프랜차이저**

거의 매일 광고를 하다 시피 하는 프랜차이저와 광고내용이 브랜드 소개보다는 가맹점 모집이 위주가 되는 프랜차이저는 과중한 광고비로 그 수명이 오래가지 못 한다.

⑦ **교육프로그램과 매뉴얼이 없는 프랜차이저**

가맹점 예비사업자에게 교육이 필요 없다고 하거나 운영 및 교육 매뉴얼이 없는 프랜차이저는 단기간 내에 프랜차이저가 사라질 수 있다.

⑧ **지사권을 사라고 권유하는 프랜차이저**

도별 지사권 또는 광역 단위 지사권 같은 것을 사라고 권유하는 프랜차이저는 장기적 비전을 가지고 사업을 하는 곳이 아니고 단기 이익을 얻고 문을 닫으려는 프랜차이저이다. 지사권을 다 팔고 나면 프랜차이저는 어디서 수익을 얻을 수 있겠는가?

⑨ **오더맨이 있는 프랜차이저**

오더맨은 가맹점예비사업자를 프랜차이저에 소개시켜주고 수수료를 받는 프랜차이저의 임시직 영업사원이다. 오더맨은 갖은 사탕발림으로 가맹희망자를 유혹하여 프랜차이즈계약을 유도한다. 오더맨 제도를 운영하는 프랜차이저는 100% 도산한다.

⑩ **단기간 내에 여러 브랜드를 출점시키는 프랜차이저**

보통 1년 이내에 여러 브랜드를 런칭시키는 프랜차이저는 브랜드 별로 충분한 경영 노하우도 쌓지 않고 백화점처럼 여러 개의 브랜드를 만들어 마구잡이식으로 가맹점을 만드는 것이다. 이러한 곳의 프랜차이지가 되는 것은 도산의 지름길이다.

⑪ **홈페이지가 없는 프랜차이저**

인터넷 홈페이지에는 프랜차이저의 사업컨셉, 프랜차이저소개, 가맹방법과 절차, 가맹점수와 입지 등에 관한 정보가 담겨 있다. 이런 홈페이지가 없는 프랜차이저와는 상담조차 할 필요가 없다.

## 6 프랜차이지의 성공적인 전략과 운영

### 1) 전 략

가맹점의 경영전략은 이미 프랜차이저에 의하여 판매상품, 상품의 구색 수, 가격대, 목표시장, 입지, 점포 규모, 서비스 수준, 판매방법, 점포내외장, 판매상황 등의 상당부분이 정해져 있다. 이러한 표준화(standardization)는 프랜차이저 전체를 위해서 필요한 것이기는 하지만 개별 가맹점포에 따라서는 약간의 수정이 필요할 수도 있다. 가맹점의 입지환경이 다를 수 있고 프랜차이지가 프랜차이저 보다 더 나은 아이디어와 상품구상이 있을 수 있기 때문이다. 맥도날드의 빅맥은 본부에서 개발 한 것이 아니고 한 프랜차이지가 개발하여 본부에 의하여 채택되어 맥도날드의 대표 상품이 되어 전 세계 맥도날드 매장에서 판매되고 있다. 국내에서 판매되고 있는 빙수는 한국의 시장 상황에 맞추어 개발되어 한국 지역에서만 팔리는 상품이 되었다. 다만 빙수의 식품위생기준은 맥도날드 본사의 엄격한 기준에 맞추어져야 한다. 본사의 식품위생기준을 따르는 것은 세계 표준화(global standardization)이고 한국 지역의 시장 상황에 맞추어 빙수라는 상품의 판매를 허용한 것은 지역화(localization)이다. 이렇듯 가맹점 사업자는 지역 사정에 따라 상품의 추가와 삭제를 생각해 볼 수 있다. 변경 대상은 판매상품, 상품 구색 수, 가격대, 목표시장, 입지, 점포규모, 서비스 수준, 판매방법, 점포 내외장 모두가 될 수 있지만 기본 컨셉이 벗어날 정도면 안 되고 실행 이전에 반드시 프랜차이저와 논의하여 허가를 받아야 한다.

### 2) 운 영

성공적인 프랜차이저 내에서도 실패한 가맹점이 있다. 실패의 원인은 프랜차이지의 불성실, 지역 경제의 악화, 점포상권의 쇠락, 트렌드의 변화 등이다. 성공적인 프랜차이지는 사업컨셉과 프랜차이즈에 대한 이해가 뛰어나며 매뉴얼에 의한 운영을 기본으로 하며 좋은 직원채용, 고객과의 좋은 관계유지, 적절한 매장관리, 건전한 재무구조, 적절한 재고유지 등이다.

### 3) 준수사항

아래의 내용은 가맹사업거래의 공정화에 관한 법률의 6조 프랜차이지의 준수사항이다.

(1) 가맹사업의 통일성 및 프랜차이저의 명성을 유지하기 위한 노력
(2) 프랜차이저의 공급계획과 소비자의 수요충족에 필요한 적정한 재고유지 및 상품진열
(3) 프랜차이저가 상품 또는 용역에 대하여 제시하는 적절한 품질기준의 준수
(4) 제3호의 규정에 의한 품질기준의 상품 또는 용역을 구입하지 못하는 경우 프랜차이저가 제공하는 상품 또는 용역의 사용
(5) 프랜차이저가 사업장의 설비와 외관, 운송수단에 대하여 제시하는 적절한 기준의 준수
(6) 취급하는 상품 · 용역이나 영업활동을 변경하는 경우 프랜차이저와의 사전 협의
(7) 상품 및 용역의 구입과 판매에 관한 회계장부 등 프랜차이저의 통일적 사업경영 및 판매전략의 수립에 필요한 자료의 유지와 제공
(8) 프랜차이지의 업무현황 및 제7호의 규정에 의한 자료의 확인과 기록을 위한 프랜차이저의 임직원 그 밖의 대리인의 사업장 출입허용
(9) 프랜차이저의 동의를 얻지 아니한 경우 사업장의 위치변경 또는 가맹점운영권의 양도 금지
(10) 가맹계약기간 중 프랜차이저와 동일한 업종을 영위하는 행위의 금지

(11) 프랜차이저의 영업기술이나 영업비밀의 누설 금지

(12) 영업표지에 대한 제3자의 침해사실을 인지하는 경우 프랜차이저에 대한 영업표지침해 사실의 통보와 금지조치에 필요한 적절한 협력

### 프랜차이즈 평가제도는 가맹점주 보호차원

"프랜차이즈 산업의 잠재력을 높이고 분쟁 및 피해방지 등 소상공인을 보호하기 위한 제도적 장치가 필요합니다."

박주영 숭실대학교 교수는 22일, 소상공인진흥원과 프랜차이즈학회가 공동주관한 '2010 제1회 프랜차이즈 정책포럼'을 통해 가맹본부 평가에 대한 필요성을 이같이 소개했다.

또 "가맹본부의 발굴 육성과 가맹점 사업체의 사안을 높이고, 합리적인 평가체계를 구축이 위함이다."라며 "정부의 지원정책에 대한 효과성을 높이기 위한 연구과제이다."고 말했다.

연구과제 기대효과에 대해 박 교수는 "정부의 프랜차이즈산업에 대한 지원정책에서의 효과성과 효율성을 높일 수 있을 것으로 기대된다."고 덧붙였다.

한편, 박 교수가 소개한 평가체계의 특징은 가맹본부 및 가맹점을 동시에 평가하는 기준으로 가맹본부 혹은 가맹점의 어느 일방이 아닌 쌍방을 평가한다.

또한 광범위한 문헌연구를 기반으로 내용타당성(face validity) 및 이해타당성(nomological validity)을 확보해, 시스템의 건전성 및 지속가능성에 영향을 미칠 수 있는 다양한 평가항목 발굴 및 평가항목간 인과관계를 구성했다.

이밖에도 가맹점사업자의 투자실패 요인을 파악하여 평가항목에 반영(미국 중기청(SBA)의 평가체계 및 Franchise Registry 제도, FTC Guideline, 가맹본부의 지원·통제와 관련한 FTC Rule 등을 고려하여 평가항목을 개발. 그밖에 가맹점위원회(franchisee council) 등 가맹점의 의사결정참여 등을 평가항목에 반영됐다.

이외에도 프랜차이즈사업거래를 개시단계, 실행단계, 검토단계로 구분, 단계별 주요 변수를 평가항목에 반영하고, 프랜차이즈사업의 성과에 직접적인 영향을 미치는 가맹본부와 가맹점 간의 파트너십을 중시했다.

또한 가맹본부 현장실사, 가맹점 설문조사, 정보공개서 및 계약서 검토 등 다양한 방법론을 평가에 활용가능하다.

이날 인사말을 통해 한국프랜차이즈학회 임영균 학회장(광운대학교)는 "최근 한국프랜차이즈협회와 편의점협회, 가맹거래사협회와 함께 토론을 거쳐, 가맹본

부에 대한 평가기준을 세우는 일련과정을 진행했다."라며 "이번 정책포럼을 통해 다양한 의견을 수렴할 기회를 가지게 됐다."고 소개했다.

한편, 이날 박 교수가 소개한 자료에 따르면, 일본의 평가기준이 현재 국내 시장과 가장 유사하다며, "일본프랜차이즈협회(Japan Franchise Association, JFA)가 '프랜차이즈 체인 경영품질 향상 프로그램'이라는 평가체계를 개발・운영하고 있다."고 소개했다.

JFA 프로그램의 평가항목은 크게 7개 항목, 60개 세부항목으로 구성되어 있다.

- 경영이념 · 경영비전과 본부체제(경영이념의 명확화 등 9개 항목)
- 프랜차이즈 계약(계약의 공정성 등 5개 항목)
- 프랜차이즈 구조(프로토타입(시범점포) 등 10개 항목)
- 가맹점 만족(가맹점 실적 파악 등 12개 항목)
- 사업 활동의 성과(점포 수 증감 등 8개 항목)
- 고객만족 · 지역사회의 이해 및 대응(고객만족도 측정 등 8개 항목)
- 고객정보의 반영과 혁신(경영혁신을 위한 비전 책정 등 8개 항목)

출처 : 머니투데이(2010.2.23)

chapter

# 5

# 프랜차이즈 관계와 갈등관리

FRANCHISE

# 05 프랜차이즈 관계와 갈등관리

## 1 프랜차이즈 관계(Franchise Relationship)의 의의

프랜차이즈 시스템에서 중요한 이슈 중의 하나가 프랜차이즈 구성원들 간의 관계이다. 구성원 각 각은 한 배를 타고 한 방향으로 가고 있지만 서로의 다른 이해관계에 의해 갈등이 야기되어 배가 바른 방향으로 못 가고 흔들릴 때가 있다.

프랜차이즈 시스템에서는 구성원 각각은 프랜차이즈 시스템 전체적 이익을 우선시하고 단기적 이익을 최소화시키며 서로 신뢰하여 협력하는 관계가 될 때 좋은 장기적 성과를 이룰 수 있다. 프랜차이즈 시스템 내에는 프랜차이저와 프랜차이지 간의 관계, 프랜차이지 간의 관계, 외부관련인과의 관계, 고객과의 관계 등이 있다.

### 1) 프랜차이저와 프랜차이지 간의 관계

프랜차이즈 시스템 내의 구성원 관계 중 프랜차이저와 프랜차이지 간의 관계는 가장 핵심적인 관계이다. 프랜차이저와 프랜차이지의 성과는 프랜차이저 자체요인, 프랜차이지 자체요인, 그리고 프랜차이저와 프랜차이지와의 관계요인에 의하여 결정된다.

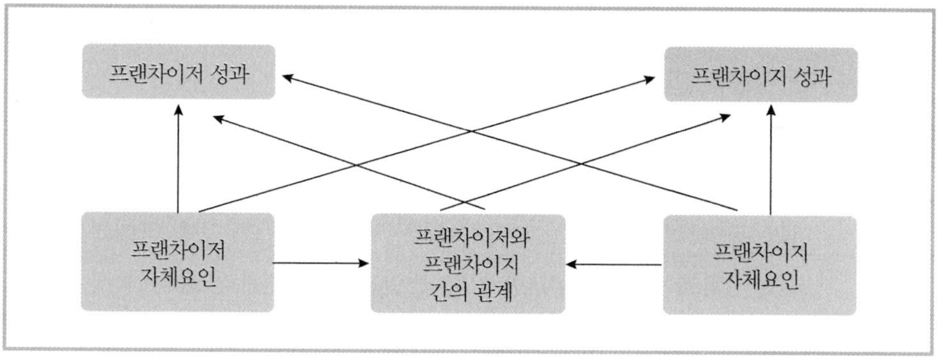


프랜차이저와 프랜차이지의 성과는 상호의존적임을 설명하고 있다. 그럼에도 불구하고 프랜차이저와 프랜차이지 간에는 갈등이 야기되기도 하는데 이는 다음과 같은 서로간의 태생적인 다양한 관계특성이 있기 때문이다.

### (1) 독자성(Independency)

아래와 같은 특성이 있어 프랜차이지는 프랜차이저의 정책에 따르지 않고 독립적으로 행동할 수도 있다.

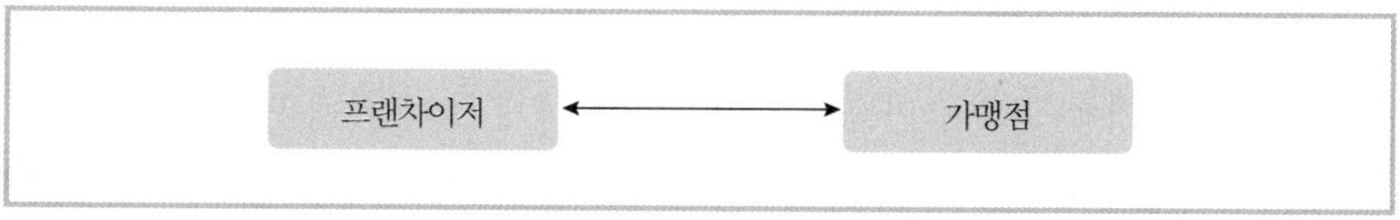


#### ① 법적 독자성

프랜차이저와 프랜차이지 각 각은 법적으로 별 개의 다른 사업자이다. 프랜차이즈 계약서에 명확하게 명시되지 않은 것에 대해 독자적으로 활동하여도 문제가 안 된다.

#### ② 자본투자의 독자성

가맹점포에 투자되는 창업자금 및 운영자금은 100% 프랜차이지에 의하여 이루어져 프랜차이저는 가맹점의 내부 운영에 절대적인 영향력을 미치기 어렵다. 편의점업계에서는 프랜차이저가 가맹점에 일부분을 투자하기도 한다. 이런 경우는 프랜차이저는 가맹점 내부 의사결정에 큰 영향을 끼친다.

③ 역할의 독자성

프랜차이저는 신상품의 개발, 브랜드 강화, 내부시스템 개발, 가맹점 관리 등의 역할을 하고 프랜차이지는 단위 매장의 성과 극대화를 위한 지역 사회에서의 풀뿌리 마케팅, 품질관리, 직원관리 등의 독자적 활동 영역이 있다.

### (2) 수직성(verticality)

최근까지 프랜차이저와 프랜차이지 간에는 수직적 관계가 강했다. 같은 브랜드 아래에서 동일한 질의 상품을 소비자에게 공급하기 위해서는 프랜차이저는 강력한 힘을 바탕으로 프랜차이지를 통제해야 할 필요가 있기 때문이다.

프랜차이저는 아래의 3가지 방식에 의하여 프랜차이지를 통제한다.

① 법적 통제

프랜차이즈 계약서는 법적으로 완전히 독립적이었던 프랜차이저와 프랜차이지를 연결시켜 서로를 구속시키게 하는 문서이다. 프랜차이즈 계약서 서명이후는 계약서가 양자를 구속시키지만 계약서 자체가 프랜차이저에 의하여 만들어져 프랜차이지에게 불리한 내용이 상당히 있다. 품질관리와 브랜드 보호를 이유로 프랜차이저는 가맹점포를 감사할 권한과 계약해지 권한이 있어 이를 통해 프랜차이지를 통제한다. 하지만 최근 공정거래위원회에 의해 만들어진 프랜차이즈 표준계약서는 양자 간의 공정성과 균형성 확립에 일조하였다.

② 관리적 통제

프랜차이저는 프랜차이지에게 교육 · 훈련을 지속적으로 시키고 슈퍼바이저 방문을 통하여 가맹점의 문제점을 해결하고 매출확인도 한다. 이런 일상의 업무를 통하여 프랜차이저는 프랜차이지에게 많은 업무를 부과하고 통제한다.

③ 경제적 통제

개업 이후도 프랜차이저는 프랜차이지에게 로열티, 광고비, 교육비 등의 부과를 통해 통제한다.

가맹본부와 가맹점들 간의 관계

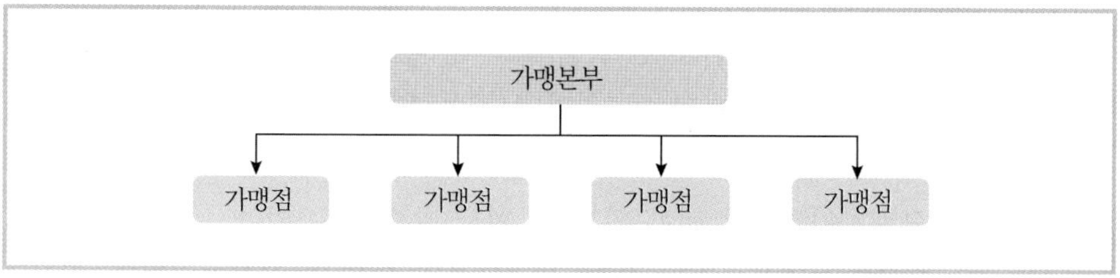


## (3) 상호의존성(Reciprocal Interdependency)

프랜차이즈 시스템에서 프랜차이저는 프랜차이지에 대해 단순하게 프랜차이즈 계약적 관계 또는 수직적 상하관계로만 보아서는 안 된다. 프랜차이즈 시스템이 성공하기 위해서는 프랜차이저와 프랜차이지 서로가 강한 결합관계에 있어야 하고 상호의존적이어야 한다.

상호의존성이 높아지면 몰입도와 장기적 협력 관계의 수준도 높아진다. 장기적 협력 관계의 수준이 높아지면 프랜차이저와 프랜차이지 간의 평등성이 높아져 진정한 사업파트너가 되어 각자의 권리와 이익을 생각하기 보다는 양자간의 장기적 최적 이익을 위하여 양보하고 협력한다.

가맹본부와 가맹점들 간의 관계

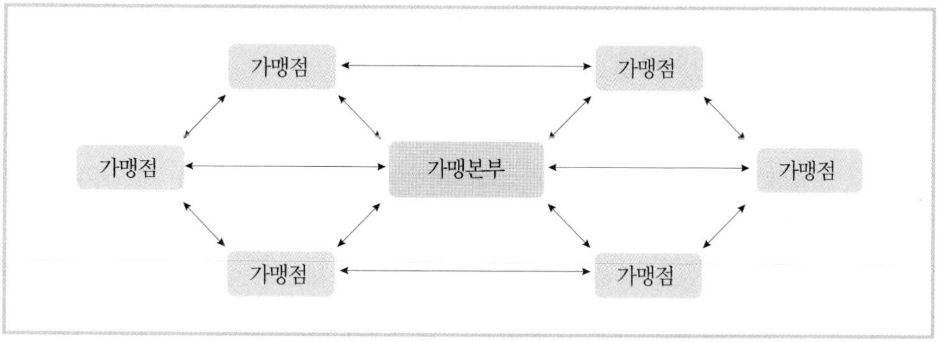

앞의 그림에서와 같이 프랜차이저는 프랜차이즈 시스템에서 중심에 위치하는 위상이지 상하관계의 상위 위상은 아니다. Judd는 프랜차이즈 시스템을 자전거에 비유하여 프랜차이저는 자전거의 핸들 역할을 하고 프랜차이지는 자전거 페달역할을 한다고 하였다. 자전거의 핸들은 올바른 방향을, 자전거 페달은 추진하는 힘을 의미한다. 만일 방향성만 있고 추진력이 없다면 자전거는 바로 넘어질 것이고 반대로 추진력만 있고 방향성이 올바르지 못 하다면 길을 잃고 부딪쳐서 넘어질 것이다. 즉, 프랜차이저와 프랜차이지는 서로 신뢰하여 협력할 때 진정으로 좋은 프랜차이즈 시스템이 되고 그 힘을 발휘할 수 있다.

프랜차이저는 잘 개발된 프로그램을 가지고 프랜차이지를 이끄는 리더십을 갖고 프랜차이지는 프랜차이저의 정책에 충실히 따르는 것이 이상적인 프랜차이즈 시스템이었는데 지금은 진일보하여 프랜차이저 고유 경영영역에 프랜차이지가 참여하고 있다. 프랜차이지는 최종소비자를 직접 상대하기 때문에 그들의 태도와 선호도를 잘 파악하고 있으며 프랜차이저의 내부 관료주의에서 벗어나 있어 자유롭게 의견을 개진할 수 있고 운영상에서 생기는 다양한 아이디어도 가지고 있다. 따라서 프랜차이저는 중요 의사결정에 프랜차이지의 의견을 반영하고 프랜차이지의 신상품 아이디어도 종종 채택된다. 맥도날드의 히트 상품인 빅맥도 가맹점사업자가 개발한 것을 맥도날드 본부가 채택하여 전 직영점과 가맹점으로 확산시킨 것이다.

## 2) 기타 프랜차이즈 관계

### (1) 프랜차이지들 간의 관계

프랜차이지들은 서로 간에 배타적 영업구역이 정해져 있어 경쟁 관계에 있지 않고 프랜차이저에 비하여 상대적 약자이다. 프랜차이지는 모임을 만들어 프랜차이저에 대해 협조와 견제를 동시에 하기도 한다. 이들은 모임을 통해 소비자 트렌드 변화, 새로운 아이디어, 프랜차이저의 잘못된 정책이나 문제점에 대한 개선안 등을 프랜차이저에 제출하여 프랜차이즈 시스템의 발전에 기여한다.

### (2) 고객과의 관계

프랜차이저에게 프랜차이지는 사업파트너이자 중간유통기관으로서 중요한 역할을 하지만 최종소비자에 의하여 프랜차이즈 상품이 구매되어지기 때문에 소비자는 프랜차이저에 있어서 가장 중요한 존재이다. 프랜차이저는 고객이 원하는 바가 무엇인지를 파악하여 고객이 만족할 수 있는 상품을 개발하여 프랜차이지를 통하여 고객에게 판매하는 것이다. 프랜차이저는 지속적으로 고객에게 제공할 상품과 서비스 등의 가치를 상승시킬 수 있도록 모니터링하고 그 결과를 반영하여 새로운 상품과 경쟁력 있는 가치를 창출해야 한다.

### (3) 외부업자들과의 관계

원자재공급자, 임대인, 부동산중개업자, 광고업자 등의 외부관계인과 공정한 거래로 신뢰관계를 맺어 프랜차이지에 버금가는 내부인을 만들어야 한다.

**롯데리아, 프랜차이즈 최초 동반성장 추진**

프랜차이즈 최초로 롯데리아가 협력업체와의 동반성장에 나서는 것으로 나타났다.

롯데리아는 조영진 대표가 16일과 17일 양일간 컵 뚜껑 공급업체 '준임산업'과 햄버거 원료 공급업체 '한미에프쓰리', 1회용 종이컵 공급업체 '가가' 등 총 3곳을 방문해 현장 애로사항을 경청했다고 17일 밝혔다.

조 대표는 "30년 이상 가맹점과 상생하며 축적해온 동반 성장 노하우가 1차 협력업체는 물론 2차, 3차 협력회사까지 파급될 수 있도록 지원 방안을 구체적으로 모색해야 한다"고 말했다.

이에 롯데리아는 먼저 중소기업의 자금문제 해결을 위해 현금지급 결제 규모를 확대하고 거래은행과 연계해 롯데리아 패밀리론 및 네트워크론을 마련, 협력업체가 대출 심사나 이자율에서 혜택을 볼 수 있도록 할 예정이다. 아울러 기술지도뿐만 아니라 협력업체간 공조로 수입원료 국산화를 지원한다.

특히 롯데리아가 진출해있는 베트남, 중국, 일본 등의 해외사업에 협력업체의 참여가 가능하도록 해, 기술력은 있으나 해외 판로 개척에 어려움을 겪고 있는 중소 협력업체의 고민을 실질적으로 해결해 나갈 수 있도록 지원한다는 방침을 세웠다.

조 대표는 "롯데리아가 30년 이상 업계 1위의 자리를 고수하고, 원활한 가맹사업을 운영할 수 있는 비결은 가맹점 및 협력업체와의 관계를 긴밀하게 해온 결과다"며 "동반성장 프로그램이 실효를 거둘 수 있도록 협력업체의 애로사항을 경청하는 초청간담회를 분기마다 한 번씩 열고 임직원들을 대상으로 사내 공정거래 교육 프로그램도 정례화하겠다"고 말했다.

출처 : 이투데이(2010.11.17)

## 2 프랜차이즈 관계의 진행단계

프랜차이즈 관계는 상품수명주기나 사업수명주기처럼 도입기, 발전기, 성장기 그리고 쇠퇴기 형태로 진행된다.[1)]

### 1) 도입기

프랜차이저와 프랜차이지 간의 관계는 신뢰, 상호의존, 성공과 이익에 대한 열망으로 시작된다. 프랜차이지 입장에서는 극단적인 낙관, 맹목적인 믿음, 성공에 대한 큰 기대로 쌓여 있고 프랜차이저는 프랜차이지에게 우호적으로 접근하며 최선의 자신 모습을 보여주는 동시에 가맹희망자의 자질을 파악한다.

도입기에 양자 간의 일치된 이해와 믿음이 생기면 프랜차이즈 계약이 이루어진다.

### 2) 성장기

프랜차이즈 계약이후 프랜차이지는 프랜차이저로부터 교육을 받고

---

1) Judd외, Franchising, Thomsom 2008, p. 498.

양자 사이는 밀접하고 강한 유대 관계가 형성된다. 개점을 위한 프랜차이저의 다양한 지원을 통해 결합이 더욱 공고해진다. 개점 후 프랜차이저의 지원이 지속적으로 이루어지고 관계강화를 위한 커뮤니케이션이 잘 이루어져 성과가 만족하게 이루어지면 양자 관계의 긍정성이 계속된다. 그러나 프랜차이저의 지원이 적절하지 못하고 커뮤니케이션도 빈약하면 양자 간의 관계는 크게 위협받는다.

### 3) 성숙기

성장기를 지나면 프랜차이지는 운영에 대한 노하우를 갖게 되며 프랜차이저에 대한 의문사항과 수준 높은 요구가 생기게 된다. 프랜차이지가 정기적으로 지불하는 로열티만큼 프랜차이저는 프랜차이지에게 지원과 공급을 하는가, 프랜차이저의 전문성과 역량은 어느 정도인가에 대해 의문이 생기고 좀 더 혁신적인 마케팅프로그램, 부가적인 영업 지원, 원활한 커뮤니케이션 시스템, 경쟁력 있는 신상품 등을 요구한다.

프랜차이저는 프랜차이지가 원숙한 매장 운영 단계에 이른 만큼 좀 더 높은 매출, 깔끔한 매장 분위기, 고객에 대한 높은 질의 서비스를 프랜차이지에게 요구한다. 성숙기에 이르면 프랜차이저도 좀 더 수준 높은 경영능력을 갖추기 위하여 전문성 있는 인력의 보충이 필요하며 브랜드 파워를 계속적으로 키워야 하며 신상품 개발에도 힘을 쏟아야 한다. 또한 프랜차이지와 좀 더 원활한 커뮤니케이션을 위하여 컨퍼런스 개최, 각종 지역 행사 개최, 깊이 있는 뉴스레터 발간 등이 필요하다.

### 4) 쇠퇴기 또는 재발전기

성숙기가 지나면 프랜차이즈 기업은 2가지 길 중 하나에 처하게 된다. 성숙기를 성공적으로 극복한 기업은 또 다른 새로운 발전기를 맞이하고 제대로 극복하지 못 한 기업은 쇠락의 길에 들어선다. 쇠락의 과정에서 발생하는 현상은 프랜차이저에 대한 불만이 급증하고, 프랜차이지의 로열티와 광고비 미지급이 일어나고, 프랜차이저의 표준운영규정이 안 지켜지며 소송사태 등이 일어난다. 성숙기의 여러 문제를 성공적으로 극복한 기업은 시대 상황에 맞는 새롭게 변형된 사업컨셉과 진일보된 경영노하우를 갖게 되어 좀 더 힘 있는 브랜드가 되며 발전한다.

## 3 관계관리를 위한 프랜차이저의 역할

마케팅 유통 채널 상에 있어 상호의존 관계가 형성되는데 상대적으로 상대에 대한 의존 정도가 적거나 집단 규모가 큰 곳이 유통 리더가 된다. 프랜차이즈 시스템에서는 상대에 대한 의존 정도가 적고 집단 규모가 큰 곳은 당연히 프랜차이저이어서 프랜차이저가 리더가 되어 조직 전체를 이끌고 가맹점과 고객에 대한 총괄적인 관리와 책임을 지게 된다. 프랜차이지와 관계 강화를 위하여 프랜차이저는 다양한 활동을 한다.

### 1) C.A.R.E.

#### (1) Communication(커뮤니케이션; 의사소통)

프랜차이즈 시스템 내에서 프랜차이저와 프랜차이지 간의 커뮤니케이션은 서로 정보의 전달과 아이디어의 교환을 통하여 서로간의 공통영역을 형성하는 것을 의미한다.

프랜차이저는 커뮤니케이션을 강화하기 위하여 뉴스레터 발간, 인터넷 홈페이지 내 건의사항란 설치, 슈퍼바이저의 가맹점 방문 등을 한다.

#### (2) Awareness(인지)

프랜차이저는 프랜차이지가 시스템 내에서 중요한 존재라는 것과 항시 평가받고 있다는 것을 프랜차이지가 알고 있게 만들어야 한다. 프랜차이저는 기준을 만들어 프랜차이지를 평가하고 우수한 평가를 받은 프랜차이지를 포상함으로써 프랜차이저가 평가하고 있다는 것을 알게 해주어야 한다. 또한 프랜차이저는 주기적으로 조사를 하여 프랜차이지의 관심과 감정을 인지하여야 한다.

#### (3) Rapport(개인적 친밀감)

프랜차이저는 프랜차이지와 개인적인 친밀감이 필요하다. 프랜차이저는 프랜차이지의 개인 경조사에 참여하기도 하며 이를 뉴스레터에 공지하기도 하며 프랜차이지 개개인과 유대를 강화한다. 한국인들은 개인적 친밀감이 공적인 사업에서도 매우 중요한 역할을 한다.

#### (4) Expertise(전문가적 지식)

프랜차이저는 경영지식에 대하여 프랜차이지 보다 우월적 위치에 있어야 한다. 프랜차이지가 가맹점운영 초기에는 기본적인 운영지식을 필요로 하지만 시간의 흐름에 따라 재무, 마케팅, 회계, 인사, 컴퓨터 등에 대한 깊은 경영지식이 필요하게 되는데 프랜차이저는 이에 충분한 경영지식을 가지고 적절하게 대응해야 신뢰가 생긴다.

### 2) FACS와 FOA지원

#### (1) FACS(Franchise Advisory Councils: 프랜차이즈 자문위원회)

FACS는 프랜차이저에 의하여 만들어진 프랜차이지 모임이다. 소비자의 반응과 마케팅, 신상품, 운영 등에 대한 프랜차이지의 참신한 아이디어가 프랜차이저 경영에 절대적으로 필요하다. 이러한 정보를 프랜차이지로부터 받기 위하여 프랜차이저는 FACS 창립을 유도하고 각종지원을 한다. FACS 조직 안에는 마케팅, 상품개발, 불평처리 등을 위한 세부 소모임이 있다. 프랜차이저는 관계 강화를 위하여 활동비용도 지원하며 활성화시키고 있다.

### (2) FOA(Franchise Operators Association: 프랜차이지 협회)

FACS의 창립은 본사에 의하여 보통 주도되는데 비해 FOA는 프랜차이지 스스로에 의해 보통 설립된다. 그렇지만 프랜차이저는 FOA에 우호적으로 접근하여 의사소통을 강화할 수 있는 관계로 만들어야 한다. FOA를 다양한 차원에서 지원하고 FOA 모임에 프랜차이저의 임직원도 참석시켜 건설적인 제안도 받아들이고 가맹점주의 불만을 청취하여 개선책을 마련하여 프랜차이즈 시스템발전에 일로 하게끔 하여야 한다.

## 3) 공정한 계약 내용

프랜차이즈 계약서는 프랜차이즈의 두뇌이자 심장이다. 프랜차이즈 계약서는 프랜차이저에 의하여 만들어졌기 때문에 프랜차이저에 일방적으로 유리한 내용이 많이 기재되어 있다. 프랜차이지의 의무는 명확하게 서술되어 있는데 반해 프랜차이저의 의무나 프랜차이지의 권리는 모호하게 서술되어 있다. 이 불균형성과 모호성은 계약 이후에 많은 불화를 야기할 수 있다. 다음의 원칙을 바탕으로 계약서를 작성하여 불화를 없애 양자 간의 장기적 협력을 도모하여야 한다.

① 양자의 역할을 명시할 것
② 양자의 운영과정에 대한 의무를 가능한 한 자세하게 명시할 것
③ 운영방법을 표준화시킬 것
④ 계약종료 조건을 구체적으로 명시할 것

우리나라의 프랜차이즈 표준계약서는 공정성이 담겨있는 대표적인 계약서의 예이다.

# 4 프랜차이즈 시스템 갈등관리

프랜차이즈 시스템 내에서 프랜차이저와 프랜차이지 각 각은 유통경로의 구성원으로서 위치에 있기 때문에 다른 유통조직에서 일어나는 경로갈등이 이들 사이에서도 역시 발생하고 있다. 이들 간의 관계는 상호의존성이 깊지만 항시 순풍을 단 듯이 호의적인 관계로 지속되는 것은 아니다. 경로구성원 일방 또는 양자의 잘못된 의사결정 또는 욕심으로 갈등이 유발된다.

## 1) 프랜차이즈 시스템 갈등의 의의

### (1) 갈등의 배경

프랜차이저와 프랜차이지는 시장에 효율적으로 접근하여 고객의 만족을 높이기 위하여 각자의 역할을 정하고 해당 역할의 전문화를 위하여 노력한다. 프랜차이저는 사업컨셉을 정교화하여 시장에서 호의적이 되도록 마케팅 활동에 주력하고 프랜차이지는 사업컨셉을 지역 시장에 매력 있게 적용시켜 소비자의 만족을 얻도록 하는데 주력한다.

이들 각각은 자신의 역할을 전문화시키고 상호의존하며 자신의 목표 달성을 위해 다른 경로구성원의 노력을 필요로 하지만 또 그 안에서 서로가 추구하는 목표와 역할이 다르고 때로는 상충되어 갈등이 발생된다. 프랜차이저와 프랜차이지 모두 프랜차이즈 시스템 전체의 효율성과 양자 간 협조의 필요성을 공감하지만 각자 자신의 이익 극대화가 우선되며 자신의 경영 권한을 최대화시키고자 한다. 프랜차이저와 프랜차이지 간에 서로 배타적이고 양립 불가능한 목표, 이해, 역할이 생길 때 이들 사이에 갈등이 발생한다.

### (2) 갈등(conflict)의 정의

갈등의 사전적 정의는 서로 다른 두 가지가 충돌하는 것이다. 유통 경로에서의 갈등의 정의는 한 경로 구성원이 자기의 목표를 달성하려는 데 있어 다른 경로 구성원이 방해하거나 해롭게 하는 행위를 하고 있다는 지각을 하고 있는 상태이다. 프랜차이즈 시스템에서도 위의 정의가 적용될 수 있을 것이다.

### (3) 갈등의 원인

갈등의 원인은 여러 가지로 볼 수 있는데 일반적으로 경로구성원들 간의 목표의 불일치, 역할의 불일치, 그리고 지각의 불일치로 구분된다. 갈등의 정도는 불일치의 심각성, 불일치 빈도, 불일치 기간 그리고 갈등 이슈의 중요성에 의해 측정된다.

① 역할 불일치

프랜차이저와 프랜차이지 간의 상권과 역할에 대한 합의가 이루어지지 않았거나 역할규정이 모호하여 견해 차이가 생길 때 발생한다. 양자가 각자의 권리와 의무를 사전에 명시하고 수행할 때 양자의 갈등은 줄어들 것이다.

(가) 시장역할 갈등

목표시장이 중복되어 프랜차이저와 프랜차이지 간에 갈등이 야기되는 경우이다. 미국에서 배스킨라빈스 가맹본부가 슈퍼마켓에도 배스킨라빈스 가맹점에서 파는 동일한 아이스크림을 공급하여 목표시장이 중복된다고 가맹점사업자들이 판단하여 본부에 소송을 하는 큰 갈등이 있었다.

(나) 기능역할 갈등

프랜차이저와 프랜차이지 각 각이 자신의 고유 기능이 있는데 어느 일방이 이를 무시하고 다른 일방에게 무리한 결과를 요구하여 생기는 갈등유형이다. 특정 상품에 대한 프랜차이저의 마케팅 활동이나 교육 없이 가맹점에 특정 상품의 매출 증대를 요구하여 프랜차이지가 반발하여 생기는 갈등이다. 또는 의류 프랜차이저에서 가맹점에게 소비자의 반응조사 정도를 넘어 디자인 개발에도 참여하기를 원할 때 갈등이 발생할 수 있다.

② 목표불일치

프랜차이저와 프랜차이지의 목표가 서로 다르고 양자가 동시에 이 목표를 달성할 수 없을 때나 상충될 때 갈등이 생긴다. 외식업 프랜차이즈 경우에 메뉴의 판매가격은 이미 정해져 있는데 프랜차이저가 원자재가격을 인상하면 프랜차이지는 그 만큼 마진폭이 줄어들어 갈등의 소지가 된다. E의류 프랜차이즈의 프랜차이지들은 프랜차이저가 공급하는 상품 이외에도 다른 브랜드의 상품을 판매하여 프랜차이저와 갈등을 야기한 적이 있었다. L햄버거는 본부의 성장전략에 의하여 동일 상권 내에 3개의 가맹점포를 개설하여 본부의 전체적 매출은 늘었지만 같은 상권 내에 있는 3개 점포의 각 각 매출은 줄어 프랜차이저와 프랜차이지 간에 심한 갈등이 생기기도 하였다. 인센티브 같은 보상방법으로 갈등을 감소시킬 수 있다.

③ 지각불일치

프랜차이저와 프랜차이지는 각자의 개성, 환경, 그리고 역할에 따라 동일한 사실이나 실체를 서로 다르게 지각하여 양자 간에 오해가 발생하는 경우가 있다. 이는 커뮤니케이션 방법 또는 커뮤니케이션 부족 시 발생할 수 있어 커뮤니케이션시스템의 개선을 통하여 해결할 수 있다.

**프랜차이저와 프랜차이지 간의 분쟁원인**

1위 영업지원 관련(29.2%)
2위 인테리어 비용 관련(13.6%)
3위 상권보장(10%)
4위 광고비(7%)
5위 로열티(5%)

자료 : 2008년 프랜차이즈업 현황 및 발전 방안 연구

### (4) 갈등의 유형

프랜차이즈 시스템에서 생기는 경로 갈등은 크게 두 가지 유형이다.

① 수평적 갈등(horizontal conflict)

가맹점 사이에서 발생하는 문제로 상권, 품질, 가격 등의 문제로 갈등이 유발될 수 있다. 만일 도미노 피자의 한 가맹점에서 치즈를 규정보다 적게 쓰거나 나쁜 질의 치즈를 써서 맛이 없어져 고객으로부터 불평이 생겨 고객이 이를 인터넷에 올린다면 다른 도미노피자 가맹점에도 나쁜 영향이 미칠 수 있다.

② 수직적 갈등(vertical conflict)

프랜차이저와 프랜차이지간에서 발생하는 갈등으로 상이한 단계 간의 유통기관 사이에서 발생하는 갈등을 뜻한다. 만일 놀부보쌈이 모든 롯데마트에 입점하기로 계약하였다면 롯데마트 인근에 있는 놀부보쌈 가맹점은 매출에 타격을 받을 것이다. 이런 경우 놀부보쌈본부와 롯데마트 인근의 놀부보쌈 가맹점간에 갈등이 발생하는데 이를 수직적 갈등이라고 한다.

**[프랜차이즈 본사 횡포에 우는 가맹점들] 정관장**

본사의 영업지원을 받을 수 있는 프랜차이즈 가맹사업은 서민이 어렵지 않게 진입할 수 있는 자영업종 중 하나다. 그런데 가맹사업점이 잘 되도록 지원을 아끼지 않아야 할 본사가 오히려 가맹사업자들을 힘들게 하는 경우가 종종 발생하고 있다.

새로 바꾼 영업방침을 강요하거나 인근에 비슷한 브랜드를 개점해 매출을 떨어뜨리기도 한다.

내일신문은 약자인 가맹사업자들을 고통스럽게 하는 프랜차이즈 업체의 문제점을 들여다봤다.

"영업지역 보장한다더니 직영점 내 압박" … 변경계약에 '영업지역 보장'삭제

"6년 동안 이런 실적을 보인 적이 없어요. 전단지 들고 고객들 찾아다녀야 하는데 기운이 나질 않네요."

지난 23일 오후 전북 전주시 서신동 '정관장홍삼 서신점'에서 직원들과 한국인삼공사 전용사이트를 보던 박○○(45)씨 얼굴엔 근심이 가득했다. 10월이 다 가는데 이달 매출 목표액의 38% 실적이라는 결과를 받아들곤 도로 건너편 대형마트 간판을 보며 연신 쓴 입맛을 다셨다.

박씨는 "추석이 끼었지만 9월에는 목표액을 꽉 채웠는데 10월에 바로 앞 대형마트에 직영점이 들어서고 나서 손님 줄어드는데… '이러다 사람이 미치는구나' 별 생각이 다 들더라구요."

한국담배인삼공사 전주제조창 신협에서 근무하던 박씨는 전주창이 문을 닫자 복지매장을 인수해 운영해 왔다. 2002년 2월부터 홍삼 전시판매장을 운영하다 인삼공사가 '정관장 홍삼' 브랜드로 프랜차이즈를 시작한 2004년 11월에 가맹점에 가입해 서신점을 열었다.

인삼공사 전북지사는 박씨에게 반경 2km에 달하는 영업지역을 계약서에 명시해줬다. 2004년 9억5,000여만원이던 매출액이 2009년 23억원까지 올랐다. 2008년엔 전국 560여개 가맹점 가운데 매출액 1~2위를 다투는 가맹점으로 성장, 최우수가맹점 상을 받았다.

박씨는 "자녀들한테 물려준다는 생각으로 열심히 뛰었다"고 말했다.

2005년부터 이상한 기운이 느껴졌다. 인삼공사측이 2005년 5월 서신점 인근 백화점에 정관장 직영점을 개설한 것이다. 박씨는 "영업지역 보장한다더니 약속위반 아니냐고 항의했는데 '백화점 고객층이 서신점과는 다르고 취급상품도 중복되지 않으니 양보해 달라'길래 믿고 물러섰다"고 말했다.

그러나 백화점내 직영점에선 서신점과 같은 상품을 판매하고 백화점 할인행사에 맞춰 사은품·상품권 등으로 가격할인까지 이뤄지는 등 당초 약속은 지켜지지 않았다. 박씨는 "억울했지만 '덩치 큰 회사와 부딪쳐 봐야 나만 손해'라는 생각도 있고 발품을 더 팔면 된다고 마음을 바꿨다"라고 말했다.

그러나 '잘해보자'는 박씨의 마음다짐은 그리 오래가지 못했다. 올 6월 말, 전북지사 직원에게서 '서신점 바로 앞 대형할인마트에 직영점이 들어온다'는 소식을 들었다. 백화점내 직영점과는 차원이 다르다는 판단에 항의해 봤지만 회사측의 입장은 확고했다.

박씨는 "7월에 인삼공사 본사에서 이 모 부장이 와서 '서신점과 대형마트 거리가 너무 가까워 원칙적으로는 입점이 어렵지만, 서신점 실적이 좋고 기존 고객이동도 크게 없을 것으로 판단했다'고 통보를 했다"라고 말했다. 도로 하나를 사이에 두고 전북도내 최대 매출을 올리는 할인점과 경쟁은 출발부터가 어려웠다.

박씨의 항의에 인삼공사측은 가맹점과 회사측이 2007년부터 매년 작성해 온 가맹점 계약서를 들이밀었다. 2006년까지 배타적 영업지역을 인정하던 조항이 변경된 것이다.

2007년부터 매년 가맹계약을 갱신했지만 변경내용을 듣지 못했다고 한다. 2009년 12월 1일자로 된 갱신계약서는 2달이 지난 2010년 2월에 작성하기도 했다. 박씨는 "매년 의례적으로 서명만 하던 사안이라 크게 신경 쓰지 않았다"면서 "영업지역을 인정하지 않는다는 변경내용이었다면 도장을 찍었겠느냐"고 항변했다.

급기야 박씨는 회사측으로부터 계약변경 내용을 알지 못했다면서 올 8월 '영업지역권 침해 금지' 소송을 냈다. 올 11월 30일까지 가맹점 계약이 남아 있지만 소송 이후 서신점에서 요구한 상품이나 마케팅에 필요한 홍보책자 등이 제때 도착하지 않는 경우가 비일비재 하다. 어려움을 토로했던 가맹점 점주들도 소송 이후에는 말문을 닫았다. 박씨는 소송에 따른 회사측의 압박으로 해석했다. 그러나 말문을 닫았다고 해도 가맹점주들은 박씨의 소송을 지켜보며 이메일과 문자로 '소송비용을 지원하겠다'는 등 응원을 보냈다.

박씨는 "가맹점 점주들이 몇 번 소송을 하려다가 가게를 처분하고 주저앉는 것이 대부분이었다"면서 "어려울 때는 같은 식구라고 독려하더니 필요에 따라서는 기본적인 신의도 헌신짝처럼 버리는 회사에 절대 굴복할 수 없다"고 말했다. 한편, 인삼공사측은 "박씨의 가맹점 계약은 11월말까지 유효하다"면서도 소송 중이라는 이유로 취재에 응하지 않았다.

출처 : 내일신문(2010.10.27)

### (5) 경로갈등과 경로성과

경로갈등으로 인하여 성과에 대해 긍정적 영향도 있고 부정적 영향도 있다. 프랜차이저와 프랜차이지 간의 경로갈등이 경로성과에 미치는 영향에 관한 이렇다 할 연구는 아직 없고 일반 유통업에서 경로성과 간의 연구는 많아서 객관화되었다.

① 긍정적인 영향

갈등이 반드시 나쁜 것은 아니며 오히려 경로 내의 문제를 발견할 수 있고 이를 통해 다른 경로구성원에 대해 이해할 수 있으며 경로의 구조적 결함을 찾아내어 이를 개선시켜 결과적으로 경로성과를 향상시킬 수 있어 이를 순기능적 갈등이라고 한다. 최근의 연구들은 경로갈등의 순기능에 대한 것이 많다.

② 부정적인 영향

경로갈등으로 인하여 경로구성원들 간에 불신이 생기고 협조를 기피하며 정보공유를 안 하며 기회주의적인 행동이 일어나게 됨에 따라 구성원 각각이 모든 것을 독자적으로 하게 되어 업무중복이 일어나 프랜차이즈 시스템의 장점을 살리지 못 하는 비효율화가 생긴다. 이를 역기능적 갈등이라고 한다.

## 2) 프랜차이즈 시스템 갈등의 관리

### (1) 갈등관리의 중요성

프랜차이저와 프랜차이지 간의 관계 관리의 대부분이 갈등관리라고 할 정도이다. 그러나 프랜차이저와 프랜차이지는 법적으로 서로 완전히 독립적인 사업자이고 상하관계가 아니기에 갈등이 생기기 쉽고 갈등의 봉합이 어려울 수 있으며 소송까지 갈 수 있어 양자 사이의 갈등은 관리되어져야 한다. 갈등의 적절한 관리는 프랜차이즈 시스템을 한 단계 발전시킬 수 있는 계기가 된다.

### (2) 갈등관리[2)]

갈등관리는 갈등이 심각해져 역기능이 나타나기 전에 효과적으로 통제하고 조정하여 협력관계를 유지 강화시켜 주는 것이다.

① 문제해결

프랜차이저와 프랜차이지가 서로 신뢰하고 협조하여 상위공동목표를 설정하고 이를 추구하여 양자가 만족할 수 있는 해결방안을 찾는 활동이다. 상대의 목표와 우선순위에 양보적 행위 등이 이에 속한다.

② 설득

하위목표상의 차이가 정보교환만으로 해결되지 않을 때, 이러한 차이를 줄이기 위하여 상위의 공동목표에 연관시켜 상대방의 관점이나 의

---

2) 오세조, 시장지향적 유통관리, 박영사, p. 301, 1997.

사결정기준을 바꾸려는 시도이다. 비강압적 영향력의 원천을 바탕으로 상대방의 인식을 수정하거나 리더십을 바탕으로 상대방의 인식을 수정한다.

③ 협상

프랜차이저와 프랜차이지 간의 목표 차이가 상당히 커서 공동의 목표추구가 어려워 새로운 협의를 통해 갈등이 최소화 되도록 하지만 미래에 또 다른 갈등의 여지가 남겨져 있고 긴장상태도 유지된다. 이런 경우는 제로섬 게임으로 상호간에 일부 양보하고 넘어가는 것이다.

④ 정치적 해결

갈등이 양자 간에 제대로 안 풀려 제3자가 개입하게 되는 과정이다. 프랜차이지들이 연합체를 만들어 프랜차이저와 대등한 상태에서 문제해결을 하려는 상황이다. 또는 가맹사업거래 분쟁조정협의회에 조정 신청을 하여 해결하는 것으로 조정은 법적효과가 있는 것이다.

⑤ 공동회원제

프랜차이저와 프랜차이지 각 각이 상대의 협회나 모임에 가입하여 상대의 입장을 이해함으로써 갈등을 줄일 수 있다.

⑥ 인적교류

프랜차이저의 임직원과 프랜차이지 또는 직원이 일정 기간 동안 서로 인적교류를 하여 상대의 역할을 수행해 봄에 따라 상대에 대한 이해도를 높이는 것이다. 효율적인 인적교류가 되기 위해서는 인적교류 전에 갈등원인을 정확하게 규명하여 인지하고 있어야 하며 인적교류 프로그램에 참여한 인력이 자신의 회사로 복귀한 후 그 직무를 계속해야 효과적이다.

### "가맹본사-가맹점주 한 자리에" 업계 새바람

국내 프랜차이즈 업계의 각 가맹사업 본사와 가맹점주 간에 끊이지 않았던 각종 분쟁과 갈등을 해소하기 위한 목적으로 설립된 (사)한국가맹사업공정거래협회(회장 정해춘, www.ekcaf.or.kr)가 국내 프랜차이즈 시장의 새로운 패러다임을 이끌어 나가고 있어 주목을 받고 있다.

지난 2009년 6월 공정거래위원회로부터 정식 설립허가를 받고 본격적으로 활동에 들어 간 한국가맹사업공정거래협회는 가맹본사와 가맹점사업자 간의 분쟁조정과 권익보호, 가맹산업 정책 개발, 가맹산업 관련 재산권 보호, 가맹산업 정보수집 등과 물류효율화를 위한 정보화 촉진, 가맹사업법 관련 기술 개발 사업 등을 꾸준히 선개해 나가고 있으며 현재 가맹사업의 피해 보상을 시원하기 위한 가맹사업 공제조합을 적극 추진 중이다.

한국가맹사업공정거래협회는 무엇보다 가맹본사와 가맹점사업자들 간에 발생하는 각종 분쟁에서 어느 한 편의 입장만을 대변하고 옹호하는 것이 아니라 공정하고 합리적인 원칙에 따라 분쟁을 조정하여 상호간의 불신을 해소하고 서로 상생할 수 있는 소통의 장을 만드는 데 역점을 두고 있다고 한다.

그 동안 상대적으로 우월적 지위에 있는 가맹본사와의 마찰로 인해 원하지 않는 피해를 입게 되어도 마땅히 하소연할 곳이 없어 애를 태웠던 가맹점 사업자들과 또한 기존 가맹거래 계약관계 등을 악용하여 가맹본사에 피해를 준 가맹점사업자들에 대한 대응책이 마땅치 않았던 가맹본사 등 양자 모두에게 반드시 필요했던 역할을 한국가맹사업공정거래협회를 통해 얻어낼 수 있게 된 것이다.

가맹본부와 가맹점사업자 양측 모두를 회원으로 두고 있는 국내 유일의 한국가맹사업공정거래협회는 가맹본사의 권익을 대변하는 것은 물론 자신들의 권익을 대변할 체계조차 없는 가맹점사업자들의 권익보호를 위한 다양한 방법의 실태조사와 현장의견 수렴을 통해 프랜차이즈 산업 발전을 위한 관계법령 정비와 제도 개선에도 적극 나서고 있다.

특히 지난 5월 국민권익위원회의 '가맹점사업자 보호 및 공정화를 위한 제도 개선 권고'에서 '가맹점 사업자들의 피해예방을 위해 가맹점주 단체가입 및 구성 방해 금지'를 권유한 것은 가맹본부 및 가맹사업자 양측을 회원으로 하여 공정거래위원회로부터 정식 설립인가를 받은 한국가맹사업공정거래협회의 노력이 공식적으로 결실을 이루어 낸 사례다

또한 이 권고안에는 가맹본부와 가맹사업자간의 분쟁 조정 권한이 한국공정거래조정원 한 곳으로 국한되어 있어 분쟁 조정 처리기간이 장기간 지연되는 등 여러 가지 문제가 발생하고 있는 현재 상황을 분쟁조정 창구의 다변화를 통하여 개선하고자 한국가맹사업공정거래협회를 분쟁조정기관으로 추가하는 내용이 포함되어 있으며, 공정위 가맹거래법 시행령 개정안의 가맹점 계약 즉시 해지권 강화

내용 중(시행령 15조6) 영업정지 부분에서 '15일 이내의 영업정지 명령을 받은 경우는 제외한다.'라는 내용을 포함시켜 가맹점 사업자들의 권익을 보호 할 수 있는 제도적 장치를 이끌어 내기도 했다.

한국가맹사업공정거래협회 정해춘 회장은 "가맹본사와 가맹점주 모두를 법적인 틀 안에서 공정하고 합리적으로 그 권익을 보호하고 상생을 이루어 내는 것이 궁극적으로 사회발전에도 기여하게 되는 것"이라며 "국내 프랜차이즈 업계를 이끌고 있는 가맹본사와 가맹점주 그리고 고객들이 서로 신뢰할 수 있는 기본적인 토대를 만드는데 한국가맹사업공정거래협회가 기여할 수 있도록 최선의 노력을 다할 것"이라는 각오를 밝혔다. 정해춘 회장은 한국프랜차이즈협회 부회장과 한국프랜차이즈 산업 연구소 소장을 역임한 바 있으며, 현재 ㈜대현에프씨코리아 회장으로 국내 프랜차이즈 산업 발전에 앞장서고 있다.

출처 : 머니투데이(2010.12.23)

chapter

6

# 프랜차이즈 관련법

# 06 프랜차이즈 관련법

## 1 프랜차이즈 관련법의 의의

### 1) 제정의 필요성

프랜차이즈는 기존의 유통방법 또는 경영행위와는 다른 새로운 유형의 유통방법(상품 및 상표형 프랜차이즈) 또는 경영행위(사업형 프랜차이즈)라고 할 수 있다. 가맹본부와 가맹점사업자가 법적으로 서로 다른 실체이면서도 하나의 시스템 속에서 구성원 각자가 전문화영역에서 장기적 협력을 지향하며 각자의 일을 하며 공동의 번영을 추구하는 사업방식이다. 가맹본부는 자신의 자본 투자와 인력 없이도 자신들이 통제할 수 있는 가맹점포를 만들고 이를 통해 수익을 올릴 수 있고 가맹점사업자는 전문지식 없이도 사업을 할 수 있는 장점이 있다. 이런 장점에도 불구하고 발전과정에서 많은 문제점이 야기되었다. 미국의 경우 1950년대 후반부터 60년대까지 프랜차이즈 붐이 시작되었다. 일부 가맹본부가 프랜차이즈 시스템의 장점을 이용하여 가맹점 사업자를 대상으로 사기 행위가 자행되었고 우리나라에서도 80년대 후반부터 프랜차이즈 사업이 시작되었고 90년대 초반에는 붐이 불기 시작하였는데 가맹본부의 사기행위가 많이 생기기 시작하였다. 프랜차이즈 장점을 살리면서도 여러 문제점을 최소화시키기 위한 법적 시도가 생겨나기 시작하였다. 또한 프랜차이즈가 상거래 분야에서 활성화됨에 따라 2010년 상법 개정 시 가맹업이라는 이름으로 상법에도 규정되기에 이르렀다.

## 2) 관련법의 발전

### (1) 국내의 프랜차이즈 관련법의 발전

미국 등의 전통적 선진국들은 오래전부터 다양한 방식의 경영기법이 개발되어 사용되었다. 이에 따라 이에 대응하는 법률들이 도입되었다. 국내에서는 90년대 초반부터 준비 안 된 가맹본부가 기승을 부리며 많은 가맹점사업자를 도산시키는 사회적, 경제적 폐해를 남겼는데 이에 대해 법적으로 준비가 안 되었다.

70~80년대 호텔산업분야에 미국의 다국적 호텔기업이 프랜차이징 방식이나 경영계약(management contract)방식으로 국내에 진출하였는데 이 때 이런 경영방식에 대한 법적 개념이 국내에 없어 이 두 가지 방식 모두를 구별없이 묶어 기술도입계약이라는 이름으로 번역되어 도입되었다.

새로운 경영방식인 프랜차이즈 같은 것은 지금까지 있었던 민법 등과 같은 일반법만으로는 규율하는데 한계가 있었다. 또 관련된 법률로 유통산업발전법이 있었지만 프랜차이즈 사업거래를 규율하기에는 한계가 있었다. 법의 후행적인 성격으로 20여년이 지난 2002년 가맹사업거래 공정화에 관한 법률이 제정되었고 2007년 가맹사업진흥에 관한 법률이 제정되어 프랜차이즈사업의 안정과 진흥을 뒷받침하게 되었다. 한편 공정거래위원회에서는 프랜차이즈 표준계약서를 만들어 합리적 프랜차이즈 관계를 형성하는데 일조하며 분쟁도 최소화하는데 기여하였다.

### (2) 미국의 프랜차이즈 관련법의 발전

자본주의가 가장 발달된 나라인 미국은 기본적으로 기업의 활동에 대해 규제를 적게 한다는 것이 큰 방향이다. 따라서 프랜차이즈 사업에 대한 이렇다 할 법률이 없다. 그러나 국가 경제적으로 폐해를 끼치는 기업 활동에 대해서는 엄하게 규율하고 있다. 1890년 제정된 셔먼법(The Sherman Act)이후 반독점(Antitrust)에 대해서는 연방거래위원회법(Federal Trade Commission Law) 등의 보완적인 입법을 통하여 강화하고 있다. 프랜차이즈 시스템에서도 가맹본부와 가맹점사업자는 법적으로 독립적 실체이지만 실제적으로는 통제하기 때문에 가맹본부의 불공정거래행위는 독점금지법과 연방거래위원회법에 기초한 프랜차이즈 공개규칙(Franchise Disclosure Rule)에 의하여 규율되어 진다. 또 가맹점사업자의 보호를 위해서 UFDD(Uniform Franchise Disclosure Document: 정보공개서)의 공개를 법으로 가맹본부에게 요구하고 있다. 그밖에도 대다수의 주에서는 독자적인 주법을 제정하여 프랜차이즈 공정화를 기하고 있다.

### 3) 프랜차이즈 관련된 법 분야

#### (1) 일반법 관련성

일반법은 모든 거래 전반에 적용되는 법률로 프랜차이즈 분야에도 여러 법 분야가 관련된다. 프랜차이즈 계약과 관련해서는 상법의 가맹업 편이 프랜차이즈 거래의 기본에 관하여 규정하고 있고 그밖에 민법의 계약법, 대리에 관한 법리, 상법의 상행위법 등이 일반적으로 적용되는 법이라 할 수 있다.

#### (2) 특수법 관련성

프랜차이즈에는 위에서 본 일반법 외에도 상표법, 특허법, 공정거래법, 소비자보호법 등의 다양한 법 분야가 적용될 수 있다. 그러나 이들은 프랜차이즈 사업에만 한정적으로 적용되는 법은 아니다. 프랜차이즈 사업의 특수성을 바탕으로 그에 특화된 특수법으로는 가맹본부의 불공정 행위 또는 사기 행위를 사전에 예방하기 위한 법으로 가맹사업거래의 공정화에 관한 법률과 가맹사업지원과 발전을 위한 가맹사업진흥에 관한 법률이 있다.

## 2 가맹사업거래의 공정화에 관한 법률

이 법은 가맹사업의 공정한 거래질서를 확립하고 가맹본부와 가맹점사업자가 대등한 지위에서 상호보완적으로 균형있게 발전하도록 함으로써 소비자 복지의 증진과 국민경제의 건전한 발전에 이바지함을 목적으로 2002년 재정되어 그 동안 7차례의 개정을 거쳐 2016년 12월 개정·공포되어 시행되고 있다.

### 1) 입법배경

#### (1) 새로운 개념의 경영행위에 대한 대응

국내에 80년대 후반이후 새로운 개념의 경영행위인 프랜차이즈가 급격하게 성장하고 있는데 이에 따른 법과 제도가 미비하여 프랜차이즈 사업이 혼란하였는데 관련법을 제정함으로써 안정시키고자 하였다.

#### (2) 프랜차이즈 시장의 빠른 성장

프랜차이즈 시장의 빠른 성장은 세계적인 추세이다. 더구나 국내는 IMF지원 이후 고용불안이 야기되었고 실업난도 심화되어 창업에 대한 붐이 불고 있다. 창업에 관심이 있는 대부분의 사람들이 전문성이나 경험이 없어 프랜차이즈 창업에 관심이 고조되었다.

#### (3) 부도덕하거나 부실한 가맹본부로 인한 피해발생

프랜차이즈사업에서 가맹본부는 가맹점사업자의 생사여탈권을 쥐고 있다고 해도 과언이 아닐 것이다. 일부 부도덕한 가맹본부는 우월한 지위를 이용하여 경험이 없는 가맹점사업자를 기만하여 가맹점사업자에게 막대한 손해를 끼치는 사례가 많이 발생하였는데도 마땅히 규제하고 처벌할 가맹점사업자의 보호를 위한 법적 장치가 없었다.

## 2) 법의 주요 내용

이 법은 6장 44조로 되어 있고 6장의 내용은 총칙, 가맹사업거래의 기본원칙, 가맹사업거래의 공정화, 분쟁의 조정, 공정거래위원회의 사건처리절차 등, 벌칙으로 구성되어져 있다.

### (1) 총칙

법의 목적, 용어의 정의, 적용배제에 관한 내용이 있다. 법의 목적은 가맹사업의 공정한 거래 질서 확립에 있고 용어의 정의 중 가맹본부는 프랜차이저(franchisor)에, 가맹점사업자는 프랜차이지(franchisee)에 해당된다. 적용배제에는 이 법이 해당되지 않은 경우를 명시하고 있다.

### (2) 가맹사업거래의 기본원칙

가맹사업 당사자는 가맹사업을 영위함에 있어서 각자의 업무를 신의에 따라 성실하게 수행하여야 한다는 원칙과 가맹본부와 가맹점사업자가 지켜야 할 여러 사항이 명시되어 있다. 본 책의 3장과 4장에 그 내용이 기술되어 있다.

### (3) 가맹사업거래의 공정화

가맹사업거래의 공정화를 위한 보다 구체적인 내용이 명시되어 있다. 가맹계약 및 가맹사업 전반에 관한 정보가 담긴 정보공개서, 가맹금 수령과 반환에 관한 가맹금 관련규정, 공정한 내용의 가맹계약서 규정, 가맹본부의 불공정거래를 금지하는 규정, 가맹계약의 갱신조건 및 계약해지의 제한에 관한 규정, 가맹점사업자의 피해를 보상하기 위한 가맹점사업자 피해보상보험계약, 공제조합 설립조항이 담겨져 있다.

### (4) 분쟁의 조정

가맹사업 분쟁을 조정하기 위한 가맹사업거래 분쟁 조정위원회의 설치, 구성, 기능 그리고 권한에 대하여 명시되어져 있다. 가맹거래사 제도 도입의 내용이 있고 그들의 자격, 임무 그리고 책임에 대해 명시되어져 있다.

#### (5) 공정거래위원회의 사건처리절차 등

가맹사업에 대한 공정거래위원회의 권한과 업무에 대해 명시되어져 있다.

#### (6) 벌 칙

가맹사업거래에 있어 규정에 위반된 사항에 대해 벌칙규정이 명시되어져 있다.

### 3) 입법효과와 비판

#### (1) 입법효과

① 가맹사업의 모델 제시

2장 가맹사업거래의 기본원칙의 가맹본부와 가맹점사업자의 준수해야 할 사항 및 3장 가맹사업거래의 공정화의 내용은 준수해야 할 사항 및 3장 가맹사업거래의 공정화의 내용은 가맹사업을 어떻게 해야 하는가에 대한 모델이라 할 수 있다. 2장과 3장을 잘 이행하면 가맹본부의 윤리성은 지킬 수 있고 가맹점사업자는 프랜차이즈사업여부에 대한 시간적 여유를 가지고 판단할 수 있고 자신이 해야 할 일에 대해 인지할 수 있다.

② 분쟁억제 및 자율해결 유도

3장 가맹사업거래의 공정화, 4장 분쟁의 조정, 그리고 5장 공정거래위원회의 사건처리절차 등의 내용은 사전에 분쟁요인을 상당히 없애주고 분쟁이 생겨도 처리 기준이 있어 용이하게 조정이 가능하도록 하였다.

③ 가맹점사업자 보호

부도덕하거나 무능한 가맹본부는 이 법이 요구하는 조건을 제대로 맞추기 어려워 가맹사업 자체가 불가능하여 경험이 없고 전문성이 약한 가맹점사업자를 보호할 수 있게 하였다.

### (2) 비 판

이 법은 가맹본부의 의무, 벌칙, 규제에 대한 내용이 주류를 이루고 있다. 가맹사업당사자 중 우월적 위치에 있는 가맹본부에 대한 규제가 필요한 것은 사실이지만 일방적인 규제와 의무에 관한 법이라 할 수 있을 정도이다.

프랜차이즈 사업이 앞서있는 미국의 경우 자본주의 장점을 최대한 살리려고 기업의 반사회적 행위에 대해서는 엄하게 규율하고 있지만 기업의 일상적이거나 창의적인 활동은 가능한 한 규제하지 않아 우리나라의 가맹사업거래의 공정화에 관한 법률처럼 규제적이고 포괄적이지 않고 정보공개에 대한 법률 정도가 있을 뿐이다.

경제활동에 있어 사업위험(business risk)은 상존하기 마련인데 과도하게 가맹점사업자를 보호하는 것은 역으로 가맹본부활동의 위축으로 귀결되어 궁극적으로는 프랜차이즈 사업 자체의 발전을 저해할 수도 있다. 본법의 12조 1항의 내용 중 가맹점사업자가 취급하는 상품 또는 용역의 가격을 부당하게 구속하거나 제한하는 행위를 불공정거래 행위로 보고 있는데 내용 중 "부당하게 구속하거나 제한하는 행위"라는 내용은 애매하게 해석될 수 있다. 사업전략상 가맹본부는 전국적으로 균일화된 가격정책을 써야 할 필요성이 항시 상존하는데 이를 불공정행위로 보는 것도 다시 생각해 보아야 할 점이다. 대표적인 과잉 규제 내용으로는 가맹금 예치제와 가맹본부가 즉시 해제할 수 있는 사유를 지나치게 한정적으로 규정한 것 등을 들 수 있다.

## 3 가맹사업 진흥에 관한 법률

이 법은 가맹사업의 진흥에 필요한 사항을 정하여 가맹사업발전의 기반을 조성하고 가맹사업의 경쟁력은 강화함으로써 국민경제의 건전한 발전에 이바지할 목적으로 2007년 제정되어 그 동안 3번의 개정을 거쳐

2013년 3월 개정 · 공포되어 시행되고 있다.

### 1) 입법배경

프랜차이즈 시장의 급격한 성장과 프랜차이즈사업이 국민경제와 고용시장에 미치는 영향을 정부가 인지하고 프랜차이즈 사업을 체계적으로 육성시키기 위하여 법적 뒷받침이 필요하였다.

### 2) 법의 주요내용

이 법은 18조로 구성되어 있다. 주요 내용은 가맹사업 진흥 기본계획 작성, 가맹사업실태조사, 가맹사업의 인프라 구축, 산업재산권 보호, 가맹사업 창업지원, 가맹사업의 국제화 등이다.

#### (1) 가맹사업진흥기본 계획

산업통상자원부 장관이 가맹사업을 진흥시키기 위해 5년 단위로 가맹사업진흥기본 계획을 세우고 매년 가맹사업진흥시행 계획을 세우며 또 효율적 가맹사업계획을 위해 가맹사업에 대한 실태조사를 하도록 하였다.

#### (2) 가맹사업인프라 구축

가맹사업관련 인력의 전문성을 높이기 위해 교육 · 훈련을 시키고 가맹사업의 물류 효율화 및 정보화를 촉진시키기 위한 다양한 사업을 추진하며 가맹사업과 관련된 상품의 제도 및 관리기술 개발, 디자인 개발을 추진하도록 하였다.

#### (3) 산업재산권 보호

가맹사업 관련 상표권 보호 시책 및 관련 인력에 대한 교육, 정보제공 시스템 구축을 추진하도록 하였다.

### (4) 가맹사업 창업 지원

가맹사업 창업의 활성화를 위해 인력, 기술, 판로 및 입지 등에 관한 정보를 제공하고 자금지원도 할 수 있도록 하였다.

### (5) 가맹사업의 국제화

국내 가맹사업자의 국내적 진출을 위해 외국과의 인적교류, 국제 박람회 및 세미나 개최, 컨설팅 지원 등을 할 수 있도록 하였다

## 3) 비　　판

가맹사업거래의 공정화에 관한 법률이 프랜차이즈사업 안정을 위한 법이라면 가맹사업진흥에 관한 법률은 프랜차이즈사업 육성을 위한 법이라고 할 수 있다. 이 법대로 된다면 우리나라의 프랜차이즈 사업은 크게 발전할 수 있을 것이나 법률내용 거의가 ~할 수 있다는 식으로 표기되어 법적 강제력이 약하여 2007년 이후 2017년 현재까지 이 법에서 제기한 진흥방안의 결과가 가시적이지 못하고 있다.

**중소기업청, 프랜차이즈 창업 살린다**

중소기업청은 지난달 27일, 2012년까지 '나들가게' 1만개를 육성하고, 공동구매 사업지원, 소매업 경쟁력 강화, 우수프랜차이즈 평가제도 등을 도입해, 소상공인 자생력을 높이는 정책과제를 밝혔다.

이번 정책과제중에 소상공인이 우수 프랜차이즈를 활용하여 경영혁신을 이룰 수 있도록 우수프랜차이즈 평가제도를 도입과 함께 점포개설 비용 지원, 가맹본부 매뉴얼 컨설팅 등의 항목이 들어있다.

이를 위해 프랜차이즈 가맹본부 및 가맹점 지원 수단을 마련하는 한편 프랜차이즈 전문인력 양성을 위해 2개 대학에 전문석사과정을 개설할 예정이라는 것.

이와 관련해 중소기업청은 "프랜차이즈 시스템은 외식업, 소매업, 서비스업 등 다양한 분야에 적용되고, 소자본 창업과 많은 일자리 창출이 가능한 분야이다."라며 "프랜차이즈에 대한 인식 및 신뢰부족, 가맹본부의 경쟁력 취약, 프랜차이즈 산업 인프라 및 제도적 기반 미흡 등이 자영업자들이 프랜차이즈를 활용하는데 제약 요인이 발생하고 있다."고 강조했다.

① 우수프랜차이즈 평가제도 도입

주요내용을 살펴보면, 중소기업청은 가맹점이 믿고 활용할 수 있는 가맹본부에 대한 정보제공 강화를 위한 '우수프랜차이즈 평가제도(가맹본부 수준평가)'를 2010년 상반기 도입 진행한다는 것.

이를 위해 평가기준 등 세부방안 마련을 위한 연구용역을 2010년 2월까지 마무리할 계획이며, 공정계약(로얄티 구조 등), 가맹점 지원(교육 등)의 효율성, 성장성, 경영혁신역량(재무구조의 건전성 등)을 종합하여 평가하게 된다.

② 다양한 금융정책 자금 지원 나서

이외에도 프랜차이즈 가맹본부의 혁신역량 강화를 위해 가맹본부의 시범점포 개설 및 운영자금 융자지원하고, 2개이상 점포를 운영하면서 프랜차이즈 가맹본부를 희망하는 소상공인이 기업형으로 전환토록 20여개 업체를 선정 지원한다.

이밖에도 가맹점 전환시 점포 정비, 인테리어 개선 등 시설개선 자금 융자 지원하고 가맹점 창업 컨설팅중 일부를 지원한다.

③ 프랜차이즈 석사과정 개설 등 점주교육 높여

이외에도 연간 1천명을 대상으로 가맹점 전환 교육과 기존 가맹점주를 대상으로 본부-가맹점간 갈등 방지를 위한 분쟁 예방교육 진행할 계획이다.

한편, 중소기업청은 프랜차이즈 전문인력 양성을 위해 계약학과 형태로 전국 2개 대학교에 석사과정 개설을 지원, 2010년 하반기부터 과정개발 비용 등 3년간 지원한다.

이를 위해 지난해 2009년 12월부터 학계, 업계, 지원기관으로 구성된 프랜차이즈연구회를 운영하고 있다고 밝혔다.

④ 프랜차이즈 지원책 환영

이번 정책지원과 관련해 프랜차이즈 업계에선 환영의 목소리 이다.

일부는 지식경제부에서 진행중인 '(가칭)상의 인증제'와의 정책 혼란과 소상공인지원센터를 통해 지원되는 창업정책자금 지원 등과의 혼돈되는 정책지원이 필요하다는 의견도 있다.

출처 : 머니투데이(2010.2.7)

## 4 프랜차이즈 계약

### 1) 프랜차이즈 계약의 정의

프랜차이즈 계약에 대한 정의는 여러 기관에 의하여 그 처한 상황에 따라 다양하게 내려졌다. 국제프랜차이즈협회(International Franchise Association: IFA)는 가맹본부가 가맹점사업자에게 운영에 대한 경영노하우, 교육·훈련 등에 대해 지속적으로 혜택을 제공하며 가맹점사업자는 자신의 자본으로 가맹본부 소유의 상표, 영업컨셉, 운영방법에 따라 운영하기로 약속함으로써 이루어지는 계약이라고 정의하였다. 우리나라의 법학자 최영홍은 가맹계약이란 당사자의 일방(가맹본부)이 타방(가맹상: 가맹점사업자)에 대하여 자기의 상호, 상표 등의 영업표지를 사용하여 영업을 할 것을 허락하고 아울러 타방의 영업과 관련하여 일정한 통제 및 지원을 할 것을 약정하여, 타방은 이러한 상대방의 영업표지사용허가와 영업상 통제 및 지원에 대하여 일정한 대가(가맹금)를 지급할 것을 약정함으로써 성립하는 독립적 상인간의 계약이라고 하였다.

위의 정의들에 의하면 프랜차이즈계약서는 가맹본부와 가맹점사업자간에 지켜야 할 의무에 대하여 명시하여 놓은 문서라고 할 수 있다. 프랜차이즈 계약이 필요한 것은 전체로서 프랜차이즈 시스템의 형성과 유지에 있고 개별계약조항은 이의 이행을 실현하기 위한 부분에 해당된다. 따라서 프랜차이즈 계약은 프랜차이즈 시스템의 근간이다.

### 2) 프랜차이즈 계약의 성격

#### (1) 가맹본부가 가맹점사업자의 운영에 대한 경영지원과 통제를 하는 특수 계약

보통의 계약관계에 있어 법적으로 독립된 다른 경영실체에 경영지원이나 통제를 할 수 없는데 프랜차이즈계약에서는 가능하다.

#### (2) 장기적, 지속적 계약

가맹본부와 가맹점사업자의 거래가 1회에 그치는 것이 아니고 장기적, 지속적으로 이행된다는 의미이다. 따라서 계약 조항에 계약기간, 해지, 계약의 갱신, 계약종료조건 등의 내용이 있다.

#### (3) 라이선스(license)계약

가맹본부는 자신의 상표, 로고 등의 사용권을 가맹점사업자에게 부여하는 계약이다.

#### (4) 약 관

계약당사자 중 일방이 계약서를 주도적으로 작성하여 타방에게 단순히 승낙받는 계약서를 약관이라고 한다. 보험계약서가 대표적인 예이다. 프랜차이즈 계약에서도 가맹본부가 결정한 계약조건을 가맹점계약자가 거의 그대로 인정하고 따르고 있다.

공정거래위원회는 2010년 도소매업, 요식업, 학원사업의 3개 업종에 관하여 프랜차이즈 표준계약서를 제정한 바 있다.

이외에도 쌍무성, 복합성, 유상성, 비전형성 등의 다양한 성격을 띄고 있다.

### 3) 가맹계약서의 개별조항 검토

개별 계약조항은 프랜차이즈 시스템의 유지를 위한 매우 중요한 수단이다.

#### (1) 당사자 및 전문(前文)

① 당사자

프랜차이즈 계약서에서 당사자는 가맹본부와 가맹점사업자를 의미하며 단순한 조항인 것 같아 보이지만 권리와 의무의 주체를 확실하게 명시해 놓은 매우 중요한 조항이다.

② 전문(Recitals)

계약취지에 대한 내용이 포괄적으로 명시된다.

### (2) 가맹점사업자에게 가맹점 운영권리 부여

프랜차이즈 계약의 전제는 가맹점포를 운영할 권리를 가맹점사업자에게 부여한다는 것이다. 따라서 가맹점운영 권리에 따라 부여되는 제반 사항에 대해 기술되어진 것으로 상표권사용, 노하우전수, 상품 및 원자재공급, 입지 등에 대해 명시되어야 한다.

### (3) 가맹본부의 의무

가맹본부가 가맹점사업자에게 가맹점운영 권리를 부여함으로써 발생되는 의무인데 내용이 명확하지 않고 모호하다. 이는 내용 자체가 모호하게 기술될 수밖에 없는 이유도 있지만 기본 계약서를 만든 가맹본부의 책임 회피 목적일 수도 있다. 가맹본부의 의무인 가맹점사업자에 대한 지원은 개점 전 및 개점 후로 나누어 규정하는 것이 보통이다.

① 개점 전 지원

프랜차이즈 계약 전 · 후에 이루어지는 서비스 입지선정, 입지계약에 대한 조언, 통일된 이미지를 위하여 점포공사 및 설비에 관련된 폭 넓은 지원, 교육 · 훈련, 마케팅 지원 등이 이에 속하고 구체적 내용이 명시되는 것이 바람직하다.

② 개점 후 지원

운영 중에 일어나는 서비스로 슈퍼바이저를 통한 광고 · 촉진, 원자재 및 완제품 구매대행, 교육 · 훈련, 행정 · 세무 · 보험에 관한 조언 등을 지속적으로 제공한다는 내용이 명시되어야 한다.

### (4) 가맹점사업자의 의무

가맹점사업자의 의무는 비교적 구체적으로 명시되어야 한다.

① 가맹점 운영권 획득과 운영지원에 대한 대가 지불의 조항

가맹점사업자는 가맹본부에 운영권획득에 따른 가맹금을 지급하여야 하며 운영지원에 따른 로열티 및 광고비 등을 계약내용에 의해 지불하여야 하는 의무가 있다.

② 가맹본부의 상품표준화에 대한 의무의 조항

가맹본부는 브랜드 이미지를 위하여 가맹점 어디에서나 같은 상품을 동일한 질로 소비자에게 판매되어지기를 원한다. 표준화를 위해 가맹점포의 내・외장이 동일해야 하고 판매상품이 동일해야 하고 판매되는 상품의 질이 동일해야 한다. 이러한 표준화를 위해 가맹본부는 가맹점사업자를 통제해야 하는데 과도한 통제는 공정거래법에 위반될 가능성이 생긴다. 따라서 이를 위한 조항을 프랜차이즈 계약서에 적절히 규정하되 과도하게 강압적으로 운용하지 않는 것이 필요하다.

③ 영업보고의 조항

가맹계약서에는 가맹본부에 매출액 등에 관한 보고를 하도록 하는 조항이 있어 가맹본부가 가맹점 전체 판매의 흐름을 분석하고 로열티도 부과할 수 있도록 해야 한다.

④ 영업비밀보장의 조항

가맹본부는 운영의 효율성을 극대화시키고 상품의 표준화를 위하여 운영매뉴얼을 많은 비용과 시간을 들여 만들어 가맹점에 배포한다. 이러한 매뉴얼은 가맹본부의 재산이자 경영노하우가 담긴 교본이라 할 수 있어 가맹점사업자는 매뉴얼의 관리를 철저히 해야 한다는 내용과 계약종료 후는 가맹본부로 반환해야 한다는 조항이 있어야 한다.

⑤ 경업제한 조항

경업이란 가맹점사업자가 가맹본부로부터 부여받은 가맹점포와 경쟁이 될 수 있는 다른 독립된 점포 또는 다른 가맹본부의 가맹점포를 운영하는 것을 말한다. 가맹본부는 자신회사의 영업 비밀유지를 위하여 계약기간 동안 가맹점사업자에게 경업을 금지하는 조항을 삽입할 수 있다. 다만 과도한 경업제한 조항은 공정거래법이나 약관법에 위배될 여지가 있어 주의를 요한다.

### (5) 개점에 관한 사항

신규 가맹점포의 개점시한을 정하는 것에 대해 소홀할 때가 많은데 이에 대한 분쟁이 의외로 많다. 특정 상권에 가맹점사업자를 정하여 계약을 해 놓았는데 가맹점사업자의 태만으로 가맹점을 개점하지 못하면 가맹본부의 손해가 되고 반대로 가맹점사업자는 모든 준비를 다 하였는데 가맹본부의 무관심 또는 태만으로 가맹점을 개점하지 못하면 가맹점사업자의 손해가 될 수 있어 양자 간에 계약 시 개점시한을 정하는 것이 바람직하다.

### (6) 계약기간 및 계약갱신 · 해지에 관한 조항

① 계약기간

계약기간은 산업별 또는 시장의 성격에 따라 차이가 있다. 투자규모가 크고 투자자본회수기간이 긴 호텔산업은 계약기간이 20년까지 되는 경우도 있고 시장형성에 시간이 많이 걸리는 사업 분야도 10년 정도 될 수 있지만 통상 3년 내외이다. 개점이후 3년 정도 지나면 가맹점포의 성공여부를 판단할 수 있기 때문에 이 시기 정도에 재계약 여부를 결정짓는 것이다. 가맹본부가 우월적 지위를 남용하여 계약기간을 단기로 정해 놓고 이를 바탕으로 가맹점사업자를 복종케 하고 계약갱신 때 마다 계약금 또는 수수료를 받는 것은 공정거래법에 위배될 소지가 있다.

② 계약갱신

계약갱신의 조건은 따로 정할 수 있지만 가맹사업거래의 공정화에 관한 법률에 있는 '가맹본부가 가맹계약을 갱신 또는 연장하지 아니 하는 경우에는 계약이 만료되는 날부터 90일전에 가맹점사업자에게 그 사실을 통보해야 한다'고 명시되어 있다. 또한 '가맹점사업자는 계약이 만료되는 날부터 60일전에 이의를 제기하거나 가맹본부나 가맹점사업자에게 천재지변 등 대통령령이 정하는 부득이한 사유가 있는 경우를 제외하고는, 가맹본부가 위 통지를 하지 아니하는 경우에는 계약만료 전의 가맹계약과 동일한 조건으로 다시 가맹계약을 체결한 것으로 본다'고

하였다. 위의 내용은 프랜차이즈사업에서 우월적 지위에 있는 가맹본부의 힘의 남용에 대한 제어이며 약자인 가맹점사업자의 보호의 의미가 담겨있다고 할 수 있다.

③ 계약의 해지

가맹본부가 가맹계약을 해지하려는 경우에는 가맹점사업자에게 2개월 이상의 유예기간을 두고 위반 사실을 구체적으로 밝히고 이를 시정하지 않으면 그 계약을 해지한다는 사실을 서면으로 2회 이상 통지하여야 한다. 허나 가맹점사업자가 파산하는 경우와 같은 특별한 경우는 바로 계약을 해지할 수 있다. 가맹점사업자가 가맹계약종료 이전에 정당한 사유 없이 계약을 해지하면 그에 따른 벌칙이 가해지는 경우도 있다.

### (7) 영업지역의 보호

프랜차이즈에는 가맹본부가 가맹점사업자에게 일정 지역에 대한 배타적 영업 권리를 주는 것의 의미도 포함되어 있다. 그러나 이 배타적 영업 범위에 대해서는 가맹본부와 가맹점사업자 간에 또는 가맹점사업자들 간에 서로 이견이 있어 분쟁의 소지가 있을 수 있다. 새로 만들어진 프랜차이즈 표준계약서에는 분쟁을 최소화하기 위해서 지도에 독점 영업지역을 표시하도록 하였고 이 지역 안에 직영점이나 가맹점을 개설할 수 없도록 하였다. 도로 사정의 변경이나 재개발 등으로 인하여 영업지역이 가맹점 간에 충돌되는 경우 가맹본부는 가맹가업자 간의 이해를 합리적으로 조정할 수 있는 근거도 삽입되었다.

### (8) 점포설비 및 상품 · 원자재 공급에 관한 조항

① 점포설비

프랜차이즈(외식업) 표준계약서에 의하면 가맹점사업자는 점포설비(인테리어)는 가맹사업전체의 통일성과 독창성을 유지할 수 있도록 가맹본부가 정한 사양에 따라 설계 · 시공한다고 되어있고 이를 위해 가맹본부는 기본적인 설계도면과 시방서를 마련하고 계약체결 이후 가맹점사업자에게 제출하여야 한다. 가맹본부는 가맹점사업자의 의뢰에 의해 직접 시공할 수 있다고 하였다. 또 가맹점사업자는 가맹본부가 정한 사양에 따라 직접 시공하거나 가맹본부가 지정한 업체를 선정하여 시공할 수도 있다. 이 경우 가맹본부는 공사의 원활한 진행을 위하여 자신의 비용으로 직원을 파견할 수 있고 영업설비기간, 공사세부내역, 구체적인 부담액, 담보기간 등 구체적인 내용은 별도로 협의하여 정한다고 되어 있다.

② 상품 · 원자재 공급

소비자에게 판매되는 상품의 표준화를 위해 상품과 원자재를 가맹본부가 가맹점사업자에게 공급하는 것은 매우 중요하다. 가맹본부가 가맹점사업자에게 부당하게 상품이나 원자재 공급을 중단하는 것은 공정한 거래를 저해하는 행위이며 또 가맹점사업자도 가맹본부를 속이면서 저질의 상품이나 원자재를 사용하는 무임승차(free riding) 행위도 가맹본부의 명성을 떨어뜨리는 행위이므로 해서는 안 된다.

### (9) 가맹점의 양도

가맹점사업자의 사유로 제3자에게 가맹점운영권을 양도해야 하는 경우가 발생할 수 있어 계약서에 이에 대한 조항을 두어야 할 필요가 있다. 가맹본부 입장에서는 오랫동안 교육 · 훈련을 시켜 능력이 갖추어진 가맹점사업자의 이탈이 반가울 수 없고 특히 제3자에게 넘기며 많은 권리금이 있다면 더욱 싫을 것이다. 반면에 가맹본부가 가맹점운영권의 양도를 금지한다면 이는 가맹점사업자의 개인 재산을 심하게 제약하는 것이 되고 이러한 내용의 조항은 신규 가맹점사업자 모집에 불리하게 작용할 수도 있다.

가맹점 운영권을 양도함에 있어 가맹본부의 사전 승인은 필요하며 가맹본부는 승인을 부당하게 거부할 수는 없다. 부당한 거절 사유의 예는 다음과 같다.

① 양수희망자가 신규로 가맹계약을 체결하는 자와 동등한 자격 기준을 갖추었음에도 불구하고 그에 대한 양도승인을 거절하는 경우, ② 애당초 회사기업과 가맹계약을 체결하였으면서도 그 회사가 다른 회사

로 전환하거나 다른 회사에 가맹점운영권을 양도하는 것에 대한 승인을 거절하는 경우, ③ 해당 양도로 인하여 가맹본부에게 초래되는 통상적인 비용 이상의 과다한 비용을 승인조건으로 하는 경우, ④ 양도 시에 가맹본부에 대한 가맹점사업자의 채권을 포기하도록 하는 경우 등이 해당될 것이다.1)

만일 프랜차이즈 계약서에 양도에 관한 조항이 없다면 가맹본부의 승인 없이도 가맹점사업자는 가맹점 운영권을 양도할 수 있을 것이다.

### (10) 가맹점사업자 협회

가맹본부는 가맹점사업자들이 모이는 것에 대해 싫어하는 경향이 있다. 하지만 가맹점사업자들이 협회를 만드는 것을 가맹본부가 막는다면 결사의 자유에 어긋나는 행위이다. 가맹점사업자 협회에 관한 조항이 프랜차이즈 계약서에 반드시 필요한 것은 아니지만 오히려 넣어 협회를 구성할 수 있도록 지원도 하여 가맹점사업자와 원활한 의사소통을 하여 프랜차이즈 시스템 발전에 일조할 수 있도록 하는 것도 바람직하다.

### (11) 분쟁의 해결

가맹본부와 가맹점사업자 간에 분쟁이 생길 소지는 늘 상 있기 때문에 이에 대한 조항도 필요하다. 호텔산업을 제외하고는 대부분 가맹점사업자는 소규모사업이기 때문에 법적 소송은 무리가 많다. 따라서 현행법은 가맹사업거래분쟁조정협의회에 의한 조정이 가능하도록 규정하고 있다. 가맹사업거래분쟁조정위원회는 가맹사업에서 일어나는 분쟁만 다루어 전문성이 있고 조정에 걸리는 시간이 적고 비용도 안 든다. 그밖에도 시간과 비용이 많이 소요되는 재판(소송)보다 중재에 의한 해결방안이 점차 선호되고 있는데 중재를 이용하기 위해서는 양당사자가 '당사자 간의 분쟁은 중재에 의하여 해결 한다'는 취지의 중재합의조항을 계약서에 규정하는 것도 바람직하다.

---

1) 최영홍, 가맹계약론, 프랜차이즈시스템연구소, 2005. p. 174.

# 5 정보공개서

## 1) 정보공개서 취지

정보공개서는 가맹사업거래의 공정화를 위한 것으로 가맹본부가 가맹희망자에게 가맹본부에 대한 정보를 공개하게 함으로써 가맹희망자가 정보를 가지고 사전에 검토할 수 있게 함에 따라 특정 가맹본부와 프랜차이즈 창업 여부를 결정짓고 분쟁을 최소화하는데 있는 것이다.

가맹본부는 가맹사업공정화에 의한 법률에 의해 가맹희망자에게 제공할 정보공개서를 공정거래위원회에 반드시 등록해야 한다.

미국에는 이에 준하는 UFDD(Uniform Franchise Disclosure Document: 정보공개서)가 있다.

## 2) 정보공개서의 내용(기재 사항)

### (1) 가맹본부 일반 현황

① 가맹본부 설립일
② 가맹본부 및 가맹본부의 특수 관계인에 대한 일반적 정보
③ 가맹사업의 명칭, 상호, 서비스표, 광고 등
④ 가맹본부의 정보 공개 직전 3개년도의 재무상황
⑤ 가맹본부 임원의 최근 3년 경력 및 인원수
⑥ 지식재산권에 대한 정보

### (2) 가맹사업 현황

① 가맹사업 시작일자 및 연혁
② 직영점과 가맹점 총수 및 평균 매출액
③ 가맹지역본부에 대한 정보

④ 가맹금 예치

⑤ 피해보상보험

#### (3) 가맹본부와 그 임원의 법 위반 사실

#### (4) 가맹점사업자의 부담

① 영업 개시 이전의 부담

가맹금, 보증금, 인테리어, 입지선정, 교육훈련, 설비, 광고 등

② 영업 중의 부담

로열티, 가맹본부의 통제 등

③ 운영권 이전

④ 계약 종료 후 조치 사항

#### (5) 영업 활동에 대한 조건 및 제한

#### (6) 영업 개시에 관한 절차 및 소요기간

#### (7) 교육훈련에 대한 설명

### 3) 정보공개서 등록의 거부 또는 취소

가맹본부가 등록을 신청한 정보공개서와 그 밖의 신청서류에 거짓이 있거나 필요한 내용이 누락되었을 경우 공정거래위원회는 정보공개서를 거부 또는 취소할 수 있다.

### 4) 정보공개서의 한계

정보공개서는 가맹본부가 공정거래위원회에 제출한 것이지만 공정거래위원회가 그 내용을 검증한 것은 아니기 때문에 사실이 아닐 수도 있다. 사실 여부 확인의 책임은 가맹희망자에게 있다. 다만 가맹본부가 허위 또는 과장된 내용을 기재했거나 또는 중요한 기재 사항을 누락했

을 시 상당한 액수의 벌금을 물어야 한다.

## 6 프랜차이즈 관련법과 프랜차이즈업계의 현실

프랜차이즈 관련법은 무질서한 프랜차이즈업계의 안정화를 위하여 필요한 법안이다. 이 관련법은 가맹본부의 우월적 힘을 제어하고 가맹점사업자를 보호하는 내용이 주류를 이룬다. 그러나 자본주의 체제에서 과중한 법적 규율은 자본주의 정신에도 어긋나고 산업 자체의 발전을 저해할 소지도 있다. 또 국내 프랜차이즈업계의 현실을 보면 가맹본부가 가맹점사업자에게 우월적 지위에서 부당하게 불공정한 거래를 하지 못 할 위치에 있다. 몇 개의 가맹본부를 제외하고 대부분의 가맹본부는 규모도 영세하며 브랜드 파워도 약하고 경영노하우도 부족하여 가맹점사업자에게 정당한 권리마저도 제대로 행사하지 못 하는 경우가 많다. 특히 프랜차이즈사업의 절반 이상을 차지하는 외식 프랜차이즈업계의 사정은 더욱 열악하다. 현실에 맞지 않는 법안은 프랜차이즈사업이 꽃도 피기 전에 고사시킬 수 있다.

가맹사업거래의 공정화에 관한 법률 중 가맹금의 예치 및 반환조항은 과도하게 가맹본부를 불신하는 결과에서 나온 것이며 불공정거래 행위의 금지에 관한 조항은 프랜차이즈사업의 특성인 표준화(standardization)에 배치될 수 있는 내용이다. 가맹점사업자의 실제적 보호를 더욱 강화하기 위해서 정보공개서의 기재 내용을 현실화시키는 대신 기재된 내용이 허위 또는 과장되었는지를 감독할 수 있는 기능이 좀더 세밀하게 제도적으로 갖추어질 필요가 있다.

프랜차이즈 사기는 가맹단계에서 가맹본부에 대한 정보가 부족해서 가장 많이 일어나므로 가맹희망자가 판단할 수 있도록 정확한 정보를 주어야 한다.

프랜차이즈 사업이 가장 먼저 꽃을 피우고 시장규모도 가장 큰 미국에 프랜차이즈 사업 전반의 공정 및 안정화에 관한 연방차원의 법으로서 주로 UFDD(정보공개서)에 관한 사항만을 연방거래위원회 규칙으로 규정하고 있는 것이 무엇을 시사하나에 대해 우리는 장기적으로 잘 생각해 보아야 한다. 현 단계에서 우리나라에서는 가맹사업거래의 공정화에 관한 법률은 시의 적절한 제정 행위라고 판단된다.

### 부정확한 경영정보 공개한 프랜차이즈 무더기 등록 취소

**공정위..152개 가맹본부 175개 브랜드 대상**
**매출액, 가맹점수 등 중요 정보 변경 누락..신규 가맹점 모집 금지**

매출액 등 주요 기재사항올 번경 등록하지 않은 프랜차이즈 업체들의 정보공개서가 대거 등록 취소됐다.

공정거래위원회는 매출액, 가맹점수, 광고·판촉비 등 정보공개서 중요 기재사항의 변동내역을 등록하지 않은 152개 가맹본부의 175개 브랜드의 정보공개서를 등록 취소했다고 20일 밝혔다.

정보공개서는 가맹점(프랜차이즈) 시장의 투명성과 도덕성을 높이기 위해 가맹 희망자들에게 공개하는 것으로, 가맹본부는 공정위에 정보공개서를 등록해 가맹 희망자들이 계약 체결 이전에 확인할 수 있도록 해야 하며 변경사항이 있을 땐 반드시 변경등록을 해야 한다.

이와 관련, 공정위는 지난 2월 정보공개서 변경 사전 안내와 4월 변경등록 촉구 요청, 그리고 6월 초 변경등록 재촉구 및 미이행시 등록취소 사전 안내 등을 실시했으나 ㈜삼립식품의 '사누끼 보레', '인디오의 인디오(INDIO)' 등 111개 브랜드가 변경등록을 신청하지 않은 것으로 나타났다. 또 변경등록 시한 이후 자진 취소 신청을 한 브랜드는 64개로 집계됐다.

공정위는 "변경등록을 하지 않은 주요 사유는 사업 중단과 폐업 등이었다"며 "정보공개서가 등록 취소된 뒤엔 신규 가맹점 모집이 금지되므로, 이들 업체가 정상 영업을 하려면 누락된 내용을 보완해 재등록을 신청 해야 한다"고 설명했다.

한편 공정위는 정보공개서 변경등록 의무를 이행하지 않은 사업자에 대해 1,000만원 이하의 과태료를 부과하는 내용의 가맹사업법 개정안을 지난 13일 국회에 제출했다.

출처 : 이데일리(2010.7.20)

# 부 록

부록 1. 가맹사업 공정화에 관한 법률

부록 2. 가맹사업 진흥에 관한 법률

부록 3. 가맹사업거래 정보공개시 표준양식에 관한 고시

부록 4. 프랜차이즈 표준계약서

부록 5. 편의점 표준가맹계약서

# 부록 1. 가맹사업 공정화에 관한 법률

가맹사업거래의 공정화에 관한 법률

[법률 제14454호 일부개정 2016.12.20.]

## 제1장 총　　칙

제1조(목적) 이 법은 가맹사업의 공정한 거래질서를 확립하고 가맹본부와 가맹점사업자가 대등한 지위에서 상호보완적으로 균형있게 발전하도록 함으로써 소비자 복지의 증진과 국민경제의 건전한 발전에 이바지 함을 목적으로 한다.

제2조(정의) 이 법에서 사용하는 용어의 정의는 다음과 같다.〈개정 2007.8.3, 2013.8.13〉 [시행일 2014.2.14]

1. "가맹사업"이라 함은 가맹본부가 가맹점사업자로 하여금 자기의 상표·서비스표·상호·간판 그 밖의 영업표지(이하 "영업표지"라 한다)를 사용하여 일정한 품질기준이나 영업방식에 따라 상품(원재료 및 부재료를 포함한다. 이하 같다) 또는 용역을 판매하도록 함과 아울러 이에 따른 경영 및 영업활동 등에 대한 지원·교육과 통제를 하며, 가맹점사업자는 영업표지의 사용과 경영 및 영업활동 등에 대한 지원·교육의 대가로 가맹본부에 가맹금을 지급하는 계속적인 거래관계를 말한다.
2. "가맹본부"라 함은 가맹사업과 관련하여 가맹점사업자에게 가맹점운영권을 부여하는 사업자를 말한다.
3. "가맹점사업자"라 함은 가맹사업과 관련하여 가맹본부로부터 가맹점

운영권을 부여받은 사업자를 말한다.

4. “가맹희망자”란 가맹계약을 체결하기 위하여 가맹본부나 가맹지역본부와 상담하거나 협의하는 자를 말한다.
5. “가맹점운영권”이란 가맹점사업자가 가맹본부의 가맹사업과 관련하여 가맹점을 운영할 수 있는 계약상의 권리를 말한다.
6. “가맹금”이란 명칭이나 지급형태가 어떻든 간에 다음 각 목의 어느 하나에 해당하는 대가를 말한다. 다만, 가맹본부에 귀속되지 아니하는 것으로서 대통령령으로 정하는 대가를 제외한다.
   가. 가입비・입회비・가맹비・교육비 또는 계약금 등 가맹점사업자가 영업표지의 사용허락 등 가맹점운영권이나 영업활동에 대한 지원・교육 등을 받기 위하여 가맹본부에 지급하는 대가
   나. 가맹점사업자가 가맹본부로부터 공급받는 상품의 대금 등에 관한 채무액이나 손해배상액의 지급을 담보하기 위하여 가맹본부에 지급하는 대가
   다. 가맹점사업자가 가맹점운영권을 부여받을 당시에 가맹사업을 착수하기 위하여 가맹본부로부터 공급받는 정착물・설비・상품의 가격 또는 부동산의 임차료 명목으로 가맹본부에 지급하는 대가
   라. 가맹점사업자가 가맹본부와의 계약에 의하여 허락받은 영업표지의 사용과 영업활동 등에 관한 지원・교육, 그 밖의 사항에 대하여 가맹본부에 정기적으로 또는 비정기적으로 지급하는 대가로서 대통령령으로 정하는 것
   마. 그 밖에 가맹희망자나 가맹점사업자가 가맹점운영권을 취득하거나 유지하기 위하여 가맹본부에 지급하는 모든 대가
7. “가맹지역본부”라 함은 가맹본부와의 계약에 의하여 일정한 지역 안에서 가맹점사업자의 모집, 상품 또는 용역의 품질유지, 가맹점사업자에 대한 경영 및 영업활동의 지원・교육・통제 등 가맹본부의 업무의 전부 또는 일부를 대행하는 사업자를 말한다.
8. “가맹중개인”이라 함은 가맹본부 또는 가맹지역본부로부터 가맹점사업자를 모집하거나 가맹계약을 준비 또는 체결하는 업무를 위탁받은 자를 말한다.

9. “가맹계약서”라 함은 가맹사업의 구체적 내용과 조건 등에 있어 가맹본부 또는 가맹점사업자(이하 “가맹사업당사자”라 한다)의 권리와 의무에 관한 사항(특수한 거래조건이나 유의사항이 있는 경우에는 이를 포함한다)을 기재한 문서를 말한다.
10. “정보공개서”란 다음 각 목에 관하여 대통령령으로 정하는 사항을 수록한 문서를 말한다.
    가. 가맹본부의 일반 현황
    나. 가맹본부의 가맹사업 현황(가맹점사업자의 매출에 관한 사항을 포함한다)
    다. 가맹본부와 그 임원(「독점규제 및 공정거래에 관한 법률」 제2조제5호에 따른 임원을 말한다. 이하 같다)이 다음의 어느 하나에 해당하는 경우에는 해당 사실
        1) 이 법, 「독점규제 및 공정거래에 관한 법률」또는 「약관의 규제에 관한 법률」을 위반한 경우
        2) 사기·횡령·배임 등 타인의 재산을 영득하거나 편취하는 죄에 관련된 민사소송에서 패소의 확정판결을 받았거나 민사상 화해를 한 경우
        3) 사기·횡령·배임 등 타인의 재산을 영득하거나 편취하는 죄를 범하여 형을 선고받은 경우
    라. 가맹점사업자의 부담
    마. 영업활동에 관한 조건과 제한
    바. 가맹사업의 영업 개시에 관한 상세한 절차와 소요기간
    사. 가맹본부의 경영 및 영업활동 등에 대한 지원과 교육·훈련에 대한 설명
11. “점포환경개선”이란 가맹점 점포의 기존 시설, 장비, 인테리어 등을 새로운 디자인이나 품질의 것으로 교체하거나 신규로 설치하는 것을 말한다. 이 경우 점포의 확장 또는 이전을 수반하거나 수반하지 아니하는 경우를 모두 포함한다.
12. “영업지역”이란 가맹점사업자가 가맹계약에 따라 상품 또는 용역을 판매하는 지역을 말한다.

제3조(적용배제) ①이 법은 다음 각 호의 어느 하나에 해당하는 경우에는 적용하지 아니한다.〈개정 2012.2.17, 2013.8.13〉 [시행일 2014.2.14]

1. 가맹점사업자가 가맹금의 최초 지급일부터 6개월까지의 기간동안 가맹본부에게 지급한 가맹금의 총액이 100만원 이내의 범위에서 대통령령으로 정하는 금액을 초과하지 아니하는 경우
2. 가맹본부의 연간 매출액이 2억원 이내의 범위에서 대통령령으로 정하는 일정규모 미만인 경우. 다만, 가맹본부와 계약을 맺은 가맹점사업자의 수가 5개 이상의 범위에서 대통령령으로 정하는 수 이상인 경우는 제외한다.

② 제1항에도 불구하고 제9조 및 제10조(제10조제1항제1호는 제외한다)는 모든 가맹사업거래에 대하여 적용한다.〈신설 2013.8.13〉 [시행일 2014.2.14]

## 제2장 가맹사업거래의 기본원칙

제4조(신의성실의 원칙) 가맹사업당사자는 가맹사업을 영위함에 있어서 각자의 업무를 신의에 따라 성실하게 수행하여야 한다.

제5조(가맹본부의 준수사항) 가맹본부는 다음 각호의 사항을 준수한다.

1. 가맹사업의 성공을 위한 사업구상
2. 상품이나 용역의 품질관리와 판매기법의 개발을 위한 계속적인 노력
3. 가맹점사업자에 대하여 합리적 가격과 비용에 의한 점포설비의 설치, 상품 또는 용역 등의 공급
4. 가맹점사업자와 그 직원에 대한 교육·훈련
5. 가맹점사업자의 경영·영업활동에 대한 지속적인 조언과 지원
6. 가맹계약기간중 가맹점사업자의 영업지역안에서 자기의 직영점을 설치하거나 가맹점사업자와 유사한 업종의 가맹점을 설치하는 행위의 금지
7. 가맹점사업자와의 대화와 협상을 통한 분쟁해결 노력

제6조(가맹점사업자의 준수사항) 가맹점사업자는 다음 각호의 사항을 준수한다.

1. 가맹사업의 통일성 및 가맹본부의 명성을 유지하기 위한 노력
2. 가맹본부의 공급계획과 소비자의 수요충족에 필요한 적정한 재고유지 및 상품진열
3. 가맹본부가 상품 또는 용역에 대하여 제시하는 적절한 품질기준의 준수
4. 제3호의 규정에 의한 품질기준의 상품 또는 용역을 구입하지 못하는 경우 가맹본부가 제공하는 상품 또는 용역의 사용
5. 가맹본부가 사업장의 설비와 외관, 운송수단에 대하여 제시하는 적절한 기준의 준수
6. 취급하는 상품·용역이나 영업활동을 변경하는 경우 가맹본부와의 사전 협의
7. 상품 및 용역의 구입과 판매에 관한 회계장부 등 가맹본부의 통일적 사업경영 및 판매전략의 수립에 필요한 자료의 유지와 제공
8. 가맹점사업자의 업무현황 및 제7호의 규정에 의한 자료의 확인과 기록을 위한 가맹본부의 임직원 그 밖의 대리인의 사업장 출입허용
9. 가맹본부의 동의를 얻지 아니한 경우 사업장의 위치변경 또는 가맹점운영권의 양도 금지
10. 가맹계약기간중 가맹본부와 동일한 업종을 영위하는 행위의 금지
11. 가맹본부의 영업기술이나 영업비밀의 누설 금지
12. 영업표지에 대한 제3자의 침해사실을 인지하는 경우 가맹본부에 대한 영업표지침해사실의 통보와 금지조치에 필요한 적절한 협력

## 제3장 가맹사업거래의 공정화

제6조의2(정보공개서의 등록 등) ① 가맹본부는 가맹희망자에게 제공할 정보공개서를 공정거래위원회에 등록하여야 한다. 〈개정 2013.8.13〉 [시행일 2014.2.14]

② 가맹본부는 제1항에 따라 등록한 정보공개서의 기재사항 중 대통

령령으로 정하는 사항을 변경하려는 경우에는 대통령령으로 정하는 기한 이내에 공정거래위원회에 기재사항의 변경등록을 하여야 한다. 다만, 대통령령으로 정하는 경미한 사항을 변경하려는 경우에는 신고하여야 한다.〈신설 2013.8.13〉 [시행일 2014.2.14]

③ 공정거래위원회는 제1항 또는 제2항에 따라 등록·변경등록하거나 신고한 정보공개서를 공개할 수 있다.〈개정 2013.8.13〉 [시행일 2014.2.14]

④ 공정거래위원회는 제3항에 따라 정보공개서를 공개하는 경우 해당 가맹본부에 공개하는 내용과 방법을 미리 통지하여야 하고, 사실과 다른 내용을 정정할 수 있는 기회를 주어야 한다.〈개정 2013.8.13, 2016.3.29〉 [시행일 2016.9.30]

⑤ 공정거래위원회는 제3항에 따라 정보공개서를 공개하기 위하여 예산의 범위 안에서 가맹사업정보제공시스템을 구축·운용할 수 있다.〈개정 2013.8.13〉 [시행일 2014.2.14]

⑥ 그 밖에 정보공개서의 등록, 변경등록, 신고 및 공개의 방법과 절차는 대통령령으로 정한다.〈개정 2013.8.13〉 [시행일 2014.2.14]

[본조신설 2007.8.3] [시행일 2008.2.4]

제6조의3(정보공개서 등록의 거부 등) ① 공정거래위원회는 제6조의2에 따라 등록을 신청한 정보공개서나 그 밖의 신청서류에 거짓이 있거나 필요한 내용을 적지 아니한 경우에는 정보공개서의 등록을 거부하거나 그 내용의 변경을 요구할 수 있다.

② 공정거래위원회는 정보공개서의 등록을 하였을 때에는 신청인에게 등록증을 내주어야 한다.

[본조신설 2007.8.3] [시행일 2008.2.4]

제6조의4(정보공개서 등록의 취소) ① 공정거래위원회는 정보공개서가 제1호에 해당하는 경우에는 그 등록을 취소하여야 하며, 제2호부터 제4호까지의 어느 하나에 해당하는 경우에는 등록을 취소할 수 있다.〈개정 2013.8.13〉 [시행일 2014.2.14]

1. 거짓이나 그 밖의 부정한 방법으로 정보공개서가 등록된 경우

2. 제 2 조제10호 각 목의 기재사항 중 대통령령으로 정하는 중요한 사항(이하 "중요사항"이라 한다)이 누락된 경우
3. 가맹본부가 폐업 신고를 한 경우
4. 가맹본부가 정보공개서 등록취소를 요청하는 경우

② 공정거래위원회는 정보공개서 등록이 취소된 가맹본부의 명단을 공개할 수 있다.〈신설 2013.8.13〉 [시행일 2014.2.14]

[본조신설 2007.8.3] [시행일 2008.2.4]

제 6 조의5(가맹금 예치 등) ① 가맹본부는 가맹점사업자(가맹희망자를 포함한다. 이하 이 조, 제15조의2 및 제41조제 3 항제 1 호에서 같다)로 하여금 가맹금(제 2 조제 6 호가목 및 나목에 해당하는 대가로서 금전으로 지급하는 경우에 한하며, 계약체결 전에 가맹금을 지급한 경우에는 그 가맹금을 포함한다. 이하 "예치가맹금"이라 한다)을 대통령령으로 정하는 기관(이하 "예치기관"이라 한다)에 예치하도록 하여야 한다. 다만, 가맹본부가 제15조의2에 따른 가맹점사업자피해보상보험계약 등을 체결한 경우에는 그러하지 아니하다.〈개정 2016.3.29〉 [시행일 2016.9.30]

② 예치기관의 장은 가맹점사업자가 예치가맹금을 예치한 경우에는 예치일부터 7일 이내에 그 사실을 가맹본부에 통지하여야 한다.

③ 가맹본부는 다음 각 호의 어느 하나에 해당하는 경우에는 예치기관의 장에게 대통령령으로 정하는 바에 따라 예치가맹금의 지급을 요청할 수 있다. 이 경우 예치기관의 장은 10일 이내에 예치가맹금을 가맹본부에 지급하여야 한다.

1. 가맹점사업자가 영업을 개시한 경우
2. 가맹계약 체결일부터 2개월이 경과한 경우. 다만, 2개월이 경과하기 전에 가맹점사업자가 제 5 항제 1 호부터 제 3 호까지의 규정 중 어느 하나에 해당하는 조치를 취한 사실을 예치기관의 장에게 서면으로 통보한 경우에는 그러하지 아니하다.

④ 가맹본부는 거짓이나 그 밖의 부정한 방법으로 예치가맹금의 지급을 요청하여서는 아니 된다.

⑤ 예치기관의 장은 제 1 호부터 제 3 호까지의 규정 중 어느 하나에 해

당하는 경우에는 제24조에 따른 가맹사업거래분쟁조정협의회의 조정이나 그 밖의 분쟁해결의 결과(이하 “분쟁조정 등의 결과”라 한다) 또는 제33조에 따른 공정거래위원회의 시정조치가 확정될 때(공정거래위원회의 시정조치에 대하여 이의신청이 제기된 경우에는 재결이, 시정조치나 재결에 대하여 소가 제기된 경우에는 확정판결이 각각 확정된 때를 말한다. 이하 이 조에서 같다)까지 예치가맹금의 지급을 보류하여야 하고, 제 4 호에 해당하는 경우에는 예치가맹금의 지급요청을 거부하거나 가맹본부에 그 내용의 변경을 요구하여야 한다.

1. 가맹점사업자가 예치가맹금을 반환받기 위하여 소를 제기한 경우
2. 가맹점사업자가 예치가맹금을 반환받기 위하여 알선, 조정, 중재 등을 신청한 경우
3. 가맹점사업자가 제10조의 위반을 이유로 가맹본부를 공정거래위원회에 신고한 경우
4. 가맹본부가 제 4 항을 위반하여 거짓이나 그 밖의 부정한 방법으로 예치가맹금의 지급을 요청한 경우

⑥ 예치기관의 장은 가맹본부 또는 가맹점사업자가 분쟁조정 등의 결과나 시정조치 결과를 첨부하여 예치가맹금의 지급 또는 반환을 요청하는 경우 요청일부터 30일 이내에 그 결과에 따라 예치가맹금을 가맹본부에 지급하거나 가맹점사업자에게 반환하여야 한다.

⑦ 예치기관의 장은 가맹점사업자가 가맹본부의 동의를 받아 예치가맹금의 반환을 요청하는 경우에는 제 5 항 및 제 6 항에도 불구하고 요청일부터 10일 이내에 예치가맹금을 가맹점사업자에게 반환하여야 한다.

⑧ 그 밖에 가맹금의 예치 등에 관하여 필요한 사항은 대통령령으로 정한다.

[본조신설 2007.8.3] [시행일 2008.8.4]

제 7 조(정보공개서의 제공의무 등) ① 가맹본부(가맹지역본부 또는 가맹중개인이 가맹점사업자를 모집하는 경우를 포함한다. 이하 같다)는 가맹희망자에게 제 6 조의2제 1 항 및 제 2 항에 따라 등록 또는 변경등록한 정보공개서를 내용증명우편 등 제공시점을 객관적으로 확인할 수 있

는 대통령령으로 정하는 방법에 따라 제공하여야 한다.〈개정 2007.8.3, 2013.8.13〉 [시행일 2014.2.14]

② 가맹본부는 제1항에 따라 정보공개서를 제공할 경우에는 가맹희망자의 장래 점포 예정지에서 가장 인접한 가맹점 10개(정보공개서 제공 시점에 가맹희망자의 장래 점포 예정지가 속한 광역지방자치단체에서 영업 중인 가맹점의 수가 10개 미만인 경우에는 해당 광역지방자치단체 내의 가맹점 전체)의 상호, 소재지 및 전화번호가 적힌 문서(이하 "인근가맹점 현황문서"라 한다)를 함께 제공하여야 한다. 다만, 정보공개서를 제공할 때 장래 점포 예정지가 확정되지 아니한 경우에는 확정되는 즉시 제공하여야 한다.〈신설 2013.8.13〉[시행일 2014.2.14]

③ 가맹본부는 등록된 정보공개서 및 인근가맹점 현황문서(이하 "정보공개서등"이라 한다)를 제1항의 방법에 따라 제공하지 아니하였거나 정보공개서등을 제공한 날부터 14일(가맹희망자가 정보공개서에 대하여 변호사 또는 제27조에 따른 가맹거래사의 자문을 받은 경우에는 7일로 한다)이 지나지 아니한 경우에는 다음 각 호의 어느 하나에 해당하는 행위를 하여서는 아니 된다.〈신설 2007.8.3, 2013.8.13〉[시행일 2014.2.14]

1. 가맹희망자로부터 가맹금을 수령하는 행위. 이 경우 가맹희망자가 예치기관에 예치가맹금을 예치하는 때에는 최초로 예치한 날(가맹본부가 가맹희망자와 최초로 가맹금을 예치하기로 합의한 때에는 그 날)에 가맹금을 수령한 것으로 본다.
2. 가맹희망자와 가맹계약을 체결하는 행위

④ 공정거래위원회는 대통령령이 정하는 바에 따라 정보공개서의 표준양식을 정하여 가맹본부 또는 가맹본부로 구성된 사업자단체에게 그 사용을 권장할 수 있다.〈개정 2007.8.3, 2013.8.13〉 [시행일 2014.2.14]

[본조제목개정 2007.8.3] [시행일 2008.2.4]

제8조 삭제 [2007.8.3] [시행일 2008.2.4]

제9조(허위·과장된 정보제공 등의 금지) ① 가맹본부는 가맹희망자나 가맹점사업자에게 정보를 제공함에 있어서 다음 각 호의 행위를 하여서

는 아니 된다. 〈개정 2013.8.13〉 [시행일 2014.2.14]

1. 사실과 다르게 정보를 제공하거나 사실을 부풀려 정보를 제공하는 행위(이하 "허위·과장의 정보제공행위"라 한다)
2. 계약의 체결·유지에 중대한 영향을 미치는 사실을 은폐하거나 축소하는 방법으로 정보를 제공하는 행위(이하 "기만적인 정보제공행위"라 한다)

② 제1항 각 호의 행위의 유형은 대통령령으로 정한다. 〈신설 2013.8.13〉 [시행일 2014.2.14]

③ 가맹본부는 가맹희망자나 가맹점사업자에게 다음 각 호의 어느 하나에 해당하는 정보를 제공하는 경우에는 서면으로 하여야 한다. 〈개정 2007.8.3, 2013.8.13〉 [시행일 2014.2.14]

1. 가맹희망자의 예상매출액·수익·매출총이익·순이익 등 장래의 예상수익상황에 관한 정보
2. 가맹점사업자의 매출액·수익·매출총이익·순이익 등 과거의 수익상황이나 장래의 예상수익상황에 관한 정보

④ 가맹본부는 제3항에 따라 정보를 제공하는 경우에는 그 정보의 산출근거가 되는 자료로서 대통령령으로 정하는 자료를 가맹본부의 사무소에 비치하여야 하며, 영업시간 중에 언제든지 가맹희망자나 가맹점사업자의 요구가 있는 경우 그 자료를 열람할 수 있도록 하여야 한다. 〈개정 2007.8.3, 2013.8.13〉 [시행일 2014.2.14]

⑤ 제3항에도 불구하고 다음 각 호의 어느 하나에 해당하는 가맹본부는 가맹계약을 체결할 때 가맹희망자에게 대통령령으로 정하는 예상매출액의 범위 및 그 산출 근거를 서면(이하 "예상매출액 산정서"라 한다)으로 제공하여야 한다. 〈신설 2013.8.13〉 [시행일 2014.2.14]

1. 중소기업자(「중소기업기본법」 제2조제1항 또는 제3항에 따른 자를 말한다)가 아닌 가맹본부
2. 직전 사업연도 말 기준으로 가맹본부와 계약을 체결·유지하고 있는 가맹점사업자(가맹본부가 복수의 영업표지를 보유하고 있는 경우에는 동일 영업표지를 사용하는 가맹점사업자에 한정한다)의 수가 대통령령으로 정하는 수 이상인 가맹본부

⑥ 가맹본부는 예상매출액 산정서를 가맹계약 체결일부터 5년간 보관하여야 한다.〈신설 2013.8.13〉 [시행일 2014.2.14]
⑦ 공정거래위원회는 예상매출액 산정서의 표준양식을 정하여 사용을 권장할 수 있다.〈신설 2013.8.13〉 [시행일 2014.2.14]

제10조(가맹금의 반환) ① 가맹본부는 다음 각 호의 어느 하나에 해당하는 경우에는 가맹희망자나 가맹점사업자가 대통령령으로 정하는 사항이 적힌 서면으로 요구하는 날부터 1개월 이내에 가맹금을 반환하여야 한다.〈개정 2007.8.3, 2013.8.13〉 [시행일 2014.2.14]

1. 가맹본부가 제7조제3항을 위반한 경우로서 가맹희망자 또는 가맹점사업자가 가맹계약 체결 전 또는 가맹계약의 체결일부터 4개월 이내에 가맹금의 반환을 요구하는 경우
2. 가맹본부가 제9조제1항을 위반한 경우로서 가맹희망자가 가맹계약 체결 전에 가맹금의 반환을 요구하는 경우
3. 가맹본부가 제9조제1항을 위반한 경우로서 허위 또는 과장된 정보나 중요사항의 누락된 내용이 계약 체결에 중대한 영향을 준 것으로 인정되어 가맹점사업자가 가맹계약의 체결일부터 4개월 이내에 가맹금의 반환을 요구하는 경우
4. 가맹본부가 정당한 사유 없이 가맹사업을 일방적으로 중단하고 가맹점사업자가 대통령령으로 정하는 가맹사업의 중단일부터 4개월 이내에 가맹금의 반환을 요구하는 경우

② 제1항의 규정에 의하여 반환하는 가맹금의 금액을 정함에 있어서는 가맹계약의 체결경위, 금전이나 그 밖에 지급된 대가의 성격, 가맹계약기간, 계약이행기간, 가맹사업당사자의 귀책정도 등을 고려하여야 한다. 〈개정 2007.8.3〉 [시행일 2008.2.4]

제11조(가맹계약서의 기재사항 등) ① 가맹본부는 가맹희망자가 가맹계약의 내용을 미리 이해할 수 있도록 제2항 각 호의 사항이 적힌 문서를 다음 각 호의 날 중 빠른 날 전에 가맹희망자에게 제공하여야 한다.〈개정 2007.8.3〉 [시행일 2008.2.4]

1. 가맹계약의 체결일
2. 가맹금의 최초 수령일(가맹희망자가 예치기관에 예치가맹금을 예치하는 경우에는 최초로 예치한 날로 한다. 다만, 가맹희망자가 최초로 가맹금을 예치하기로 가맹본부와 합의한 날이 있는 경우에는 그 날로 한다)

② 가맹계약서는 다음 각호의 사항을 포함하여야 한다.〈개정 2007.8.3〉[시행일 2008.2.4]

1. 영업표지의 사용권 부여에 관한 사항
2. 가맹점사업자의 영업활동 조건에 관한 사항
3. 가맹점사업자에 대한 교육·훈련, 경영지도에 관한 사항
4. 가맹금 등의 지급에 관한 사항
5. 영업지역의 설정에 관한 사항
6. 계약기간에 관한 사항
7. 영업의 양도에 관한 사항
8. 계약해지의 사유에 관한 사항
9. 가맹희망자 또는 가맹점사업자가 가맹계약을 체결한 날부터 2개월(가맹점사업자가 2개월 이전에 가맹사업을 개시하는 경우에는 가맹사업개시일)까지의 기간 동안 예치가맹금을 예치기관에 예치하여야 한다는 사항. 다만, 가맹본부가 제15조의2에 따른 가맹점사업자피해보상보험계약 등을 체결한 경우에는 그에 관한 사항으로 한다.
10. 가맹희망자가 정보공개서에 대하여 변호사 또는 제27조에 따른 가맹거래사의 자문을 받은 경우 이에 관한 사항
11. 그 밖에 가맹사업당사자의 권리·의무에 관한 사항으로서 대통령령이 정하는 사항

③ 가맹본부는 가맹계약서를 가맹사업의 거래가 종료된 날부터 3년간 보관하여야 한다.

④ 공정거래위원회는 가맹본부에게 건전한 가맹사업거래질서를 확립하고 불공정한 내용의 가맹계약이 통용되는 것을 방지하기 위하여 일정한 가맹사업거래에서 표준이 되는 가맹계약서의 작성 및 사용을 권장할 수 있다.

[본조제목개정 2007.8.3] [시행일 2008.2.4]

제12조(불공정거래행위의 금지) ① 가맹본부는 다음 각 호의 어느 하나에 해당하는 행위로서 가맹사업의 공정한 거래를 저해할 우려가 있는 행위를 하거나 다른 사업자로 하여금 이를 행하도록 하여서는 아니된다.〈개정 2007.8.3, 2013.8.13, 2016.3.29〉 [시행일 2016.9.30]

1. 가맹점사업자에 대하여 상품이나 용역의 공급 또는 영업의 지원 등을 부당하게 중단 또는 거절하거나 그 내용을 현저히 제한하는 행위
2. 가맹점사업자가 취급하는 상품 또는 용역의 가격, 거래상대방, 거래지역이나 가맹점사업자의 사업활동을 부당하게 구속하거나 제한하는 행위
3. 거래상의 지위를 이용하여 부당하게 가맹점사업자에게 불이익을 주는 행위
4. 삭제 [2013.8.13] [시행일 2014.2.14]
5. 계약의 목적과 내용, 발생할 손해 등 대통령령으로 정하는 기준에 비하여 과중한 위약금을 부과하는 등 가맹점사업자에게 부당하게 손해배상 의무를 부담시키는 행위
6. 제1호부터 제3호까지 및 제5호 외의 행위로서 부당하게 경쟁가맹본부의 가맹점사업자를 자기와 거래하도록 유인하는 행위 등 가맹사업의 공정한 거래를 저해할 우려가 있는 행위

② 제1항 각호의 규정에 의한 행위의 유형 또는 기준은 대통령령으로 정한다.

제12조의2(부당한 점포환경개선 강요 금지 등) ① 가맹본부는 대통령령으로 정하는 정당한 사유 없이 점포환경개선을 강요하여서는 아니 된다.
② 가맹본부는 가맹점사업자의 점포환경개선에 소요되는 비용으로서 대통령령으로 정하는 비용의 100분의 40 이내의 범위에서 대통령령으로 정하는 비율에 해당하는 금액을 부담하여야 한다. 다만, 다음 각 호의 어느 하나에 해당하는 경우에는 그러하지 아니하다.

1. 가맹본부의 권유 또는 요구가 없음에도 가맹점사업자의 자발적 의사

에 의하여 점포환경개선을 실시하는 경우

2. 가맹점사업자의 귀책사유로 인하여 위생·안전 및 이와 유사한 문제가 발생하여 불가피하게 점포환경개선을 하는 경우

③ 제2항에 따라 가맹본부가 부담할 비용의 산정, 청구 및 지급절차, 그 밖에 필요한 사항은 대통령령으로 정한다.

[본조신설 2013.8.13] [시행일 2014.2.14]

제12조의3(부당한 영업시간 구속 금지) ① 가맹본부는 정상적인 거래관행에 비추어 부당하게 가맹점사업자의 영업시간을 구속하는 행위(이하 "부당한 영업시간 구속"이라 한다)를 하여서는 아니 된다.

② 다음 각 호의 어느 하나에 해당하는 가맹본부의 행위는 부당한 영업시간 구속으로 본다.

1. 가맹점사업자의 점포가 위치한 상권의 특성 등의 사유로 대통령령으로 정하는 심야 영업시간대의 매출이 그 영업에 소요되는 비용에 비하여 저조하여 대통령령으로 정하는 일정한 기간 동안 영업손실이 발생함에 따라 가맹점사업자가 영업시간 단축을 요구함에도 이를 허용하지 아니하는 행위

2. 가맹점사업자가 질병의 발병과 치료 등 불가피한 사유로 인하여 필요 최소한의 범위에서 영업시간의 단축을 요구함에도 이를 허용하지 아니하는 행위

[본조신설 2013.8.13] [시행일 2014.2.14]

제12조의4(부당한 영업지역 침해금지) ① 가맹본부는 가맹계약 체결시 가맹점사업자의 영업지역을 설정하여 가맹계약서에 이를 기재하여야 한다.

② 상권의 급격한 변화 등 대통령령으로 정하는 사유가 발생하는 경우에는 가맹계약 갱신과정에서 가맹본부와 가맹점사업자가 합의하여 기존 영업지역을 합리적으로 변경할 수 있다.〈개정 2016.3.29〉 [시행일 2016.9.30]

③ 가맹본부는 정당한 사유 없이 가맹계약기간 중 가맹점사업자의 영

업지역 안에서 가맹점사업자와 동일한 업종(수요층의 지역적 · 인적 범위, 취급품목, 영업형태 및 방식 등에 비추어 동일하다고 인식될 수 있을 정도의 업종을 말한다)의 자기 또는 계열회사(「독점규제 및 공정거래에 관한 법률」 제2조제3호에 따른 계열회사를 말한다)의 직영점이나 가맹점을 설치하는 행위를 하여서는 아니 된다.
[본조신설 2013.8.13] [시행일 2014.8.14]

제12조의5(업종별 거래기준 권고) 공정거래위원회는 가맹사업거래의 공정한 거래질서 확립을 위하여 필요한 경우 업종별로 바람직한 거래기준을 정하여 가맹본부에 이의 준수를 권고할 수 있다.
[본조신설 2013.8.13] [시행일 2014.2.14]

제12조의6(광고 · 판촉행사 관련 집행 내역 통보 등) ① 가맹본부는 가맹점사업자가 비용의 전부 또는 일부를 부담하는 광고나 판촉행사를 실시한 경우 그 집행 내역을 가맹점사업자에게 통보하고 가맹점사업자의 요구가 있는 경우 이를 열람할 수 있도록 하여야 한다.
② 제1항에 따른 집행 내역 통보 또는 열람의 구체적인 시기 · 방법 · 절차는 대통령령으로 정한다.
[본조신설 2016.3.29] [시행일 2016.9.30]

제13조(가맹계약의 갱신 등) ① 가맹본부는 가맹점사업자가 가맹계약기간 만료 전 180일부터 90일까지 사이에 가맹계약의 갱신을 요구하는 경우 정당한 사유 없이 이를 거절하지 못한다. 다만, 다음 각 호의 어느 하나에 해당하는 경우에는 그러하지 아니하다.
1. 가맹점사업자가 가맹계약상의 가맹금 등의 지급의무를 지키지 아니한 경우
2. 다른 가맹점사업자에게 통상적으로 적용되는 계약조건이나 영업방침을 가맹점사업자가 수락하지 아니한 경우
3. 가맹사업의 유지를 위하여 필요하다고 인정되는 것으로서 다음 각 목의 어느 하나에 해당하는 가맹본부의 중요한 영업방침을 가맹점

사업자가 지키지 아니한 경우

가. 가맹점의 운영에 필요한 점포・설비의 확보나 법령상 필요한 자격・면허・허가의 취득에 관한 사항

나. 판매하는 상품이나 용역의 품질을 유지하기 위하여 필요한 제조공법 또는 서비스기법의 준수에 관한 사항

다. 그 밖에 가맹점사업자가 가맹사업을 정상적으로 유지하기 위하여 필요하다고 인정되는 것으로서 대통령령으로 정하는 사항

② 가맹점사업자의 계약갱신요구권은 최초 가맹계약기간을 포함한 전체 가맹계약기간이 10년을 초과하지 아니하는 범위 내에서만 행사할 수 있다.

③ 가맹본부가 제1항에 따른 갱신 요구를 거절하는 경우에는 그 요구를 받은 날부터 15일 이내에 가맹점사업자에게 거절 사유를 적어 서면으로 통지하여야 한다.

④ 가맹본부가 제3항의 거절 통지를 하지 아니하거나 가맹계약기간 만료 전 180일부터 90일까지 사이에 가맹점사업자에게 조건의 변경에 대한 통지나 가맹계약을 갱신하지 아니한다는 사실의 통지를 서면으로 하지 아니하는 경우에는 계약 만료 전의 가맹계약과 같은 조건으로 다시 가맹계약을 체결한 것으로 본다. 다만, 가맹점사업자가 계약이 만료되는 날부터 60일 전까지 이의를 제기하거나 가맹본부나 가맹점사업자에게 천재지변이나 그 밖에 대통령령으로 정하는 부득이한 사유가 있는 경우에는 그러하지 아니하다.

[전문개정 2007.8.3] [시행일 2008.2.4]

[본조제목개정 2007.8.3] [시행일 2008.2.4]

제14조(가맹계약해지의 제한) ① 가맹본부는 가맹계약을 해지하려는 경우에는 가맹점사업자에게 2개월 이상의 유예기간을 두고 계약의 위반 사실을 구체적으로 밝히고 이를 시정하지 아니하면 그 계약을 해지한다는 사실을 서면으로 2회 이상 통지하여야 한다. 다만, 가맹사업의 거래를 지속하기 어려운 경우로서 대통령령이 정하는 경우에는 그러하지 아니하다. 〈개정 2007.8.3〉 [시행일 2008.2.4]

② 제 1 항의 규정에 의한 절차를 거치지 아니한 가맹계약의 해지는 그 효력이 없다.

제14조의2(가맹점사업자단체의 거래조건 변경 협의 등) ① 가맹점사업자는 권익보호 및 경제적 지위 향상을 도모하기 위하여 단체(이하 "가맹점사업자단체"라 한다)를 구성할 수 있다.
② 특정 가맹본부와 가맹계약을 체결·유지하고 있는 가맹점사업자(복수의 영업표지를 보유한 가맹본부와 계약 중인 가맹점사업자의 경우에는 동일한 영업표지를 사용하는 가맹점사업자로 한정한다)로만 구성된 가맹점사업자단체는 그 가맹본부에 대하여 가맹계약의 변경 등 거래조건(이하 이 조에서 "거래조건"이라 한다)에 대한 협의를 요청할 수 있다.
③ 제 2 항에 따른 협의를 요청받은 경우 가맹본부는 성실하게 협의에 응하여야 한다. 다만, 복수의 가맹점사업자단체가 협의를 요청할 경우 가맹본부는 다수의 가맹점사업자로 구성된 가맹점사업자단체와 우선적으로 협의한다.
④ 제 2 항에 따른 협의와 관련하여 가맹점사업자단체는 가맹사업의 통일성이나 본질적 사항에 반하는 거래조건을 요구하는 행위, 가맹본부의 경영 등에 부당하게 간섭하는 행위 또는 부당하게 경쟁을 제한하는 행위를 하여서는 아니 된다.
⑤ 가맹본부는 가맹점사업자단체의 구성·가입·활동 등을 이유로 가맹점사업자에게 불이익을 주는 행위를 하거나 가맹점사업자단체에 가입 또는 가입하지 아니할 것을 조건으로 가맹계약을 체결하여서는 아니 된다.
[본조신설 2013.8.13] [시행일 2014.2.14]

제15조(자율규약) ① 가맹본부 또는 가맹본부를 구성원으로 하는 사업자단체는 가맹사업의 공정한 거래질서를 유지하기 위하여 자율적으로 규약을 정할 수 있다.
② 가맹본부 또는 가맹본부를 구성원으로 하는 사업자단체는 제 1 항의 규정에 의하여 자율규약을 정하고자 하는 경우 그 규약이 제12조제 1 항의 규정에 위반하는 지에 대한 심사를 공정거래위원회에 요청할 수

있다.

③ 공정거래위원회는 제2항의 규정에 의하여 자율규약의 심사를 요청받은 때에는 그 요청을 받은 날부터 60일 이내에 심사결과를 신청인에게 통보하여야 한다.

제15조의2(가맹점사업자피해보상보험계약 등) ① 가맹본부는 가맹점사업자의 피해를 보상하기 위하여 다음 각 호의 어느 하나에 해당하는 계약(이하 "가맹점사업자피해보상보험계약 등"이라 한다)을 체결할 수 있다.〈개정 2012.2.17〉 [시행일 2012.5.18]

1. 「보험업법」에 따른 보험계약
2. 가맹점사업자 피해보상금의 지급을 확보하기 위한 「금융위원회의 설치 등에 관한 법률」 제38조에 따른 기관의 채무지급보증계약
3. 제15조의3에 따라 설립된 공제조합과의 공제계약

② 가맹점사업자피해보상보험계약 등에 의하여 가맹점사업자 피해보상금을 지급할 의무가 있는 자는 그 지급사유가 발생한 경우 지체 없이 이를 지급하여야 한다. 이를 지연한 경우에는 지연배상금을 지급하여야 한다.

③ 가맹점사업자피해보상보험계약 등을 체결하고자 하는 가맹본부는 가맹점사업자피해보상보험계약 등을 체결하기 위하여 매출액 등의 자료를 제출함에 있어서 거짓 자료를 제출하여서는 아니 된다.

④ 가맹본부는 가맹점사업자피해보상보험계약 등을 체결함에 있어서 가맹점사업자의 피해보상에 적절한 수준이 되도록 하여야 한다.

⑤ 가맹점사업자피해보상보험계약 등을 체결한 가맹본부는 그 사실을 나타내는 표지를 사용할 수 있다.

⑥ 가맹점사업자피해보상보험계약 등을 체결하지 아니한 가맹본부는 제5항에 따른 표지를 사용하거나 이와 유사한 표지를 제작 또는 사용하여서는 아니 된다.

⑦ 그 밖에 가맹점사업자피해보상보험계약 등에 대하여 필요한 사항은 대통령령으로 정한다.

[본조신설 2007.8.3] [시행일 2008.8.4.]

제15조의3(공제조합의 설립) ① 가맹본부는 제15조의2제1항제3호에 따른 공제사업을 영위하기 위하여 공정거래위원회의 인가를 받아 공제조합(이하 "공제조합"이라 한다)을 설립할 수 있다.
② 공제조합은 법인으로 하며, 주된 사무소의 소재지에 설립등기를 함으로써 성립한다.
③ 공제조합에 가입한 가맹본부는 공제사업의 수행에 필요한 출자금 등을 조합에 납부하여야 한다.
④ 공제조합의 기본재산은 조합원의 출자금 등으로 조성한다.
⑤ 공제조합의 조합원의 자격, 임원에 관한 사항 및 출자금의 부담기준에 관한 사항은 정관으로 정한다.
⑥ 공제조합의 설립인가 기준 및 절차, 정관기재사항, 운영 및 감독 등에 관하여 필요한 사항은 대통령령으로 정한다.
⑦ 공제조합이 제1항에 따른 공제사업을 하고자 하는 때에는 공제규정을 정하여 공정거래위원회의 인가를 받아야 한다. 공제규정을 변경하고자 하는 때에도 또한 같다.
⑧ 제7항의 공제규정에는 공제사업의 범위, 공제료, 공제사업에 충당하기 위한 책임준비금 등 공제사업의 운영에 관하여 필요한 사항을 포함하여야 한다.
⑨ 공제조합에 관하여 이 법에 규정된 것을 제외하고는 「민법」 중 사단법인에 관한 규정을 준용한다.
⑩ 이 법에 따른 공제조합의 사업에 대하여는 「보험업법」을 적용하지 아니한다.
[본조신설 2007.8.3] [시행일 2008.8.4]

제15조의4(가맹본부와 가맹점사업자 간 협약체결의 권장 등) ① 공정거래위원회는 가맹본부와 가맹점사업자가 가맹사업 관계 법령의 준수 및 상호 지원·협력을 약속하는 자발적인 협약을 체결하도록 권장할 수 있다.
② 공정거래위원회는 가맹본부와 가맹점사업자가 제1항에 따른 협약을 체결하는 경우 그 이행을 독려하기 위하여 포상 등 지원시책을 마련하

여 시행하여야 한다.
③ 공정거래위원회는 제1항 및 제2항에 따른 협약의 내용·체결절차·이행실적평가 및 지원시책 등에 필요한 사항을 정한다.
[본조신설 2013.8.13] [시행일 2014.2.14]

## 제4장 분쟁의 조정 등

제16조(가맹사업거래분쟁조정협의회의 설치) 가맹사업에 관한 분쟁을 조정하기 위하여 「독점규제 및 공정거래에 관한 법률」 제48조의2제1항에 따른 한국공정거래조정원(이하 "조정원"이라 한다)에 가맹사업거래분쟁조정협의회(이하 "협의회"라 한다)를 둔다.
[전문개정 2007.8.3] [시행일 2008.2.4]

제17조(협의회의 구성) ① 협의회는 위원장 1인을 포함한 9인의 위원으로 구성한다.
② 위원은 공익을 대표하는 위원, 가맹본부의 이익을 대표하는 위원, 가맹점사업자의 이익을 대표하는 위원으로 구분하되 각각 동수로 한다.
③ 위원은 조정원의 장이 추천한 자와 다음 각 호의 어느 하나에 해당하는 자중 공정거래위원회 위원장이 임명 또는 위촉하는 자가 된다.〈개정 2005.12.29 제7796호(국가공무원법). 2007.8.3〉 [시행일 2008.2.4]
1. 대학에서 법률학·경제학·경영학을 전공한 자로서 「고등교육법」 제2조제1호·제2호 또는 제5호에 따른 학교나 공인된 연구기관에서 부교수 이상의 직 또는 이에 상당하는 직에 있거나 있었던 자
2. 판사·검사 직에 있거나 있었던 자 또는 변호사의 자격이 있는 자
3. 독점금지 및 공정거래업무에 관한 경험이 있는 4급 이상 공무원(고위공무원단에 속하는 일반직공무원을 포함한다)의 직에 있거나 있었던 자
④ 위원장은 공익을 대표하는 위원중에서 공정거래위원회 위원장이 위촉한다.〈개정 2007.8.3〉 [시행일 2008.2.4]
⑤ 위원의 임기는 3년으로 하고 연임할 수 있다.

⑥ 위원중 결원이 생긴 때에는 제3항의 규정에 의하여 보궐위원을 위촉하여야 하며, 그 보궐위원의 임기는 전임자의 잔임기간으로 한다.

第18조(공익을 대표하는 위원의 위촉제한) ① 공익을 대표하는 위원은 위촉일 현재 가맹본부 또는 가맹점사업자의 임원 · 직원으로 있는 자중에서 위촉될 수 없다.
② 공정거래위원회 위원장은 공익을 대표하는 위원으로 위촉받은 자가 가맹본부 또는 가맹점사업자의 임원 · 직원으로 된 때에는 즉시 해촉하여야 한다.〈개정 2007.8.3〉 [시행일 2008.8.4]

第19조(협의회의 회의) ① 협의회의 회의는 위원 전원으로 구성되는 회의(이하 "전체회의"라 한다)와 공익을 대표하는 위원, 가맹본부의 이익을 대표하는 위원, 가맹점사업자의 이익을 대표하는 위원 각 1인으로 구성되는 회의(이하 "소회의"라 한다)로 구분한다.〈개정 2007.8.3〉 [시행일 2008.2.4]
② 협의회의 전체회의는 다음 각 호의 사항을 심의 · 의결한다.〈신설 2013.8.13〉 [시행일 2014.2.14]
1. 소회의가 전체회의에서 처리하도록 결정한 사항
2. 협의회 운영세칙의 제정 · 개정에 관한 사항
3. 그 밖에 전체회의에서 처리할 필요가 있다고 인정하는 사항으로서 협의회의 위원장이 전체회의에 부치는 사항

③ 협의회의 소회의는 제2항 각 호 외의 사항을 심의 · 의결한다.〈개정 2013.8.13〉 [시행일 2014.2.14]
④ 협의회의 전체회의는 위원장이 주재하며, 재적위원 과반수의 출석으로 개의하고, 출석위원 과반수의 찬성으로 의결한다.〈개정 2007.8.3, 2013.8.13〉 [시행일 2014.2.14]
⑤ 협의회의 소회의는 공익을 대표하는 위원이 주재하며, 구성위원 전원의 출석과 출석위원 전원의 찬성으로 의결한다. 이 경우 소회의의 의결은 협의회의 의결로 보되, 회의의 결과를 전체회의에 보고하여야 한다.〈신설 2007.8.3, 2013.8.13〉 [시행일 2014.2.14]

⑥ 위원장이 사고로 직무를 수행할 수 없을 때에는 공익을 대표하는 위원중에서 공정거래위원회 위원장이 지명하는 위원이 그 직무를 대행한다. 〈개정 2007.8.3, 2013.8.13〉 [시행일 2014.2.14]
⑦ 조정의 대상이 된 분쟁의 당사자인 가맹사업당사자(이하 "분쟁당사자"라 한다)는 협의회의 회의에 출석하여 의견을 진술하거나 관계자료를 제출할 수 있다. 〈개정 2007.8.3, 2013.8.13〉 [시행일 2014.2.14]

제20조(위원의 제척 · 기피 · 회피) ① 위원은 다음 각 호의 어느 하나에 해당하는 경우에는 해당 조정사항의 조정에서 제척된다. 〈개정 2016.3.29〉 [시행일 2016.9.30]

1. 위원 또는 그 배우자나 배우자이었던 자가 해당 조정사항의 분쟁당사자가 되거나 공동권리자 또는 의무자의 관계에 있는 경우
2. 위원이 해당 조정사항의 분쟁당사자와 친족관계에 있거나 있었던 경우
3. 위원 또는 위원이 속한 법인이 분쟁당사자의 법률 · 경영 등에 대하여 자문이나 고문의 역할을 하고 있는 경우
4. 위원 또는 위원이 속한 법인이 해당 조정사항에 대하여 분쟁당사자의 대리인으로 관여하거나 관여하였던 경우 및 증언 또는 감정을 한 경우

② 분쟁당사자는 위원에게 협의회의 조정에 공정을 기하기 어려운 사정이 있는 때에 협의회에 그 위원에 대한 기피신청을 할 수 있다. 〈개정 2016.3.29〉 [시행일 2016.9.30]
③ 위원이 제1항 또는 제2항의 사유에 해당하는 경우에는 스스로 해당 조정사항의 조정에서 회피할 수 있다. 〈개정 2016.3.29〉 [시행일 2016.9.30]

제21조(협의회의 조정사항) 협의회는 공정거래위원회 또는 분쟁당사자가 요청하는 가맹사업거래의 분쟁에 관한 사항을 조정한다.

제22조(조정의 신청 등) ① 분쟁당사자는 제21조의 규정에 의하여 협의회에 대통령령이 정하는 사항이 기재된 서면으로 그 조정을 신청할

수 있다.

② 공정거래위원회는 가맹사업거래의 분쟁에 관한 사건에 대하여 협의회에 그 조정을 의뢰할 수 있다.

③ 협의회는 제1항의 규정에 의하여 조정을 신청받은 때에는 즉시 그 조정사항을 분쟁당사자에게 통지하여야 한다.〈개정 2007.8.3〉 [시행일 2008.2.4]

제23조(조정 등) ① 협의회는 제22조제1항에 따라 조정을 신청 받거나 같은 조 제2항에 따라 조정을 의뢰 받는 경우에는 대통령령으로 정하는 바에 따라 지체 없이 분쟁조정 절차를 개시하여야 한다.〈신설 2016.3.29〉 [시행일 2016.9.30]

② 협의회는 분쟁당사자에게 조정사항에 대하여 스스로 조정하도록 권고하거나 조정안을 작성하여 이를 제시할 수 있다.〈개정 2016.3.29〉 [시행일 2016.9.30]

③ 협의회는 다음 각 호의 어느 하나에 해당되는 경우에는 그 조정을 거부하거나 중지할 수 있다.〈개정 2007.8.3, 2016.3.29〉 [시행일 2016.9.30]

1. 분쟁당사자의 일방이 조정을 거부한 경우
2. 이미 법원에 소를 제기하였거나 조정의 신청이 있은 후 법원에 소를 제기한 경우 또는 조정의 신청이 있은 후 분쟁당사자가 「중재법」에 따른 중재합의를 한 경우
3. 신청의 내용이 관계법령 또는 객관적인 자료에 의하여 명백하게 인정되는 등 조정을 할 실익이 없는 것으로서 대통령령이 정하는 사항이 발생하는 경우

④ 협의회는 다음 각 호의 어느 하나에 해당되는 경우에는 조정절차를 종료하여야 한다.〈개정 2007.8.3, 2016.3.29〉 [시행일 2016.9.30]

1. 분쟁당사자가 협의회의 권고 또는 조정안을 수락하거나 스스로 조정하는 등 조정이 성립된 경우
2. 조정을 신청 또는 의뢰 받은 날부터 60일(분쟁당사자 쌍방이 기간연장에 동의한 경우에는 90일로 한다)이 경과하여도 조정이 성립하지

아니한 경우

3. 제3항에 의하여 조정이 중지된 경우로서 조정절차를 진행할 실익이 없는 경우

⑤ 협의회는 제3항에 의하여 조정을 거부 또는 중지하거나 제4항에 의하여 조정절차를 종료한 경우에는 대통령령이 정하는 바에 따라 공정거래위원회에 조정의 경위, 조정거부·중지 또는 종료의 사유 등과 관계서류를 서면으로 지체없이 보고하여야 하고 분쟁당사자에게 그 사실을 통보하여야 한다.〈개정 2016.3.29〉 [시행일 2016.9.30]

⑥ 협의회는 해당 조정사항에 관한 사실을 확인하기 위하여 필요한 경우 조사를 하거나 분쟁당사자에 대하여 관련자료의 제출이나 출석을 요구할 수 있다.〈개정 2016.3.29〉 [시행일 2016.9.30]

⑦ 공정거래위원회는 조정사항에 관하여 조정절차가 종료될 때까지 해당 분쟁당사자에게 시정조치를 권고하거나 명하여서는 아니된다. 다만, 공정거래위원회가 이미 제32조의 규정에 의하여 조사중인 사건에 대하여는 그러하지 아니하다.〈개정 2016.3.29〉 [시행일 2016.9.30]

제24조(조정조서의 작성과 그 효력) ① 협의회는 조정사항에 대하여 조정이 성립된 경우 조정에 참가한 위원과 분쟁당사자가 기명날인한 조정조서를 작성한다.〈개정 2016.3.29〉 [시행일 2016.9.30]

② 협의회는 분쟁당사자가 조정절차를 개시하기 전에 조정사항을 스스로 조정하고 조정조서의 작성을 요구하는 경우에는 그 조정조서를 작성하여야 한다.〈개정 2016.3.29〉 [시행일 2016.9.30]

③ 제1항 또는 제2항에 따라 조정조서를 작성한 경우 조정조서는 재판상 화해와 동일한 효력을 갖는다.〈신설 2016.3.29〉 [시행일 2016.9.30]

제25조(협의회의 조직 등에 관한 규정) 제16조 내지 제24조의 규정외에 협의회의 조직·운영·조정절차 등에 관하여 필요한 사항은 대통령령으로 정한다.

제26조 삭제 [2007.8.3] [시행일 2008.2.4.]

第27조(가맹거래사) ① 공정거래위원회가 실시하는 가맹거래사 자격시험에 합격한 후 대통령령이 정하는 바에 따라 실무수습을 마친 자는 가맹거래사의 자격을 가진다.〈개정 2004.1.20, 2007.8.3〉 [시행일 2008.2.4]
② 다음 각 호의 어느 하나에 해당하는 자는 가맹거래사가 될 수 없다.〈개정 2007.8.3〉 [시행일 2008.2.4]
1. 미성년자·금치산자 또는 한정치산자
2. 파산선고를 받고 복권되지 아니한 자
3. 금고 이상의 실형의 선고를 받고 그 집행이 종료(종료된 것으로 보는 경우를 포함한다)되거나 집행을 받지 아니하기로 확정된 후 2년이 경과되지 아니한 자
4. 금고 이상의 형의 집행유예를 받고 그 집행유예기간중에 있는 자
5. 제31조의 규정에 의하여 가맹거래사의 등록이 취소된 날부터 2년이 경과되지 아니한 자
③ 제1항에 따른 시험에 응시한 사람이 그 시험에 관하여 부정한 행위를 한 경우에는 해당 시험을 무효로 하고 그 시험의 응시일부터 5년간 시험의 응시자격을 정지한다.〈신설 2016.3.29〉 [시행일 2016.9.30]
④ 가맹거래사 자격시험의 시험과목·시험방법, 실무수습의 기간 등 자격시험 및 실무수습에 관하여 필요한 사항은 대통령령으로 정한다.〈신설 2004.1.20, 2007.8.3, 2016.3.29〉 [시행일 2016.9.30]
[본조제목개정 2007.8.3] [시행일 2008.2.4]

第28조(가맹거래사의 업무) 가맹거래사는 다음 각 호의 사항에 관한 업무를 수행한다.〈개정 2013.8.13〉 [시행일 2014.2.14]
1. 가맹사업의 사업성에 관한 검토
2. 정보공개서와 가맹계약서의 작성·수정이나 이에 관한 자문
3. 가맹점사업자의 부담, 가맹사업 영업활동의 조건 등에 관한 자문
4. 가맹사업당사자에 대한 교육·훈련이나 이에 대한 자문
5. 가맹사업거래 분쟁조정 신청의 대행
6. 정보공개서 등록 신청의 대행
[전문개정 2007.8.3] [시행일 2008.2.4]

[본조제목개정 2007.8.3] [시행일 2008.2.4]

제29조(가맹거래사의 등록) ① 가맹거래사 자격이 있는 자가 제28조에 따른 가맹거래사의 업무를 개시하고자 하는 경우에는 대통령령이 정하는 바에 따라 공정거래위원회에 등록하여야 한다.〈개정 2004.1.20, 2007.8.3〉 [시행일 2008.2.4]

② 제1항의 규정에 의하여 등록을 한 가맹거래사는 공정거래위원회가 정하는 바에 따라 5년마다 등록을 갱신하여야 한다.〈개정 2007.8.3〉 [시행일 2008.2.4]

③ 제1항의 규정에 의하여 등록을 한 가맹거래사가 아닌 자는 제27조의 규정에 의한 가맹거래사임을 표시하거나 이와 유사한 용어를 사용하여서는 아니된다.〈개정 2007.8.3〉 [시행일 2008.2.4]

[본조제목개정 2007.8.3] [시행일 2008.2.4]

제30조(가맹거래사의 책임) ① 가맹거래사는 성실히 직무를 수행하며 품위를 유지하여야 한다.〈개정 2007.8.3〉 [시행일 2008.2.4]

② 가맹거래사는 직무를 수행함에 있어서 고의로 진실을 감추거나 허위의 보고를 하여서는 아니된다.〈개정 2007.8.3〉 [시행일 2008.2.4]

[본조제목개정 2007.8.3] [시행일 2008.2.4]

제31조(가맹거래사의 등록취소와 자격정지) ① 공정거래위원회는 제29조의 규정에 의하여 등록을 한 가맹거래사가 다음 각 호의 어느 하나에 해당하는 경우에는 그 등록을 취소할 수 있다. 다만, 제1호 및 제2호에 해당하는 경우에는 그 등록을 취소하여야 한다.〈개정 2007.8.3〉 [시행일 2008.2.4]

1. 허위 그 밖의 부정한 방법으로 등록 또는 갱신등록을 한 경우
2. 제27조제2항의 규정에 의한 결격사유에 해당하게 된 경우
3. 업무수행과 관련하여 알게 된 비밀을 다른 사람에게 누설한 경우
4. 가맹거래사 등록증을 다른 사람에게 대여한 경우
5. 업무수행과 관련하여 고의 또는 중대한 과실로 다른 사람에게 중대

한 손해를 입힌 경우

② 제29조제2항의 규정에 의한 갱신등록을 하지 아니한 가맹거래사는 그 자격이 정지된다. 이 경우 공정거래위원회가 고시로서 정하는 바에 따라 보수교육을 받고 갱신등록을 한 때에는 그 때부터 자격이 회복된다.〈개정 2007.8.3〉 [시행일 2008.2.4]

③ 제1항에 따라 가맹거래사의 등록을 취소하려는 경우에는 청문을 실시하여야 한다.〈신설 2012.2.17〉 [시행일 2012.5.18]

[본조제목개정 2007.8.3] [시행일 2008.2.4]

제31조의2(가맹사업거래에 대한 교육 등) ① 공정거래위원회는 공정한 가맹사업거래질서를 확립하기 위하여 다음 각 호의 업무를 수행할 수 있다.

1. 가맹본부에 대한 교육·연수
2. 가맹희망자 및 가맹점사업자에 대한 교육·연수
3. 가맹거래사에 대한 교육·연수(제27조제1항에 따른 실무수습을 포함한다)
4. 가맹본부가 이 법을 자율적으로 준수하도록 유도하기 위한 자율준수 프로그램의 보급·확산
5. 그 밖에 공정한 가맹사업거래질서 확립을 위하여 필요하다고 인정하는 업무

② 공정거래위원회는 제1항의 업무를 대통령령으로 정하는 시설·인력 및 교육실적 등의 기준에 적합한 법인으로서 공정거래위원회가 지정하는 기관 또는 단체(이하 "교육기관 등"이라 한다)에 위탁할 수 있다.

③ 교육기관 등은 제1항에 따른 업무를 수행하는데 필요한 재원을 조달하기 위하여 수익사업을 할 수 있다.

④ 공정거래위원회는 교육기관 등이 제1항에 따른 업무를 충실히 수행하지 못하거나 대통령령으로 정하는 기준에 미치지 못하는 경우에는 지정을 취소하거나 3개월 이내의 기간을 정하여 지정의 효력을 정지할 수 있다.

⑤ 교육기관 등의 지정절차 및 방법, 제3항에 따른 수익사업 등에 관

하여 필요한 사항은 공정거래위원회가 정하여 고시한다.
[본조신설 2007.8.3] [시행일 2008.2.4]

## 제 5 장 공정거래위원회의 사건처리절차 등

제32조(조사개시대상행위의 제한) 이 법의 규정에 의하여 공정거래위원회의 조사개시대상이 되는 가맹사업거래는 그 거래가 종료된 날부터 3년을 경과하지 아니한 것에 한한다. 다만, 그 거래가 종료된 날부터 3년 이내에 신고된 가맹사업거래의 경우에는 그러하지 아니하다.

제32조의2(서면실태조사) ① 공정거래위원회는 가맹사업거래에서의 공정한 거래질서 확립을 위하여 가맹본부와 가맹점사업자 등 사이의 거래에 관한 서면실태조사를 실시하여 그 결과를 공표할 수 있다.
② 공정거래위원회가 제 1 항에 따라 서면실태조사를 실시하려는 경우에는 조사대상자의 범위, 조사기간, 조사내용, 조사방법, 조사절차 및 조사결과 공표범위 등에 관한 계획을 수립하여야 하고, 조사대상자에게 거래실태 등 조사에 필요한 자료의 제출을 요구할 수 있다.
③ 공정거래위원회가 제 2 항에 따라 자료의 제출을 요구하는 경우에는 조사대상자에게 자료의 범위와 내용, 요구사유, 제출기한 등을 명시하여 서면으로 알려야 한다.
[본조신설 2013.8.13] [시행일 2014.2.14]

제33조(시정조치) ① 공정거래위원회는 제 6 조의5제 1 항 · 제 4 항, 제 7 조제 3 항, 제 9 조제 1 항, 제10조제 1 항, 제11조제 1 항 · 제 2 항, 제12조제 1 항, 제12조의2제 1 항 · 제 2 항, 제12조의3제 1 항 · 제 2 항, 제12조의4제 1 항 · 제 3 항, 제12조의6제 1 항, 제14조의2제 5 항, 제15조의2제 3 항 · 제 6 항을 위반한 가맹본부에 대하여 가맹금의 예치, 정보공개서등의 제공, 점포환경개선 비용의 지급, 가맹금 반환, 위반행위의 중지, 위반내용의 시정을 위한 필요한 계획 또는 행위의 보고 그 밖에 위반행위의 시정에 필요한 조치를 명할 수 있다. 〈개정 2007.8.3, 2013.8.13,

2016.3.29〉 [시행일 2016.9.30]
② 공정거래위원회는 제24조의 규정에 의하여 협의회의 조정이 이루어진 경우에는 특별한 사유가 없는 한 제1항에 따른 시정조치 및 제34조제1항에 따른 시정권고를 하지 아니한다.〈개정 2007.8.3〉 [시행일 2008.2.4]
③ 공정거래위원회는 제1항에 따라 시정명령을 하는 경우에는 가맹본부에게 시정명령을 받았다는 사실을 공표하거나 거래상대방에 대하여 통지할 것을 명할 수 있다.〈개정 2007.8.3〉 [시행일 2008.2.4]

제34조(시정권고) ① 공정거래위원회는 이 법의 규정을 위반한 가맹본부에 대하여 제33조의 규정에 의한 시정조치를 명할 시간적 여유가 없는 경우에는 대통령령이 정하는 바에 따라 시정방안을 마련하여 이에 따를 것을 권고할 수 있다. 이 경우 그 권고를 수락한 때에는 시정조치를 한 것으로 본다는 뜻을 함께 통지하여야 한다.〈개정 2016.3.29〉 [시행일 2016.9.30]
② 제1항의 규정에 의한 권고를 받은 가맹본부는 그 권고를 통지받은 날부터 10일 이내에 이를 수락하는 지의 여부에 관하여 공정거래위원회에 통지하여야 한다.〈개정 2016.3.29〉 [시행일 2016.9.30]
③ 제1항의 규정에 의한 권고를 받은 가맹본부가 그 권고를 수락한 때에는 제33조의 규정에 의한 시정조치를 받은 것으로 본다.〈개정 2016.3.29〉 [시행일 2016.9.30]

제35조(과징금) ① 공정거래위원회는 제6조의5제1항·제4항, 제7조제3항, 제9조제1항, 제10조제1항, 제11조제1항·제2항, 제12조제1항, 제12조의2제1항·제2항, 제12조의3제1항·제2항, 제12조의4제1항·제3항, 제12조의6제1항, 제14조의2제5항, 제15조의2제3항·제6항을 위반한 가맹본부에 대하여 대통령령으로 정하는 매출액(대통령령으로 정하는 사업자의 경우에는 영업수익을 말한다. 이하 같다)에 100분의 2를 곱한 금액을 초과하지 아니하는 범위에서 과징금을 부과할 수 있다. 다만, 그 위반행위를 한 가맹본부가 매출액이 없거나 매출액

의 산정이 곤란한 경우로서 대통령령으로 정하는 경우에는 5억원을 초과하지 아니하는 범위에서 과징금을 부과할 수 있다. 〈개정 2016.3.29〉 [시행일 2016.9.30]

② 공정거래위원회는 제1항에 따라 과징금을 부과하는 경우에는 다음 각 호의 사항을 고려하여야 한다.

1. 위반행위의 내용 및 정도
2. 위반행위의 기간 및 횟수
3. 위반행위로 취득한 이익의 규모 등

③ 이 법을 위반한 회사인 가맹본부가 합병을 하는 경우에는 그 가맹본부가 한 위반행위는 합병 후 존속하거나 합병으로 설립되는 회사가 한 위반행위로 보아 과징금을 부과 · 징수할 수 있다.

④ 공정거래위원회는 이 법을 위반한 회사인 가맹본부가 분할되거나 분할합병되는 경우 분할되는 가맹본부의 분할일 또는 분할합병일 이전의 위반행위를 다음 각 호의 어느 하나에 해당하는 회사의 행위로 보고 과징금을 부과 · 징수할 수 있다.

1. 분할되는 회사
2. 분할 또는 분할합병으로 설립되는 새로운 회사
3. 분할되는 회사의 일부가 다른 회사에 합병된 후 그 다른 회사가 존속하는 경우 그 다른 회사

⑤ 공정거래위원회는 이 법을 위반한 회사인 가맹본부가 「채무자 회생 및 파산에 관한 법률」 제215조에 따라 신회사를 설립하는 경우에는 기존 회사 또는 신회사 중 어느 하나의 행위로 보고 과징금을 부과 · 징수할 수 있다.

⑥ 제1항에 따른 과징금의 부과기준은 대통령령으로 정한다.

[전문개정 2013.8.13] [시행일 2014.2.14]

제36조(관계행정기관의 장의 협조) 공정거래위원회는 이 법의 시행을 위하여 필요하다고 인정하는 때에는 관계행정기관의 장의 의견을 듣거나 관계행정기관의 장에 대하여 조사를 위한 인원의 지원 그 밖의 필요한 협조를 요청할 수 있다.

**제37조(「독점규제 및 공정거래에 관한 법률」의 준용)** ① 이 법에 의한 공정거래위원회의 조사·심의·의결 및 시정권고에 관하여는 「독점규제 및 공정거래에 관한 법률」 제42조, 제43조, 제43조의2, 제44조, 제45조, 제49조제1항 내지 제3항, 제50조제1항 내지 제4항, 제52조, 제52조의2, 제53조, 제53조의2 및 제55조의2의 규정을 준용한다.

② 이 법에 의한 과징금의 부과·징수에 관하여는 「독점규제 및 공정거래에 관한 법률」 제55조의4 부터 제55조의8까지를 준용한다.〈개정 2007.8.3, 2013.8.13〉 [시행일 2014.2.14]

③ 이 법에 의한 이의신청, 소의 제기 및 불복의 소의 전속관할, 손해배상에 관하여는 「독점규제 및 공정거래에 관한 법률」 제53조, 제53조의2, 제54조, 제55조, 제56조, 제56조의2, 제57조의 규정을 준용한다.〈개정 2007.8.3, 2016.3.29〉 [시행일 2016.9.30]

④ 이 법에 의한 직무에 종사하거나 종사하였던 공정거래위원회의 위원, 공무원 또는 협의회에서 가맹사업거래에 관한 분쟁의 조정업무를 담당하거나 담당하였던 자에 대하여는 「독점규제 및 공정거래에 관한 법률」 제62조의 규정을 준용한다.

⑤ 삭제 [2007.8.3] [시행일 2008.2.4]

[본조제목개정 2007.8.3] [시행일 2008.2.4]

**제38조(「독점규제 및 공정거래에 관한 법률」과의 관계)** 가맹사업거래에 관하여 이 법의 적용을 받는 사항에 대하여는 「독점규제 및 공정거래에 관한 법률」 제23조제1항제1호(부당하게 거래를 거절하는 행위에 한한다)·제3호(부당하게 경쟁자의 고객을 자기와 거래하도록 유인하는 행위에 한한다)·제4호·제5호(거래의 상대방의 사업활동을 부당하게 구속하는 조건으로 거래하는 행위에 한한다) 및 동법 제29조제1항의 규정을 적용하지 아니한다.

[본조제목개정 2007.8.3] [시행일 2008.2.4]

**제39조(권한의 위임과 위탁)** ① 이 법에 의한 공정거래위원회의 권한은 그 일부를 대통령령이 정하는 바에 따라 소속기관의 장이나 특별시

장 · 광역시장 · 도지사 또는 특별자치도지사에게 위임하거나 다른 행정기관의 장에게 위탁할 수 있다. 〈개정 2007.8.3〉 [시행일 2008.2.4]

② 공정거래위원회는 다음 각 호의 어느 하나에 해당하는 업무를 대통령령으로 정하는 바에 따라 「독점규제 및 공정거래에 관한 법률」 제48조의2에 따라 설립된 한국공정거래조정원이나 관련 법인 · 단체에 위탁할 수 있다. 이 경우 제1호의 위탁관리에 소요되는 경비의 전부 또는 일부를 지원할 수 있다. 〈개정 2007.8.3, 2012.2.17〉 [시행일 2012.5.18]

1. 제6조의2 및 제6조의3에 따른 정보공개서의 등록, 등록 거부 및 공개 등에 관한 업무
2. 제27조제1항에 따른 가맹거래사 자격시험의 시행 및 관리 업무

**제40조(보고)** 공정거래위원회는 제39조의 규정에 의하여 위임 또는 위탁한 사무에 대하여 위임 또는 위탁받은 자에게 필요한 보고를 하게 할 수 있다.

## 제6장 벌 칙

**제41조(벌칙)** ① 제9조제1항의 규정에 위반하여 허위 · 과장의 정보제공행위나 기만적인 정보제공행위를 한 자는 5년 이하의 징역 또는 3억원 이하의 벌금에 처한다. 〈개정 2007.8.3, 2013.8.13〉 [시행일 2014.2.14]

② 다음 각 호의 어느 하나에 해당하는 자는 3년 이하의 징역 또는 1억원 이하의 벌금에 처한다. 〈개정 2007.8.3〉 [시행일 2008.2.4]

1. 제33조제1항에 따른 시정조치의 명령에 따르지 아니한 자
2. 제37조제4항의 규정에 의하여 준용되는 「독점규제 및 공정거래에 관한 법률」 제62조의 규정에 위반한 자

③ 다음 각 호의 어느 하나에 해당하는 자는 2년 이하의 징역 또는 5천만원 이하의 벌금에 처한다. 〈개정 2007.8.3, 2013.8.13〉 [시행일 2014.2.14]

1. 제6조의5제1항을 위반하여 가맹점사업자로부터 예치가맹금을 직접 수령한 자

2. 제 7 조제 3 항을 위반하여 가맹금을 수령하거나 가맹계약을 체결한 자
3. 제15조의2제 6 항을 위반하여 가맹점사업자피해보상보험계약 등을 체결하였다는 사실을 나타내는 표지 또는 이와 유사한 표지를 제작하거나 사용한 자

④ 제 6 조의5제 4 항을 위반하여 거짓이나 그 밖의 부정한 방법으로 예치가맹금의 지급을 요청한 자는 예치가맹금의 2배에 상당하는 금액 이하의 벌금에 처한다.〈신설 2007.8.3〉 [시행일 2008.2.4]

제42조(양벌규정) 법인의 대표자나 법인 또는 개인의 대리인, 사용인, 그 밖의 종업원이 그 법인 또는 개인의 업무에 관하여 제41조의 위반행위를 하면 그 행위자를 벌하는 외에 그 법인 또는 개인에게도 해당 조문의 벌금형을 과(科)한다. 다만, 법인 또는 개인이 그 위반행위를 방지하기 위하여 해당 업무에 관하여 상당한 주의와 감독을 게을리하지 아니한 경우에는 그러하지 아니하다.
[전문개정 2010.3.22]

제43조(과태료) ① 가맹본부가 제 3 호 또는 제 4 호의 규정에 해당하는 경우에는 1억원이하, 제 1 호 또는 제 2 호의 규정에 해당하는 경우에는 5천만원 이하의 과태료에 처한다.〈개정 2007.8.3, 2013.8.13〉 [시행일 2014.2.14]

1. 제32조의2제 2 항에 따른 자료를 제출하지 아니하거나 거짓의 자료를 제출한 자
2. 제37조제 1 항의 규정에 의하여 준용되는 「독점규제 및 공정거래에 관한 법률」 제50조제 1 항제 1 호의 규정에 위반하여 정당한 사유 없이 2회이상 출석하지 아니한 자
3. 제37조제 1 항의 규정에 의하여 준용되는 「독점규제 및 공정거래에 관한 법률」 제50조제 1 항제 3 호 또는 동조제 3 항의 규정에 의한 보고 또는 필요한 자료나 물건의 제출을 정당한 사유없이 하지 아니하거나, 허위의 보고 또는 자료나 물건을 제출한 자
4. 제37조제 1 항의 규정에 의하여 준용되는 「독점규제 및 공정거래에

관한 법률」 제50조제2항의 규정에 의한 조사를 정당한 사유없이 거부·방해 또는 기피한 자

② 가맹점사업자가 제1항제2호 또는 제3호의 규정에 해당하는 경우에는 1억원 이하, 동항제1호의 규정에 해당하는 경우에는 1천만원 이하의 과태료에 처한다.

③ 가맹본부 또는 가맹점사업자의 임원이 각각 제1항제3호의 규정에 해당하는 경우에는 5천만원 이하, 동항제1호 또는 제2호의 규정에 해당하는 경우에는 1천만원 이하의 과태료에 처한다.

④ 가맹본부 또는 가맹점사업자의 종업원 또는 이에 준하는 법률상 이해관계에 있는 자가 각각 제1항제3호의 규정에 해당하는 경우에는 5천만원 이하, 동항제2호의 규정에 해당하는 경우에는 1천만원 이하, 동항제1호의 규정에 해당하는 경우에는 5백만원 이하의 과태료에 처한다.

⑤ 제37조제1항의 규정에 의하여 준용되는 「독점규제 및 공정거래에 관한 법률」 제43조의2의 규정에 의한 질서유지명령에 응하지 아니한 자는 100만원 이하의 과태료에 처한다.〈개정 2007.8.3〉 [시행일 2008.2.4]

⑥ 다음 각 호의 어느 하나에 해당하는 자에게는 1천만원 이하의 과태료를 부과한다.〈개정 2007.8.3, 2013.8.13〉 [시행일 2014.2.14]

1. 제6조의2제2항 본문을 위반하여 기한 내에 변경등록을 하지 아니하거나 거짓으로 변경등록을 한 자
2. 제9조제3항을 위반하여 같은 항 각 호의 어느 하나에 해당하는 정보를 서면으로 제공하지 아니한 자
3. 제9조제4항을 위반하여 근거자료를 비치하지 아니하거나 자료요구에 응하지 아니한 자
4. 제9조제5항을 위반하여 예상매출액 산정서를 제공하지 아니한 자
5. 제9조제6항을 위반하여 예상매출액 산정서를 보관하지 아니한 자
6. 제11조제3항을 위반하여 가맹계약서를 보관하지 아니한 자

⑦ 다음 각 호의 어느 하나에 해당하는 자에게는 300만원 이하의 과태료를 부과한다.〈개정 2007.8.3, 2013.8.13〉 [시행일 2014.2.14]

1. 제6조의2제2항 단서를 위반하여 신고를 하지 아니하거나 거짓으로 신고한 자

2. 제29조제3항을 위반하여 가맹거래사임을 표시하거나 유사한 용어를 사용한 자

⑧ 제1항부터 제7항까지의 규정에 따른 과태료는 대통령령으로 정하는 바에 따라 공정거래위원회가 부과·징수한다. 〈신설 2007.8.3〉 [시행일 2008.2.4]

⑨ 삭제 [2010.3.22]

⑩ 삭제 [2010.3.22]

⑪ 삭제 [2010.3.22]

제44조(고발) ① 제41조제1항·제2항제1호 및 제3항의 죄는 공정거래위원회의 고발이 있어야 공소를 제기할 수 있다.

② 공정거래위원회는 제41조제1항·제2항제1호 및 제3항의 죄중 그 위반의 정도가 객관적으로 명백하고 중대하다고 인정하는 경우에는 검찰총장에게 고발하여야 한다.

③ 검찰총장은 제2항의 규정에 의한 고발요건에 해당하는 사실이 있음을 공정거래위원회에 통보하여 고발을 요청할 수 있다. 〈개정 2013.8.13〉 [시행일 2014.2.14]

④ 공정거래위원회가 제2항에 따른 고발요건에 해당하지 아니한다고 결정하더라도 감사원장, 중소기업청장은 사회적 파급효과, 가맹희망자나 가맹점사업자에게 미친 피해 정도 등 다른 사정을 이유로 공정거래위원회에 고발을 요청할 수 있다. 〈신설 2013.8.13〉 [시행일 2014.2.14]

⑤ 제3항 또는 제4항에 따른 고발요청이 있는 때에는 공정거래위원회 위원장은 검찰총장에게 고발하여야 한다. 〈신설 2013.8.13〉 [시행일 2014.2.14]

⑥ 공정거래위원회는 공소가 제기된 후에는 고발을 취소하지 못한다. 〈개정 2013.8.13〉 [시행일 2014.2.14]

## 부 칙〈2002.5.13 제6704호〉

① (시행일) 이 법은 2002년 11월 1일부터 시행한다.

② (시정조치·과징금 및 벌칙에 관한 경과조치) 이 법 시행전의 종전

의 독점규제및공정거래에관한법률 제23조제１항제１호(부당하게 거래를 거절하는 행위에 한한다)·제３호(부당하게 경쟁자의 고객을 자기와 거래하도록 유인하는 행위에 한한다)·제４호·제５호(거래의 상대방의 사업활동을 부당하게 구속하는 조건으로 거래하는 행위에 한한다) 및 동법 제29조제１항의 규정에 위반한 행위에 대한 시정조치·과징금 및 벌칙의 적용에 있어서는 동법의 규정에 의한다.

## 부　　칙〈2004.1.20 제7109호〉

이 법은 공포한 날부터 시행한다.

## 부　　칙〈2004.12.31 제7315호(독점규제및공정거래에관한법률)〉

제１조(시행일) 이 법은 2005년 4월 1일부터 시행한다. 〈단서 생략〉

제２조 내지 제９조 생략

제10조(다른 법률의 개정) ① 가맹사업거래의공정화에관한법률중 다음과 같이 개정한다.

제37조제２항중 “제55조의3 내지 제55조의6”을 “제55조의3 내지 제55조의7”로 한다.

②내지 ⑤생략

## 부　　칙〈2005.12.29 제7796호(국가공무원법)〉

제１조(시행일) 이 법은 2006년 7월 1일부터 시행한다.

제２조 내지 제５조 생략

제６조(다른 법률의 개정) ① 가맹사업거래의공정화에관한법률 일부를 다음과 같이 개정한다.

제17조제３항제３호중 “3급 이상의 공무원”을 “3급 이상의 공무원 또는 고위공무원단에 속하는 일반직공무원”으로 한다.

② 내지 〈68〉 생략

## 부　　칙〈2007.8.3 제8630호〉

제1조(시행일) 이 법은 공포 후 6개월이 경과한 날부터 시행한다. 다만, 제37조제2항의 개정규정은 공포 후 3개월이 경과한 날부터 시행하고, 제6조의5, 제15조의2 및 제15조의3의 개정규정은 공포 후 1년이 경과한 날부터 시행한다.

제2조(가맹금에 관한 적용례) 제2조제6호의 개정규정은 이 법 시행 후 지급하는 가맹금부터 적용한다.

제3조(불공정거래행위의 금지에 관한 적용례) 제12조제4호의 개정규정은 이 법 시행 이후 체결되거나 갱신된 가맹계약부터 적용한다.

제4조(가맹계약의 갱신에 관한 적용례) 제13조의 개정규정은 이 법 시행 이후 체결되거나 갱신된 가맹계약부터 적용한다.

제5조(가맹계약 해지의 제한에 관한 적용례) 제14조제1항 본문의 개정규정은 이 법 시행 후 계약의 위반 사실이 발생하여 계약을 해지하는 경우부터 적용한다.

제6조(정보공개서에 관한 특례) 가맹본부는 이 법 시행일부터 6개월까지는 제6조의2와 제7조제1항·제2항의 개정규정에도 불구하고 종전의 정보공개서를 제공할 수 있다.

제7조(가맹계약 종료 사실 통지 등에 관한 경과조치) 이 법 시행 전에 체결되거나 갱신된 가맹계약의 종료 사실 통지 등에 관하여는 종전의 규정에 따른다.

제8조(가맹금의 반환에 관한 경과조치) 이 법 시행 전에 가맹본부가 종전의 제9조제1항을 위반하여 거짓 또는 과장된 정보를 제공하거나 종전의 제8조제2항에 따른 중요한 사항을 누락한 경우 또는 정당한 사유 없이 가맹사업을 일방적으로 중단한 경우에 있어서 가맹금의 반환에 관하여는 종전의 규정에 따른다. 이 경우 이 법 시행 전에 지급된 가맹금의 반환 범위에 관하여는 종전의 제2조제6호와 제10조에 따른다.

제9조(협의회 등에 관한 경과조치) ① 이 법 시행 당시 종전의 가맹사업거래분쟁조정협의회는 제16조의 개정규정에 따른 협의회로 본다.

② 이 법 시행 당시 종전의 가맹사업거래분쟁조정협의회에 신청되거나 조정 중인 사건은 제16조의 개정규정에 따른 협의회에 신청되거나 조정 중인 사건으로 본다.
③ 이 법 시행 당시 종전의 가맹사업거래분쟁조정협의회의 위원은 제17조제3항의 개정규정에 따라 임명되거나 위촉된 자로 본다. 이 경우 위원의 임기는 잔여기간으로 한다.
**제10조(가맹사업거래상담사에 대한 경과조치)** ① 이 법 시행 당시 종전의 규정에 따라 가맹사업거래상담사 자격시험을 합격한 자, 가맹사업거래상담사 자격을 가지거나 등록을 한 자는 이 법에 따른 가맹거래사 자격시험에 합격한 자, 가맹거래사 자격을 가지거나 등록을 한 자로 본다.
② 이 법 시행 당시 종전의 규정에 따라 가맹사업거래상담사 등록이 취소되거나 자격이 정지된 자는 이 법에 따라 가맹거래사 등록이 취소되거나 자격이 정지된 자로 본다.
**제11조(벌칙과 과태료에 관한 경과조치)** 이 법 시행 전의 행위에 대한 벌칙과 과태료의 적용은 종전의 규정에 따른다.

## 부 칙〈2010.3.22 제10168호〉

이 법은 공포한 날부터 시행한다.

## 부 칙〈2012.2.17 제11323호〉

이 법은 공포 후 3개월이 경과한 날부터 시행한다.

## 부 칙〈2013.8.13 제12094호〉

**제1조(시행일)** 이 법은 공포 후 6개월이 경과한 날부터 시행한다. 다만, 제12조의4의 개정규정은 공포 후 1년이 경과한 날부터 시행한다.
**제2조(정보공개서 등록에 관한 경과조치)** 이 법 시행 전에 등록한 정보공개서는 제2조제10호 및 제6조의2제1항의 개정규정에 따라 등록

한 것으로 본다. 다만, 가맹본부는 이 법 시행 후 최초의 변경등록 시 제2조제10호의 개정규정에 따라 추가되는 사항을 수록하여 변경등록하여야 한다.

제3조(영업지역 설정에 관한 경과조치) 이 법 시행 전에 제11조제2항제5호에 따라 영업지역의 설정에 관한 사항을 가맹계약서에 포함한 경우에는 제12조의4제1항의 개정규정에도 불구하고 종전의 규정에 따른다. 다만, 가맹본부는 이 법 시행 후 최초의 가맹계약 갱신 시 제12조의4제1항의 개정규정에 따른 영업지역을 설정하여 가맹계약서에 기재하여야 한다.

## 부 칙 〈2016.3.29 제14135호〉

제1조(시행일) 이 법은 공포 후 6개월이 경과한 날부터 시행한다.

제2조(영업지역 변경에 관한 적용례) 제12조의4제2항의 개정규정은 이 법 시행 후 갱신되는 가맹계약부터 적용한다.

제3조(광고 · 판촉행사 관련 집행 내역 통보 등에 관한 적용례) 제12조의6제1항의 개정규정은 이 법 시행 후 실시되는 광고나 판촉행사부터 적용한다.

제4조(조정 및 조정조서 효력에 관한 적용례) 제23조 및 제24조의 개정규정은 이 법 시행 후 최초로 신청되거나 의뢰된 분쟁조정부터 적용한다.

제5조(손해배상에 관한 적용례) 제37조제3항의 개정규정은 이 법 시행 후 최초로 제기되는 손해배상 소송부터 적용한다.

## 부 칙 〈2016.12.20 제14454호〉

제1조(시행일) 이 법은 공포 후 3개월이 경과한 날부터 시행한다.

제2조(최고의 효력에 관한 적용례) 제32조의3제3항의 개정규정은 이 법 시행 후 최초로 신고된 위반행위부터 적용한다.

# 부록 2. 가맹사업 진흥에 관한 법률

가맹사업 진흥에 관한 법률

[법률 제13836호 일부개정 2016. 01. 27.]

**제 1 조(목적)** 이 법은 가맹사업의 진흥에 필요한 사항을 정하여 가맹사업 발전의 기반을 조성하고 가맹사업의 경쟁력을 강화함으로써 국민경제의 건전한 발전에 이바지함을 목적으로 한다.

**제 2 조(정의)** 이 법에서 사용하는 용어의 뜻은 다음과 같다.

1. "가맹사업"이란 가맹본부가 가맹점사업자로 하여금 자기의 상표, 서비스표, 상호, 휘장(徽章) 또는 그 밖의 영업표지[이하 "영업표지(營業標識)"라 한다]를 사용하여 일정한 품질기준이나 영업방식에 따라 상품(원재료 및 부재료를 포함한다) 또는 용역을 판매하도록 하면서 이에 따른 경영 및 영업활동 등에 대한 지원·교육과 통제를 하고, 가맹점사업자는 이에 대한 대가로 가맹본부에 금전을 지급하는 계속적인 거래관계를 말한다.
2. "가맹본부"란 가맹계약에 따라 가맹점사업자에게 가맹사업을 경영할 수 있는 권리를 주는 사업자를 말한다.
3. "가맹점사업자"란 가맹계약에 따라 가맹본부로부터 자기의 책임과 비용으로 가맹사업을 경영할 수 있는 권리를 받은 사업자를 말한다.
4. "가맹사업자"란 가맹본부와 가맹점사업자를 말한다.

**제 3 조(다른 법률과의 관계)** 가맹사업 지원 및 육성에 관하여 다른 법률에 특별한 규정이 있는 경우를 제외하고는 이 법으로 정하는 바에 따른다.

제4조(기본계획) ① 산업통상자원부장관은 가맹사업을 진흥하기 위하여 5년마다 관계 중앙행정기관의 장과의 협의를 거쳐 가맹사업 진흥 기본계획(이하 "기본계획"이라 한다)을 세워야 한다.〈개정 2008.2.29 제8852호(정부조직법), 2013.3.23 제11690호(정부조직법)〉
② 기본계획에는 다음 각 호의 사항이 포함되어야 한다.〈개정 2014.1.21〉
1. 가맹사업 진흥의 기본방향
2. 가맹사업의 진흥을 위한 추진체계에 관한 사항
3. 가맹사업의 부문별 발전전략에 관한 사항
4. 가맹사업 발전의 기반 조성에 관한 사항
5. 가맹사업의 구조 개선 및 경쟁력 강화 방안
6. 가맹본부와 가맹점사업자 간의 상생협력 방안
7. 그 밖에 가맹사업의 진흥을 위하여 필요한 사항

제5조(시행계획) ① 산업통상자원부장관은 기본계획을 시행하기 위하여 해마다 관계 중앙행정기관의 장과의 협의를 거쳐 가맹사업 진흥 시행계획(이하 "시행계획"이라 한다)을 세워야 한다.〈개정 2008.2.29 제8852호(정부조직법), 2013.3.23 제11690호(정부조직법)〉
② 산업통상자원부장관과 관계 중앙행정기관의 장은 시행계획 중 소관사항을 시행하고, 이에 필요한 재원을 확보하기 위하여 노력하여야 한다.〈개정 2008.2.29 제8852호(정부조직법), 2013.3.23 제11690호(정부조직법)〉
③ 관계 중앙행정기관의 장은 가맹사업을 진흥하기 위하여 필요한 때에는 특별시장·광역시장·도지사 및 특별자치도지사에게 시행계획을 시행하는 데에 필요한 조치를 취할 것을 요청할 수 있다.

제6조(관계 중앙행정기관의 장 등의 협조) 산업통상자원부장관은 기본계획과 시행계획을 수립·시행하기 위하여 필요한 때에는 관계 중앙행정기관의 장 및 지방자치단체의 장에게 협조를 요청할 수 있다. 이 경우 협조를 요청받은 관계 중앙행정기관의 장 등은 특별한 사정이 없으면 요청에 따라야 한다.〈개정 2008.2.29 제8852호(정부조직법), 2013.3.23 제

11690호(정부조직법)〉

제7조(실태조사) ① 산업통상자원부장관은 기본계획과 시행계획을 효율적으로 수립・추진하기 위하여 가맹사업에 대한 실태조사를 할 수 있다.〈개정 2008.2.29 제8852호(정부조직법), 2013.3.23 제11690호(정부조직법)〉
② 산업통상자원부장관은 가맹사업에 대한 실태조사를 위하여 필요한 때에는 관계 중앙행정기관의 장, 지방자치단체의 장 또는 「공공기관의 운영에 관한 법률」에 따른 공공기관(이하 "공공기관"이라 한다)의 장에게 관련 자료를 요청할 수 있다. 이 경우 자료를 요청받은 관계 중앙행정기관의 장 등은 특별한 사정이 없으면 요청에 따라야 한다.〈개정 2008.2.29 제8852호(정부조직법), 2013.3.23 제11690호(정부조직법)〉
③ 제1항에 따른 실태조사의 범위와 방법 등 필요한 사항은 대통령령으로 정한다.

제8조 삭제[2009.3.18] [시행일 2009.9.19]

제9조(가맹사업의 물류 효율화 및 정보화 촉진) 정부는 가맹사업의 물류 효율화 및 정보화를 촉진하기 위하여 다음 각 호의 사업을 추진할 수 있다.

1. 원재료・부재료 및 상품의 보관・배송・포장 등을 위한 공동물류시설의 확충
2. 가맹사업 현황 및 물류시설에 관한 데이터베이스 및 정보제공시스템 구축
3. 판매시점 정보관리시스템의 개발 및 보급
4. 점포관리의 효율화를 위한 정보관리시스템의 개발 및 보급
5. 그 밖에 가맹사업의 물류 효율화 및 정보화를 촉진하기 위하여 필요하다고 인정하는 사업

제10조(가맹사업자의 전문성 제고) 정부는 가맹사업자의 전문성을 높이

기 위하여 다음 각 호의 사업을 추진할 수 있다.

1. 가맹사업에 종사하는 자의 자질 향상을 위한 교육・연수
2. 가맹사업에 관한 전문인력의 양성
3. 그 밖에 가맹사업자의 전문성을 높이기 위하여 필요하다고 인정하는 사업

**제11조(기술개발사업 등)** ① 정부는 가맹사업과 관련된 다음 각 호의 기술개발사업을 추진할 수 있다.

1. 가맹사업과 관련된 상품의 제조 및 관리 기술의 개발
2. 영업표지의 디자인 개발

② 정부는 가맹사업의 기술개발에 관한 정보를 제공하기 위하여 필요한 시책을 마련할 수 있다.

**제12조(산업재산권의 보호)** ① 정부는 가맹사업의 산업재산권 보호시책을 마련하여야 한다.

② 정부는 가맹사업의 산업재산권을 보호하기 위하여 다음 각 호의 사업을 추진할 수 있다. 〈개정 2016.1.27〉 [시행일 2016.4.28]

1. 가맹사업의 상품・영업표지에 대한 기술적 보호
2. 가맹사업의 권리자를 식별하기 위한 정보 등 권리관리정보의 표시 활성화
3. 가맹사업의 산업재산권 보호에 관한 데이터베이스 및 정보제공시스템 구축
4. 가맹사업의 산업재산권 관련 교육・홍보・컨설팅
5. 그 밖에 가맹사업의 산업재산권을 보호하기 위하여 필요하다고 인정하는 사업

**제13조(창업 지원)** ① 정부는 가맹사업의 창업을 활성화하기 위하여 가맹사업을 창업하려는 자(이하 "가맹사업창업자"라 한다)에 대하여 필요한 지원을 할 수 있다.

② 정부는 가맹사업창업자에게 창업 및 가맹사업의 성장・발전에 필요

한 자금 · 인력 · 기술 · 판로 및 입지 등에 관한 정보를 제공하기 위하여 필요한 시책을 마련하여야 한다.
③ 정부는 중앙행정기관의 장, 지방자치단체의 장 또는 공공기관의 장에게 제 2 항에 따른 정보 제공에 필요한 자료를 요청할 수 있다.

**제14조(사업전환에 필요한 정보 제공 등)** ① 정부는 가맹사업자로의 전환을 추진하는 중소기업자(「중소기업기본법」 제 2 조에 따른 중소기업자를 말한다. 이하 같다)와 다른 가맹사업으로의 전환을 추진하는 가맹사업자에게 기술 · 판로 및 진출 업종 등 사업전환에 필요한 정보를 제공하기 위하여 필요한 시책을 추진할 수 있다.
② 정부는 제 1 항에 따른 중소기업자와 가맹사업자에게 경영 · 기술 · 재무 · 회계 등의 개선을 위한 컨설팅 지원을 할 수 있다.

**제15조(가맹사업 진흥활동)** 산업통상자원부장관은 가맹사업에 대한 국민의 인식을 높이고 창업을 촉진하기 위하여 다음 각 호의 사업을 추진할 수 있다. 〈개정 2008.2.29 제8852호(정부조직법), 2013.3.23 제11690호(정부조직법)〉

1. 독창적인 아이디어를 기반으로 한 창업 사례 및 우수 상품 · 서비스의 발굴 및 포상
2. 창업박람회 및 우수 상품 · 서비스 전시회의 개최
3. 그 밖에 가맹사업의 창업 및 진흥에 관한 행사의 개최

**제16조(가맹사업의 국제화 촉진)** 정부는 가맹사업의 국제화를 촉진하기 위하여 다음 각 호의 사업을 추진할 수 있다.

1. 가맹사업과 관련한 정보 · 기술 · 인력의 국제교류
2. 가맹사업과 관련한 국제학술대회 · 국제박람회 등의 개최
3. 해외 가맹사업 시장의 조사 · 분석과 수집 정보의 체계적인 제공
4. 가맹본부의 해외진출에 관한 컨설팅 지원
5. 그 밖에 가맹사업의 국제화를 위하여 필요하다고 인정하는 사업

제17조(자금의 지원) 정부는 다음 각 호의 해당 사항에 필요한 자금을 지원할 수 있다.

1. 가맹사업창업자의 가맹사업 창업 또는 아이디어의 사업화
2. 중소기업자가 가맹사업자로 전환하는 데에 필요한 경영환경 조성 및 시설 개선
3. 「가맹사업거래의 공정화에 관한 법률」 제6조의2에 따라 공정거래위원회에 정보공개서를 등록한 가맹본부(이하 이 조에서 "정보공개서를 등록한 가맹본부"라 한다)와 이에 속한 가맹점사업자의 정보화, 기술개발
4. 정보공개서를 등록한 가맹본부의 해외시장 개척
5. 그 밖에 가맹사업의 구조 개선을 촉진하기 위하여 필요하다고 인정되는 사항으로서 대통령령으로 정하는 사항

제18조(업무의 위탁) ① 이 법에 따른 다음 각 호의 업무 중 산업통상자원부장관의 소관에 속하는 업무는 대통령령으로 정하는 바에 따라 대통령령으로 정하는 법인 또는 단체에 위탁할 수 있다.〈개정 2008.2.29 제8852호(정부조직법), 2013.3.23 제11690호(정부조직법), 2016.1.27〉 [시행일 2016.4.28]

1. 제 9 조에 따른 가맹사업의 물류 효율화 및 정보화 촉진에 관한 업무
2. 제10조에 따른 교육·연수 및 전문인력 양성에 관한 업무
3. 제12조에 따른 가맹사업의 산업재산권 보호에 관한 업무
4. 제15조에 따른 가맹사업 진흥활동에 관한 업무
5. 제16조에 따른 가맹사업의 국제화 촉진에 관한 업무

② 산업통상자원부장관은 제 1 항에 따라 업무를 위탁받은 법인 또는 단체가 해당 업무를 원활하게 수행할 수 있도록 필요한 지원을 할 수 있다.〈개정 2008.2.29 제8852호(정부조직법), 2013.3.23. 제11690호(정부조직법)〉

## 부　　칙〈2007.12.21 제8761호〉

이 법은 공포 후 6개월이 경과한 날부터 시행한다.

## 부　　칙〈2008.2.29 제8852호(정부조직법)〉

제1조(시행일) 이 법은 공포한 날부터 시행한다. 단서 생략

제2조부터 제5조까지 생략

제6조(다른 법률의 개정) ① 부터 〈331〉 까지 생략

〈332〉 가맹사업 진흥에 관한 법률 일부를 다음과 같이 개정한다.

제4조제1항, 제5조제1항・제2항, 제6조 전단, 제7조제1항・제2항, 제8조제3항, 제15조 각 호 외의 부분, 제18조제1항 각 호 외의 부분 및 같은 조 제2항 중 "산업자원부장관"을 각각 "지식경제부장관"으로 한다.

제8조제1항 각 호 외의 부분 중 "산업자원부"를 "지식경제부"로 한다.

〈333〉 부터 〈760〉 까지 생략

제7조 생략

## 부　　칙〈2009.3.18 제9495호〉

이 법은 공포 후 6개월이 경과한 날부터 시행한다.

## 부　　칙〈2013.3.23 제11690호(정부조직법)〉

제1조(시행일) ① 이 법은 공포한 날부터 시행한다.

② 생략

제2조부터 제5조까지 생략

제6조(다른 법률의 개정) ①부터 〈355〉까지 생략

〈356〉 가맹사업 진흥에 관한 법률 일부를 다음과 같이 개정한다.
제4조제1항, 제5조제1항·제2항, 제6조 전단, 제7조제1항, 같은 조 제2항 전단, 제15조 각 호 외의 부분, 제18조제1항 각 호 외의 부분 및 같은 조 제2항 중 "지식경제부장관"을 각각 "산업통상자원부장관"으로 한다.
〈357〉부터 〈710〉까지 생략
제7조 생략

### 부 칙〈2014.1.21 제12281호〉

이 법은 공포한 날부터 시행한다.

### 부 칙〈2016.1.27 제13836호〉

이 법은 공포 후 3개월이 경과한 날부터 시행한다.

# 부록 3. 가맹사업거래 정보공개서 표준양식에 관한 고시

제정 2005. 7. 13. 공정거래위원회 고시 제2005-14호
개정 2008. 6. 17. 공정거래위원회 고시 제2008-08호
개정 2009. 8. 20. 공정거래위원회 고시 제2009-32호
개정 2010. 12. 22. 공정거래위원회 고시 제2010-11호
개정 2012. 12. 20. 공정거래위원회 고시 제2012-70호
개정 2014. 3. 11. 공정거래위원회 고시 제2014-03호

가맹사업거래의 공정화에 관한 법률 제7조【정보공개서의 제공의무 등】제4항 및 같은 법 시행령 제7조【정보공개서의 표준양식】에 따라 가맹사업거래 정보공개서 표준양식에 관한 고시(공정거래위원회 고시 제2012-70호) 별지 서식을 별지와 같이 하여 고시한다.

**제1조(목적)** 이 고시는 가맹사업거래의 공정화에 관한 법률(이하 "법"이라 한다) 제7조(정보공개서의 제공의무 등) 제4항 및 법 시행령 제7조(정보공개서의 표준양식)에 따라 정보공개서의 표준양식을 정하여 가맹본부 또는 가맹본부로 구성된 사업자단체에게 그 사용을 권장함으로써 가맹희망자에게 실효적인 정보공개서를 제공하고 가맹본부의 업무 편의를 높이며 나아가 가맹사업의 공정한 거래관행이 정착되게 함을 목적으로 한다.

**제2조(용어의 정의)** 이 고시에서 "표준정보공개서"란 가맹본부 또는 가맹본부로 구성된 사업자단체에게 그 사용이 권장되는 정보공개서의

표준양식으로 법 시행령 제4조(정보공개서의 기재사항) 제1항의 내용을 포함한 것을 말한다.

제3조(정보공개서 작성원칙) 가맹본부는 다음 각 호의 원칙에 따라 정보공개서를 작성한다.

1. 정보공개서는 가맹희망자나 가맹점사업자의 입장에서 읽기 쉽도록 명확하면서도 구체적으로 작성하여야 한다.
2. 정보공개서는 읽는 사람의 이해를 쉽게 하기 위하여 표, 그림, 그래프 등 시각적 효과를 높이는 도구를 가능한 많이 사용하고 중요한 내용은 별도의 색상, 글꼴, 글씨 크기 등으로 작성하여야 한다.
3. 정보공개서의 내용 중 사실과 가맹본부의 의견(전망, 예상, 추정 등을 포함한다)은 분리하여 작성하여야 한다.
4. 정보공개서는 법 시행령 별표1에 따른 기재사항 순서대로 작성하여야 한다.

제4조(표준정보공개서의 이용) ① 표준정보공개서는 별지 서식과 같다.
② 가맹본부는 표준정보공개서의 내용을 자신이 영위하는 가맹사업에 맞도록 수정하여 사용할 수 있으나, 법 시행령 제4조 제1항의 정보공개사항을 임의로 삭제하여서는 아니 된다.
③ 공정거래위원회는 필요하다고 인정하는 경우에는 이 고시에서 정한 표준정보공개서에 대하여 업종별·업태별 또는 용도별로 세부적인 정보공개사항을 추가 또는 변경할 수 있다.

제5조(재검토기한) 「훈령·예규 등의 발령 및 관리에 관한 규정」(대통령훈령 제248호)에 따라 이 고시 발령 후의 법령이나 현실 여건의 변화 등을 검토하여 이 고시의 폐지, 개정 등의 조치를 하여야 하는 기한은 2015년 8월 20일까지로 한다.

## 부 칙〈2005.7.13.〉

이 고시는 고시한 날부터 시행한다.

## 부 칙〈2008.6.17.〉

이 고시는 고시한 날부터 시행한다.

## 부 칙〈2009.8.20.〉

이 고시는 2009년 8월 21일부터 시행한다.

## 부 칙〈2010.12.22.〉

이 고시는 2011년 1월 14일부터 시행한다.

## 부 칙〈2012.12.20.〉

이 고시는 2013년 1월 1일부터 시행한다.

## 부 칙〈2014.3.11.〉

이 고시는 고시한 날부터 시행한다.

〈별지 서식〉

※ 정보공개서는 영업표지(브랜드) 별로 작성·등록하여야 합니다.

※ 목차는 가맹본부에 맞게 더 자세하게 나누십시오.

※ 이하의 내용은 공정거래위원회가 가상의 가맹본부를 상정하여 작성한 것입니다. 본 표준정보공개서를 사용하려는 가맹본부는 자신의 상황에 맞게 내용을 작성하시고, 특히 대괄호[ ] 안의 내용은 가맹본부의 영업방침에 따라 수정하시기 바랍니다. 또한, 해당되는 사항이 없는 경우에도 반드시 "해당없음", "그러한 사실이 없습니다." 등으로 일반인이 알기 쉽게 표시하십시오. 아무 표시가 없는 경우 정보공개서 기재사항을 누락한 것으로 간주합니다.

※ 본문 내용 중 보충설명이 필요한 부분에는 점선으로 된 글상자 안에 그 내용을 기재하였으니 참고하십시오.

※ 객관적인 사실에 근거하지 않거나 계약서의 관련 내용과 다른 사항이 정보공개서에 기재될 경우 관련법에 따라 처벌될 수 있으니 주의하시기 바랍니다.

※ 표준정보공개서는 가맹사업법령에 따른 정보공개서 기재사항을 모두 포함하고 있으나 본 양식을 사용한 것만으로 정보공개서 등록이 항상 이루어지는 것은 아니므로 법적 검토를 하신 후 사용하시기를 부탁드립니다.

| [가맹본부의 로고가 있는 경우 로고] | [정보공개서 등록번호]<br>[정보공개서 최초 등록일]<br>[정보공개서 최종 등록일] | [가맹본부의 홈페이지 주소 및 대표 이메일 주소] |
|---|---|---|

[가맹희망자가 운영하게 될 영업표지(브랜드명)]

# 정보공개서

[가맹본부명]은 「가맹사업거래의 공정화에 관한 법률」제7조 및 같은 법 시행령 제4조 제1항에 따라 귀하에게 이 정보공개서를 드립니다.

20 . . .

[가맹본부명]

〈주 의 사 항〉

이 정보공개서는 귀하께서 체결하려는 가맹계약 및 해당 가맹사업에 대한 전반적인 정보를 담고 있으므로 그 내용을 정확하게 파악한 후에 계약체결 여부를 결정하시기 바랍니다.

「가맹사업거래의 공정화에 관한 법률」에 따라 가맹희망자에게는 정보공개서의 내용을 충분히 검토하고 판단할 수 있도록 일정한 기간이 주어집니다. 따라서 이 정보공개서를 제공받은 날부터 14일(변호사나 가맹거래사의 자문을 받은 경우에는 7일)이 지날 때까지는 가맹본부가 귀하로부터 가맹금을 받거나 귀하와 가맹계약을 체결할 수 없습니다.

이 정보공개서는 법령이 정한 기재사항을 담고 있는 것에 불과하며 그 내용의 사실 여부를 한국공정거래조정원에서 모두 확인한 것은 아닙니다. 또한, 귀하께서는 어디까지나 가맹계약서의 내용에 따라 가맹사업을 운영하게 되므로 정보공개서의 내용에만 의존하여서는 아니 됩니다.

귀하께서 가맹계약서에 서명하는 순간부터 그 내용에 구속됩니다. 따라서 충분한 시간을 갖고 정보공개서나 가맹계약서의 내용을 검토하시고 기존 가맹점사업자를 방문하여 얻은 정보에 근거하여 가맹본부의 신뢰성을 판단하도록 하십시오.

가맹사업은 법률, 회계, 경영 등 다양한 분야의 지식이 필요한 분야이므로 가맹거래사 등 전문가의 자문을 받는 것을 권장합니다. 귀하가 과거 사업경력이 없는 경우 관련 업종에서 경험을 쌓아 경영 수행 능력을 갖출 필요가 있습니다.

마지막으로 사업 초기에 많은 자금이 소요되므로 귀하의 재정상태를 확실히 점검한 다음 창업에 임하시기 바랍니다.

[가맹본부의 주된 사무소의 소재지]

[가맹본부의 대표전화번호]

[가맹본부의 대표팩스번호]

[가맹사업 담당부서 및 전화번호]

# 목 차

〈정보공개서를 읽기 전에〉

◇ 정보공개서는 가맹본부의 자료에 기초하여 작성된 것이므로 귀하가 실제 운영할 사업 내용과는 차이가 있을 수 있습니다. 따라서 사전에 충분히 내용의 타당성을 검토하고 별다른 문제가 없는 경우에 가맹계약을 체결하여야 합니다.

◇ 정보공개서의 내용을 이해하기 위해서는 일정한 법률 지식이 필요합니다. 이해가 가지 않는 부분은 가맹본부 측에 충분한 설명을 요구하고 필요한 경우 가맹거래사나 변호사 등 전문가에게 자문을 요청하는 것이 바람직합니다.

◇ 가맹본부로부터 제공받은 정보공개서와 한국공정거래조정원에 등록한 정보공개서(http://franchise.ftc.go.kr)를 비교하여 다른 내용이 있는 경우 한국공정거래조정원(http://franchise.ftc.go.kr)에 알려 주시기 바랍니다.

◇ 정보공개서 기재사항에 허위·과장된 정보가 포함된 경우에는 그 사실을 공정거래위원회 또는 가맹사업거래홈페이지(http://franchise.ftc.go.kr)로 신고하실 수 있습니다.

◇ 가맹사업거래의 공정화에 관한 법률에 따라 정보공개서와 함께 귀하가 창업하려고 하는 점포 예정지 인근 10곳의 정보(가맹점명, 소재지, 전화번호)를 제공받아야 합니다. 인근 점포를 직접 방문하셔서 가맹본부를 신뢰할 수 있는지 확인하시기 바랍니다.

◇ 가맹본부와 상담하기 전 '창업희망자가 알아야 할 10가지 필수사항'과 '창업희망자를 위한 가맹사업 계약체결 안내서'를 확인하시고 가맹사업법 관련 조항도 찾아보십시오.

가맹사업거래홈페이지(http://franchise.ftc.go.kr) - '정보마당' - '교육자료'

가맹사업거래홈페이지(http://franchise.ftc.go.kr) - '법령 및 제도' - '법령자료'

◇ 가맹본부와 분쟁이 발생한 경우 정보공개서는 중요한 단서가 될 수 있습니다. 정보공개서를 계약서와 함께 잘 보관하십시오.

# Ⅰ. 가맹본부의 일반 현황

## 1. 가맹본부의 일반 정보

당사의 일반 정보는 다음과 같습니다.

<table>
<tr><th>상호</th><th colspan="2">영업표지</th><th colspan="4">주 소</th></tr>
<tr><td rowspan="4">(주)<br>공<br>정<br>위</td><td colspan="2">반포삼겹살 외 1개</td><td colspan="4">서울시 서초구 반포로 9999번지</td></tr>
<tr><td colspan="2">법인 설립등기일①</td><td>사업자등록일</td><td>대표자</td><td>대표전화번호</td><td>대표팩스번호</td></tr>
<tr><td colspan="2">1999.3.15.</td><td>1999.3.17.</td><td>김공정</td><td>02-1234-5678</td><td>02-1234-5679</td></tr>
<tr><td>법인등록번호</td><td colspan="2">111111-2222222</td><td>사업자등<br>록번호</td><td colspan="2">123-45-67890</td></tr>
</table>

① 개인사업자의 경우 법인 설립등기일 란에 "개인사업자"로 표기합니다.

## 2. 특수관계인※의 일반 정보

당사의 최근 3년 동안 특수관계인의 일반 정보는 다음과 같습니다.

<table>
<tr><th>관계</th><th>이름/상호①</th><th>영업표지</th><th colspan="3">주 소</th></tr>
<tr><td rowspan="3">배우자</td><td rowspan="3">이친절<br>(주)서초건강</td><td rowspan="3">1004건강</td><td colspan="3">서울시 서초구 강남대로 10000번지</td></tr>
<tr><td>대표자</td><td>대표전화번호</td><td>대표팩스번호</td></tr>
<tr><td>백철민</td><td>02-2000-9999</td><td>02-2000-8888</td></tr>
<tr><td>관계</td><td>이름/상호</td><td>영업표지</td><td colspan="3">주 소</td></tr>
<tr><td rowspan="3">사용인<br>(임원)</td><td rowspan="3">최거래</td><td rowspan="3">반포삼겹<br>살 외 1개</td><td colspan="3">서울시 서초구 반포로 9999번지</td></tr>
<tr><td>대표자</td><td>대표전화번호</td><td>대표팩스번호</td></tr>
<tr><td>-</td><td>02-1234-5678</td><td>02-1234-5679</td></tr>
<tr><td>관계</td><td>이름/상호</td><td>영업표지</td><td colspan="3">주 소</td></tr>
<tr><td rowspan="3">사용인<br>(임원)</td><td rowspan="3">송가맹</td><td rowspan="3">반포삼겹<br>살 외 1개</td><td colspan="3">서울시 서초구 반포로 9999번지</td></tr>
<tr><td>대표자</td><td>대표전화번호</td><td>대표팩스번호</td></tr>
<tr><td>-</td><td>02-1234-5678</td><td>02-1234-5679</td></tr>
<tr><td>관계</td><td>이름/상호</td><td>영업표지④</td><td colspan="3">주 소</td></tr>
<tr><td rowspan="4">계열회사③</td><td rowspan="3">조정원(주)</td><td rowspan="3">잠원우동<br>외 1개</td><td colspan="3">서울시 서초구 잠원로 1234번지</td></tr>
<tr><td>대표자</td><td>대표전화번호</td><td>대표팩스번호</td></tr>
<tr><td>박조정</td><td>02-9876-5432</td><td>02-9876-5431</td></tr>
<tr><td>법인등록번호</td><td>333333-4444444</td><td colspan="2">사업자등록번호</td><td>987-65-43210</td></tr>
<tr><td rowspan="4">계열회사⑤</td><td rowspan="3">나도해(주)</td><td rowspan="3">삼겹구어<br>외 1개</td><td colspan="3">서울시 서초구 반포로 7777번지</td></tr>
<tr><td>대표자</td><td>대표전화번호</td><td>대표팩스번호</td></tr>
<tr><td>박협회</td><td>02-1234-3333</td><td>02-1234-3334</td></tr>
<tr><td>법인등록번호</td><td>777787-666666</td><td colspan="2">사업자등록번호</td><td>123-45-67890</td></tr>
<tr><td>…</td><td></td><td></td><td colspan="2"></td><td></td></tr>
</table>

※ 특수관계인의 범위(가맹사업거래의 공정화에 관한 법률 시행령 별표1 제2호 나목)

1) 다음에 해당하는 회사나 개인을 간추립니다.

가) 가맹본부를 사실상 지배하고 있는 자: 임원 여부와 무관하게 실제로 의사결정을 하는 자를 의미

나) 가)의 배우자, 6촌 이내의 혈족, 4촌 이내의 인척

다) 가맹본부의 계열회사

라) 가맹본부나 계열회사의 사용인: 임원 여부와 무관하게 가맹사업 경영에 실질적으로 참여하는 자를 의미

2) 1)에 해당하는 회사나 개인이 최근 3년 이내에 가맹사업을 경영한 적이 있거나 현재 경영하고 있습니까?

예 → 특수관계인에 해당 / 아니오 → 해당없음

3) 더 자세한 내용은 독점규제 및 공정거래에 관한 법률 시행령 제3조제1호 및 제11조제1호를 참고하십시오.

① 회사인 경우 상호를, 개인인 경우 이름을 기재합니다. 개인인 특수관계인이 다른 가맹본부의 임원인 경우 그 회사명도 표시합니다.

② 특수관계인이 가맹본부의 계열사이거나 다른 회사의 임원인 경우 그 회사의 대표자를 기재합니다.

③ 계열회사인 경우 법인등록번호 및 사업자등록번호를 기재합니다.

④ 특수관계인이 운영하는 영업표지가 복수인 경우 대표 영업표지 1개 외 몇 개식으로 기재합니다.

⑤ 계열회사가 최근 3년 동안 가맹사업을 경영하였으나 폐업 등으로 정보공개서 등록 취소 등을 하고 더 이상 가맹사업을 경영하지 않는 경우에도 빠짐없이 기재합니다.

## 3. 가맹본부의 인수 · 합병 내역

당사는 바로 전 3년 동안 다음과 같이 다른 기업(가맹사업 영업표지를 포함하여 가맹사업을 경영한 기업)을 인수 · 합병(다른 기업의 가맹 관련 사업을 양수 또는 양도한 경우도 포함한다)하거나 다른 기업에 인수 · 합병된 적이 있습니다.

| 인수 · 합병 여부 | 기업명 | 영업표지 | 인수 · 합병일 | 주 소 | 대표자 |
|---|---|---|---|---|---|
| 가맹본부가 다른 기업을 인수함 | 해당 없음 | | | | |
| 가맹본부가 다른 기업의 가맹사업 일부를 인수함 | 해당 없음 | | | | |
| 다른 기업에 가맹사업 일부를 인도함 | 청산별곡(주) | 달려라 한입 | 2011.11.24. | 강원도 ○○군 ○○로 ○○번지 | 나국어 |
| 다른 기업이 가맹본부를 합병함 | 해당 없음 | | | | |

※ 기재기간: 바로 전 3년

## 4. 가맹희망자가 앞으로 경영할 가맹사업(앞으로 [반포삼겹살]이라 합니다)의 내용

귀하는 앞으로 아래 표에 따른 가맹사업을 경영하게 됩니다.

| 구 분 | 내 용 | 추가 설명 |
|---|---|---|
| 명 칭① | 반포삼겹살 | 명칭의 유래 설명 |
| 상 호② | 반포삼겹살 ○○점 | |
| 상표(서비스표)③ | | 서비스표 등록번호: ○○○○○○○○○○○○ |
| 광 고④ | | |
| 그 밖의 영업표지 | | |

[반포삼겹살은... 영업표지 홍보를 하고 사진 등의 자료도 첨부합니다.]※

※ 가맹본부의 로고, 간판 등의 그림을 기재하는 것도 가능합니다.

① 영업표지를 기재합니다.

② 가맹점이 사용하게 될 점포명을 기재합니다.

③ 상표법에 따라 등록한 상표(서비스표 포함)가 아니더라도 제3자의 입장에서 가맹본부의 영업표지가 경쟁사의 영업표지와 구별될 수 있는 표지(로고 포함)를 기재합니다.

④ 광고에 사용되는 캐릭터 등이 있으면 기재합니다.

## 5. 바로 전 3개 사업연도①의 대차대조표 및 손익계산서

1) 당사의 바로 전 3년 동안의 재무상황 요약은 다음과 같습니다.

(단위: 천원, 부가세 미포함)

| 연도 | 자산총계② | 부채총계 | 자본총계 | 매출액 | 영업 이익 | 당기 순이익 |
|---|---|---|---|---|---|---|
| 2011년 | | | | | | |
| 2012년 | | | | | | |
| 2013년 | | | | | | |

그 근거자료는 별첨 1과 같습니다. [※대차대조표, 손익계산서 사본은 가맹사업거래의 공정화에 관한 법률 시행령에 따라 반드시 삽입하셔야 합니다.]

① 정보공개서 최종 등록일에 따라 기재 기간이 달라집니다.
- 2014년에 등록할 경우 : 2011~2013년도 대차대조표 및 손익계산서
- 2014년 이후 등록할 경우 : 직전 3개 사업연도의 대차대조표 및 손익계산서

* 주식회사의 외부감사에 관한 법률에 따라 외부감사의 대상이 되는 가맹본부(자산총액 70억 이상 주식회사, 주권 상장법인, 코스닥 상장법인)는 감사보고서상의 대차대조표 및 손익계산서를 기재하며, 그 내용을 임의로 수정하지 마십시오.

② 자산, 부채, 자본의 경우 직전 사업연도 말일을 기준으로 기재합니다. 기재기간은 ①과 같습니다.

※ 대차대조표 및 손익계산서를 작성하지 않는 가맹본부는 최근 3개 사업연도의 매출액을 확인할 수 있도록 부가가치세신고서 등의 증명서류를 삽입합니다. 재무상황의 기재방법은 원칙적으로 기업회계기준을 따릅니다.

[당사는 [ ]년[ ]월 개인사업자[법인사업자]에서 법인사업자[개인사업자]로 전환하였습니다. 따라서, 0000년도 이전은 법인사업자[개인사업자]로 전환하기 전 개인사업자[법인사업자]로서의 가맹본부 매출액이며, 0000년 이후에는 현재 법인사업자[개인사업자]의 매출액임을 알려드립니다.]

※ 가맹본부가 최근 3년 사업연도에 개인사업자에서 법인사업자로 전환하였거나 법인사업자에서 개인사업자로 전환한 경우 전환 전 사업연도의 매출액은 전환 전 개인사업자(또는 법인사업자)의 매출액임을 반드시 추가 명기하시기 바랍니다.

2) 당사의 바로 전 3년 동안의 가맹사업 관련 매출액①은 다음과 같습니다.

**당사의 가맹사업 관련 매출액**

(단위: 천원, 부가세 미포함)

| 영업표지② | 연도 | 가맹사업 관련 매출액③④ | | |
|---|---|---|---|---|
| | | 매출액 | 상한 | 하한 |
| 반포삼겹살 | 2011년 | | | |
| | 2012년 | | | |
| | 2013년 | | | |
| 과천보쌈 | 2011년 | | | |
| | 2012년 | | | |
| | 2013년 | | | |
| … | | | | |

① 가맹본부가 가맹사업 이외의 사업을 경영하지 않아 1)의 매출액과 가맹사업 관련 매출액이 같을 경우에는 1)의 매출액과 같음을 표기하고 추가로 기재하시지 않으셔도 됩니다.
② 가맹본부가 다수의 영업표지를 경영하고 있을 경우에는 영업표지별로 분류하여 기재하시되, 분류가 어려울 경우에는 그 합계를 기재하실 수 있습니다.
③ 관련 매출액 근거자료 제시나 매출액 산정이 곤란할 경우, 추정된 매출액임을 밝히고 그 상한과 하한을 기재하셔야 합니다. 또한, 매출액 산정시 그 산정기준을 제시하여야 합니다.
④ 직영점이 있을 경우에는 직영점 매출액도 포함하여 기재합니다.

[당사에서 추정한 가맹사업 관련 매출액은 당사 전체 매출액의 60%입니다.]
[당사는 가맹사업(반포삼겹살, 과천보쌈) 외, 육류 도매업도 하고 있으며, 당사의 매출액은 가맹사업별로 가맹점사업자들에게 공급하는 육류 매출액과 육류 도매매출액으로 구성됩니다.

당사가 각 가맹사업 영업표지별로 가맹점사업자들에게 공급하는 육류의 매출액은 전체 매출액과 대비하여 60%에 해당하며, 가맹사업 관련 매출액 중 반포삼겹살 가맹점사업자들에게 공급하는 육류매출액은 50%~52%이며, 과천보쌈 가맹점사업자들에게 공급하는 육류매출액은 48%~50% 입니다. 따라서 관련 매출액은 반포삼겹살은 000천원과 000천원 사이에 있으며, 과천보쌈은 000천원과 000천원 사이에 있을 것으로 추정됩니다.]

※ 가맹사업 관련 매출액을 산정(추정)시 그 근거자료를 제시하시기 바랍니다.

### 6. 가맹본부의 임원① 명단 및 사업경력②

당사의 임원 내역은 다음과 같습니다.

| 관련여부③ | 이름 | 현 직위 | 사업경력 | | |
|---|---|---|---|---|---|
| | | | 기간④ | 직위 | 담당 업무 |
| 가맹사업 관련 임원 | 김공정 | 대표이사 | 2008.1.~2011.3. | AB학원(주) 상무 | 가맹점 관리 |
| | | | 2011.3.~2012.11. | AB학원(주) 전무 | 회계 · 자금 |
| | | | 2012.11.~현재 | (주)공정위 대표이사 | 회사 업무 총괄 |
| | 송가맹 | 감사 | 2009.1.~2011.5. | (주)가나식품 전무 | 가맹점 관리 |
| | | | 2008.5.~현재 | (주)공정위 감사 | |
| 가맹사업 비관련 임원 | 최거래 | 이사 | 2007.6.~2011.5. | 한강대학교 교수 | 경영학 |
| | | | 2009.5.~현재 | (주)공정위 이사 | 경리 |
| | … | | | | |
| | | | | | |

① 임원의 범위(자세한 내용은 독점규제 및 공정거래에 관한 법률 제2조제5호를 참고하십시오.)

1) 이사 · 대표이사: 등기여부를 불문
2) 업무집행을 하는 무한책임사원
3) 감사
4) 지배인 등 본점이나 지점의 영업전반을 총괄적으로 처리할 수 있는 상업사용인
5) 그 밖에 이에 준하는 사람

② 사업경력은 시간 순서에 따라 기재합니다. 동일한 기간에 여러 사업을 수행한 경우에는 가맹사업과 관련된 내용을 우선 기재하고 그밖의 업무는 중요도를 고려하여 기재합니다.
③ 가맹본부의 임원이지만 가맹사업에 관여하지 않는 임원은 나누어 기재합니다.
④ 기재기간: 최근 3년
※ 임원의 개인정보(집 주소, 집 전화번호, 휴대 전화번호, 주민등록번호, 생년월일 등)는 기재하지 않습니다.

## 7. 바로 전 사업연도 말 임직원 수

당사의 바로 전 사업연도 말 임직원 수는 다음과 같습니다.

| 시점 | 임원수(명) | | 직원수(명)① |
|---|---|---|---|
| | 상근 | 비상근 | |
| 2013년 12월 31일 | 3 | 1 | 30 |

[※ 사업연도가 연도 말이 아닌 가맹본부는 사업연도 말을 기준으로 기재합니다.]

① 직원수는 가맹본부가 관할 세무서장에게 신고한 바로 전 사업연도 말(12월) 원천징수이행상황신고서 상의 월급여간이세율(A01)의 총인원을 기준으로 하며, 등록심사시 근거자료도 제출합니다.

## 8. 가맹본부 및 가맹본부의 특수관계인의 가맹사업 경영 사실

당사 및 당사의 특수관계인은 정보공개일 현재 최근 3년 동안 다음과 같이 가맹사업을 경영하였거나 경영하고 있습니다.

| 관계 | 상호/이름 | 구분 | 기간① | 사업내용② |
|---|---|---|---|---|
| 가맹본부 | (주)공정위 | 가맹사업 경영 | 2006.1.~현재 | 과천보쌈(등록번호: 20120000019)이라는 영업표지의 한식사업 경영 |
| | | 가맹사업 경영 | 2007.2.~2011.11. * 해당 가맹사업을 다른 회사에 인도함 | 달려라한입(등록번호: 20080000001)이라는 영업표지의 분식사업 경영 |
| 특수관계인 (배우자) | 이친절 | 다른 가맹본부 [(주)서초건강] 이사로 재직 | 2008.11.~현재 | 1004건강(등록번호: 20080000002)이라는 영업표지의 식품사업 경영 |
| | | 친절식품(주)라는 식품 업체 경영 | 2008.7.~현재 | (주)공정위에 식자재 등 납품 |
| 특수관계인 (계열회사) | 조정원(주) | 가맹사업 경영 | 2008.5.~현재 | 잠원우동(등록번호 : 20080000003)라는 영업표지의 분식사업 경영 |
| | | 가맹사업 경영 | 2008.4.~현재 | 랄라라학원(등록번호:20080000005)라는 영업표지의 영어사업 경영 |
| 특수관계인 (계열회사) | 나도해(주) | 가맹사업 경영 | 2008.9.~2011.1. * 경영난으로 폐업하여 정보공개서 자진취소③ | 삼겹구어(등록번호 : 20080000004)이라는 영업표지의 한식사업 경영 |
| | | 가맹사업 경영 | 2010.2.~현재 | 세종오겹살(등록번호 : 2010000010)이라는 영업표지의 한식사업 경영 |

① 기재기간: 최근 3년
② 구체적으로 기재하되, 가맹사업의 영업표지・업종, 정보공개서 등록번호는 반드시 포함합니다.
③ 최근 3년 동안 가맹사업을 경영한 적이 있으나 폐업 등의 사유로 정보공개서를 자진취소한 경우도 포함하여 기재하여야 합니다.

## 9. 사용을 허용하는 지식재산권①

당사가 귀하에게 사용을 허용하는 지식재산권은 다음과 같습니다.

| 명칭 | 권리내용② | 등록 및 등록신청 여부(일자) | 출원번호 및 등록번호 | 소유자 (등록 신청자) | 존속기간 만료일 (가맹본부의 사용기간③) |
|---|---|---|---|---|---|
| 반포삼겹살 (상표권) | | 2004.5.10. 출원<br>2004.7.21. 등록 | 출원 제○○-○<br>등록 제○○-○ | (주)공정위 | 2014.7.21. |
| 특제소스 1 (특허권) | 제품 사용 및 대가 수수 | 2004.4.11. 출원<br>2006.1.20. 등록 | 출원 제○○-○<br>등록 제○○-○ | (주)공정위 | 2024.4.11. |
| 특제소스 2 (특허권) | 제품 사용 및 대가 수수 | 2010.6.2. 출원<br>2010.9.2. 등록 | 출원 제○○-○<br>등록 제○○-○ | 나가맹 | 2030.6.2. (2015.2.4.) |
| 특제소스 3 (특허권) | 제품 사용 및 대가 수수 | 2010.9.3. 출원<br>2010.10.29. 출원거절<br>2010.11.22. 이의신청 | 출원 제00-0 | (주)공정위 | |
| … | | | | | |

귀하가 허용된 범위를 벗어나 당사의 상표(특허)를 사용할 경우에는 민형사상 책임을 질 수 있으니 주의하여야 합니다.

당사의 지식재산권 내용은 한국특허정보원 특허정보검색서비스(http://www.kipris.or.kr)에서 확인할 수 있습니다.

① 특허청에 상표·실용신안·특허 등의 출원신청을 하고 접수된 이후의 사항에 대해서 기재합니다. 특히 가맹본부가 외국법인인 경우, 국제 PCT 특허출원이 있는 경우에 한정하여 기재합니다.
지식재산권이 등록되지 않은 경우(출원신청만 한 경우)에는 "당사의 상표 등을 사용하는 권리는 관계법으로 보호받지 못합니다."라는 내용을 반드시 기재합니다.
② 가맹점사업자에게 사용이 허용되는 범위를 구체적으로 기재합니다.
③ 지식재산권 소유자가 가맹본부가 아닌 자일 경우, 소유자로부터 가맹본부가 사용권을 부여받은 기간을 괄호로 표현합니다.

※ 참고: 가맹본부가 외국기업인 경우 작성요령

① 국내에 가맹본부의 영업 사무소(국내지사 포함)가 있고 국내 사무소가 가맹사업을 진행하는 경우 및

② 국내에 가맹본부의 영업 사무소가 없고 국제 가맹계약(라이선스 계약 포함)을 통하여 별도의 사업자가 가맹사업을 진행하는 경우(이 경우 국내사업자가 국내에서 가맹사업운영권을 부여받은 기간을 포함하여 기재합니다.)

가. 가맹본부의 상호, 영업표지, 설립일, 명칭 등은 국제적으로 통용되는 원 가맹본부의 정보를 기재합니다. 다만, 가맹희망자의 이해를 돕기 위하여 국내 사무소(또는 국내 사업자)의 정보도 함께 표시합니다.

나. 기타 정보(가맹본부의 주소, 사업자등록일, 전화번호, 특수관계인, 인수합병 내역, 재무제표, 임원 명단 등)는 국내 사무소(또는 국내 사업자)를 기준으로 작성합니다.

③ 국내에 가맹본부의 영업 사무소가 있으나 실제 영업은 별도 계약을 맺은 국내 사업자가 수행하는 경우

→ 실제 사업을 수행하는 국내 사업자가 국내 사무소 대신 정보공개서를 작성합니다.

## Ⅱ. 가맹본부의 [반포삼겹살] 가맹사업 현황

### 1. [반포삼겹살]을 시작한 날: 1997년 3월 21일

(직영점을 시작한 날: 1996년 5월 23일)

※ 최초의 가맹점이 영업을 시작한 날을 기재합니다. 가맹점 없이 직영점을 먼저 개설하여 사업을 운영하고 있었다면 최초의 직영점이 영업을 시작한 날을 추가로 기재하고 그 사실을 표시합니다. 다른 영업표지를 인수·합병한 경우에도 동일합니다. 또한 영업을 시작한 날을 확실하게 알기 어려운 경우에는 계약일을 기재하고 그 사실을 표시합니다.

## 2. [반포삼겹살] 연혁

| 가맹본부 상호 | 영업표지 | 대표자의 이름 | 가맹사업 경영 기간 | 주된 사무소의 소재지 |
|---|---|---|---|---|
| 공정위 | 서초삼겹살 | 김사업 | 1997.3.21.~ 1999.3.16. | 서울시 송파구 송파1동 999번지 |
| (주)공정위 | 반포삼겹살 | 김사업 | 1999.3.17.~ 2012.10.31. | 서울시 서초구 반포로 9999번지 |
| (주)공정위 | 반포삼겹살 | 김공정 | 2012.11.1.~ 현재 | 서울시 서초구 반포로 9999번지 |

※ 변경사항이 발생하면 기재하시기 바랍니다. 다만, 가맹본부 상호, 영업표지, 대표자 이름, 경영기간에 변경이 없이 주된 사무소의 소재지 등만 변경된 경우에는 연혁에 별도로 기재하지 않으셔도 됩니다.

## 3. 바로 전 3년간 사업연도 말 영업 중인 [반포삼겹살] 가맹점 및 직영점의 총 수

(단위: 개)

| 지역 | 2011.12.31. | | | 2012.12.31. | | | 2013.12.31. | | |
|---|---|---|---|---|---|---|---|---|---|
| | 전체 | 가맹점수 | 직영점수 | 전체 | 가맹점수 | 직영점수 | 전체 | 가맹점수 | 직영점수 |
| 전체 | 54 | 50 | 4 | 58 | 55 | 3 | 68 | 64 | 4 |
| 서울 | 44 | 40 | 4 | 40 | 37 | 3 | 49 | 45 | 4 |
| 부산 | - | - | - | - | - | - | - | - | - |
| 대구 | - | - | - | - | - | - | - | - | - |
| 인천 | - | - | - | - | - | - | - | - | - |
| 광주 | - | - | - | - | - | - | 1 | 1 | - |
| 대전 | - | - | - | 2 | 2 | - | 2 | 2 | |
| 울산 | - | - | - | - | - | - | - | - | - |
| 경기 | 10 | 10 | - | 16 | 16 | - | 16 | 16 | - |
| 강원 | - | - | - | - | - | - | - | - | - |
| 충북 | - | - | - | - | - | - | - | - | - |
| 충남 | - | - | - | - | - | - | - | - | - |
| 전북 | - | - | - | - | - | - | - | - | - |
| 전남 | - | - | - | - | - | - | - | - | - |
| 경북 | - | - | - | - | - | - | - | - | - |
| 경남 | - | - | - | - | - | - | - | - | - |
| 제주 | - | - | - | - | - | - | - | - | - |

※ 직영점과 가맹점 수는 영업 중인 점포 수를 기준으로 기재합니다. 다만, 가맹점의 경우 영업을 시작한 시점이 불분명할 경우 가맹계약을 체결한 가맹점 수를 기준으로 기재합니다. 다만, 가맹본부가 개인사업자에서 법인사업자로 전환하거나, 법인사업자에서 개인사업자로 전환한 경우 전환 전 연도의 가맹점 및 직영점 수에 대한 설명을 추가합니다.

## 4. 바로 전 3년간 [반포삼겹살] 가맹점 수

(단위: 개)

| 연도 | 연초 | 신규 개점 | 계약 종료① | 계약 해지② | 명의 변경③ | 연말 |
|---|---|---|---|---|---|---|
| 2011 | 41 | 11 | 1 | 1 | 2 | 50 |
| 2012 | 50 | 12 | 5 | 2 | - | 55 |
| 2013 | 55 | 10 | 1 | - | 1 | 64 |

[반포삼겹살] 가맹점의 자세한 내역은 별지를 확인하십시오.④

※ 연초: 1월 1일, 연말: 12월 31일 기준으로 가맹점 수를 기재합니다.

① 계약종료: 계약기간이 만료되어 종료하는 경우
② 계약해지: 가맹본부나 가맹점사업자의 귀책사유 등으로 계약을 중도에 종료하는 경우
③ 명의변경: 가맹점운영권을 가맹점사업자간 양도한 경우(가맹본부가 파악할 수 있는 내용만 기재합니다)에 한하며, 가맹본부가 가맹점사업자의 운영권을 환매하여 직영점으로 운영하는 경우에는 계약 해지에 포함합니다.
④ 가맹점사업자의 상호(○○점), 소재지 및 전화번호를 기재한 가맹점사업자 내역을 별지로 제공하는 것이 바람직합니다. 양이 많은 경우 전자우편 등으로 제공할 수도 있습니다.

## 5. [반포삼겹살]외에 가맹본부가 경영하거나 특수관계인이 경영하는 가맹사업 현황

당사는 [반포삼겹살]외에도 가맹본부 및 가맹본부의 특수관계인이 경영하고 있는 가맹사업의 바로 전 3년간 현황은 다음과 같습니다.

(단위: 개)

| 구분 | 상호/이름 | 영업표지 | 정보공개서 등록번호 | 업종① | 가맹점/직영점의 수② | | |
|---|---|---|---|---|---|---|---|
| | | | | | 2011.12.31. | 2012.12.31. | 2013.12.31. |
| 가맹본부 | (주)공정위 | 과천보쌈 | 20120000019 | 한식 | 11/1 | 11/1 | 11/2 |
| 특수관계인 (배우자) | (주)서초건강 | 1004건강 | 20080000050 | 식품사업 | 23/1 | 25/0 | 25/0 |
| 특수관계인 (계열회사) | 조정원(주) | 잠원우동 | 2008000003 | 분식 | 67/0 | 122/2 | 79/2 |
| | | 랄랄라영어 | 2008000005 | 영어학원 | 40/5 | 50/6 | 55/3 |
| 특수관계인 (계열회사) | 나도해(주) | 세종오겹살 | 2010000010 | 한식 | 20/1 | 25/3 | 40/3 |

① 일반인이 쉽게 구별할 수 있도록 대표상품(서비스)을 기재하는 것도 좋습니다.
② 기재기간: 바로 전 3년간 사업연도 말 기준

## 6. 바로 전 사업연도 가맹점사업자①의 연간 평균 매출액(직영점 매출은 제외)과 그 산정기준②

[반포삼겹살] 가맹점사업자 한 명이 2013년에 올린 연간 평균 매출액 및 지역별 매출액은 아래와 같을 것으로 추정됩니다③. 보다 정확한 금액은 매출액 표의 상한과 하한 금액 사이에 있을 것으로 판단됩니다.

(단위 : 천원, 부가세 미포함)

| 지역④ | 2013년 말 가맹점 수 | 2013년 가맹점사업자의 연간 평균 매출액 | | | 비고⑤ |
|---|---|---|---|---|---|
| | | 연간 평균 매출액 | 상한 | 하한 | |
| 전체⑥ | 64 | 92,000 | 125,300 | 52,300 | |
| 서울 | 45 | 99,000 | 125,300 | 72,700 | |
| 부산 | - | 해당없음 | | | |
| 대구 | - | 해당없음 | | | |
| 인천 | - | 해당없음 | | | |
| 광주 | 1 | 해당없음 | | | 5곳 미만 |
| 대전 | 2 | 해당없음 | | | 5곳 미만 |
| 울산 | - | 해당없음 | | | |
| 경기 | 16 | 87,600 | 121,100 | 54,100 | |
| 강원 | - | 해당없음 | | | |
| 충북 | - | 해당없음 | | | |
| 충남 | - | 해당없음 | | | |
| 전북 | - | 해당없음 | | | |
| 전남 | - | 해당없음 | | | |
| 경북 | - | 해당없음 | | | |
| 경남 | - | 해당없음 | | | |
| 제주 | - | 해당없음 | | | |

※ 가맹점매출액은 부가세를 포함하지 않고 기재합니다. 매출액 산정근거 자료에 부가세가 포함되어 있을 경우에는 부가세 부분(10%)은 제외하고 기재하여 주시기 바랍니다.]

**예시1** [당사의 가맹점사업자 연간 평균 매출액은 가맹점별 POS(Point of Sales)상의 매출액을 근거로 하여 기재한 것입니다]

[특히 서울지역의 경우, 3개월 이상⑦ 영업한 가맹점의 매출액을 1년치로 환산하여 전체 연간평균 매출액을 추정하는데 근거수치로 포함하였으나, 2013년 10월 이후 영업을 개시한 2개 가맹점(ㅇㅇ점, ㅇㅇ점) 매출액은 1년치로 환산하여 전체 연간평균 매출액을 추정하는데 근거자료로 사용하는 것은 합리적이지 않다고 판단하여 매출액 추정 근거자료로 활용하지 않았습니다. 따라서 표에서 기재한 연간 평균 매출액은 전체 가맹점 수 64개가 아닌 실제 62개 가맹점의 연간 평균 매출액 추정자료임을 알려드립니다.]

**예시2** [당사에서 추정한 매출액은 다음의 산식을 따른 것입니다.]

[매출액=당사가 가맹점에 공급하는 물품 공급액 × 추정비율⑧(　　)]

[당사가 보유한 가맹점사업자 원가 분석 자료에 따르면 물품 공급액이 차지하는 비율이 42%~46%인 것으로 보이므로 이를 역산하여 매출액을 추정하였습니다.]

[특히 서울지역의 경우, 3개월 이상 영업한 가맹점의 매출액을 1년치로 환산하여 전체 연간평균 매출액을 추정하는데 근거수치로 포함하였으나, 2013년 10월 이후 영업을 개시한 2개 가맹점(00점, 00점) 매출액은 1년치로 환산하여 전체 연간평균 매출액을 추정하는데 근거자료로 사용하는 것은 합리적이지 않다고 판단하여 매출액 추정 근거자료로 활용하지 않았습니다. 따라서 표에서 기재한 연간 평균 매출액은 전체 가맹점 수 64개가 아닌 실제 62개 가맹점의 연간 평균 매출액 추정 자료임을 알려드립니다.]

[매출액은 가맹점사업자별로 물품 공급액, 시장상황, 점주의 노력 등에 차이가 있기 때문에 달라질 수 있습니다. 따라서 위 표에 나타난 매출액이 귀하가 올릴 수 있는 미래 수입과 같지는 않다는 점을 명심하여야 합니다.]

[가맹사업거래의 공정화에 관한 법률 제9조 제3항·제4항 및 같은 법 시행령 제9조제1항에 따라 당사가 매출액 추정에 사용한 자료는 당사의 본사 사무실에 비치하고 있습니다. 귀하가 ○○○으로 방문하여 소정의 신청서를 작성하면 열람이 가능합니다.]

① 바로 전 사업연도 말에 영업중인 모든 가맹점사업자를 대상으로 합니다.
② 매출액 산정기준은 가맹본부가 가지고 있는 내부 자료를 토대로 자체적으로 작성하시되, 근거자료가 없는 경우 매출액을 기재하지 않는 대신 "당사는 가맹점사업자의 매출액을 추정할 수 있는 근거자료가 없습니다"라는 사실을 반드시 기재합니다. 근거자료는 가맹본부가 확보한 직접 자료(매출액) 외에도 간접 자료(물품 공급액, 원가율, 동종업계 관행, 과거 매출액 자료 등)가 모두 포함됩니다. 한편 매출액을 정보공개서에 기재할 경우에는 가맹사업거래의 공정화에 관한 법률 시행령 제9조제1항에 따른 자료를 사무실에 비치하고 있어야 합니다.

1) 현재수익 또는 예상수익에 사용된 사실적인 근거와 예측에 관한 자료
2) 현재수익 또는 예상수익의 산출근거가 되는 가맹사업의 점포(직영점과 가맹점을 포함)의 수와 그 비율
3) 최근의 일정기간 동안에 가맹본부나 가맹중개인이 표시 또는 설명하는 현재수익 또는 예상수익과 같은 수준의 수익을 올리는 가맹점사업자의 수와 그 비율(이 경우 최근의 일정기간에 대하여 시작하는 날짜와 끝나는 날짜를 표시하여야 한다)

③ 가맹본부가 가맹점사업자의 매출액을 정확하게 파악하기 어려운 경우가 대부분이므로 추정된 매출액임을 밝히고, 상한과 하한을 포함한 구간으로 나타내어야 합니다. 또한, 산정기준이 지역별로 다를 경우에는 그 내용도 포함시켜야 합니다.
④ 직전 사업연도 말에 영업중인 가맹점사업자가 5곳 이상인 광역지방자치단체(시·도)인 경우만 분류할 수 있고 5곳 미만인 경우에는 "해당없음"으로 기재할 수 있습니다. 다만, 5곳 미만이라도 지역별 가맹점 수는 반드시 기재하시기 바랍니다.
⑤ 가맹점사업자의 매출액을 기재하지 않은 경우 그 사유를 기재합니다.
⑥ 가맹점사업자의 전체 연간 평균 매출액은 5곳 미만인 광역지방단체의 가맹점사업자를 포함한 모든 가맹점사업자의 평균 매출액을 기재합니다.
⑦ 보다 합리적인 산정을 위하여 가맹점이 실제 영업한 개월수가 3개월 이상이면 1년치로 환산하여 연간 평균 매출액 산정자료에 포함하시고, 가맹점의 영업 개월수가 3개월 미만일 경우에는 해당 가맹점의 매출액은 매출액 산정자료에 포함하지 않습니다.
⑧ 추정비율은 일부 산정이 가능한 「(표본)가맹점사업자의 매출액/(표본)가맹점사업자에 대한 가맹본부의 물품공급매출액」 등을 위주로 산정하실 수 있으나 그 외 더 합리적인 산정방법이 있으면 그에 따라 추정비율을 산정하시기 바랍니다. 또한 추정비율 산정근거 자료를 제출하시기 바랍니다.

## 7. 가맹지역본부(지사, 지역총판)①의 일반 정보

당사는 [반포삼겹살] 가맹점 관리를 위하여 다음과 같이 지역사무소를 운영하고 있습니다.

<table>
<tr><th>관리지역②</th><th>상호/명칭③</th><th colspan="3">주 소</th></tr>
<tr><td rowspan="5">서울시 동부</td><td>동부사무소</td><td colspan="3">서울시 ○○구 ○○로 ○○번지</td></tr>
<tr><td>대표자</td><td colspan="2">대표전화번호</td><td>관리 가맹점수④</td></tr>
<tr><td>서일중</td><td colspan="2">02-7777-8888</td><td>14</td></tr>
<tr><td>가맹본부와의 계약기간</td><td>가맹점 모집권한</td><td>가맹계약 체결권한⑤</td><td>가맹금 수령권한⑥</td></tr>
<tr><td>2009.4.1.~2015.3.31.</td><td>○</td><td>×</td><td>×</td></tr>
<tr><td rowspan="6">서울시 서부</td><td>상호/명칭</td><td colspan="3">주소</td></tr>
<tr><td>서부총판</td><td colspan="3">서울시 ○○구 ○○로 ○○번지</td></tr>
<tr><td>대표자</td><td>대표전화번호</td><td colspan="2">관리 가맹점수</td></tr>
<tr><td>이승</td><td>02-666-9999</td><td colspan="2">16</td></tr>
<tr><td>가맹본부와의 계약기간</td><td>가맹점 모집권한</td><td>가맹계약 체결권한</td><td>가맹금 수령권한</td></tr>
<tr><td>2010.5.2.~2016.5.1.</td><td>○</td><td>×</td><td>×</td></tr>
<tr><td rowspan="5">경기도</td><td>삼미실업(주)</td><td colspan="3">경기도 ○○시 ○○로 ○○번지</td></tr>
<tr><td>대표자</td><td colspan="2">대표전화번호</td><td>관리 가맹점수④</td></tr>
<tr><td>장종훈</td><td colspan="2">031-5555-6666</td><td>11</td></tr>
<tr><td>가맹본부와의 계약기간</td><td>가맹점 모집권한</td><td>가맹계약 체결권한</td><td>가맹금 수령권한</td></tr>
<tr><td>2009.4.1.~2015.3.31.</td><td>○</td><td>○</td><td>×</td></tr>
</table>

① 가맹본부가 직접 가맹점을 관리하지 않으면서 본사의 지사형태로 운영하거나 다른 기업(총판, 대리점) 등으로 운영하는 경우를 모두 포함합니다.
② 가맹희망자가 자신을 담당할 관리지역을 알 수 있도록 쉽게 표현합니다.
③ 별도 회사인 경우 상호를, 가맹본부의 직영일 때에는 명칭을 쓰면 됩니다.
④ 직전 사업연도 말 기준 관리 가맹점 수를 기재합니다.
⑤⑥ 가맹본부가 가맹지역본부(지사, 지역총판 등 명칭 불문)에게 부여한 권한내역을 구체적으로 기재하시기 바랍니다.

## 8. 광고 · 판촉 지출 내역

당사에서 [2013년]에 [반포삼겹살]과 관련하여 광고비 및 판촉비로 사용한 금액은 다음과 같습니다. 광고비 및 판촉비를 가맹점사업자와 분담하는 기준은 [ ]쪽을 참고하십시오.

| 구분① | 수단② | 기간③ | 지출 비용(단위: 천원, 부가세 미포함) | | | 비고④ |
|---|---|---|---|---|---|---|
| | | | 합계 | 가맹본부 | 가맹점 | |
| 합계 | | | 342,000 | 295,000 | 47,000 | |
| 광고 | 소계 | | 230,000 | 230,000 | - | |
| | TV | 2013.3.1.~3.7. | 150,000 | 150,000 | - | KTV |
| | 라디오 | 2013.10.~12. | 30,000 | 30,000 | - | 반포라디오 |
| | 인터넷 | 연중 | 50,000 | 50,000 | - | ftc.c○m |
| 판촉 | 소계 | | 112,000 | 65,000 | 47,000 | |
| | 1월 행사 | 2013.1.5.~1.18. | 35,000 | 20,000 | 15,000 | |
| | 추석 행사 | 2013.9.15.~9.29. | 77,000 | 45,000 | 32,000 | 한가위와 함께하는 돈돈돈! 이벤트 |

① 광고: 구체적인 행사와 관계없이 회사 이미지 제고, 가맹점 모집, 신상품 출시 홍보 등을 위한 홍보 활동을 의미
판촉: 개별 행사와 관련하여 수행하는 홍보 활동으로 월간 행사 외에도 명절, Day 이벤트 등을 포함
② 최대한 자세히 구분하십시오.(예: TV, 라디오, 인터넷, 신문, 잡지, 입간판 등) 구분이 어려운 경우 총액만 쓰시기 바랍니다.
③ 직전 사업연도 중에 광고 및 판촉이 실제로 이루어진 기간을 기재합니다.
④ 광고의 경우 매체명, 판촉의 경우 행사명을 기재하십시오.
⑤ 해당 가맹사업 이외의 가맹사업을 경영하거나, 가맹사업이 아닌 사업을 경영하고 있고 해당 가맹사업에 관련된 광고비 및 판촉비를 산정하기 곤란하여 손익계산서상의 광고판촉비를 기재하실 경우에는 기재한 액수에 해당 가맹사업 외의 광고비 및 판촉비도 포함되어 있음을 추가 설명하시기 바랍니다.

## 9. 가맹금 예치

귀하가 당사와 계약을 체결하기 위하여 가맹금을 지급하는 경우에는 [(주)한강은행]에 예치하여야 하며 자세한 내용은 다음과 같습니다.

| 예치기관 상호 | 담당 지점 또는 부서 | 주소 | 전화번호 |
|---|---|---|---|
| (주)한강은행 | 수신부 프랜치이즈팀 | 서울시 ○○구 ○○로 ○○번지 | 02-XXX-XXXX |

자세한 예치방법은 다음과 같습니다.

귀하는 가맹금을 당사의 소정서식을 작성하여 [한강은행] 에 [계약 체결 다음 날까지] 예치신청 하여야 합니다. [예치방법은 한강은행의 인터넷 홈페이지에 접속하여 공인인증서를 다운받아 설치한 후 "예치 서비스"를 클릭한 다음 (주)공정위를 찾아 금액을 입력하면 됩니다.]※

> ※ 가맹본부와 예치기관(은행, 우체국, 보험회사) 간의 맺은 약정에 따른 예치방법을 자세히 안내하여야 합니다. 그림을 사용하여 알기 쉽게 설명하는 것이 바람직합니다. 한편 가맹본부는 가맹사업거래의 공정화에 관한 법률 시행령 별지 제5호서식의 예치신청서를 가맹점사업자에게 내 주어야 하므로 그 서식을 별첨하는 것이 좋습니다.

귀하는 또한 [한강은행]에서 발급한 예치증서를 보관하고 있어야 하며 아래 주의사항을 반드시 알아 두어야 합니다.

**가맹금 예치와 관련하여 가맹점사업자가 알아두어야 할 사항**

1. 가맹점사업자가 영업을 시작하거나 가맹계약 체결일부터 2개월이 지난 경우에는 이 가맹예치금은 가맹본부에 지급됩니다.
2. 다만, 다음의 경우에는 가맹금의 지급이 보류됩니다.
   가. 가맹점사업자가 예치가맹금을 반환받기 위하여 소를 제기한 경우
   나. 가맹점사업자가 예치가맹금을 반환받기 위하여 알선, 조정, 중재 등을 신청한 경우
   다. 가맹점사업자가 가맹금반환 사유가 발생하여 가맹본부를 공정거래위원회에 신고한 경우
3. 2번의 가~다의 조치를 취한 경우 그 사실을 예치기관에 서면으로 통보하여야 합니다. 그렇지 않은 경우 예치가맹금은 가맹본부에 지급될 수 있습니다.

※ 가맹점사업자피해보상보험 등에 가입하여 예치 의무가 없는 경우에는 그 사실을 기재합니다.

## 10. 가맹점사업자피해보상보험 등의 체결 내역

당사는 가맹점사업자의 피해를 예방하기 위하여 [(주)한강보증보험]과 피해보상보험 계약을 체결하였으며 자세한 내용은 다음과 같습니다.

| 항목 | 내용 | 비고 |
|---|---|---|
| 보험인(보험회사) | (주)한강보증보험 | |
| 보험계약자 | (주)공정위 | 가맹본부 |
| 피보험인(보험금을 지급받는 자) | 가맹점사업자 | |
| 보험기간 | 가맹금 예치기간(가맹계약체결일로부터 2개월이 경과한 날 또는 가맹점사업자 영업 개시일까지) | |
| 보험금액 | 예치금액 | |
| 보장범위 | 가맹점사업자의 피해액 일부 보장 | |
| 지급조건 | 가맹본부의 가맹금반환의무 불이행 | |
| 보험금의 수령절차 | 가맹점사업자의 보험금 신청 → 가맹본부 경유 → 보험회사 접수 → 보험회사 조사 → 지급 여부 결정 → 보험금 지급 | 평균[ ]개월 소요 |

※ 보험증권 본문의 사본이 있는 경우 삽입하는 것이 바람직합니다.

※ 가맹점사업자피해보상보험에 가입한 경우 보험사의 로고 등을 사용할 수 있습니다.
가맹점사업자피해보상보험 등에 가입하지 않은 경우 [해당없음]으로 표시하십시오.

## Ⅲ. 가맹본부와 그 임원의 법 위반 사실

### 1. 공정거래위원회의 시정조치①

당사와 당사의 임원은 정보공개일 현재 최근 3년 동안 가맹사업거래와 관련하여 가맹사업거래의 공정화에 관한 법률, 독점규제 및 공정거래에 관한 법률 및 약관의 규제에 관한 법률을 위반하여 공정거래위원회로부터 [4]회의 시정조치를 받은 사실이 있으며 자세한 내용은 다음과 같습니다.

| 시정조치 대상 | 의결번호 (사건번호) | 위반법령 | 위반내용 (위반법조문)② | 조치일자③ | 조치내용④ |
|---|---|---|---|---|---|
| (주)공정위 | 의결 2011-00 (2011가맹○○○○) | 가맹사업법 | 가맹금 미반환 (제10조제1항) | 2011.12.3. | 시정명령 과징금 10백만원 |
| ㈜공정위 | 시권 2012-00 (2012약관○○○○) | 약관규제법 | 부당하게 과중한 손해배상의무 부담 (제8조) | 2012.9.10. | 시정권고 |
| 대표이사 김공정 | 의결(약)2011-00 (2011서경○○○○) | 가맹사업법 | 부당한 계약해지 (제12조제1항제1호) | 2011.7.21. | 시정명령 가맹점사업자에게 통지 |
| 감사 송가맹 | 의결(약)2013-00 (2013제감○○○○) | 공정거래법 | 거래거질 (제23조제1항) | 2013.5.6. | 시정명령 |
| (주)공정위 | | | 정보공개서 변경등록 불이행 | 2012.1.1. | 정보공개서 (과천보쌈 200800000) 직권취소 |

당사는 [과천보쌈] 정보공개서의 변경등록 불이행으로 정보공개서가 직권취소 되었으나, 직권취소된 2012.1.1.부터 정보공개서를 신규로 재등록한 2012.8.5.까지 신규로 가맹계약을 체결하지 않았을 뿐 현재까지 [과천보쌈]경영하고 있습니다.

① 공정거래위원회로부터 시정권고 이상의 조치(시정권고, 시정명령, 과징금 부과, 정보공개서 등록취소 등)를 받은 경우에 한하며, 자진시정 · 경고 · 조정 성립 등은 해당하지 않습니다.
② 복수의 위반행위가 있는 경우 대표 위반행위를 기재합니다.
③ 의결일을 기재합니다.
④ 의결 주문 내용을 요약하여 작성하십시오.

## 2. 민사소송 및 민사상 화해

당사와 당사의 임원은 정보공개일 현재 최근 3년 동안 가맹사업거래와 관련하여 가맹사업거래의 공정화에 관한 법률 또는 독점규제 및 공정거래에 관한 법률을 위반하거나, 사기·횡령·배임 등 타인의 재물이나 재산상 이익을 영득 또는 이득하는 죄로 받은 유죄의 확정판결과 관련된 민사소송에서 패소의 확정판결을 받았거나, 민사상 화해를 한 사실이 다음과 같이 있습니다.

| 원고① | 피고 | 사건번호 | 최종 법원명 | 판결(선고) 일자 | 청구 취지 및 내용 | 판결 또는 화해 내용 |
|---|---|---|---|---|---|---|
| (주)○○○ | (주)공정위 | 2011○○ ○○○○ | 대법원 | 2011.12.3. | 피고는 원고에게 금 300만원 지급 | 청구 취지와 동일 |

※ 사건이 계속 중(항소, 상고 등)인 경우에는 기재하지 않습니다.
① 원고의 실명은 생략하고 이니셜(김○○, K 전자회사 등)로 표시합니다.

### 3. 형(刑)의 선고

당사와 당사의 임원은 정보공개일 현재 최근 3년 동안 사기·횡령·배임 등 타인의 재물이나 재산상 이익을 영득 또는 이득하는 죄를 범하여 형의 선고를 받은 사실이 다음과 같이 있습니다.

| 피고 | 사건번호 | 선고 법원 | 선고 일자 | 죄명 및 범죄사실 | 선고 내용 |
|---|---|---|---|---|---|
| (주)공정위 | 2011○○○ | 대법원 | 2011.7.5. | 횡령죄 (○○○○○○○○○) | 벌금 500만원 |
| 대표이사 김공정 | 2012○○○ | ○○ 지방법원 | 2012.5.3. | 사기죄 (○○○○○○○○○) | 벌금 100만원 |

※ 최종심 이전의 하급심에서 선고를 받은 경우에도 기재합니다. 다만, 같은 사건의 경우 현재까지 진행된 최종심의 선고 내용만 기재합니다.

## Ⅳ. 가맹점사업자의 부담

### 1. 영업개시 이전의 부담

귀하가 [반포삼겹살] 가맹사업을 시작하기 위해서는 아래와 같은 금액이 소요됩니다. 이 금액에는 귀하가 지불하여야 하는 [점포의 임대비용 등]※이 제외되어 있습니다. 또한, 귀하가 운영하게 될 점포의 위치 및 규모, 내부 설비의 종류, 영업 시작까지 걸리는 시간 등이 상이하므로 실제 지불하는 금액과는 차이가 있을 수 있습니다.

※ 가맹사업을 시작하는데 필요한 비용에서 제외된 항목을 구체적으로 기재하여 가맹점사업자가 오인하지 않도록 주의합니다.

귀하가 부담하여야 할 대기는 매우 다양하나 크게 다음의 세 가지로 구분할 수 있습니다.

| 구분 | 지급 대상 | 예치 대상 여부 | 비고 |
|---|---|---|---|
| 최초 가맹금 | 가맹본부 | 예치 | 확정 금액 |
| 보증금 | 가맹본부 | 예치 | 확정 금액 |
| 기타 비용 | 가맹본부 또는 다른 업체 | 예치하지 않음 | 추정 금액 |

1) 최초 가맹금을 자세히 나누면 다음 표의 내용과 같습니다.

(단위: 천원, 부가세 포함)

| 구분① | 금액② | 지급 기한 | 반환조건③ | 반환될 수 없는 사유 | 비고 |
|---|---|---|---|---|---|
| 총계 | [ 4,950 ] | | | | |
| 가입비 | 3,300 | 계약 체결 후 20일 이내 | 영업 개시 이전까지 계약 해지 | 가맹점 모집을 위해 소요된 실제비용 | 반환시 당사에서 정한 기준의 위약금을 공제 (계약금을 별도로 지급하는 경우, 사후 가입비로 전환) |
| 교육비 | 1,100 | 교육 시작 7일 이전 | 교육 시작 1일 이선에 계약 해지 | | 교육이 시작되면 반환되지 않음 |
| 개점행사비 | 550 | 계약 체결 후 20일 이내 | 영업개시 이전까지 계약 해지 | 영업개시 행사를 위한 소요된 실제비용 | 반환시 당사에서 정한 기준의 위약금을 공제 |
| … | | | | | |

① 가맹본부의 실정에 맞게 작성하고 최대한 자세히 구분하되 서로 겹치지 않도록 항목을 조정하여 기재합니다.
② 정액으로 금액이 특정되면 그 금액을, 정률 기준이 있으면 그 기준을 기재합니다.
③ 반환조건, 반환될 수 없는 사유, 비고란은 가맹본부의 계약 내용을 자세히 기재합니다.

2) 보증금을 자세히 나누면 다음 표의 내용과 같습니다. 보증금은 계약 종료시 전액이 귀하에게 반환되는 대가입니다. 다만, 귀하의 귀책사유가 있는 경우에는 그러하지 아니합니다.

(단위: 천원, 부가세 없음)

| 구분① | 금액② | 지급 기한 | 가맹점사업자의 귀책사유③ | 비고 |
|---|---|---|---|---|
| 총계 | [ 35,000 ] | | | |
| (현금) 보증금 | 5,000 | 계약 체결 후 20일 이내 | 가맹금 미지급, 본사가 공급한 물품 파손 등 | 직전년도 전체 가맹점사업자의 1회 평균 상품 등의 대금(원·부재료 대금 포함)의 3배 이내④ |
| 담보목적물 | 30,000 | 계약 체결 후 20일 이내 | 〃 | 가맹희망자의 동산에 질권설정 |
| … | | | | |

① 가맹본부의 실정에 맞게 작성하고 최대한 자세히 구분하되 서로 겹치지 않도록 항목을 조정하여 기재합니다.
② 금전으로 수령하는 경우에는 그 금액을, 별도의 기준이 있으면 그 기준을 기재합니다.
③ 보증금을 반환할 경우에 가맹점사업자의 귀책사유에 따라 일정 금액을 공제하도록 하고 있다면 그 내용을 기재합니다.
④ 표준가맹계약서상의 적정 계약이행보증금 산정기준으로서 동 기준 내에서 계약이행보증금을 산정하는 것을 권장합니다.

3) 예치가맹금의 범위와 그 금액

가맹사업거래의 공정화에 관한 법률에 따라 귀하가 예치하여야 하는 가맹금의 자세한 내역은 다음과 같습니다.

| 구분 | 금액(단위: 천원, 부가세 포함) |
|---|---|
| 합계 | 9,950 |
| 가입비 | 3,300 |
| 교육비 | 1,100 |
| 개점행사비 | 550 |
| (현금)보증금 | 5,000 |

① 예치하여야 하는 가맹금의 범위(가맹사업거래의 공정화에 관한 법률 제2조 제6호)

가. 가입비 · 입회비 · 가맹비 · 교육비 또는 계약금 등 가맹점사업자가 영업표지의 사용허락 등 가맹점운영권이나 영업활동에 대한 지원 · 교육 등을 받기 위하여 가맹본부에 지급하는 대가

나. 가맹점사업자가 가맹본부로부터 공급받는 상품의 대금 등에 관한 채무액이나 손해배상액의 지급을 담보하기 위하여 가맹본부에 지급하는 대가

(가+나를 합친 금액을 예치하여야 함)

② 가맹본부가 피해보상보험계약 등을 가입한 경우에는 가맹금을 예치하실 필요가 없음을 알려주시기 바랍니다. 다만, 보험으로 대체되는 예치가맹금 액수는 반드시 기재하시기 바랍니다.

4) 귀하가 그 밖에 지급하여야 하는 비용을 자세히 나누면 다음 표의 내용과 같습니다. 귀하가 가맹점을 운영하기 위하여 필요한 물품의 품목은 [ ]쪽에서 확인할 수 있습니다.

(단위: 천원, 부가세 포함)

| 구분① | 지급대상② | 금액③ | 지급 기한 | 반환조건 | 비고④ |
|---|---|---|---|---|---|
| 총계 | | [54,500~63,000] | | | |
| 필수설비(정착물) | (주)공정위, ○○기계 외 1개사 | 24,700 | 설치 1일 이전 | 설치 전 계약취소 | |
| 인테리어 (점포 내장공사) | 튼튼디자인 외 2개사 | 21,000(보통형) 27,000(고급형) | 내부 인테리어 공사 시작 3일 이후 | 공사 전 계약취소 | 33㎡ 기준 3.3㎡ 늘어날 때마다 700천원 추가부담(보통형, 고급형의 경우 800천원) |
| 최초 공급 상품 비용 | (주)공정위 | 7,000~9,000 | 물품 공급 1일 이전 | 상품 미공급시 | |
| 기타 개점에 소요되는 비용 | (주)공정위 | 1,800~2,300 | 계약 체결 후 20일 이내 | 개점전 계약취소 (그간 소요 비용 제외) | 소모품비, 사업자등록 등 대행 대가 |
| … | | | | | |

[위 표의 금액은 당사가 그 동안의 가맹점 운영 경험을 토대로 추정한 것으로 실제 지불 금액과는 다를 수 있습니다.]

[※ 위 표에 기재된 비용 중 가맹본부 또는 가맹본부가 지정한 업체가 아닌 다른 업체와 거래할 경우 가맹본부에 추가로 비용을 지불(예: 당사 또는 당사가 지정한 업체가 아닌 다른 업체와 인테리어 공사를 진행할 경우 인테리어 공사 관련, 당사의 설계 및 감리 대가로 33㎡ 기준으로 500천원을 내부 인테리어 공사 완료 후 3일 이후에 당사에 추가 지급하여야 합니다)하도록 하고 있다면 그 내용을 반드시 기재합니다.]

① 가맹본부의 실정에 맞게 작성하고 최대한 자세히 구분하되 서로 겹치지 않도록 항목을 조정합니다. 필수설비, 정착물, 인테리어 비용은 가맹사업의 통일성을 위하여 가맹본부가 요구 또는 권장하는 경우만 해당합니다. 위 표에 기재된 비용 중 가맹본부 또는 가맹본부가 지정한 업체가 아닌 다른 업체와 거래할 경우 가맹본부에 추가로 비용을 지불(예: 인테리어 자체 시공시 가맹본부에 감리비 지급)하도록 하고 있다면 그 내용을 반드시 기재합니다.

② 가맹본부가 직접 제공하거나 업체를 지정(계열사 포함)하는 경우, 가맹본부와 가맹본부가 지정한 업체를 구별하되 업체의 수가 많을 경우 요약하여 기재합니다. 여기서 '지정'이라 함은 업체 소개, 유도, 요구, 제한 등 실질적으로 가맹본부가 가맹점사업자로 하여금 자신이 정한 업체와 계약하도록 하는 모든 행위를 포함합니다.

③ 금액이 확정되지 않는 경우에는 추정치임을 알 수 있도록 상한과 하한을 포함한 구간으로 표시합니다.

④ 가맹희망자가 각 비용의 성격을 알 수 있도록 내용을 기재하고, 필요한 경우 주석을 다는 것도 바람직합니다.

### 5) 가맹점 입지 선정 주체 및 선정 기준

당사는 신규 가맹점 입지를 다음과 같이 정하고 있습니다.

| 선정 주체① | 선정 기준② |
|---|---|
| 당사 점포개발팀<br>(전화:02-×××-××××) | 담당자 배정 → 상담을 통하여 가맹희망자가 원하는 지역 파악 → 현장 조사 등 시장 분석 → 최적의 입지 도출 → 가맹희망자에게 동의 여부를 구함<br>※ 가맹희망자가 동의하지 않는 경우 새로운 입지를 정할 수 있으나 영업이 늦어지는데 따라 발생하는 비용을 추가로 부담할 수 있습니다. |

① 담당 임원이나 담당자가 정해져 있는 경우 그 내용을 기재할 수 있습니다. 가맹희망자가 직접 입지를 정할 경우 그 내용을 기재합니다.
② 선정까지의 절차를 나타내되, 가맹희망자와의 협의 여부, 가맹본부가 정한 입지를 가맹희망자가 원하지 않는 경우 해결 방법 등을 자세히 기재합니다.

### 6) 가맹점사업자와 그 종업원의 교육 및 계약·채용 기준

당사와 계약을 체결하여 교육을 받거나 귀하가 운영하는 가맹점에 종업원을 채용하기 위하여 필요한 조건은 다음과 같습니다.

| 구분 | 교육 기준① | 계약·채용 기준② |
|---|---|---|
| 가맹점사업자 | 국외여행에 결격사유가 없을 것 | 금치산자·한정치산자가 아닐 것<br>○○○ 자격증을 소유할 것<br>만20세 이상일 것 |
| 종업원 | 특별한 기준 없음 | 만18세 이상일 것 |

① 가맹점사업자나 종업원이 교육을 받기 위해 필요한 자격요건이나 결격사유가 있으면 기재합니다.
② 가맹점사업자가 계약을 맺거나 종업원을 채용하기 위한 기준을 작성합니다. 계약서에 기재된 자격요건이나 결격사유를 기재합니다.

7) 가맹점 운영에 필요한 설비 등의 내역 및 공급방법 · 공급업체

[반포삼겹살] 가맹점을 운영하기 위해서는 다음의 물품이 필요합니다.
[※물품의 상세 내역은 첨부한 카탈로그를 참고하기 바랍니다.]

| 물품 내역① | | 공급방법② | 공급업체③ |
|---|---|---|---|
| 주방집기 | 냉장고 | 가맹계약 체결시 별도 계약 | ○○전자(지정업체) |
| | 가스레인지 | 가맹계약 체결시 별도 계약 | ○○전자(지정업체) |
| | 그릇 | 시장에서 자체 조달<br>(30인분 이상) | - |
| 외부 | 간판 | 추후 별도 계약 | ○○디자인(지정업체) |
| | 입간판 | 추후 별도 계약 | ○○아트(지정업체) |
| 내장재 | 실내공사 | 가맹계약에 포함 | (주)공정위 |
| 기타 | 금전출납기 | 가맹계약에 포함 | (주)공정위 |
| … | | | |

① 원재료, 부재료, 상품, 서비스 등은 제외하고 가맹점 운영에 필요한 설비(집기)를 자세히 기재합니다.
② 가맹본부가 직접 공급하거나 업체(계열사 포함)를 지정하는 경우에는 계약 체결 방법을 기재하고, 가맹점사업자가 자체 조달하는 경우에는 품질, 수량 등 지켜야 할 사항을 기재합니다.
③ 가맹본부가 직접 공급하거나 업체를 지정한 경우에만 기재합니다.
※ 품목이 많은 경우 별지를 이용하거나 "○○외 몇 종"식으로 대표 품목별로 묶어서 기재하는 것도 가능합니다.

8) 한편, 귀하가 당사에 가맹금을 한 번에 납부하기 어려운 경우 다음과 같은 절차를 거쳐 가맹금을 납부할 수 있습니다.

| 구분 | 총액 | 계약금 | 중도금(1) | 중도금(2) | … | 잔금 |
|---|---|---|---|---|---|---|
| 금액(천원) | | 총액의 10% | 15% | 15% | | 10% |
| 납부일 | | 계약일 | 계약일+15일 | 계약일+1월 | | 계약일+2월 |
| 비고 | | | | | | |

## 2. 영업 중의 부담

### 1) 비용 부담

귀하가 영업을 시작한 후에도 다음과 같은 비용을 부담하여야 합니다. 특히 광고분담금에 대한 세부 분담기준은 [ ]쪽에 나와 있습니다.

(단위: 천원, 부가세 포함)

| 구분① | 지급대상② | 금액③ | 지급기한 | 반환조건 | 반환될 수 없는 사유 | 비고④ |
|---|---|---|---|---|---|---|
| 상표사용료 | (주)공정위 | 월 200 | 다음 월 10일 | | | |
| 리스료 | | 해당없음 | | | | |
| 광고 분담금 | (주)공정위 | 월 매출액 0.5% 등 | 다음 월 20일 | | | |
| 판촉분담금 | | 행사별로 분담 등 | | | | |
| 교육훈련비 | (주)공정위 | 770 | 교육 실시 10일 이전 | | | 교육 필요시 지급 |
| 간판류 임차료 | | 해당없음 | | | | |
| 영업표지 변경 등에 따른 간판변경 비용⑤ | 공정광고기획(주) | 1,500~3,000 | 간판 변경 후 2일 이내 | | | 부득이한 경우 변경될 수 있으며, 교체비용은 당사자의 귀책사유 등을 고려하여 협의결정 |
| 영업지역 보장금 | | 해당없음 | | | | |
| 시설, 각종 기기의 교체·보수 비용 | | 14,000~16,000 | 교체·보수 후 5일 이내 | | | 교체·보수 필요시 시설, 기기 등의 내구연수 등을 감안하여 당사와 협의하여 결정 |

| 구분① | 지급대상② | 금액③ | 지급기한 | 반환조건 | 반환될 수 없는 사유 | 비고④ |
|---|---|---|---|---|---|---|
| 점포환경개선 비용 | 튼튼디자인 외 2개사 | 가맹본부 분담비용을 제외한 나머지 | | | | 55페이지 참조 |
| 재고관리 비용 | (주)공정위 | 150 | 재고조사 후 7일 이내 | | | 3개월마다 지급 |
| 회계처리 비용 | | 해당없음 | | | | |
| POS 사용료 | ㅇㅇ시스템 | 월 150 | 다음 월 5일 | | | |
| 지연이자⑥ | ㈜공정위 | 연10~20% | 지급기일의 다음날부터 지급하는 날까지 | | | 월 계속가맹금의 지급기한을 경과했을 시 부담 |
| … | | | | | | |

① 가맹본부의 실정에 맞게 작성하고 최대한 자세히 구분하되 서로 겹치지 않도록 항목을 조정합니다.
② 가맹본부와 가맹본부가 지정한 업체(관계자, 계열사 포함)를 구별하되 업체의 수가 많을 경우 요약하여 기재합니다.
③ 정액인 경우 그 금액을, 정률인 경우 그 기준을 기재하되 금액이 확정되지 않는 경우에는 추정치임을 알 수 있도록 상한과 하한을 포함한 구간으로 표시합니다.
④ 가맹희망자가 각 비용의 성격을 알 수 있도록 내용을 기재하고, 필요한 경우 주석을 다는 것도 바람직합니다.
⑤ 영업표지 변경 등으로 가맹본부가 가맹점사업자에게 계약기간 중에 간판을 변경하도록 요구할 경우, 변경비용의 분담 기준을 기재합니다.
⑥ 가맹점사업자가 금전지급의무(월 계속가맹금, 원·부재료 상품대금, 지체배상금, 위약벌 등 가맹계약과 관련하여 부담하는 일체의 금전지급의무) 지체 시 지연이자를 부담하는 경우, 그 내용에 대해 기재합니다.

2) 가맹점사업자에 대한 감독

당사는 귀하의 영업 상황에 대하여 일정한 감독을 실시하고 있으며 자세한 내용은 다음과 같습니다.

| 감독 항목 | 내 용 | 시기 | 비고 |
|---|---|---|---|
| 재고관리 | 실재제고 수량을 조사하여 장부상 재고와 비교 | 분기별 1회 | 문의: ○○팀 (02-XXX-XXXX) |
| 회계처리 | 가맹점사업자의 매출누락에 대한 회계 조사 실시 | 1년 1회 | 문의: ○○팀 (02-XXX-XXXX) |
| … | | | |

## 3. 계약 종료 후의 부담(부담이 없는 경우에는 그 사실을 기재합니다)

1) 계약연장이나 재계약 과정의 추가 부담

귀하가 당사와 계약이 종료된 후에 연장(갱신, 재계약을 포함한다)하기 위해서는 아래의 금액을 지급하여야 합니다.

(단위: 천원, 부가세 포함)

| 구분① | 금액② | 지급 기한 | 반환조건③ | 반환될 수 없는 사유 | 비고 |
|---|---|---|---|---|---|
| 총계 | [ ] | | | | |
| 추가 교육비④ | 협의하여 결정 | 교육 시작 7일 이전 | 교육 시작 1일 이전에 계약 해지 | | 추가교육 필요시 |
| 점포 이전비⑤ | 협의하여 분담 | 점포 이전 후 10일 이내 | 점포 이전에 합의하지 않을 경우 | | 점포이전 합의시 |
| … | | | | | |

[당사는 계약종료 시점에 점포 위치에 대한 정기 점검을 실시하고 있어, 가맹점 운영에 반드시 필요하다고 당사가 판단하여 협의한 결과 가맹점도 이에 동의하면 점포 이전비가 추가 될 수 있습니다.]

① 가맹본부의 실정에 맞게 작성하고 최대한 자세히 구분하되 서로 겹치지 않도록 항목을 조정합니다.
② 정액으로 금액이 특정되면 그 금액을, 정률 기준이 있으면 그 기준을 기재합니다.
③ 반환조건, 반환될 수 없는 사유, 비고란은 가맹본부의 계약 내용을 자세히 쓰고 신규 계약과 비교할 수 있도록 작성하기 바랍니다.
④ 추가 교육이 필요한지 여부, 최초 계약시 수료하는 교육의 양과 질에 비하

여 추가교육의 수준이 다른지 여부 등을 감안하여 그에 상응하는 비용 책정 등 가맹본부의 교육방침을 기재합니다.

⑤ 가맹본부의 필요에 의하여 점포 이전할 경우, 그 이전사유를 감안하여 그 비용 분담내용을 기재합니다.

2) 가맹본부의 사정에 의해 계약종료시 조치사항

가) 가맹본부가 가맹사업을 다른 사업자에게 양도하는 경우 기존 가맹점사업자와의 계약승계 여부

당사가 가맹사업을 타인에게 양도하는 경우 가맹점사업자는 가맹계약을 종료하고 계약관계를 탈퇴할 수 있습니다. 다만, 가맹점사업자가 양수한 사업자(가맹본부)와의 계약 관계 유지를 원할 경우에는 가맹계약을 유지할 수 있습니다. 가맹관계를 탈퇴할 경우, 당사의 귀책사유로 인한 계약해지에 해당되므로 가맹점사업자는 남은 가맹계약기간을 고려하여 일부 가맹금의 반환을 청구할 수 있습니다.

나) 가맹본부가 사용을 허락한 지식재산권의 유효기간이 만료되는 경우 조치사항

당사가 가맹점운영을 위하여 가맹점사업자에게 사용을 허가한 상표권, 특허권 등 지식재산권이 존속기간의 만료, 소유권(사용권) 변경, 효력 상실 등의 사유로 더 이상 지식재산권을 독점적으로 사용할 수 없게 된 경우에는 당사의 책임과 비용으로 이를 대체할 수 있는 수단을 제공하며, 이로 인해 가맹점사업자에게 손해가 발생하면 가맹점사업자와 협의하여 이를 배상하도록 하겠습니다.

또한, 대체할 수 있는 수단을 제공하지 못하거나 대체수단이 만족스럽지 못할 경우에는 가맹점사업자는 체결한 가맹계약을 해지하실 수 있으며, 이 경우 귀책사유 등을 감안하여 일부 가맹금의 반환을 청구할 수 있습니다.

다) 가맹본부가 해당 가맹사업을 중단하는 경우 조치사항

당사는 원칙적으로 모든 가맹계약이 종료될 때까지 가맹사업을 중단하지 않습니다. 다만, 예상치 못한 사정으로 당사가 가맹사업을 중단하게 될 경우에는 이를 미리 가맹점사업자에게 통지하고 협의하여 계약

을 해지할 것입니다. 이 경우 계약해지의 귀책사유를 고려하여 일부 가맹금의 반환을 청구할 수 있습니다.

3) 가맹점 운영권 양도 과정의 부담

귀하가 운영하는 [반포삼겹살] 운영권을 다른 사람에게 양도할 경우에는 귀하가 [(주)공정위]에 지급해야 할 비용은 없습니다. 다만, 양수인은 가맹점을 운영하기 위하여 요구되는 교육을 받아야 하며 이에 필요한 교육비를 지급하여야 합니다. 또한 계약보증금도 가맹본부에 지급하여야 합니다. 운영권 양도에 관한 자세한 절차는 [ ]쪽에 나와 있습니다.

※ 양도 과정에서 가맹점사업자가 직접 비용을 부담하는 경우에 기재합니다. 또한, 기존 가맹점사업자와 별도로 양수인이 가맹본부에 교육비, 보증금 등을 지급하는 경우에는 그 내용을 기재합니다.

4) 계약 종료 후의 조치 사항

[가맹점사업자는 계약이 종료된 경우에는 지체없이 상호·간판 등 영업표지의 사용을 중단하고 이를 철거 내지 제거하여야 하며, 가맹본부가 제공한 설비, 전산시스템 등 영업관련 자산을 가맹본부에 반환하여야 합니다. 이상의 내용을 준수하지 아니한 경우에는 가맹점사업자는 일정한 금액을 손해배상액으로 당사에 지급하여야 합니다.]

[다만, 가맹점사업자가 지급한 계약이행보증금의 정산잔액과 정산서를 받을 때까지는 상호·간판 등의 철거 내지 제거, 영업관리 자산의 반환의무 이행을 연기할 수 있습니다. 또한 위 의무이행과 관련하여 필요한 비용은 계약종료에 책임 있는 당사자가 부담합니다.]

[또한, 가맹점사업자가 당사 또는 당사가 지정한 자로부터 공급받은 물품을 반품하고자 하는 경우, 물품의 재고량, 오·훼손 등 관리상태, 유통기한 등을 고려하고 일정범위 내(10%~90%)에서 반품이 가능하며, 구체적인 내용은 당사와 협의하여 결정합니다.]

※ 가맹본부의 계약서 및 영업방침의 내용을 중심으로 작성하기 바랍니다.

## Ⅴ. 영업활동에 대한 조건 및 제한※

귀하는 당사와 가맹계약을 체결하게 되면 사업의 동일성 유지를 위하여 영업활동에 일부 제한을 받을 수 있습니다. 따라서 앞으로 기재된 내용을 신중히 살펴본 후 계약 체결 여부를 판단할 것을 권장합니다.

※ 본 항목은 불공정거래행위와 관련되어 있으므로 최대한 자세히 기재하기 바랍니다. 정보공개서에 정확하게 기재되지 않거나 기재하더라도 지나치게 가맹점사업자의 영업활동을 제한하는 경우 가맹사업법에 따라 처벌될 수 있으므로 법률 자문을 거친 후에 작성하는 것을 권장합니다.

### 1. 물품 구입 및 임차

귀하가 [반포삼겹살]을 시작하거나 경영하기 위하여 필요한 부동산・용역・설비・상품・원재료 또는 부재료 등의 구입 또는 임차와 관련하여, 당사 또는 당사가 지정하는 자와 거래해야 할 품목은 다음과 같습니다.

| 구분① | 품목② | 규격③ | 거래 형태④ | 거래 상대방⑤ | 비고⑥ |
|---|---|---|---|---|---|
| 부동산 | 해당없음 | | | | |
| 용역 | POS 사용료 | 시스템 사용료 | 강제 | ○○시스템 | |
| | … | | | | |
| 설비 | 냉장고 | 1,000ℓ | 강제 | ○○전자 | |
| | … | | | | |
| 상품 | 기름과자 | - | 권장 | ○○식품 | |
| | 마늘 | | 권장 | ○○식품 | |
| | … | | | | |
| 원・부재료 | 삼겹살 | 1등급 | 강제 | (주)공정위 | 매일 발주 후 익일 정산 |
| … | | | | | |

[귀하가 위 표에 기재된 물품을 지정된 사업자가 아닌 사업자에게

공급받으려는 경우에는 사전에 가맹본부에게 서면으로 통지하여 승인을 받아야 합니다. 그렇지 않을 경우 불이익을 받을 수 있으므로 주의하여야 합니다.]

[당사는 경영환경의 변화 등으로 필요한 경우 위 표에 기재된 상품·용역 외에 다른 품목도 추가할 수 있습니다 이 경우 가맹점사업자의 동의를 미리 얻도록 하고 있으며, 동의가 없는 경우에는 본 정보공개서의 내용에 따라 사업을 진행합니다.]

① 상품은 직접 소비자에게 판매하는 형태일 때, 원·부재료는 가공하여 판매하는 형태일 때로 구분합니다.
② 품목이 많은 경우 별지에 기재하거나 "외 몇 종" 등으로 줄여 기재할 수도 있습니다.
③ 상품의 규격 또는 서비스의 내용을 기재합니다.
④ 강제사항(요구)인지 권장사항인지 구분하여 기재합니다.
⑤ 거래 상대방은 가맹본부 또는 가맹본부가 지정한 사업자인 경우만 해당합니다.
⑥ 가맹희망자가 각 비용의 성격을 알 수 있도록 내용을 기재하고, 필요한 경우 주석을 다는 것도 바람직합니다.
※ 가맹본부가 소매업(다수의 일상품을 판매)에 해당하는 경우에는 구체적인 품목명은 생략할 수 있습니다.

※ 가맹사업법 시행령 관련 조문(별표2 제2호 구속조건부 거래 나목)
나. 거래상대방의 구속
부동산·용역·설비·상품·원재료 또는 부재료의 구입·판매 또는 임대차 등과 관련하여 부당하게 가맹점사업자에게 특정한 거래상대방(가맹본부를 포함한다)과 거래할 것을 강제하는 행위
다만, 다음의 요건을 충족하는 경우에는 그러하지 아니하다.
(1) 부동산·용역·설비·상품·원재료 또는 부재료가 가맹사업을 경영하는 데에 필수적이라고 객관적으로 인정될 것
(2) 특정한 거래상대방과 거래하지 아니하는 경우에는 가맹본부의 상표권을 보호하고 상품 또는 용역의 동일성을 유지하기 어렵다는 사실이 객관적으로 인정될 것
(3) 가맹본부가 미리 정보공개서를 통하여 가맹점사업자에게 해당 사실을 알리고 가맹점사업자와 계약을 체결할 것

### 2. 거래 요구 또는 권장①의 대가 내역

당사는 [반포삼겹살] 가맹점사업자로 하여금 상품 또는 용역을 특정한 거래상대방에게 거래하도록 요구 또는 권장하여 특정한 거래상대방이나 가맹점사업자에게 다음과 같은 대가를 받고 있습니다.

(단위: 천원, 부가세 포함)

| 상품 · 용역② | 거래상대방 | 대가 지불③ | 산정기준④ | 금액⑤ | 비고⑥ |
|---|---|---|---|---|---|
| 갈비살 | ○○축산 | 가맹점사업자 | 거래액의 2% | 연간 거래총액 250,000 | 2013년 기준 |
| 식탁 | ○○가구 | ○○가구 | 정액 | 건당 100 | |
| 간판 | ○○디자인 | ○○디자인 | 정액 | 건당 200 | |
| … | | | | | |

[당사는 이러한 대가의 일부를 가맹점사업자를 위하여 사용하고 있습니다. 구체적인 내용은 첨부 파일을 참고하시기 바랍니다.]

① Ⅴ.1번에 기재된 가맹점사업자의 거래 상대방을 제한하는 경우를 제외하고 가맹본부가 가맹점사업자의 편의를 위하여 거래상대방을 주선하여 대가를 받는 경우만 기재합니다.
② 소비자 판매 대상 상품뿐만 아니라 가맹점사업자가 사용하는 설비, 장비, 정착물 등도 포함합니다.
③ 거래상대방 또는 가맹점사업자로 구분하여 기재합니다.
④ 대가를 산정하는 구체적인 기준이 있는 경우 기재합니다.
⑤ 정확한 금액이 산정되지 아니하는 경우에는 추정된 금액임을 밝히고 상한과 하한을 포함한 구간으로 표시합니다.
⑥ 가맹희망자가 각 대가의 성격을 알 수 있도록 내용을 기재하고, 필요한 경우 주석을 다는 것도 바람직합니다.

### 3. 상품 · 용역, 거래상대방, 가격 결정

1) 가맹점사업자가 취급하는 상품 · 용역의 판매 제한

당사의 상표권을 보호하고 상품 또는 용역의 동일성을 유지하기 위하여 귀하는 지정된 상품 · 용역만을 판매하여야 하며 그 자세한 내용

은 다음과 같습니다.

| 상품 · 용역명① | 제한내용 및 조건② | 위반시 책임③ | 비고④ |
|---|---|---|---|
| 흑미삼겹살 | 왼쪽에 기재된 이외의 제품을 판매할 수 없음 | 1회 위반: 구두 경고<br>2회 위반: 2회 이상 서면 시정요구<br>3회 이상 위반: 계약 해지 | |
| 쫄깃오겹살 | | | |
| … | | | |
| 대박갈비살 | | | |

[귀하가 위 표에 기재되지 않은 상품 · 용역을 판매하려는 경우에는 사전에 가맹본부에게 서면으로 통지하여 승인을 받아야 합니다. 그렇지 않을 경우 불이익을 받을 수 있으므로 주의하여야 합니다.]

[당사는 경영환경의 변화 등으로 필요한 경우 위 표에 기재된 상품 · 용역 외에도 판매 제한을 가할 수 있습니다. 이 경우 당사는 가맹점사업자의 동의를 미리 얻고 있습니다.]

① ~ ③ 계약서 내용을 중심으로 구체적으로 기재하기 바랍니다.
④ 가맹점사업자에게 필요한 내용을 기재하고 필요한 경우 주석을 다는 것도 좋습니다. 또한 가맹점사업자가 가맹본부의 승인을 얻어 상품을 판매할 수 있다는 내용을 예시와 같이 언급하여야 합니다.

2) 거래상대방(고객)에 따른 상품 · 용역의 판매 제한

당사의 상표권을 보호하고 상품 또는 용역의 동일성을 유지하기 위하여 귀하는 지정된 고객에 대해 상품 · 용역을 판매하지 않아야 하며 자세한 내용은 다음과 같습니다.

| 거래상대방(고객)① | 상품 · 용역명② | 제한내용 및 조건③ | 위반시 책임④ | 비고⑤ |
|---|---|---|---|---|
| 고등학교 재학생 | 주류 | 거래상대방별로 기재된 제품은 판매할 수 없음 | 1회 위반: 구두 경고<br>2회 위반: 2회 이상 서면 시정요구<br>3회 이상 위반: 계약 해지 | |
| … | | | | |

[귀하가 위 표에 기재된 거래상대방에게 제한된 상품·용역을 판매하려는 경우에는 사전에 가맹본부에게 서면으로 통지하여 승인을 받아야 합니다. 그렇지 않을 경우 불이익을 받을 수 있으므로 주의하여야 합니다.]

[당사는 경영환경의 변화 등으로 필요한 경우 위 표에 기재된 거래상대방(고객) 외에도 판매 제한을 가할 수 있습니다. 이 경우 당사는 가맹점사업자의 동의를 미리 얻고 있습니다.]

> ① ~ ④ 계약서 내용을 중심으로 구체적으로 기재하기 바랍니다.
> ⑤ 가맹점사업자에게 필요한 내용을 기재하고 필요한 경우 주석을 다는 것도 좋습니다. 또한 가맹점사업자가 가맹본부의 승인을 얻어 상품을 판매할 수 있다는 내용을 예시와 같이 언급하여야 합니다.

> ※ 가맹사업법 시행령 관련 조문(별표2 제2호 구속조건부 거래 다목)
> 다. 가맹점사업자의 상품 또는 용역의 판매제한
> 가맹점사업자에게 부당하게 지정된 상품 또는 용역만을 판매하도록 하거나 거래상대방에 따라 상품 또는 용역의 판매를 제한하는 행위
> 다만, 다음의 요건을 충족하는 경우에는 그러하지 아니하다.
> (1) 가맹점사업자의 상품 또는 용역의 판매를 제한하지 아니하는 경우에는 가맹본부의 상표권을 보호하고 상품 또는 용역의 동일성을 유지하기 어렵다는 사실이 객관적으로 인정될 것
> (2) 가맹본부가 미리 정보공개서를 통하여 가맹점사업자에게 해당 사실을 알리고 가맹점사업자와 계약을 체결할 것

### 3) 가맹점사업자의 가격 결정의 제한

당사는 귀하가 판매하는 상품이나 용역의 가격을 정하여 이를 따르도록 권장하도록 하고 있으며 자세한 내용은 다음과 같습니다.

| 상품·용역명① | 권장가격(단위: 원)② | 가격 통보 방법 | 비고③ |
|---|---|---|---|
| 흑미삼겹살 | 5,000(180g) | 월별로 홈페이지에 공지 | 2013.12월 기준 |
| 쫄깃오겹살 | 6,000(180g) | 〃 | 〃 |
| … | | | |
| 대박갈비살 | 10,000(120g) | 〃 | 〃 |
| … | | | |

[귀하가 위 표에 기재된 권장가격과 다른 가격으로 상품·용역을 판매하려는 경우에는 사전에 서면으로 당사와 협의하여야 합니다.]

① 권장가격이 있는 상품·용역만 기재합니다. 내용이 많은 경우 별지에 작성합니다.
② 소비자가격을 표시합니다.
③ 가맹점사업자에게 필요한 내용을 기재하고 필요한 경우 주석을 다는 것도 좋습니다. 또한 가맹점사업자가 가격을 결정하거나 변경하기에 앞서 가맹본부와 사전협의를 할 수 있다는 등의 내용을 예시와 같이 언급할 수도 있습니다.

※ 가맹사업법 시행령 관련 조문(별표2 제2호 구속조건부 거래 가목)
가. 가격의 구속
정당한 이유없이 가맹점사업자가 판매하는 상품 또는 용역의 가격을 정하여 그 가격을 유지하도록 하거나 가맹점사업자가 상품 또는 용역의 가격을 결정하는 행위를 부당하게 구속하는 행위
다만, 다음의 어느 하나에 해당하는 행위는 제외한다.
(1) 판매가격을 정하여 가맹점사업자에게 이를 따르도록 권장하는 행위
(2) 가맹점사업자에게 판매가격을 결정하거나 변경하는 경우 그 내용에 관하여 사전에 협의하도록 하는 행위. 다만, 사전협의를 통해 판매가격을 강요하는 행위는 가격을 구속하는 행위로 본다.

## 4. 가맹점사업자의 영업지역 보호

※ 영업지역 보호(개정 가맹사업법 제12조의4) 규정이 시행되는 2014. 8. 14. 이전에는 유형 1과 유형 2 중에 가맹본부가 선택하여 기재 가능하나, 유형 1로 정보공개서를 작성하는 경우 영업지역 보호 규정이 시행되는 2014. 8. 14. 에 맞추어 유형 2로 정보공개서를 변경하여야 합니다.

〈유형 1(구 가맹사업법)〉

1) 영업지역 제도 유무와 독점적·배타적 영업지역 설정 여부

당사는 영업지역과 관련하여 기본적으로 다음과 같은 방침을 갖고 있습니다.

| 영업지역 제도 운영 여부① | 독점적·배타적 영업지역 여부② |
|---|---|
| ○ | ×(직영점이나 다른 가맹점 설치 가능) |

[당사는 가맹점사업자의 영업지역 내에 반포삼겹살을 추가 설치하지 않으며, 향후에도 돼지고기 또는 소고기 구이를 전문으로 하는 동일업종의 영업표지를 가진 가맹사업을 해당 영업지역에 추가 개설하지 않습니다.]

① 가맹본부가 특정 가맹점사업자별로 영업지역을 정하는 제도를 운영하고 있는 경우 "○"로 표시합니다. 별도의 영업지역 제도가 없는 경우에는 "×"로 표시합니다.
② 계약기간 동안 특정 가맹점사업자의 영업지역 안에서 해당 가맹사업의 영업표지 또는 해당 가맹사업과 같은 업종의 다른 영업표지를 사용하는 가맹본부 또는 그 계열회사가 직영점이나 다른 가맹점을 설치하지 않도록 계약서에 명문화되어 있는 경우에는 예시와 같이 "○"로 기재하고, 그렇지 않은 경우 직영점이나 다른 가맹점을 설치할 수 있다는 내용을 반드시 기재합니다. 또한 독점적·배타적 영업지역 제도를 운영하는 경우에는 해당 가맹사업과 같은 업종의 범위 및 영업표시의 종류도 반드시 기재합니다.

2) 영업지역의 설정 기준과 변경 가능성 및 그 사유

당사는 영업지역을 다음과 같이 정하고 있으며 경우에 따라 일부 변경될 수 있습니다.

| 설정 기준① | 설정방법② | 변경 가능 여부③ | 변경 사유④ |
|---|---|---|---|
| 인구 ㅇ만명 당 1점포 | 별지에 영업지역 표시 | 가맹점사업자 동의시 | 상권 변화(기관 입주, 아파트 입주 등), 고객 선호 변화, 경쟁 영업표지 입점의 사유로 기존 가맹점사업자의 영업지역 내 예상매출액이 다른 가맹점사업자의 평균예상매출액보다 2.5배 이상으로 나타나는 경우 |
| 점포를 중심으로 반경 ㅇㅇkm | 별지에 영업지역 표시 | 가맹점사업자 동의시 | 상권 변화(기관 입주, 아파트 입주 등), 고객 선호 변화, 경쟁 영업표지 입점의 사유로 기존 가맹점사업자의 영업지역 내 예상매출액이 다른 가맹점사업자의 평균예상매출액보다 2.5배 이상으로 나타나는 경우 |
| 행정구역당 1점포 | 별지에 영업지역 표시 | 가맹점사업자 동의시 | 상권 변화(기관 입주, 아파트 입주 등), 고객 선호 변화, 경쟁 영업표지 입점의 사유로 기존 가맹점사업자의 영업지역 내 예상매출액이 다른 가맹점사업자의 평균예상매출액보다 2.5배 이상으로 나타나는 경우 |
| … | | | |

① 가맹점사업자의 영업지역을 정하는 구체적인 기준을 기재하십시오.
② 예시: 계약서 별지에 구역(지도)으로 표시, 행정구역별로 표시 등
③ 독점적·배타적 영업지역 설정으로 영업지역은 변경가능하지 않으나, 가맹점사업자가 동의할 경우는 가능
④ 영업지역을 변경할 수 있는 사유를 구체적으로 기재하되, 계약서상의 내용과 일치하여야 합니다.

### 3) 영업지역을 재조정(변경)하는 경우의 절차

당사는 영업지역을 재조정하기에 앞서 가맹점사업자의 동의를 얻고 있으며 구체적인 절차는 다음과 같습니다.

| 재조정 절차 | 동의를 얻는 방법 |
|---|---|
| 재조정 사유 발생 → 당사 담당팀 검토 → 영업지역 변경(안) 작성 → 가맹점사업자에게 서면 통지 → 가맹점사업자 동의 → 영업지역 변경 완료 | 영업지역 변경(안)을 서면으로 통지하고 30일 이내에 동의 여부 회신<br>동의가 있는 경우 15일 이내에 영업지역 재조정 완료(신규 점포 입점 가능) |

[당사는 계약기간 중 가맹점사업자의 동의 없이 영업지역을 변경할 수 없습니다. 다만, 가맹본부는 도로사정의 변경이나 재개발 등으로 인하여 영업지역이 충돌되는 경우에는 가맹점사업자 상호간의 이해관계를 합리적으로 조정할 수 있습니다.]

〈유형 2(개정 가맹사업법)〉

1) 독점적 · 배타적 영업지역 설정

[당사는 가맹사업거래의 공정화에 관한 법률 제12조의4에 의거 가맹계약 체결 시 가맹점사업자의 영업지역을 설정하여 가맹계약서에 영업지역을 명시하고 있습니다.]

[당사 및 당사의 계열회사는 가맹계약기간 중에는 정당한 사유없이 가맹점사업자의 영업지역 내에 동일한 업종의 직영점 · 가맹점을 추가 개설하지 않습니다. 동일한 업종의 범위 및 동일한 업종에 해당하는 당사 및 당사의 계열회사의 영업표지는 다음과 같습니다.]

| 동일한 업종 범위① | 동일한 업종 영업표지② | |
|---|---|---|
| | 가맹본부 | 계열회사 |
| 돼지고기 또는 소고기 구이를 전문으로 하는 가맹사업 | 반포삼겹살 | 세종오겹살 |

① 동일한 업종이란 수요층의 지역적 · 인적 범위, 취급품목, 영업형태 및 방식 등에 비추어 동일하다고 인식될 수 있을 정도의 업종을 말하며, 가맹본부가 운영하는 가맹사업과 동일한 업종의 범위를 상세하게 기재합니다.
② 동일한 업종에 해당하는 가맹본부 및 계열회사의 영업표지의 종류를 가맹본부와 계열회사로 구분하여 기재합니다.

2) 영업지역 설정기준

[당사는 영업지역을 다음과 같이 정하고 있습니다.]

| 설정 기준① | 설정방법② |
|---|---|
| 인구 ○만명 당 1점포 | 별지에 영업지역 표시 (지도별첨을 원칙으로 함) |
| 점포를 중심으로 반경 ○○km | 별지에 영업지역 표시 (지도별첨을 원칙으로 함) |
| 행정구역당 1점포<br>단, 특수상권(백화점, 마트, 시장, 지하상가, 공항, 호텔 등)은 행정구역과 상관없이 별도의 영업지역으로 인정 | 별지에 영업지역 표시 (지도별첨을 원칙으로 함) |
| … | |

① 가맹점사업자의 영업지역을 정하는 구체적인 기준을 기재하십시오.
② 예시: 계약서 별지에 구역(지도)으로 표시, 행정구역별로 표시 등

### 3) 가맹계약 갱신과정에서 영업지역을 재조정할 수 있는 사유 및 절차

[당사는 가맹사업거래의 공정화에 관한 법률 제12조의4에 의거 가맹계약 갱신시 다음과 같은 사유가 발생하는 경우에 한해서 가맹점사업자와 협의를 통하여 기존 영업지역을 합리적으로 조정할 수 있습니다. 구체적인 절차는 다음과 같습니다.]

| 영업지역 재조정 사유 | 재조정 절차 | 동의를 얻는 방법 |
|---|---|---|
| ① 재건축, 재개발, 신도시 건설 등 대규모개발로 인하여 상권의 급격한 변동이 발생하는 경우<br>② 해당 상권의 거주인구 또는 유동인구가 현저히 변동되는 경우<br>③ 소비자의 기호변화 등으로 인하여 해당 상품·용역에 대한 수요가 현저히 변동되는 경우<br>④ 위의 사유에 순하는 사유로 인하여 영업지역을 그대로 유지하는 것이 현저히 불합리하다고 인정되는 경우 | 재조정 사유 발생 → 당사 담당팀 검토 → 영업지역 변경(안) 작성 → 가맹점사업자에게 서면 통지 → 가맹점 사업자 동의 → 영업지역 변경 완료 | 영업지역 변경(안)을 서면으로 통지하고 30일 이내에 동의 여부 회신<br>동의가 있는 경우 15일 이내에 영업지역 재조정 완료<br>(신규 점포 입점 가능) |

4) 영업지역 밖의 고객에게 상품이나 용역을 판매하는 데에 따르는 제한

[가맹점사업자는 가맹본부와 약정한 영업지역을 준수하시기 바랍니다. 영업지역을 벗어나 다른 가맹점사업자의 영역지역에 속한 고객에게 영업활동을 하는 경우 가맹본부는 다음의 조치를 취하여 가맹점사업자 상호간의 이해관계를 합리적으로 조정할 수 있습니다.]

[첫째, 가맹점사업자가 다른 가맹점사업자의 영업지역의 고객과 거래하는 경우 가맹본부가 두 가맹점사업자 간의 보상금 지불에 대한 중재안을 제시하는 행위]

[둘째, 영업지역을 침해받은 가맹점사업자의 영업지정 조정 요구가 있는 경우 매출액 현황 조사 등 필요한 조치를 취하는 행위]

[셋째, 특정 가맹점사업자가 다른 가맹점사업자의 영업지역을 반복적으로 침해하여 '반포삼겹살' 영업표지 이미지에 심각한 손해를 가한 경우 그 가맹점사업자에게 행위의 시정을 요구하고 손해배상액을 청구하는 행위]

※ 가맹점사업자의 영업지역을 가맹본부가 침해하는 것은 불공정거래행위로 문제가 될 수 있으나 다른 가맹점사업자가 침해하는 것은 원칙적으로 허용됩니다. 따라서 가맹점사업자 간 분쟁은 민사문제로 해결하도록 하시되, 법령에서 허용된 범위에서 필요한 조치를 예시와 같이 기재하시기 바랍니다.

※ 가맹사업법 시행령 관련 조문(별표2 제2호 구속조건부 거래 라목)

라. 영업지역의 준수강제

부당하게 가맹점사업자에게 영업지역을 준수하도록 조건을 붙이거나 이를 강제하는 행위

다만, 다음의 어느 하나에 해당하는 행위는 제외한다.

(1) 가맹본부가 가맹점사업자의 영업거점지역을 정하는 행위
(2) 가맹점사업자가 자기의 영업지역에서의 판매책임을 다한 경우에 영업지역 외의 다른 지역에서 판매할 수 있도록 하는 행위
(3) 가맹점사업자가 자기의 영업지역 외의 다른 지역에서 판매하고자 하는 경우 그 지역의 가맹점사업자에게 광고선전비 등 판촉비용에 상당하는 일정한 보상금을 지불하도록 하는 행위

5) 그 밖에 영업지역에 관한 내용

※ 상기의 기재사항 외, 영업지역 관련 영업방침이 있을 경우 기재합니다.

## 5. 계약기간, 계약의 갱신 · 연장 · 종료 · 해지 · 수정

1) 가맹계약 및 갱신 기간

[반포삼겹살] 가맹사업의 계약기간은 [계약체결일로부터] [ ]년이며, 가맹계약 갱신시 계약기간은 [계약갱신일로부터] [ ]년입니다.

※ 가맹계약의 종류(type)가 여러 가지가 있고, 각각 계약기간이 다른 경우 나누어 기재합니다.

2) 계약 연장이나 재계약, 또는 계약 종료에 필요한 절차

가맹사업거래의 공정화에 관한 법률 제13조 및 같은 법 시행령 제14조에 따라 귀하에게는 가맹계약의 갱신을 요구할 수 있는 권리가 최초 계약일로부터 10년간 주어집니다. 구체적인 절차는 다음과 같습니다.

| 순 서 | 기간(계약만료일: D-day) |
|---|---|
| ① 가맹점사업자가 계약갱신을 요구하였습니까?<br>예 → ②, 아니오 → ⑦ | D-180~D-90 |
| ② 3)에서 정한 계약갱신 거절 사유에 해당합니까?<br>예 → ④, 아니오 → ③ | D-180~D-90 |
| ③ 가맹본부가 계약조건 변경을 서면으로 통지하였습니까?<br>예 → ⑤, 아니오 → A | D-180~D-90 |
| ④ 가맹본부가 가맹점사업자에게 거절 사유를 적은 서면으로 거절 통지를 하였습니까?<br>예 → B, 아니오 → A | ①+15일 이내 |
| ⑤ 가맹점사업자가 계약조건 변경에 동의하였습니까?<br>예 → C, 아니오 → ⑥ | |
| ⑥ 변경된 계약조건이 다른 가맹점사업자에게 통상적으로 적용되는 계약조건입니까?<br>예 → B, 아니오 → D | |
| ⑦ 가맹본부가 계약갱신을 하지 않겠다는 사실을 서면으로 통지하였습니까?<br>예 → B, 아니오 → ⑧ | D-180~D-90 |
| ⑧ 가맹점사업자가 계약갱신 또는 계약조건에 대하여 이의를 제기하였습니까?<br>예 → E, 아니오 → A | D-60일 이전 |
| A. 종전과 같은 조건으로 다시 가맹계약 체결 | D-day |
| B. 계약기간이 만료되는 날 계약 종료 | D-day |
| C. 변경된 조건으로 다시 가맹계약 체결 | D-day |
| D. 양자가 합의하여 계약조건을 바꾸어야 함(가맹본부가 계약 변경을 강행할 경우 불공정거래행위에 해당할 수 있음) | - |
| E. 양자가 합의하여 계약을 만료하거나 변경된 조건으로 다시 가맹계약 체결(민사상 문제로 가맹사업법에서 특별하게 제한하는 규정 없음) | - |

### 3) 계약 갱신 거절(종료) 사유

당사가 가맹계약의 갱신요구를 거절할 수 있는 사유는 다음과 같습니다.

| 갱신요구 거절 사유 | 관련 계약조문 |
|---|---|
| ○ 가맹계약상의 가맹금 등의 지급의무를 지키지 아니한 경우 | ○조 ○항 |
| ○ 다른 가맹점사업자에게 통상적으로 적용되는 계약조건이나 영업방침을 귀하가 수락하지 아니한 경우 | ○조 ○항 |
| ○ 가맹점 운영에 필요한 점포·설비의 확보나 법령상 필요한 자격·면허·허가의 취득을 하지 못한 경우 | ○조 ○항 |
| ○ 판매하는 상품이나 용역의 품질을 유지하기 위하여 필요한 제조공법 또는 서비스기법을 지키지 않은 경우 | ○조 ○항 |
| ○ [반포삼겹살] 경영에 필수적인 지식재산권을 보호하기 위한 방침을 지키지 않은 경우 | ○조 ○항 |
| ○ 정기적으로 실시하는 교육·훈련을 준수하지 않은 경우(다만, 교육·훈련 비용이 같은 업종의 다른 가맹본부가 통상적으로 요구하는 비용보다 뚜렷하게 높은 경우는 제외합니다.) | ○조 ○항 |

※ 가맹계약서에 기재되지 않은 사유를 정보공개서에 기재하여서는 아니됩니다.

4) 계약 해지 사유 및 그 절차

당사가 귀하와의 가맹계약을 해지할 수 있는 사유는 다음과 같습니다.

| 계약 해지 사유 | 관련 계약조문 |
|---|---|
| ○ | ○조 ○항 |
| ○ | ○조 ○항 |
| ○ | ○조 ○항 |
| … | |

가맹사업거래의 공정화에 관한 법률 제14조와 같은 법 시행령 제15조에 따라 당사는 가맹계약을 해지하려는 경우에는 귀하에게 서면으로 2개월 이상의 유예기간을 두고 계약의 위반 사실 및 이를 시정하지 않을 경우 계약을 해지한다는 사실을 2회 이상 통지하고 있습니다. 이러한 절차를 거치지 않은 계약해지는 무효가 됩니다.

다만, 가맹사업법 시행령 제15조의 계약해지 사유에 해당되는 아래의 경우에는 2개월 이상의 유예기간이나 2회 이상의 서면통지 없이 계약서에 따른 절차를 거쳐 계약이 해지될 수 있으므로 주의하여야 합니다.

| 즉시계약 해지 사유 | 관련 계약조문 |
|---|---|
| ◦가맹점사업자에게 파산 신청이 있거나 강제집행절차 또는 회생절차가 개시된 경우 | ○조 ○항 |
| ◦가맹점사업자가 발행한 어음・수표가 부도 등으로 지불정지된 경우 | ○조 ○항 |
| ◦천재지변, 중대한 일신상의 사유 등으로 가맹점사업자가 더 이상 가맹사업을 경영할 수 없게 된 경우 | ○조 ○항 |
| ◦가맹점사업자가 공연히 허위사실을 유포함으로써 가맹본부의 명성이나 신용을 뚜렷이 훼손하거나 가맹본부의 영업비밀 또는 중요정보를 유출하여 가맹사업에 중대한 장애를 초래한 경우 | ○조 ○항 |
| ◦가맹점사업자가 가맹점 운영과 관련되는 법령을 위반하여 이를 시정하라는 내용의 행정처분(과징금・과태료 등의 부과처분을 포함한다)을 통보받고도 행정청이 정한 시정기한(시정기한을 정하지 아니한 경우에는 통보받은 날부터 10일) 내에 시정하지 않는 경우 | ○조 ○항 |
| ◦가맹점사업자가 가맹점 운영과 관련되는 법령을 위반하여 자격・면허・허가 취소 또는 영업정지 명령(15일 이내의 영업정지 명령을 받은 경우는 제외한다) 등 그 시정이 불가능한 성격의 행정처분을 받은 경우. 다만, 법령에 근거하여 행정처분을 갈음하는 과징금 등의 부과 처분을 받은 경우는 제외한다. | ○조 ○항 |
| ◦가맹점사업자가 법 제14조제1항 본문에 따른 가맹본부의 시정요구에 따라 위반사항을 시정한 날부터 1년(계약갱신이나 재계약된 경우에는 종전 계약기간에 속한 기간을 합산한다) 이내에 다시 같은 사항을 위반하는 경우. 다만, 가맹본부가 시정을 요구하는 서면에 다시 같은 사항을 1년 이내에 위반하는 경우에는 법 제14조제1항의 절차를 거치지 아니하고 가맹계약이 해지될 수 있다는 사실을 누락한 경우는 제외한다. | ○조 ○항 |
| ◦가맹점사업자가 가맹점 운영과 관련된 행위로 형사처벌을 받은 경우 | ○조 ○항 |
| ◦가맹점사업자가 공중의 건강이나 안전에 급박한 위해를 일으킬 염려가 있는 방법이나 형태로 가맹점을 운영하는 경우 | ○조 ○항 |
| ◦가맹점사업자가 정당한 사유 없이 연속하여 7일 이상 영업을 중단한 경우 | ○조 ○항 |

※ 보다 자세한 내용은 가맹사업법 제14조 및 같은 법 시행령 제15조를 참고하기 바랍니다.
※ 가맹계약서에 기재되지 않은 사유를 정보공개서에 기재하여서는 아니됩니다.
※ 가맹계약 즉시해지사유는 가맹사업법 제14조 및 같은 법 시행령 제15조에 규정된 사유를 기재하시기 바랍니다.

5) 계약 수정의 사유, 사전 통보 여부 및 동의 절차

당사는 계약기간 중에 계약서의 내용을 변경하지 않는 것을 원칙으로 합니다. 다만, 다음의 경우에는 [귀하의 동의를 얻어] 계약 조건을 수정할 수 있습니다.

| 계약 수정 사유 | 관련 계약조문 |
|---|---|
| ○ | ○조 ○항 |
| ○ | ○조 ○항 |
| ○ | ○조 ○항 |
| … | |

| 재조정 절차 | 동의 절차 |
|---|---|
| 계약 수정 사유 발생 → 당사 담당팀 검토 → 수정계약서(안) 작성 → 가맹점사업자에게 서면 통지 → 가맹점사업자 동의 → 수정 완료 | 수정 계약서(안)를 서면으로 통지하고 30일 이내에 동의 여부 회신<br>동의가 있는 경우 수정계약서에 정한 날부터 효력 발생 |

※ 예시처럼 계약 수정 절차나 동의를 얻는 방법은 최대한 자세히 기재하되, 동의를 얻지 못할 경우 가맹본부의 조치에 대해서도 반드시 기재하여야 합니다.

## 6. 가맹점운영권의 환매 · 양도 · 상속 및 대리행사

1) 가맹점운영권의 환매

당사는 [귀하가 가맹점을 운영하다가 개인 사정 등으로 조기에 계약

을 해지하려는 경우 새로운 가맹점사업자를 찾을 때까지 일시적으로]① 가맹점운영권을 다시 사들여 직영점 체제로 운영하는 제도를 운영하고 있습니다. 자세한 내용은 다음과 같습니다.

| 환매 조건② | 환매 절차③ | 비고④ |
|---|---|---|
| ○가맹점에게 계약서 ○○조, ○○조, ○○조, ○○조의 계약 해지 사유가 존재하지 않을 것<br>○가맹점사업자의 매출액이 당사가 정한 기준 이상일 것<br>○가맹점운영 기간이 2년 이상일 것<br>○… | 가맹점사업자가 소정의 양식을 갖추어 가맹본부에 환매 신청 → 당사 담당팀 검토(현장조사 포함, 20일 가량 소요) → 환매 여부 통지 | 문의: ○○팀<br>(02-xxx-xxxx) |

① 가맹점운영권 환매 제도를 운영하고 있는 경우에 그 사유를 알기 쉽게 기재합니다.
② 환매에 필요한 조건을 자세하기 기재합니다.
③ 대략적인 소요기간 등도 가능하면 기재합니다.
④ 그 밖에 가맹점사업자에게 필요한 내용을 기재합니다.

2) 가맹점운영권의 양도①

귀하가 가맹점운영권을 다른 사업자에게 양도하기 위해서는 [사전에 당사에게 서면으로 그 사실을 통지하여야 하고, 당사의 승인이 있어야만 합니다.] 자세한 내용은 다음과 같습니다.

| 양도 가능 조건② | 양도 절차③ | 비고④ |
|---|---|---|
| ○양수인이 당사가 정한 가맹점 운영 기준을 준수할 것<br>○… | 가맹점사업자가 서면으로 양도 신청 → 당사 담당팀 검토(양수인 면담 포함, 30일 가량 소요) → 승인 여부 통지 → 양도인, 양수인, 가맹본부의 양수·양도 계약 체결(5일 소요) → 가맹점운영권 이전 완료 | 문의: ○○팀<br>(02-xxx-xxxx) |

[당사가 양도를 승인하면 양수인은 양도인의 모든 권리의무를 승계

하게 되며 양수인은 교육비 및 계약이행 보증금을 납입하여야 합니다. 다만, 양수인이 원할 경우 당사는 양수인과 신규 가맹계약을 맺을 수 있습니다. 이 경우 신규가맹계약일지라도 가맹점 모집비용, 개점행사비 등이 일반적인 신규가맹계약보다 적게 소요될 경우에는 비용 소요액에 상응하는 가맹금을 당사와 협의하여 지급하실 수 있습니다.]

① 가맹점사업자가 계약기간 중에 운영권을 양도·양수계약을 통해 다른 사람에게 넘기는 경우 해당됩니다.
② 양도에 필요한 조건을 자세하기 기재합니다. 가맹점사업자는 가맹본부와 독립된 사업자로서 조건을 지나치게 까다롭게 설정하는 경우 불공정거래행위에 해당할 수 있습니다.
③ 대략적인 소요기간 등도 가능하면 기재합니다.
④ 그 밖에 가맹점사업자에게 필요한 내용을 기재합니다.

### 3) 가맹점운영권의 상속, 대리행사, 위탁 등

가맹점운영권은 원칙적으로 당사와 가맹계약을 체결한 귀하에게 주어집니다. 따라서 개인사정 등으로 가맹점운영권을 다른 사람에게 대리행사하게 할 경우에는 당사에 사전에 서면으로 그 사실을 통지하여야 합니다.

가맹점사업자의 상속인은 가맹점 영업을 상속할 수 있으며, 이 경우 상속개시일로부터 3개월 이내에 상속사실을 통지하여야 합니다. 다만, 상속인이 미성년자, 피성년후견인에 해당하거나 이에 준하는 사유가 있는 경우에는 가맹계약은 종료합니다.

| 구분① | 가능 여부(조건)② | 이전 범위③ | 절차④ | 기타 의무사항⑤ |
|---|---|---|---|---|
| 상속 | 상속인 사후통지시 | 모든 권리의무 | [앞서 내용을 참고하여 작성] | 교육수료 및 교육비 지급 |
| 대리행사 | 본부 승인시 가능 | 가맹점사업자가 지정한 범위 내의 권리의무 | | |
| 업무위탁 | 본부 승인시 가능 | - | | |
| … | | | | |

① 가맹점사업자가 계약기간 중에 운영권의 전부 또는 일부를 양수·양도 계약 외의 방법으로 다른 사람에게 넘기는 경우에 해당됩니다.
② ①의 행위가 인정되는지 여부를 기재하고, 인정될 경우 그 조건을 기재합니다.
③ 상속인(대리인, 수탁인 등 포함)에게 이전되는 가맹점운영권의 범위를 기재합니다.
④ 대략적인 소요기간 등도 가능하면 기재합니다.
⑤ 가맹점 운영에 필요한 교육이수에 따른 교육비 등이 있으면 기재합니다.

## 7. 경업금지, 영업시간 제한, 가맹본부의 영업장 관리·감독

### 1) 경업금지의 범위

당사는 계약기간 동안 [ 지역 내에서] 귀하가 [반포삼겹살]과 동일한 업종의 영업을 하는 행위를 금지하고 있습니다. 만약 귀하가 그러한 행위를 하기 위해서는 [사전에 가맹본부에 서면으로 그 사실을 통지하여야 합니다.] 자세한 내용은 다음과 같습니다.

| 경업금지 되는 업종① | 경업허가 절차② | 비고③ |
|---|---|---|
| ○ 일반인에게 식사류를 제공하면서 돼지고기나 쇠고기를 철판에 굽는 형태로 판매하는 업종<br>○ … | 가맹점사업자가 서면으로 경업허가 신청 → 당사 담당팀 검토(시장조사 포함, 30일 가량 소요) → 허가 여부 통지 → 완료 | 문의: ○○팀 (02-×××-××××) |

① 가맹점사업자가 쉽게 알 수 있도록 자세히 기재합니다.
② 대략적인 소요기간 등도 가능하면 기재합니다.
③ 그 밖에 가맹점사업자에게 필요한 내용을 기재합니다.
※ 경업금지의 범위를 동일업종이 아니라 유사한 업종까지 확대하는 것은 약관규제법상 무효가 됩니다.

### 2) 영업시간 및 영업일수 제한

당사는 [반포삼겹살]의 영업시간 및 영업일수를 제한하고 있습니다.

자세한 내용은 다음과 같습니다.

| 영업시간 | 영업일수 | 비고 |
|---|---|---|
| 1일 24시간 | 365일 연중 무휴 영업 | 문의: ○○팀<br>(02-xxx-xxxx) |

가맹사업거래의 공정화에 관한 법률 시행령 제15조제10호에 따라 귀하가 정당한 사유없이 연속하여 7일 이상 영업을 중단한 경우 가맹계약 해지가 될 수 있으므로 주의하시기 바랍니다.

[귀하는 가맹사업거래의 공정화에 관한 법률 제12조의3에 의거 오전 1시부터 오전 6시까지의 매출이 영업에 소요되는 비용에 비하여 저조하여 6개월간 영업손실이 발생하거나, 질병의 발생과 치료 등 불가피한 사유가 발생하는 경우 당사에 영업시간 단축을 요청할 수 있으며 영업시간을 조정해야 할 경우에는 사전에 담당팀에 통지하시기 바랍니다.]

3) 권장 종업원 수 및 영업장 근무 여부

당사는 귀하가 운영하는 가맹점포(영업장)의 종업원 및 근무 형태를 제한하고 있으며 자세한 내용은 다음과 같습니다.

| 권장① 종업원수 | 직접 근무 여부② | 대체 가능 인력③ | 비고④ |
|---|---|---|---|
| 3명 이상 | 직접 근무 | 점주의 배우자,<br>직계가족 | 점주의 부재시<br>가맹본부에 사전 통보 |

① 가맹본부가 종업원수를 제한하고 있는 경우 그 내용을 기재합니다.
② 가맹점사업자가 직접 영업장에서 근무해야 할 경우 그 내용을 기재합니다.
③ 가맹점사업자가 개인사정 등으로 직접 근무하지 못하는 경우 대체 가능 인력과 절차를 기재합니다.
④ 그 밖에 가맹점사업자에게 필요한 내용을 기재합니다.

4) 가맹본부의 영업장 관리 · 감독

당사는 귀하가 운영하는 가맹점포(영업장)를 정기적으로 관리 · 감독하고 있으며 자세한 내용은 다음과 같습니다.

| 관리 · 감독 항목① | 감독 절차 | 빈도 및 시기 | 담당팀② | 비고③ |
|---|---|---|---|---|
| 매장 청결(4항목) | 담당자 매장 방문 → 청결도 확인 → 관리표 작성 → 가맹점사업자 확인 및 서명 → 완료 | 4회/1주일 | 각 지역 ××팀 | |
| 친절도(5항목) | 담당자 매장 암행방문 → 주문 → 친절도 확인 → 관리표 작성 → 완료 | 1회/2주일 | 본사 ○○팀 | |
| 품질 관리(7항목) | 담당자 매장 방문 → 품질 확인 → 관리표 작성 → 가맹점사업자 확인 및 서명 → 완료 | 4회/1주일 | 각 지역 ××팀 | |
| … | | | | |

[당사는 감독의 공정성을 기하기 위하여 다음과 같은 가맹점 관리표를 작성하고 있습니다. 본 표는 감독이 끝난 후 귀하의 서명을 받아 (주)공정위와 귀하가 각 1부씩 보관하게 됩니다. ※ 관리표가 있는 경우 첨부합니다.]

① 가맹점사업자의 영업장을 관리 · 감독하는 항목을 자세히 기재합니다. 양이 많은 경우 별지에 기재합니다.
② 관리 · 감독을 실제 수행하는 담당팀을 기재합니다. 필요한 경우 연락처도 함께 기재합니다.
③ 그 밖에 가맹점사업자에게 필요한 내용을 기재합니다.

## 8. 광고 및 판촉 활동

1) 가맹본부와 가맹점사업자의 비용 분담 기준

당사는 [반포삼겹살 영업표지 이미지 제고 및 매출액 증대를 위한 전국 단위의] 광고 및 판촉 활동을 위해 필요한 비용을 [가맹점사업자와 나누어 부담하고 있습니다.] 자세한 내용은 다음과 같습니다.

| 구분① | 광고 성격② | 부담비율 | | 분담 절차④ | 비고⑤ |
|---|---|---|---|---|---|
| | | 본사부담③ | 가맹점부담 | | |
| 광고 전체 행사 | 상품광고 | 광고비의 50% | 광고비 50% 중 가맹점 총매출액 비율 따라 산정 | 광고 계획 공고 → 가맹점의 광고참여 여부 결정 → 가맹점부담액 제시(명세서) | 대중매체 광고 명절, Day 이벤트 행사 (전국 행사) |
| | 상품광고+가맹점모집광고 | 광고비의 75% | 광고비 25% 중 가맹점 총매출액 비율 따라 산정 | | |
| | 가맹점 모집광고 | 전액 부담 | 없음 | | |
| 판촉행사 | 할인행사 | 할인금액(소비자가) 50% | 할인금액(소비자가) 50% | 행사계획 공고 → 가맹점부담액 제시 → 가맹점의 행사 참여 결정 → 행사 시행 → 종료 후 최종분담금 확정 | 판촉행사 동의 절차를 거친 후 전체 가맹점 사업자의 70% 이상의 동의시 전체 적용 |
| | 증정행사 | 증정상품 출하가 50% | 증정상품 출하가 50% | 〃 | 〃 |
| | 팜플렛 등 제작 | 판촉물 제작비용 50% | 판촉물 제작비용 50% | 〃 | 〃 |
| | 기타 개별행사 | 행사에 따라 유동적 (2013년의 경우 행사별로 가맹점당 20~50만원 부담) | | 〃 | 〃 |
| 할인카드 · 멤버십 제휴서비스 | 제휴행사 | 서비스로 인한 월 할인금액의 50% | 서비스로 인한 월 할인금액의 50% | (가맹점) 월 할인금액 제시 → (가맹본부) 자료제출일로부터 10일 이내 부담액 송금 | 할인서비스 등의 종료시까지 |
| … | | | | | |

[전국단위의 광고일 경우 가맹점부담액은 광고비 중 일부를 광고시행 직전 분기의 각 가맹점사업자의 총매출액 비율에 따라 분담합니다. 지역 광고일 경우에는 해당 지역 내 가맹점사업자가 가맹점부담액 부분을 분담합니다.]

※ 실제 가맹본부의 광고 및 판촉활동 내용의 기재하셔야 합니다. 특히 할인카드·멤버스 제휴 서비스가 있으신 경우 해당 내용을 반드시 기재하셔야 합니다.

① 광고와 판촉행사를 구분하되 가능한 자세히 기재합니다. 할인카드·제휴서비스 사용으로 인한 비용 부담도 포함합니다.
② 반드시 광고의 성격(상품광고인지, 가맹점 모집광고인지 등)에 따라 구분하여 기재합니다.
③ 분담 비율이 있으면 비율을, 가맹점사업자가 정액으로 부담하면 그 액수를 기재합니다.
④ 분담 기준이 매번 달라질 경우 그 절차를 기재합니다.
⑤ 그 밖에 가맹점사업자에게 필요한 내용을 기재합니다.
※ 가맹점부담 비율을 제시할 경우에는 광고에 따른 예상이익 등을 고려해서 광고비의 산출근거를 명확하게 제시하여야 합니다. 특히 가맹점의 월매출액 대비 일정비율을 광고비로 부담시키는 경우에는 가맹점 매출을 구체적으로 산정하는 기준을 제시하여야 합니다.

2) 가맹점사업자의 독자적 광고·판촉 활동

[개별 가맹점사업자가 스스로 또는 다른 가맹점사업자와 함께 독자적으로 광고·판촉 활동을 할 수 있습니다. 이 경우 특별하게 필요한 절차는 없습니다.]

※ 가맹본부가 가맹점사업자의 독자적인 광고·판촉 활동에 대해 별도의 조건(사전 협의 등)을 요구하는 경우에는 그 내용을 기재합니다.

### 9. 영업비밀 보호에 관한 사항

당사의 영업비밀이란, 공공연히 알려져 있지 아니하고 독립된 경제적 가치를 가지는 것으로서, 가맹본부의 상당한 노력에 의하여 비밀로 유지된 생산방법, 판매방법, 그 밖에 영업활동에 유용한 기술상 또는 경영상의 정보를 말합니다.

귀하는 계약체결 및 가맹점 운영상 알게 된 가맹본부의 영업비밀을 계약기간은 물론 계약종료 후에도 제3자에게 누설해서는 안 됩니다. 가맹본부의 허락 없이 교육과 세미나자료 기타 가맹점운영과 관련하여 영업비밀이 담긴 관계서류의 내용을 인쇄 또는 복사할 수 없습니다.

당사의 영업비밀을 무단으로 유출할 경우 부정경쟁방지 및 영업비밀보호에 관한 법률에 의해 처벌 받을 수 있음을 알려드립니다. 또한, 당사의 영업비밀은 한국특허정보원의 영업비밀 원본 증명 서비스에 가입되어 있습니다.[※ 해당사항이 있는 경우 기재합니다.]

### 10. 가맹계약 위반시 손해배상에 관한 사항

이 계약의 당사자는 상대방의 계약위반이나 불법행위로 인한 손해에 대하여 손해배상액의 예정으로서 위약금을 청구하거나 별도로 손해배상을 청구할 수 있다.

| ※ 가맹계약서에 기재된 내용을 구체적으로 기재하시기 바랍니다. |
|---|

## Ⅵ. 가맹사업의 영업 개시에 관한 상세한 절차와 소요기간

### 1. 상담 · 협의 과정에서부터 가맹점 영업 시작까지 필요한 절차 요약

귀하가 당사와 가맹계약을 체결할 경우 상담일로부터 실제 가맹점이 개설될 때까지 걸리는 시간과 필요한 절차는 다음과 같습니다.

(단위: 천원, 부가세 포함)

| 구분 | 내용 | 소요기간① | 소요비용② |
|---|---|---|---|
| 합계 | | 47일 내외 | [00p~00p 참조] |
| 가맹희망자 문의 | - 전화문의 접수<br>- 희망지역 확인, 담당자 배정 | D-47 | |
| 사업 설명 · 상담 | - 정보공개서 제공<br>인근 10개 가맹점 현황문서 제공<br>- 가맹희망자 상담 | D-46~45 | |
| 점포개발 및 상권분석 실시 | - 입지선정<br>- 입지 주위 점포 정보 제공 | 필요시 실시 | |
| 최종 협의 | - 개설 승인<br>- 계약서 제공 | D-34~31 | |
| 가맹계약 체결 | - 계약 체결 | D-30 | |
| 가맹금 예치 | - ㅇㅇ기관에 가맹금 예치 | D-29(1일) | |
| 점포실측/설계 | - 투자비 산출 | D-27~25(3일) | |
| 실내외 공사착수 | - 도면협의 및 공사일정 확인 | D-24(1일) | |
| 인테리어 공사 | - 공사 실시 | D-24~5(20일) | |
| 교육 실시 | - 점포운영교육 실시 | D-7~4(3일) | |
| 점포 개설 | - 가맹점 개설 및 영업시작 | D-day | |

위 표에 따른 소요기간은 평균적인 가맹점을 기준으로 작성된 것으로, 협의 과정에서 시장상황 등에 따라 그 기간이 늘어날 수 있습니다.③

귀하는 본사와 계약을 체결하는 과정에서 변호사나 가맹거래사의 자문을 받을 수 있습니다. 자문이 필요하신 경우는 본사에 소속되어 있거나 업무 연관성이 있는 변호사나 가맹거래사를 제외하고 귀하께서 선택하신 변호사나 가맹거래사에게 정보공개서 및 가맹계약서 등에 대하여 자문을 받으시기 바라며, 특히 정보공개서에 대하여 자문을 받으신 경우에는 계약체결일이 정보공개서 제공 14일 후에서 7일 후로 단축됩니다.

① 소요기간이 정확하게 산정되지 않을 경우에는 추정된 기간임을 밝히고 상한과 하한을 포함한 구간으로 표시합니다.
② 소요비용은 앞서 기재한 가맹점사업자의 부담내용 관련 페이지를 참조하도록 합니다.
③ 기간이 늘어날 수 있는 사유를 구체적으로 기재합니다.

### 2. 가맹본부와의 분쟁 해결 절차

[가맹계약 당사자는 계약의 해석 또는 계약에 의해 명시되지 아니한 사항에 관하여 다툼이 있을 경우 법적 절차에 이르기 전까지 우선적으로 대화와 협상을 통해 분쟁을 해결하도록 합니다.]

[대화와 협상으로 분쟁이 해결되지 아니할 경우, 가맹사업거래의 공정화에 관한 법률 제22조에 따라 한국공정거래조정원의 가맹사업거래분쟁조정협의회에 조정을 신청하거나(연락처: 1588-1490, 홈페이지: http://www.kofair.or.kr) 다른 법령에 의해 설치된 중재기관에 중재를 신청할 수 있습니다.]

[중재를 신청하지 아니한 경우, 법적 분쟁에 관한 소송은 민사소송법상의 관할법원에 제기합니다. 단, 가맹본부와 가맹점사업자가 관할법원에 대해 약정할 경우에는 그러하지 아니합니다.]

※ 가맹본부가 분쟁 해결을 위하여 별도의 통제 시스템을 갖추고 있는 경우 자세히 기재합니다. 또한 가맹사업거래의 공정화에 관한 법률에 따른 분쟁조정협의회에 관한 내용도 기재하고, 민사소송 외에 중재제도를 통해 분쟁을 해결할 경우 그 내용도 포함합니다.

## Ⅶ. 가맹본부의 경영 및 영업활동 등에 대한 지원

### 1. 점포환경개선 시 비용지원 내역

[당사는 가맹사업거래의 공정화에 관한 법률 제12조의2 및 시행령 제13조의2 규정에 의거 다음의 사유가 발생하는 경우에 한하여 점포환경개선을 실시하고 있으며, 가맹점사업자의 점포환경개선에 소요되는 비용의 일부를 분담하고 있습니다. 분담비율 및 구체적 절차는 다음과 같습니다.]

[다만, 가맹사업거래의 공정화에 관한 법률 제12조의2 규정에 의거 가맹점사업자의 자발적 의사에 의하여 점포환경개선을 실시하는 경우 및 가맹점사업자의 귀책사유로 인하여 위생·안전 및 이와 유사한 문

제가 발생하여 불가피하게 점포환경개선을 하는 경우에는 비용분담을 하지 않습니다.]

| 점포환경개선 사유① | 가맹본부 부담 비용항목② | 가맹본부 부담 비용비율③ | 지급절차④ | 비용부담 제외사유⑤ | 비고 |
|---|---|---|---|---|---|
| ○ 점포의 시설, 장비, 인테리어 등의 노후화가 객관적으로 인정되는 경우<br>○ 위생이나 안전의 결함으로 인하여 가맹사업의 통일성을 유지하기 어렵거나 정상적인 영업에 현저한 지장을 주는 경우 | ○ 간판교체 비용<br>○ 인테리어 공사비용(장비·집기의 교체비용을 제외한 실내건축공사에 소요되는 일체의 비용. 단, 가맹사업의 통일성과 무관하게 가맹점사업자가 추가 공사를 실시함에 따라 소요되는 비용은 제외) | ○ 점포의 확장 또는 이전을 수반하지 않는 점포환경개선 : 20%<br>○ 점포의 확장 또는 이전을 수반하는 점포환경개선 : 40% | ○ 가맹점사업자의 비용청구(공사계약서 등 공사비용을 증빙할 수 있는 서류 첨부) → 90일 이내에 가맹본부 부담액을 가맹점사업자에게 지급<br>(단, 가맹본부와 가맹점사업자간 별도의 합의가 있는 경우 1년의 범위내에서 분할지급 가능)<br>〈분할지급 시 절차〉<br>○ 가맹점사업자의 비용청구(공사계약서 등 공사비용을 증빙할 수 있는 서류 첨부) → 3차에 걸쳐가맹본부 부담액을 분할 지급<br>(1차 : 청구일로부터 90일 이내, 총 부담액의 30%, 2차 : 1차 지급일로부터 60일 이내, 총 부담액의 30%, 3차 : 2차 지급일로부터 60일 이내, 총 부담액의 40%) | ○ 점포환경개선일로부터 3년 이내에 가맹본부의 책임없는 사유로 계약이 종료(계약의 해지·영업양도 포함)되는 경우 가맹본부 부담액 중 잔여기간에 비례하는 부담액은 지급하지 아니하거나 이미 지급한 경우에는 환수 가능 | |

| 점포환경개선 사유① | 가맹본부 부담 비용항목② | 가맹본부 부담 비용비율③ | 지급절차④ | 비용부담 제외사유⑤ | 비고 |
|---|---|---|---|---|---|
| ○ 점포의 시설, 장비, 인테리어 등의 노후화가 객관적으로 인정되는 경우<br>○ 위생이나 안전의 결함으로 인하여 가맹사업의 통일성을 유지하기 어렵거나 정상적인 영업에 현저한 지장을 주는 경우 | ○ 간판교체비용<br>○ 인테리어 공사비용(장비·집기의 교체비용을 제외한 실내건축공사에 소요되는 일체의 비용. 단, 가맹사업의 통일성과 무관하게 가맹점사업자가 추가 공사를 실시함에 따라 소요되는 비용은 제외)<br>○ 집기·장비교체비용 | ○ 가맹점사업자의 투자금액(임차료 등), 월평균 매출액 등을 고려하여<br>- 점포의 확장 또는 이전을 수반하지 않는 점포환경개선 : 50%~100%<br>- 점포의 확장 또는 이전을 수반하는 점포환경개선 : 50~80%<br>- 단, 집기·장비 교체비용은 20% 부담 | 〃 | 〃 | |
| … | | | | | |

① 가맹사업거래의 공정화에 관한 법률 시행령 제13조의2 규정상의 점포환경개선 사유를 기재합니다.
② 가맹본부가 부담하는 비용항목을 기재하되, 가맹사업거래의 공정화에 관한 법률에 따라 의무적으로 부담하여야 하는 항목(간판교체비용 및 인테리어 공사비용)은 반드시 포함하여 기재하여야 합니다.
③ 가맹본부가 부담하는 비용부담 비율을 기재하되, 가맹사업거래의 공정화에 관한 법률에 따라 의무적으로 부담하여야 하는 비율(점포 이전·확장 수반 시 40%, 점포 이전·확장 미수반 시 20%)은 반드시 포함하여 기재하여야 합니다.
④ 가맹사업거래의 공정화에 관한 법률 시행령 제13조의2 규정상의 지급절차를 기재하되, 분할지급 시 분할지급 시기, 분할지급 비율 등의 분할지급 절차를 상세히 기재합니다.
⑤ 가맹사업거래의 공정화에 관한 법률 시행령 제13조의2 규정상의 비용부담 제외사유를 기재합니다.

## 2. 판매촉진행사 시 인력지원 등 내역

[당사는 가맹점을 개설 또는 운영함에 있어 다음과 같은 지원제도를 운

영하고 있습니다. 다만, 해당 지원제도는 가맹본부의 경영사정 등에 의하여 가맹계약 기간 중이라도 지원여부 및 그 범위가 변경 또는 추가될 수 있습니다.]

(단위 : 천원, 부가세 별도)

| 지원 정책① | 주요 내용② | 지원조건③ | 지원 기간 | 지원금액④ | 비고⑤ |
|---|---|---|---|---|---|
| 개점 행사비 | 가맹점 오픈시 판촉인원 파견 및 전단지, 기념품 등의 판촉비용 지원 | 가맹점의 매장면적, 예상매출액에 따라 판촉인원 수 및 판촉비용 차등 지원 | 오픈일로부터 3일간 | 300만원 한도 | |
| 판촉 장려금 | 매월 가맹점 매입금액의 5% 이내 범위에서 장려금 지원 | 직전 2개월 평균 매입 금액이 1,000만원 이상 가맹계약 위반사항이 없을 것 *지원조건 미충족시 지원하지 않음 | 가맹계약기간 | 직전 2개월 평균 매입금액이 1,000~2,000만원 : 매입금액의 2% 2,000만원 초과~3,000만원 : 매입금액의 3% 3,000만원 초과시 : 매입금액의 5% | 익월 상품대금 차감방식으로 지원 |
| 판촉 지원 | 매월 전체 가맹점의 제품 주문량의 1~5%를 가맹점의 판촉물로 지원 | 없음 (전 가맹점 해당) | 가맹계약기간 | 소요되는 비용 전액 당사 부담 | |
| 판매용 집기 무상 대여 | 가맹점에 필요한 판매용집기를 계약기간 동안 부상대여 | 없음 (전 가맹점 해당) | 가맹계약기간 | 소요되는 비용 전액 당사 부담 | |
| 반품 지원 | 시즌행사(크리스마스, 연말연시, 가정의 날 등)시 출시되는 제품류 중 일정한 품목에 대하여 반품지원 | 시즌행사 제품류 중 반품지원 품목 지정상품에 한함 | 시즌행사 종료 후 30일 이내 | 가맹점 매입금액의 80% 인정하여 지원금액 산정 | |

| 지원 정책① | 주요 내용② | 지원조건③ | 지원 기간 | 지원금액④ | 비고⑤ |
|---|---|---|---|---|---|
| 마일리지 | 구매회원에 대한 2~5% 마일리지 적립 | 없음 (전 가맹점 해당) | 가맹계약기간 | 소요되는 비용 전액 당사 부담 | 가맹점 판촉마일리지 지급 |
| CRM | 우수고객에 대한 고객 유입 DM발송 | 없음 (전 가맹점 해당) | 분기별 1회 | 소요되는 비용 전액 당사 부담 | |
| 테스터 | 고객이 사용할 수 있는 테스터공급 지원 | 없음 (전 가맹점 해당) | 신제품 출시 시 | 소요되는 비용 전액 당사 부담 | |
| … | | | | | |

① 가맹본부가 운영하는 지원제도를 작성하되 최대한 자세히 구분하고 서로 겹치지 않도록 항목을 조정합니다.
② 가맹희망자가 지원하는 내용을 알 수 있도록 구체적으로 기재하고, 필요한 경우 주석을 다는 것도 바람직합니다.
③ 지원조건이 있는 경우 그 내용을 기재하고, 지원조건을 충족하지 못하면 지원을 하지 않는 경우 그 내용도 함께 기재합니다.
④ 정액인 경우 그 금액을, 정률인 경우 그 기준을 기재하되 금액이 확정되지 않는 경우에는 추정치임을 알 수 있도록 상한선과 하한을 포함한 구간으로 표시합니다.
⑤ 그 밖에 필요한 내용을 기재합니다.
※ 가맹본부가 운영하는 지원제도가 없는 경우에는 "해당없음"으로 기재합니다.

## 3. 경영활동 자문

[당사는 가맹점사업자의 경영활성화를 위하여 가맹점사업자의 경영활동에 대한 경영지도를 하고 있으며 자세한 내용은 다음과 같습니다.]

| 구 분 | 대상 및 내용① | 절 차② | 비용부담 | 비 고 |
|---|---|---|---|---|
| 가맹본부 요청 시 | 상품, 설비(집기), 판매촉진, 고객관리, 위생관리, 교육훈련, 회계 등 가맹점 운영 전반에 대한 경영지도 | 가맹본부는 경영지도계획서(경영지도내용, 기간, 경영진단 및 지도관계자의 성명, 소요비용 등 포함)를 가맹점사업자에게 제시 → 경영지도 후 [ ]일 이내에 가맹본부 담당자가 가맹점사업자에게 직접 방문하여 경영지도 결과 및 경영개선방안을 서면으로 제시하고 이를 설명 | 가맹본부 부담 | 문의: ○○팀 (02-xxx-xxxx) |
| 가맹점 사업자 요청 시 | 상품, 설비(집기), 판매촉진, 고객관리, 위생관리, 교육훈련, 회계 등 가맹점 운영 전반에 대한 경영지도 | 가맹점사업자 경영지도 요청 → 가맹본부는 경영지도계획서(경영지도내용, 기간, 경영진단 및 지도관계자의 성명, 소요비용 등 포함)를 가맹점사업자에게 제시 → 경영지도 후 [ ]일 이내에 가맹본부 담당자가 가맹점사업자에게 직접 방문하여 경영지도 결과 및 경영개선방안을 서면으로 제시하고 이를 설명 | 가맹점 부담 (가맹금에 포함된 통상의 경영지도 비용을 초과한 부분에 한함) | 문의: ○○팀 (02-xxx-xxxx) |
| … | | | | |

① 가맹본부가 경영지도하는 대상 및 내용을 가맹희망자가 알 수 있도록 구체적으로 기재합니다.
② 경영지도가 이루어지는 절차를 가맹희망자가 알 수 있도록 구체적으로 기재합니다.
※ 가맹본부가 가맹점사업자의 경영활동에 대해 경영지도를 하지 않는 경우에는 "해당없음"으로 기재합니다.

## 4. 신용 제공 등 내역

당사는 [반포심겹실] 가맹점사업자를 위하여 나음과 같이 신용 제공 또는 알선을 하고 있습니다.

(단위: 원, 부가세 포함)

| 신용명 또는 내용① | 신용제공자② | 금액③ | 신용 형태④ | 신용제공 조건⑤ |
|---|---|---|---|---|
| 자금 지원 | (주)공정위 | 최대 5천만원 | 신용 대출 | 임원 면담 후 결정 |
| 프랜차이즈 우대신용 대출 | 한강은행 | 최대 3천만원 | 담보 대출 | 가맹본부 확인<br>신용등급 ○○이상<br>5천만원 이상 담보 제공 |

[구체적인 신용제공 조건은 귀하의 신용상태에 따라 달라질 수 있습니다. 신용 지원을 원하는 경우 02-×××-××××로 상담하기 바랍니다.]

① 신용제공 상품명이 있으면 기재하기 바랍니다.
② 가맹본부 또는 신용제공 기관의 상호를 기재합니다.
③ 최대 제공 금액을 기재합니다.
④ 신용 대출, 담보 대출, 가맹본부 보증 등 실제 신용이 제공되는 형태를 기재합니다.
⑤ 신용 제공이 가능한 조건(필요 서류 포함)을 기재하되, 양이 많은 경우 별도의 주석을 다는 것도 바람직합니다.

## Ⅷ. 교육 · 훈련에 대한 설명

### 1. 교육 · 훈련의 주요내용

[당사는 반포삼겹살 운영에 필요한 제반 지식 및 노하우를 귀하에게 전수하기 위하여 교육 · 훈련을 실시하고 있습니다. 자세한 내용은 다음과 같습니다.]

| 구분 | 주요내용 | 교육방식① | 기한 | 비고② |
|---|---|---|---|---|
| 신규 교육 | 회사 소개<br>음식 가공<br>POS 사용, 입금 방법 등 | 합숙<br>실습교육<br>집단 강의 | 가맹계약 체결 후 1개월 이내 | 필수 교육 |
| 보수 교육 | 신메뉴 가공<br>종업원 관리 실무 등 | 실습교육 | 매년 가맹계약 체결일로부터 1개월 이내 | 매년 필수적으로 이수 |
| … | | | | |

> ① 집단 강의 및 실습 교육을 구분하여 기재합니다.
> ② 가맹점사업자가 반드시 이수하여야 하는 필수적 사항인지 여부를 포함합니다.

## 2. 교육 · 훈련의 최소시간 및 비용

귀하가 [반포삼겹살] 가맹사업을 운영하는데 필요한 교육 · 훈련의 최소시간 및 비용은 다음과 같습니다.

| 구분 | 최소시간 | 비용(단위: 천원, 부가세 포함) | 비고 |
|---|---|---|---|
| 신규 교육 | 7일(2박 3일 합숙 포함) | 1,100 | 최초 계약시 이수 |
| 보수 교육 | 3일 | 770 | 매년 필수적으로 이수 |
| … | | | |

## 3. 교육 · 훈련의 주체

교육 · 훈련은 가맹계약을 맺는 당사자가 직접 받아야 합니다. [다만, 귀하가 직접 받기 어려운 경우에는 본사의 사전 승인을 받아 가맹점을 함께 운영하는 사람으로 하여금 대신하게 할 수 있습니다.] 또한, 가맹계약 당사자가 원하여 당사자 외 직원도 같이 교육을 받게 되면 인원 추가에 따라 비용도 추가됩니다.

> ※ 교육 · 훈련을 받는 주체가 가맹계약 당사자가 아닌 경우 그 내용을 반드시 기재합니다.

## 4. 교육 · 훈련 불참시에 받을 수 있는 불이익

[기한내 신규 교육을 받지 않은 경우에는 가맹계약서 ○○조에 따라 ○○일 내로 교육을 이수하여야 합니다. 그렇지 않은 경우에는 가맹계약이 해지될 수 있습니다.]

[기한내 보수 교육을 받지 않은 경우에는 가맹계약서 ××조에 따라

××일 내로 교육을 이수하여야 합니다. 그렇지 않은 경우에는 본사가 정한 기준에 따라 벌점을 부여받는 등 불이익이 있을 수 있습니다.]

※ 정기적이고 의무적으로 실시되는 교육・훈련에 가맹점사업자가 불참한 경우에 받을 수 있는 불이익에 대하여 기재합니다.

〈 정보공개서 내용 문의 〉

◇ 이상의 정보공개서에 대하여 문의 사항이 있거나 정보공개서와 다른 사실을 발견한 경우에는 당사 ○○팀(02-×××-××××)으로 연락 주시면 친절하게 안내해 드리겠습니다.

◇ 가맹사업거래의 공정화에 관한 법률 관련 내용이 궁금하신 경우에는 공정거래위원회 고객지원담당관실(044-200-4239~4241) 또는 가맹거래과(help@ftc.go.kr)로 문의하십시오. 개별 정보공개서 내용에 관한 문의는 받지 않고 있으니 주의하시기 바랍니다.

◇ 이 정보공개서는 당사의 홈페이지[ ] 또는 가맹사업정보제공시스템(http://franchise.ftc.go.kr)에서도 확인하실 수 있습니다.

[별지]

## 가맹본부・가맹점사업자간 공정거래 및 상생협력 표준 협약서

(0000. 00. 00)

(주)○○○(이하 "□□□"이라 한다)은 영업표지 ◇◇◇의 △△△점 가맹점사업자(이하 "가맹점사업자"라 한다)와 거래를 함에 있어 상호간의 신뢰를 바탕으로 다음과 같이 "(가맹)공정거래 및 상생협력 협약"을 체결한다.

제 1 조(목적) 이 협약은 □□□과 가맹점사업자간의 자율적인 공정거래 질서 확립과 상생협력을 위한 지원으로 상호 경쟁력 제고와 상생협력을 추구하는 것을 목적으로 한다.

제 2 조(법률 준수) □□□과 가맹점사업자는 공정한 가맹거래를 위하여 "가맹사업거래의 공정화에 관한 법률 및 같은 법 시행령"(이하 '가맹사업거래법령'이라 한다) 등 가맹 관련법규를 성실히 준수한다.

제 3 조(공정한 가맹거래 등의 보장) □□□은 가맹점사업자와의 공정한 가맹거래를 위하여 다음 사항을 성실히 이행하기로 한다.(업종별 해당 사항 운용)

① 다음의 사항에 대하여 사전에 가맹점사업자와 충분한 합의를 통하여 서면 또는 전자식으로 계약서(약정서 포함)를 교부하고 거래한다.

1. 영업지역 설정・변경에 관한 사항

가. 영업지역의 설정・변경의 구체적 기준과 절차는 가맹점사업자에

게 사전에 공표한다.

나. 영업지역은 가맹점사업자의 점포예정지가 속한 상권의 입지여건, 거주·유동인구 등을 고려하여 합리적으로 설정·변경한다.

다. 계약기간 중 가맹점사업자의 영업지역에 동일 업종(계열회사를 포함한다)의 가맹점 또는 직영점을 설치하지 않는다.

라. 가맹계약서에 기재된 영업지역은 계약 기간 중 변경하지 않으며, 상권의 급격한 변동 등 사전에 약정한 정당한 사유가 없는 한 최소한 10년 동안 유지 한다.

2. 판촉 행사 등에 관한 사항

가. 가맹점사업자와 공동으로 판촉 행사를 실시하거나 할인 등의 행사(이하 '판촉행사 등'이라 한다)를 하는 경우 가맹점사업자와 충분한 사전협의 기간을 두고 진행한다.

나. 판촉행사 등을 실시하는 경우 가맹점사업자에게 사전에 판촉행사 등의 시기, 판촉물품의 종류, 비용분담기준 등 판촉행사 등의 주요내용을 제공하고 비용을 분담하도록 한다.

다. 판촉행사 등을 추진하는 경우 가맹점사업자에게 판촉행사 등의 비용이 일방적으로 부담되지 않도록 한다.

라. 판촉행사 등을 실시하면서 가맹점사업자의 참여를 강요하지 않는다.

마. 가맹점사업자의 자체적인 판촉행사 등을 강요하지 않는다.

3. 점포 환경 개선에 관한 사항

가. 점포 환경 개선을 진행하는 경우에는 점포 노후화 정도, 위생 및 안전상 결함여부 등을 감안하여 사전 협의 기간을 충분히 두고 진행한다.

나. 점포 환경 개선 주기, 진행 절차 및 비용부담 기준 등을 가맹점사업자에게 사전에 알리고 이를 약정한 후 시행한다.

다. 정당한 사유 없이 가맹점사업자에게 점포 환경 개선을 강요하지 않는다.

4. 로열티 등에 관한 사항

가. 로열티, 상품(이하 원·부재료 등을 포함한다)의 공급가격, 매출

총이익배분율 등(이하 "로열티 등"이라 한다)의 결정 또는 변경의 구체적 기준과 절차를 가맹점사업자에게 사전에 제공한다.

나. 로열티 등은 가맹점사업자의 매출 추이, 시장상황, 입지여건 등을 고려하여 합리적으로 결정한다.

다. 로열티 등은 항목별 또는 상품별로 가맹계약서에 기재하고, 원칙적으로 계약기간 중 로열티 등을 인상하지 않는다.

라. 로열티 등을 조정할 경우 조정 사유 및 산출근거를 미리 통지하고 가맹점사업자와 상호 협의하여 결정한다.

② 인테리어 공사업체 및 상품 공급업체(이하 "공급업체"라 한다)를 공정하고 객관적으로 선정·운용하기 위하여 공급업체 선정 기준 및 절차를 도입하여 이를 준수한다.

1. 공급업체 선정 기준 및 절차를 마련하여 이를 공표함으로써 가맹점사업자가 가맹본부의 추천 또는 지정 공급업체 이외의 사업자(이하 '비지정 공급업체'라 한다)와 거래할 수 있는 기회를 충분히 보장한다.
2. 가맹본부가 가맹점사업자의 비지정 공급업체 거래 승인 요청을 거부하는 경우에는 그 사유를 기재한 서면을 가맹점사업자에게 제공한다.
3. 가맹점사업자가 비지정 공급업체를 통해 인테리어를 할 경우 업종별 특성 등을 고려한 통상적인 수준보다 높은 감리비를 수취하는 방식 등으로 사실상 가맹본부와 거래하도록 강요하지 않는다.
4. 가맹본부가 가맹점사업자와 인테리어공사계약을 체결하고 가맹본부와 인테리어 공사업체에게 도급을 주는 경우 도급계약서 및 도급금액 정보를 해당 가맹점사업자에게 제공한다.

③ 불공정 거래행위의 사전예방 및 감시시스템을 구축하기 위하여 내부심의 위원회 및 불공정거래행위 신고센터를 도입하여 운용한다.

1. 내부심의 위원회는 가맹사업 관련 담당 임원을 포함하여 3인 이상의 위원으로 구성하되, 가맹본부의 이익을 대표하는 위원, 가맹점사업자의 이익을 대표하는 위원, 공익을 대표하는 위원을 동수로 구성한다.
2. 내부심의 위원회를 월 1회 이상 정기적으로 개최하여야 하며, 현안 발생 시 수시로 개최할 수 있다.
3. 내부심의 위원회는 영업지역 설정·변경에 관한 사항, 판촉행사 등

에 관한 사항, 점포 환경 개선에 관한 사항, 로열티 등에 관한 사항, 공급업체 선정에 관한 사항 등 가맹점사업자의 영업활동 및 비용부담에 상당한 영향을 미치는 사항을 사전에 심의한다.

4. 내부심의 위원회는 필요한 경우 가맹본부와 가맹점사업자간, 가맹점사업자간 분쟁을 조정할 수 있다.
5. 내부심의 위원회는 가맹점사업자의 의견을 청취할 수 있으며, 이 경우 필요시 익명성이 보장되어야 한다.
6. 가맹본부는 홈페이지 또는 내부통신망 등에 불공정거래행위 신고센터를 개설・운영한다.
7. 가맹본부는 불공정거래행위 신고센터에 접수된 내용, 신고인 등의 정보가 가맹본부 내・외부에 알려지지 않도록 필요한 조치를 하여야 하며, 신고내용이 가맹사업법 등 관련 법규 위반에 해당되는 경우 반드시 내부심의 위원회에서 상정하여 심의하도록 하여야 한다.
8. 내부심의 위원회 심의 안건이 가맹사업법 등 관련 법규에 위반될 소지가 있는 경우에는 스스로 시정하여야 하며, 관련 임직원의 고의 또는 중대한 과실이 있는 경우에는 위반정도에 상응하는 제재조치(예시 인사상 불이익 등)를 취하여야 한다.
9. 불공정거래행위 신고센터 접수내용 및 조치사항, 내부심의 위원회 심의결과 및 조치사항 등과 관련한 문서는 심의종료일로부터 3년 이상 보관하여야 한다.

제 4 조(업종별 표준거래계약서의 사용) □□□은 서면거래문화 활성화를 통한 공정한 납품거래를 위하여 업종별 표준거래계약서를 도입・사용한다.

제 5 조(상생협력을 위한 지원) □□□은 가맹점사업자와의 상생협력을 위하여 가맹점사업자의 재무 건전화, 상품대금 지급조건 개선, 전문능력 제고 등 경쟁력 향상을 위한 다양한 지원프로그램을 마련하여 다음과 같이 지원・운영한다.

① 로열티 등의 합리적 결정

가맹본부는 가맹점사업자의 매출 추이, 시장상황, 입지여건 등을 고려하여 로열티 등을 합리적으로 결정한다. 가맹본부는 가맹본부와 가맹점사업자간 상호 이익의 균형을 맞출 수 있는 범위 내에서 로열티 등이 점진적으로 개선 또는 조정되도록 적극 노력한다.

② 금융(자금) 지원

○ 직접지원 : ○○억원

- 가맹점사업자의 긴급 운영자금 지원(대여) : ○○억원
- 가맹점사업자의 장비 도입 자금 등 지원 · 대여 : ○○억원
- 신용카드 수수료 지원 : ○○억원
  * 가맹점사업자의 매출총이익을 기준으로 가맹본부와 가맹점사업자가 이익을 배분하는 경우 제외

○ 간접지원 : 금융기관을 통한 가맹점사업자 자금대출 지원 제도 도입 · 운용

- 금융기관과 가맹점사업자 대출지원을 위한 약정체결을 통한 자금지원(예: 네트워크론)
  (○○은행과 약정체결, 대출약정한도 ○○○억원)
- 중소기업청의 프랜차이즈 수준평가에 따른 가맹점 연계 지원 : ○○억원

○ 혼합지원 : 상생펀드 ○○○억원 조성

- 가맹점사업자에게 저리의 자금대출 지원을 위하여 금융기관과 공동으로 ○○○억원의 "상생펀드를 조성하여 운용한다(□□□ ○○○억원, 금융기관 ○○○억원 부담).
- □□□의 계열사인 △△△이 조성한 상생펀드 ○○○억원을 이용(60% : ○○억원하여 □□□의 가맹점사업자에게 저리의 자금대출 지원(○○은행과 □□□와 계열사인 △△△간 약정체결)

○ 특별지원 : ○○억원

- 가맹점사업자에게 대출보증 또는 대출지원을 위하여 신용보증기금법(또는 기술신용보증기금법)에 의한 보증기금 ○○억원을 신용보증기금(또는 신용기술보증기금)에 출연한다.

③ 상품대금 지급조건 개선

○ 상품대금 관련 계약이행보증금 한도 개선

– 현재 전체 가맹점사업자의 1회 평균 상품대금의 5배 이상('○○.○○~'○○.○○) → 3배 이하('○○.○○~'○○.○○)

○ 상품대금 지급 기일 또는 횟수 개선

– 현재 매일 마감 당일 지급 → 월 1회 마감, 마감일로부터 7일 경과 후 지급으로 개선

※ 상품(원·부재료 등 포함) 공급 등을 통해 가맹본부의 수익이 발생하는 경우에 적용

③ 위약금 등의 한도 개선

○ 일일송금 의무 위반에 대한 지연가산이자율 개선

– 현재 지연가산이자율 25%('○○.○○~'○○.○○) → 12%('○○.○○~'○○.○○)

○ 중도해지 시 위약금 한도 개선

– 현재 계약 잔여기간에 따라 최대 8개월분의 가맹수수료 위약금 부과('○○.○○~'○○.○○) → 최대 6개월분 부과 ('○○.○○~'○○.○○)

* 계약 잔여기간별로 부과하는 위약금 수준을 세분화

※ 가맹점사업자의 매출총이익을 기준으로 가맹본부와 가맹점사업자가 수익을 배분하는 경우에 적용

④ 교육·훈련 지원

○ 가맹점사업자 임직원 재무, 회계, 위기관리 기법 등 교육(연1회/000개점 이상)(신규)

○ 가맹점사업자의 경쟁력 강화를 위한 경영, 품질 향상 및 안전교육 실시('○○ : 연○회, ○○개사 → '○○ : 연○회, ○○개사)(확대)

⑤ 점포 폐점 지원

○ 판매 또는 공급이 가능한 상품 등 반품 한도 개선

– 현대 판매 가능한 상품 매입내금의 40% 반품('○○.○○~'○○.○○) → 80% 이상 반품('○○.○○~'○○.○○)

⑥ 점포 개발 및 영업 담당 임원에 대한 상생협력 추진실적 평가시스템 도입

○ 점포 개발 및 영업 담당 임원평가 시 가맹점사업자와의 상생협력 추

진실적에 중점을 두어 평가

⑦ 상생협력 전담부서 운영, 윤리경영 시스템 구축 등

◦○○팀을 상생협력 전담부서로 지정하여 운영

◦당사 임직원 및 가맹점사업자의 부정당 거래를 방지하기 위한 윤리규범 제정 운영

◦당사 임직원·가맹점사업자의 비위제보 및 불공정거래행위 신고센터 운영

◦거래계약 체결 시 당사의 윤리규범 준수 서약서 징구

⑧ 가맹점사업자의 경영과 관련된 직·간접적 지원

◦가맹점 운영과 관련하여 가맹점사업자와 제3자(행정기관, 점포 임대인 등) 사이에서 발생하는 분쟁 해결을 위한 행정적·법률적 지원

◦가맹점사업자의 후생복지를 지원하는 프로그램 운영 등

제6조(가맹점사업자의 상생협력을 위한 협력사항) 가맹점사업자는 □□□과 가맹거래를 함에 있어 다음과 같이 협력 방안 이행 등을 위하여 노력한다.

① 신의성실의 원칙에 입각한 계약 이행

② 비지정 공급업체와의 거래를 요청하는 경우 그 사유를 명시하여 객관적인 증빙자료와 함께 서면(전자서면 포함)으로 요청

③ 가맹본부의 윤리규정 준수

제7조(협약기간) ① 본 협약의 기간은 협약체결일로부터 1년간으로 한다. 다만, 협약기간 중 거래가 종료되는 경우에는 거래종료일을 협약종료일로 본다.

② 협약기간 만료시 공정위와 협의를 거쳐 1년 단위로 기간을 연장할 수 있다.

제8조(법적 성격) 이 협약은 □□□이 제1조의 목적 달성을 위해 협약 당사자인 가맹점사업자들에게 공정거래와 상생협력 의지를 선언하는 것으로서 법적 권리나 의무를 발생시키지 아니하며, 어느 일방의 협약

위반을 이유로 상대방 회사 또는 임직원에 대하여 민·형사 또는 행정 소송 등 법적 분쟁 절차를 제기할 수 없다.

제9조(협약기준 준수) □□□과 가맹점사업자는 이 협약을 이행함에 있어 공정위가 정한 "가맹본부·가맹점사업자간 공정거래 및 상생협력 협약 절차·지원 등에 관한 기준"을 성실히 준수한다

제10조(세부이행계획 및 평가자료) ① □□□은 협약체결 후 20일 이내에 협약서 사본, 협약체결 가맹점사업자 명단 및 협약내용에 대한 구체적인 이행계획을 공정위에 제출한다.

② □□□은 협약기간 만료 후 30일 이내에 공정위에 협약내용의 이행 평가를 위한 협약내용 이행실적 자료를 제출한다.

○○○○년 ○○월 ○○일

| (가맹본부) | (가맹점사업자) |
|---|---|
| 주식회사 ○○○ | △△△점 |
| 대표이사 ○○○ (인) | 대표 ○○○ (인) |

# 부록 4. 프랜차이즈 표준계약서

## 1. 외식업

### 프랜차이즈(외식업) 표준계약서

이 표준계약서의 목적은 외식업을 운영하는 가맹사업에 있어서 가맹본부와 가맹점사업자 간에 공정한 계약조건에 따라 가맹계약(프랜차이즈계약)을 체결하도록 하기 위한 표준적 계약조건을 제시함에 있습니다.

이 표준계약서에서는 외식업 가맹사업의 운영에 있어서 표준이 될 계약의 기본적 공통사항만을 제시하였습니다. 따라서 실제 가맹계약을 체결하려는 계약당사자는 이 표준계약서의 기본 틀과 내용을 유지하는 범위에서 이 표준계약서보다 더 상세한 사항을 계약서에 규정하거나 특약으로 달리 약정할 수 있습니다.

또한 이 표준계약서의 일부 내용은 현행 「가맹사업거래의 공정화에 관한 법률」 및 그 시행령을 기준으로 한 것이므로 계약당사자는 이들 법령이 개정되는 경우에는 개정내용에 부합되도록 기존의 계약을 수정 또는 변경할 수 있으며 특히 개정법령에 강행규정이 추가되는 경우에는 반드시 그 개정규정에 따라 계약내용을 수정하여야 합니다.

이 표준계약서는 하위가맹본부(지사 등)가 가맹본부로부터 계약체결권을 부여받아 가맹점사업자를 모집할 경우에도 그 하위가맹계약의 표준이 될 수 있습니다.

## 제1장 총 칙

**제1조(목적)** 이 표준계약서는 외식업을 영업으로 하는 가맹사업에 있어서 가맹본부와 가맹점사업자 간에 공정한 계약조건에 따른 가맹계약을 체결하도록 하기 위한 표준적 계약조건을 제시함을 목적으로 한다.

**제2조(용어의 정의)** 이 계약서에서 사용된 용어는 다음 각 호와 같은 의미를 갖는다.

1. "가맹사업"이라 함은 가맹본부가 가맹점사업자(가맹희망자를 포함한다)로 하여금 자신의 상표・서비스표・상호・간판 그 밖의 영업표지(이하 "영업표지"라 한다)를 사용하여 일정한 품질기준이나 영업방식에 따라 외식업을 영위함과 아울러 이에 따른 경영 및 영업활동 등에 대한 지원・교육과 통제를 하고, 가맹점사업자는 이에 대한 대가로 가맹본부에 가맹금을 지급하는 것을 내용으로 하는 계속적인 거래관계를 말한다.
2. "가맹본부"라 함은 가맹계약과 관련하여 가맹점사업자에게 가맹점운영권을 부여하는 사업자를 말한다.
3. "가맹점사업자"라 함은 가맹계약과 관련하여 가맹본부로부터 가맹점운영권을 부여받은 사업자를 말한다.
4. "가맹금"이라 함은 명칭이나 지급형태의 여하에 관계없이 가맹점사업자가 가맹계약에 따라 가맹본부에 지급하는 대가를 말하며, 최초가맹금, 계속가맹금, 계약이행보증금을 포함한다.
5. "최초가맹금"이라 함은 가입비・입회비・계약금・할부금・오픈지원비・최초교육비 등 명칭을 불문하고 가맹점사업자가 가맹점운영권을 부여받아 가맹사업에 착수하기 위하여 가맹본부에 지급하는 대가를 말한다.
6. "계속가맹금"이라 함은 상표사용료, 교육비, 경영지원비 등 명칭을 불문하고 가맹점사업자가 가맹사업에 착수한 이후 가맹사업을 유지하기 위하여 영업표지의 사용과 영업활동 등에 관한 지원・교육, 그

밖의 사항과 관련하여 가맹본부에 정기적으로 또는 비정기적으로 지급하는 모든 대가를 말한다.

7. "계약이행보증금"이란 가맹점사업자가 가맹본부로부터 공급받는 상품의 대금 등에 관한 채무액이나 이와 관련한 손해배상액의 지급을 담보하기 위하여 가맹본부에 지급하는 대가를 말한다.
8. "영업비밀"이라 함은 공공연히 알려져 있지 아니하고 독립된 경제적 가치를 가지는 것으로서, 가맹본부의 상당한 노력에 의하여 비밀로 유지된 생산방법, 판매방법, 그 밖에 영업활동에 유용한 기술상 또는 경영상의 정보를 말한다.

제 3 조(계약당사자의 지위) ① 가맹본부와 가맹점사업자는 상호간에 독립한 사업자로서 대등한 관계에서 이 건 가맹계약을 체결한다.
② 가맹본부와 가맹점사업자 사이에는 상호간에 대리관계나 위임관계, 사용자와 피용자 관계, 동업자 관계 등 여하한 특별한 관계도 존재하지 아니한다.

제 4 조(신의성실의 원칙) 가맹본부와 가맹점사업자는 이 가맹계약에 따라 가맹사업을 영위함에 있어서 각자의 업무를 신의에 따라 성실하게 수행하여야 한다.

제 5 조(가맹본부의 준수사항) 가맹본부는 이 계약에서 정한 의무 외에 다음 각 호의 사항을 준수한다.

1. 가맹사업의 성공을 위한 사업구상
2. 상품이나 용역의 품질관리와 판매기법의 개발을 위한 계속적 노력
3. 가맹점사업자에 대하여 합리적 가격과 비용에 의한 점포설비의 설치, 상품 또는 용역 등의 공급
4. 가맹점사업자와 그 직원에 대한 교육·훈련
5. 가맹점사업자의 경영·영업활동에 대한 지속적인 조언과 지원
6. 가맹계약기간 중 가맹점사업자의 영업지역에서 자기의 직영점을 설치하거나 가맹점사업자와 동일한 업종의 가맹점을 설치하는 행위의

금지
7. 가맹점사업자와의 대화와 협상을 통한 분쟁해결 노력
8. 특정 가맹점사업자에 대한 보복 목적의 관리 및 감독 금지

제 6 조(가맹점사업자의 준수사항) 가맹점사업자는 이 계약에서 정한 의무 외에 다음 각 호의 사항을 준수한다.

1. 가맹사업의 통일성 및 가맹본부의 명성을 유지하기 위한 노력
2. 가맹본부의 공급계획과 소비자의 수요충족에 필요한 적정한 재고유지 및 상품진열
3. 가맹본부가 상품 또는 용역에 대하여 제시하는 적절한 품질기준의 준수
4. 제 3 호의 규정에 의한 품질기준의 상품 또는 용역을 구입하지 못하는 경우 가맹본부가 제공하는 상품 또는 용역의 사용
5. 가맹본부가 사업장의 설비와 외관, 운송수단에 대하여 제시하는 적절한 기준의 준수
6. 취급하는 상품 · 용역이나 영업활동을 변경하는 경우 가맹본부와의 사전 협의
7. 상품 및 용역의 구입과 판매에 관한 회계장부 등 가맹본부의 통일적 사업경영 및 판매전략의 수립에 필요한 자료의 유지와 제공
8. 가맹점의 업무현황 및 제 7 호의 규정에 의한 자료의 확인과 기록을 위한 가맹본부의 임직원 그 밖의 대리인의 사업장 출입 허용
9. 가맹본부의 동의를 얻지 아니한 경우 사업장의 위치변경 또는 가맹점운영권의 양도금지
10. 가맹계약기간 중 가맹본부와 동일한 업종을 영위하는 행위의 금지
11. 가맹본부의 영업기술이나 영업비밀의 누설 금지
12. 가맹본부의 영업표지 기타 지적재산권에 대한 침해사실을 인시하는 경우 가맹본부에 대한 침해사실의 통보와 금지조치에 필요한 적절한 협력

제 7 조(불공정거래행위의 금지) 가맹본부는 다음 각 호의 어느 하나에

해당하는 행위로서 가맹사업의 공정한 거래를 저해할 우려가 있는 행위를 하거나 제 3 자에게 이를 행하도록 하지 아니한다.

1. 가맹점사업자의 귀책으로 보기 어려운 행위 등을 이유로 가맹점사업자에게 상품이나 용역의 공급 또는 영업지원 등을 중단 또는 거절하거나 그 내용을 현저히 제한하는 행위
2. 가격구속, 거래상대방 구속, 상품 또는 용역의 판매제한, 영업지역 준수강제 등의 방법으로 가맹점사업자가 취급하는 상품 또는 용역의 가격, 거래상대방, 거래지역이나 가맹점사업자의 사업활동을 가맹본부의 상표권 보호, 상품 또는 용역의 동일성 유지 등 가맹사업 경영에 필수적인 수준에 비추어 과도하게 구속하거나 제한하는 행위
3. 거래상 지위를 이용하여 구입강제, 경제적이익제공 또는 비용부담 강요, 가맹점사업자에게 불리한 계약조항의 설정 또는 변경, 경영간섭, 판매목표 강제 등의 방법으로 가맹점사업자에게 불이익을 주는 행위
4. 계약의 목적과 내용, 발생할 손해 등에 비하여 과중한 위약금 또는 지연손해금을 설정·부과하는 행위
5. 경쟁가맹본부의 가맹점사업자를 자기와 거래하도록 유인하여 자기의 가맹점사업자의 영업에 불이익을 주는 행위 등 제 1 호 내지 제 4 호 외의 행위로서 가맹사업의 공정한 거래질서를 저해할 우려가 있는 행위

## 제 2 장 개점의 준비

제 8 조(가맹점의 표시) 이 계약에 의하여 가맹점사업자가 개설하게 되는 가맹점의 표시는 다음과 같다.

(1) 점포 명 :

(2) 상호 및 대표자 :

(3) 점포 소재지 :

(4) 점포 규모 : ㎡

(5) 영업지역 : 별첨[1]에 표시된 지역

**제9조(가맹점운영권의 부여)** ① 가맹본부는 가맹점사업자가 계약기간 중에 가맹본부의 영업시스템에 따라 외식업을 운영하도록 하기 위하여 필요한 범위에서 가맹점사업자에게 다음 각 호의 권리를 부여한다.

1. 가맹본부의 영업표지의 사용권
2. 가맹사업과 관련하여 등기·등록된 권리나 영업비밀의 사용권
3. 상품 또는 원·부재료(이하 "원·부재료 등"이라 한다)를 공급받을 권리
4. 노하우(know-how) 전수, 지도, 교육 기타 경영지원을 받을 권리
5. 기타 가맹본부가 본 계약상의 영업과 관련하여 보유하는 권리로서 당사자가 사용허가의 대상으로 삼은 권리

② 이 계약에서 가맹점사업자에게 사용이 허가된 영업표지의 표시는 별첨[2]와 같다.

**제10조(지식재산권의 확보)** ① 가맹본부는 가맹사업에 사용하는 영업표지에 대한 배타적 독점권을 확보하여야 한다.

② 가맹본부는 가맹점사업자에게 사용을 허가한 각종 권리의 진정성과 적법성 및 대항력에 대하여 책임을 진다.

③ 가맹본부가 사용을 허가한 지식재산권이 기간 만료 등으로 인하여 더 이상 사용할 수 없게 된 경우 가맹본부는 가맹본부의 책임과 비용으로 가맹점사업자에게 이를 대체할 수 있는 수단을 제공하여야 하며 이로 인하여 발생한 손해를 배상할 책임을 진다.

**제11조(계약의 발효일과 계약기간)** 이 계약은 20 년 월 일부터 발효되며 그 기간은 계약 발효일로부터 20 년 월 일까지 ( )년간으로 한다.

**제12조(영업지역의 보호)** ① 가맹점사업자의 영업지역은 별첨[1]과 같이 하며, 가맹본부는 계약기간 중 가맹점 사업자의 영업지역에서 가맹점사업자와 동일한 업종의 자기 또는 계열회사의 직영점이나 가맹점을 개설하지 아니한다.

② 가맹본부는 계약기간 중 또는 계약갱신과정에서 가맹점사업자의 영

업지역을 축소할 수 없다. 다만, 계약갱신 과정에서 다음 각 호의 어느 하나에 해당하는 경우에는 가맹점사업자와의 합의를 통해 영업지역을 조정할 수 있다.

1. 재건축, 재개발 또는 신도시 건설 등으로 인하여 상권의 급격한 변화가 발생하는 경우
2. 해당 상권의 거주인구 또는 유동인구가 현저히 변동되는 경우
3. 소비자의 기호변화 등으로 인하여 해당 상품・용역에 대한 수요가 현저히 변동되는 경우
4. 제 1 호부터 제 3 호까지의 규정에 준하는 경우로서 기존 영업지역을 그대로 유지하는 것이 현저히 불합리하다고 인정되는 경우

③ 가맹점사업자는 가맹본부와 약정한 영업지역을 준수하며, 영업지역을 벗어나 다른 가맹점의 영업지역을 침범하지 아니한다. 가맹점사업자가 자신의 영업지역을 벗어나 다른 가맹점사업자의 영업지역에 속한 고객에게 영업활동을 하는 경우 가맹본부는 다음 각 호의 어느 하나의 조치를 취하여 가맹점사업자 상호간의 이해관계를 합리적으로 조정할 수 있다.

1. 가맹본부가 두 가맹점사업자 간의 보상금 지불에 대한 중재안을 제시
2. 영업지역을 침해받은 가맹점사업자의 영업지역 조정 요구가 있는 경우 매출액 현황 조사 등 필요한 조치 수행
3. 특정 가맹점사업자가 다른 가맹점사업자의 영업지역을 반복적으로 침해하여 다른 가맹점사업자의 영업과 가맹본부의 가맹사업 경영에 심각한 손해를 가한 경우 그 가맹점사업자에게 행위의 시정을 요구하고 손해배상 청구

④ 가맹본부는 가맹점사업자가 영업 지역 내의 다른 점포로의 이전 승인을 요청하는 경우 이전희망 점포가 기존 점포 승인 당시의 승인요건을 충족하면 이를 조건없이 승인한다.

제13조(점포의 설비) ① 가맹점사업자의 점포설비(인테리어)는 가맹사업 전체의 통일성과 독창성을 유지할 수 있도록 가맹본부가 정한 사양에 따라 설계・시공한다(기존시설을 변경하는 경우에도 같다). 가맹본

부는 기본적인 설계도면과 시방서를 마련하고 계약체결 이후 가맹점사업자에게 이를 제공하여야 한다.

② 가맹점사업자는 가맹본부가 정한 사양에 따라 직접 시공하거나 가맹본부 또는 가맹본부가 지정한 업체를 통해 시공할 수 있다.

③ 가맹점사업자가 점포 설비에 관한 시공을 하는 경우 가맹본부는 공사의 원활한 진행을 위하여 자신의 비용으로 직원을 파견할 수 있다.

④ 가맹점사업자가 가맹본부 또는 가맹본부가 지정한 업체를 통해 시공하는 경우 가맹본부는 영업설비기간 · 공사세부내역 · 구체적인 부담액 · 담보기간 등 구체적인 내용을 가맹점사업자와 협의하여 정하며, 협의한 내용을 가맹점사업자에게 서면으로 제공한다.

⑤ 점포설비에 따른 제반 인 · 허가는 이 계약체결일로부터 (　　)일 이내에 가맹점사업자가 자신의 책임과 비용으로 취득한다. 다만, 가맹본부가 직접 시공한 경우 또는 가맹본부가 지정하거나 권유한 업체를 통하여 시공한 경우에는 당사자간 협의하여 그 책임과 비용을 분담할 수 있다.

⑥ 가맹본부는 점포의 시설, 장비, 인테리어 등의 노후화가 객관적으로 인정되는 경우 또는 위생 · 안전의 결함이나 이에 준하는 사유로 인하여 가맹사업의 통일성을 유지하기 어렵거나 정상적인 영업에 현저한 지장을 주는 경우에는 점포환경개선을 요구 또는 권유할 수 있다. 단, 노후화에 대한 객관적인 인정 시점은 최근 개선일로부터 최소 (　　)년 [커피업종(예시) : 5년, 치킨업종(예시) : 7년]으로 한다.

⑦ 가맹본부는 공사의 원활한 진행을 위하여 가맹점사업자에게 공사에 필요한 설계도면 제공 및 공사의 감리를 진행하며, 가맹점사업자는 이에 대한 대가로 실측 및 설계도면 제공비 (　　)원과 공사감리비 3.3㎡당 (　　)원을 가맹본부에게 지급한다. 다만 가맹점사업자가 가맹본부 또는 가맹본부가 지정한 업체에게 공사를 의뢰하는 경우에는 그러하지 아니하다.

⑧ 가맹점사업자가 가맹본부와 직접 공사 계약을 하고 가맹본부가 공사업체에 이를 다시 도급하는 경우에는 가맹본부는 해당 가맹점사업자에게 공사업체와 체결하는 도급 금액 정보 및 도급계약서를 제공하여야

한다.

⑨ 가맹본부는 가맹점사업자의 점포환경개선에 간판교체비용, 인테리어 공사비용(장비 · 집기의 교체비용을 제외한 실내건축공사에 소요되는 일체의 비용을 말한다)이 소요될 경우에는 그 금액의 20%(점포의 확장 또는 이전을 수반하는 경우에는 40%)를 부담한다. 다만, 가맹본부의 권유 또는 요구가 없음에도 가맹점사업자가 자발적 의사에 의하여 점포환경을 개선하거나 가맹점사업자의 귀책사유로 위생 · 안전 및 이와 유사한 문제가 발생하여 불가피하게 점포환경을 개선하는 경우는 그러하지 아니하다.

**제14조(가맹점사업자 피해보상보험계약 등의 체결)** ① 가맹본부는 가맹점사업자의 피해를 보상하기 위하여 다음 각 호의 어느 하나에 해당하는 계약(이하 "가맹점사업자 피해보상보험 등"이라 한다)을 체결할 수 있다.

1. 「보험업법」에 따른 보험계약
2. 가맹점사업자 피해보상금의 지급을 확보하기 위한 「금융감독기구의 설치 등에 관한 법률」 제38조에 따른 기관의 채무지급보증계약
3. 공정거래위원회의 인가를 받아 설립된 공제조합과의 공제계약

② 가맹본부가 가맹점사업자 피해보상보험 등을 체결한 경우, 가맹본부는 가맹점사업자로부터 최초가맹금을 직접 수령할 수 있다.

## 제 3 장 가맹점사업자의 부담

**제15조(최초가맹금)** ① 가맹점사업자가 가맹본부에 지급하여야 할 최초가맹금의 내역은 다음 표와 같다.

| 최초가맹금 내역 | 금액 (단위: 천원) | 포함내역 | 지급 기한 | 반환조건 | 반환될 수 없는 사유 |
|---|---|---|---|---|---|
| 가입비 | | 장소선정 지원비, 가맹사업운영매뉴얼 제공비, 오픈지원비 등 | | | |
| 최초교육비 | | | | | |
| | | | | | |
| | | | | | |
| 합계 | | | | | |

② 가맹점사업자는 가맹점 영업이 개시되거나 계약체결일로부터 ( )일이 경과할 때까지 제1항의 최초가맹금 중 다음 표에 기재된 내역을 가맹본부가 지정하는 아래 금융회사에 예치하여야 한다. 다만, 가맹본부가 제14조의 가맹점사업자 피해보상보험 등을 체결한 경우에는 가맹본부가 직접 지급받을 수 있다.

**예치가맹금 내역**

금액(단위: 천원)

| 가입비 | |
|---|---|
| 최초교육비 | |
| | |
| | |
| 합계 | |

* 예치금융회사: 은행 지점 부
계좌번호: 예금주:

③ 가맹본부는 다음 각 호의 어느 하나에 해당하는 경우에 위 예치기관의 장에게 예치가맹금의 지급을 요청할 수 있다.

1. 가맹점사업자가 영업을 개시한 경우
2. 가맹계약 체결일로부터 2개월이 경과한 경우

제16조(가맹금의 반환) ① 가맹점사업자 또는 가맹희망자는 다음 각 호의 어느 하나에 해당하는 경우에 이 계약의 체결일로부터 4개월 이내(제3호의 경우 가맹본부의 영업중단일로부터 4개월 이내)에 가맹본부에 서면으로 가맹금의 반환을 청구할 수 있다. 이 경우 반환하는 가맹금의 금액은 가맹계약의 체결 경위, 금전이나 그 밖에 지급된 대가의 성격, 가맹계약기간, 계약이행기간, 가맹사업당사자의 귀책정도 등을 고려하여 당사자의 협의에 의하여 결정한다.

1. 가맹본부가 등록된 정보공개서를 제공하지 아니하거나 정보공개서를 제공한 날로부터 14일(제41조에 따라 변호사 또는 가맹거래사의 자문을 받은 경우에는 7일)이 지나지 아니하였음에도 가맹금을 수령(가맹금을 예치하는 경우에는 예치)하거나 가맹계약을 체결한 경우
2. 가맹본부가 가맹희망자에게 정보를 제공함에 있어 허위 또는 과장된 정보를 제공하거나 중요사항을 누락하여 계약 체결에 중대한 영향을 준 것으로 인정되는 경우
3. 가맹본부가 정당한 사유 없이 가맹사업을 일방적으로 중단한 경우

② 가맹점사업자는 계약기간 내에 자기의 귀책사유 없는 사유로 계약이 해지되는 등 가맹계약이 중도에 종료되는 경우에는 영업표지 사용료, 영업시스템의 계속적 이용료 등과 같이 전체 계약기간에 대한 선급금의 성질을 갖는 가맹금 중 미경과 잔여계약기간의 비율에 해당하는 금액의 반환을 청구할 수 있다. 다만, 이는 손해배상의 청구에 영향을 미치지 아니한다.

③ 제 2 항의 경우에 최초교육비 등과 같이 계약기간에 따른 선급금의 성질을 갖지 않는 가맹금 중 이행이 완료된 급부의 대가에 해당하는 가맹금에 관하여는 공평의 관념에 어긋나지 않는 범위에서 당사자의 약정에 따라 반환하지 아니할 수 있다.

④ 제 2 항에 의해 가맹본부가 가입비의 일부를 반환해야 하는 경우에는 가맹점사업자의 청구가 있는 날로부터 (　)일 이내에 반환하여야 한다.

※ 가맹사업법 제10조 제 2 항에 의하여 가맹점사업자의 청구가 있는 날로부터 1개월을 초과할 수 없음

제17조(계속가맹금) ① 가맹점사업자가 가맹본부에 지급하여야 할 계속가맹금의 내역은 다음 표와 같다. 계속가맹금에는 가맹점사업자가 가맹본부로부터 공급받는 상품・원재료・부재료 등에 대하여 가맹본부에 지급하는 대가 중 적정한 도매가격을 넘는 대가를 포함한다.

| 계속가맹금 내역 | 금액<br>(단위: 천원) | 지급기한 | 반환조건 | 반환될 수 없는 사유 |
|---|---|---|---|---|
| 영업표지 사용료 | | | | |
| 수시교육비 | | | | |
| 광고비 | | | | |
| 판촉비 | | | | |
| 상품, 원・부재료 마진 | | | | |
| | | | | |
| 합계 | | | | |

주1: 내역을 구분하지 않고 지급받는 경우에는 합계만 기재한다.
주2: 상품・원・부재료에 이윤을 부가하여 가맹금을 수취하는 경우, 정확한 금액을 기재하기 어려운 때에는 (전년도 상품, 원・부재료 공급 이윤 총액/전년도 말 기준 총 가맹점 개수)의 값을 기재한다.

② 가맹점사업자는 분기 종료 후 (　　)일 까지 직전 분기의 총매출액을 서면 또는 POS시스템을 통하여 가맹본부에게 통지하여야 한다.

제18조(계약이행보증금) ① 가맹점사업자는 영업표지 사용료, 광고・판촉비(가맹점사업자가 부담하게 되는 금액에 한한다) 등 계속가맹금 및 상품 등의 대금과 관련한 채무액 또는 손해배상액의 지급을 담보하기 위하여 직전년도 전체 가맹점사업자의 1회 평균 상품 등의 대금 (원・부재료 대금 포함)의 3배이내에서 계약이행보증금으로 (　　　　)원을 가맹본부에게 지급하거나 이에 상당하는 계약이행보증보험증권 또는 담보를 제공하여야 한다.
② 전항의 계약이행보증금을 금전으로 지급하는 경우, 가맹점사업자는 가맹점 영업이 개시되거나 계약체결일로부터 (　)일이 경과할 때까지 위 금전을 제15조 제2항에 지정된 금융기관에 예치하여야 한다. 다만,

가맹본부가 제14조의 가맹점사업자 피해보상보험 등을 체결한 경우에는 가맹본부에 직접 지급할 수 있다.

③ 계약이 기간만료 또는 해지 등의 사유로 인하여 종료된 경우 가맹본부는 기간만료일 또는 해지일로부터 (  )일 이내에 가맹점사업자에게 계약이행보증금으로 잔존 채무액과 손해배상액을 정산한 잔액을 상환하고 정산서를 교부하여야 한다.

④ 물적담보가 제공된 경우에는 가맹본부는 가맹점사업자로부터 잔존 채무액과 손해배상액을 지급받음과 동시에 물적담보의 말소에 필요한 서류를 담보권설정자에게 교부하여야 한다.

⑤ 가맹본부는 가맹점사업자가 적정한 계약이행보증금 등을 제공하였음에도 인적보증 등 담보를 추가로 요구해서는 아니 된다.

## 제 4 장 영업활동의 조건

제19조(교육 및 훈련) ① 가맹본부가 정한 교육 및 훈련과정을 이수하지 아니하는 자는 가맹점의 관리자로 근무할 수 없다.

② 가맹본부의 교육훈련은 다음 표와 같이 구분하여 실시한다.

| 교육훈련과정 | 실시시기 | 가맹점사업자 부담비용 (단위: 천원) |
|---|---|---|
| 최초교육 | | |
| 정기교육 | 연 ( )회 | |
| 특별교육 | | |
| | | |
| | | |

③ 정기교육은 이를 실시하기 (  )일 전에 그 교육계획을 수립하여 가맹점사업자에게 서면으로 통지한다.

④ 특별교육은 이를 실시하기 (  )일 전에 장소와 시간을 정하여 서면으로 통지한다.

⑤ 가맹본부는 실비를 기준으로 교육비용을 산출하고, 그 산출근거를

명시한 서면에 의하여 가맹점사업자에게 그 지급을 요구하여야 한다.
⑥ 가맹점사업자는 자신이 비용을 부담하여 가맹본부에게 교육 및 훈련요원의 파견을 요청할 수 있다.

제20조(경영지도) ① 가맹본부는 가맹점사업자의 경영활성화를 위하여 경영지도를 할 수 있다.
② 가맹점사업자는 자신의 비용부담으로 가맹본부에게 경영지도를 요청할 수 있다. 다만, 가맹점사업자가 부담하여야 할 비용은 가맹금에 포함된 통상의 경영지도 비용을 초과한 부분에 한한다.
③ 제 2 항의 요청을 받은 가맹본부는 경영지도계획서를 가맹점사업자에 제시하여야 한다.
④ 제 3 항의 경영지도계획서에는 경영지도내용, 기간, 경영진단 및 지도관계자의 성명, 소요비용 등이 포함되어야 한다.
⑤ 가맹본부는 경영지도결과 및 경영개선 방안을 경영지도 후 (　)일 이내에 가맹본부 담당자가 가맹점사업자에게 직접 방문하여 서면으로 제시하고 이를 설명하도록 한다.

제21조(감독 및 통제) ① 가맹본부는 가맹점사업자의 경영상태를 파악하기 위하여 월(주)(　)회 점포를 점검하고 가맹점사업자에 그 결과를 지체 없이 통지하여야 하며 기준에 위반하는 사항에 대해 시정을 요구할 수 있다.
② 점포의 점검은 청결, 위생, 회계처리, 각종설비관리, 원・부재료관리 등의 상태를 대상으로 한다.
③ 가맹본부는 점포관리기준을 가맹점사업자에게 제시하고, 제시 후 (　)일부터 그 기준에 의하여 점검한다. 점포관리기준을 변경하는 경우에도 같다.

제22조(주방기기의 설치 및 유지) ① 가맹점사업자는 가맹본부가 제시한 모델과 동일한 주방기기를 설치 및 사용하여야 한다.
② 가맹점사업자가 주방기기를 설치하는 경우 공사의 원활한 진행을

위하여 가맹본부는 자신의 비용으로 직원을 파견하여 지원할 수 있다.

③ 가맹본부는 가맹사업의 통일적인 운영을 위하여 가맹점사업자에게 일정 사양의 주방기기를 직접 공급하거나 업체를 지정하여 공급하도록 할 수 있으며 구체적인 내역과 가격은 별첨[4]와 같다.

④ 제3항의 경우 가맹점사업자는 가맹본부 또는 가맹본부가 지정한 업체로부터 공급받은 주방기기의 수리를 가맹본부에 의뢰할 수 있다.

⑤ 제4항의 경우 가맹본부는 수리비의 견적 및 수리에 소요되는 기간을 즉시 통지하여야 하고, 수리가 불가능한 때에는 이유를 명시하여 소정기일 내에 회수하여야 하며 이유 없이 신품의 교체를 강요할 수 없다.

제23조(POS 등 설비 및 기기) ① 가맹점사업자는 가맹점운영에 필요한 POS 등 설비 및 기기를 구비하여야 한다.

② 가맹본부는 가맹점사업자의 요청이 있는 경우 가맹점 영업에 필요한 설비·기기를 유상으로 대여할 수 있다. 이 경우 대여할 설비 및 기기의 내역, 대여비용 등 구체적인 사항은 당사자간에 합의하여 별도로 결정한다.

③ 가맹점사업자는 대여 받은 설비·기기를 제3자에게 양도하거나 담보로 제공할 수 없다.

④ 가맹점사업자는 대여 받은 설비·기기를 자신의 비용으로 유지·보수한다.

⑤ 가맹점사업자가 대여 받은 설비·기기를 멸실·훼손한 경우에는 구입가격에서 감가상각한 금액으로 배상한다.

제24조(광고) ① 가맹본부는 가맹사업 및 가맹점 영업의 활성화를 위하여 전국단위 및 지역단위로 광고를 시행할 수 있다. 다만, 해당지역 가맹점사업자 과반수의 반대가 있는 경우에는 그러하지 아니하다.

② 광고의 목적·횟수·시기·매체 등에 관한 기본적 사항은 가맹본부가 정하는 바에 의한다. 이와 관련하여 필요한 세부사항은 가맹본부가 합리적으로 결정하여 시행하고 위 세부사항을 기재한 서면으로 가맹점사업자에게 사후 통지한다.

③ 전국단위 광고에 소요되는 비용은 가맹본부가 ( )%, 해당 가맹점사업자가 ( )%씩 각각 분담한다. 가맹점사업자 간의 개별 분담액은 광고 시행 직전 분기의 각 가맹점사업자의 총매출액 비율에 따라 산정한다.

④ 가맹본부는 당해분기에 지출한 광고비 중에서 각 가맹점사업자가 부담해야 할 금액을 다음 분기 첫달의 말일까지 명세서를 첨부하여 통지하고, 가맹점사업자는 그 통지를 받은 날로부터 ( )일 이내에 지급한다.

⑤ 가맹점사업자는 자기의 비용으로 영업지역 내에서 광고를 시행할 수 있다. 이 경우 가맹점사업자는 광고의 계획과 문안, 기타 광고와 관련된 세부사항에 관하여 사전에 가맹본부의 승인을 받아야 한다.

⑥ 가맹본부는 사업연도 중 가맹점사업자가 비용의 일부라도 부담한 광고를 시행한 경우 다음 각 호의 사항을 사업연도 종료후 3개월 이내에 가맹점 사업자에게 통보하여야 한다.

1. 해당 사업연도에 실시한 광고(해당 사업연도에 일부라도 비용이 집행된 경우를 포함한다. 이하 같다)별 명칭, 내용 및 실시기간
2. 해당 사업연도에 광고를 위하여 전체 가맹점사업자로부터 지급받은 금액
3. 해당 사업연도에 실시한 광고로 집행한 비용 및 가맹점사업자가 부담한 총액

⑦ 가맹점사업자가 광고매체별 광고 횟수, 광고단가 등 세부 산출 근거가 포함된 광고집행 내역의 열람을 요구하는 경우 가맹본부는 열람의 일시, 장소를 정하여 이를 열람할 수 있도록 한다.

제25조(판촉) ① 가맹본부는 가맹사업 및 가맹점 영업의 활성화를 위하여 전국단위 및 지역단위로 할인판매, 경품제공, 이벤트 등과 같은 판촉활동을 시행할 수 있다. 다만, 해당지역 가맹점사업자 30%이상이 판촉활동의 시행여부 및 판촉행사의 주요내용에 반대가 있는 경우에는 그러하지 아니하다.

② 제1항의 절차에 따라 판촉행사를 실시하는 경우에 가맹본부는 판촉행사의 주요내용(판촉시기, 판촉물품의 종류, 가맹본부와 가맹점사업

자 간의 비용분담 기준)을 포함한 판촉계획을 사전에 가맹점사업자에게 제공하여야 한다.

③ 가맹점에서 판매하는 상품의 할인비용이나 제공하는 경품・기념품 등의 비용, 판촉활동을 위한 통일적 팜플렛・전단・리플렛・카달로그의 제작 비용, 온라인・모바일 상품권 발행비용 등 판촉행사에 소요되는 비용은 가맹본부와 가맹점사업자가 균등하게 분담한다.

④ 가맹점사업자는 자기의 비용으로 자기 지역 내에서 판촉활동을 할 수 있다. 이 경우 가맹점사업자는 판촉활동의 구체적 내용에 관하여 가맹본부와 사전에 협의하여야 한다.

⑤ 가맹본부는 사업연도 중 가맹점사업자가 일부라도 비용을 부담한 판촉행사를 시행한 경우 다음 각 호의 사항을 사업연도 종료 후 3개월 이내에 가맹점사업자에게 통보하여야 한다.

1. 해당 사업연도에 실시한 판촉활동(해당 사업연도에 일부라도 비용이 집행된 경우를 포함한다. 이하 같다)별 명칭, 내용 및 실시기간
2. 해당 사업연도에 판촉활동을 위하여 전체 가맹점사업자로부터 지급받은 금액
3. 해당 사업연도에 실시한 판촉활동으로 집행한 비용 및 가맹점사업자가 부담한 총액

⑥ 가맹점사업자가 세부 산출 근거가 포함된 판촉행사 집행 내역의 열람을 요구하는 경우 가맹본부는 열람의 일시, 장소를 정하여 이를 열람할 수 있도록 한다.

제26조(원・부재료 등의 조달과 관리) ① 가맹본부가 가맹점사업자에게 공급하여야 할 원・부재료 등의 내역 및 가격은 별첨[3]와 같다. 다만, 물가인상 기타 경제여건의 변동으로 인하여 원・부재료 등의 공급내역, 가격의 변경이 필요할 경우 가맹본부는 변경내역, 변경사유 및 변경가격 산출 근거를 가맹점사업자에 서면으로 제시하고 양 당사자가 협의하여 결정한다.

② 가맹본부는 가맹점사업자가 제1항에 따른 원・부재료 등의 납품대금을 신용카드로 결제하려는 경우 이를 거절하거나 현금결제를 강요하

여서는 아니된다.

③ 가맹본부는 가맹사업의 목적달성에 필요한 합리적 사유가 있는 경우에는 원·부재료 등의 공급원을 자기 또는 특정한 제3자로 한정할 수 있다.

④ 가맹본부와 가맹점사업자는 관련 법률에서 정한 설비와 장비를 갖추고 원·부재료 등의 성질에 적합한 방법으로 운반·보관하여야 한다.

⑤ 가맹점사업자는 공급받은 원·부재료 등을 가맹본부의 허락 없이 타인에게 제공하거나 대여할 수 없다.

**제27조(원·부재료 등의 직접 조달)** ① 가맹본부가 공급하지 아니하거나 합리적 사유 없이 공급을 지연하는 원·부재료 등 및 가맹본부로부터 사전에 승인을 얻은 원·부재료 등은 가맹점사업자가 직접 조달하여 판매할 수 있다. 이 경우 가맹점사업자는 브랜드의 동일성을 해치지 않도록 하여야 한다.

② 가맹본부는 가맹점사업자가 제 2 항에 의하여 직접 조달하는 원·부재료 등에 대하여 품질관리기준을 제시하고 그 기준의 준수여부를 검사할 수 있다. 이 경우 가맹점사업자는 가맹본부의 품질검사에 협조하여야 한다.

**제28조(원·부재료 등의 검사와 하자통지의무)** ① 가맹점사업자는 원·부재료 등을 공급받는 즉시 수량 및 품질을 검사하여야 하고, 하자를 발견하였을 경우 지체 없이 이를 서면으로 가맹본부에게 통지하여야 한다.

② 가맹점사업자가 원·부재료 등의 성질상 수령 즉시 하자를 발견할 수 없는 경우에는 6개월 이내에 이를 발견하여 통지하고 완전물로 교환을 청구할 수 있다.

③ 가맹점사업자가 제 1 항 및 제 2 항의 검사를 태만히 하여 이로 인한 손해가 발생한 경우에는 가맹본부에 대하여 반품·수량보충 또는 손해배상을 청구할 수 없다. 다만, 가맹본부가 상품 등에 하자가 있음을 알면서 공급한 경우에는 제 2 항의 기간과 상관없이 가맹본부에 손해배상

등을 청구할 수 있다.

④ 가맹본부는 그의 상표를 사용하여 공급한 원·부재료 등의 하자로 인하여 소비자 등 제3자가 입은 손해에 대하여 책임이 있다. 다만, 가맹본부가 공급하지 않은 원·부재료 등을 가맹점사업자가 판매하여 제3자에게 손해를 가한 경우나 가맹점사업자의 보관상의 주의의무위반, 가맹점사업자의 상품제공상의 별도 과실로 인한 경우에는 이에 대한 책임을 지지 아니한다.

⑤ 계약이 기간만료, 해지 등으로 인하여 종료한 때에는 가맹점사업자는 공급된 원·부재료 등의 중에서 완전물을 가맹본부에 반환할 수 있고, 이에 대하여 가맹본부는 공급가격으로 상환하여야 한다. 다만, 가맹점사업자의 책임있는 사유로 인하여 해지된 경우에는 그러하지 아니하다.

⑥ 제5항의 경우에 하자 있는 원·부재료 등에 대하여는 그 상태를 감안하여 가맹본부와 가맹점사업자의 협의에 의하여 상환가격을 결정한다.

제29조(원·부재료 등 공급의 중단) ① 가맹본부는 다음 각 호의 어느 하나에 해당하는 경우에는 (　　)일 전에 해당사유를 적시한 서면으로 예고하고 가맹점사업자에 대한 원·부재료 등의 공급을 중단할 수 있다. 다만, 위 기간 중 가맹점사업자가 해당사유를 시정한 경우에는 그러하지 아니하다.

1. 가맹점사업자가 (　　)개월에 걸쳐 3회 이상 원·부재료 등에 관한 대금 등의 지급의무를 지체하는 경우
2. 가맹점사업자가 2회 이상 정기납입경비의 지급을 연체하는 경우
3. 가맹점사업자가 정기납입경비의 산정을 위한 총매출액 또는 매출액 증가비율을 3회 이상 허위로 통지하는 경우
4. 가맹본부의 품질관리기준을 (　　)개월에 걸쳐 3회 이상 위반하는 경우
5. 가맹점사업자가 가맹본부와의 협의 없이 점포 운영을 3일 이상 방치하는 경우
6. 가맹점사업자가 가맹본부와 약정한 판매촉진활동을 이행하지 않는 경우
7. 가맹점사업자가 정당한 사유 없이 제13조 제5항에 의한 노후 점포

설비의 교체·보수 요청에 따르지 않는 경우
8. 가맹점사업자가 가맹본부로부터 본 계약상의 의무위반을 지적받고 상당한 기간 내에 시정조치를 취하지 않는 경우

② 가맹본부는 다음 각 호의 어느 하나에 해당하는 경우에는 즉시 원·부재료 등의 공급을 중단할 수 있다.

1. 가맹점사업자에게 파산 신청이 있거나 강제집행절차 또는 회생절차가 개시된 경우
2. 가맹점사업자가 발행한 어음·수표가 부도 등으로 지급거절된 경우
3. 천재지변, 중대한 일신상의 사유 등으로 가맹점사업자가 더 이상 가맹사업을 경영할 수 없게 된 경우
4. 가맹점사업자가 공연히 허위사실을 유포함으로써 가맹본부의 명성이나 신용을 뚜렷이 훼손하거나 가맹본부의 영업비밀 또는 중요 정보를 유출하여 가맹사업에 중대한 장애를 초래한 경우
5. 가맹점사업자가 가맹사업의 운영과 관련되는 법령의 위반사실을 통보받은 후 10일 이내에 이를 시정하지 아니한 경우
6. 가맹점사업자의 가맹사업과 관련한 가맹본부의 시정요구에 따른 후에 다시 같은 위반행위를 2회 이상 반복한 경우
7. 가맹점사업자가 가맹점 운영과 관련된 행위로 형사처벌을 받은 경우
8. 가맹점사업자가 공중의 건강이나 안전에 급박한 위해를 일으킬 염려가 있는 방법이나 형태로 가맹점을 운영하는 경우
9. 가맹점사업자가 정당한 사유 없이 연속하여 7일 이상 영업을 중단한 경우

③ 제1항 및 제2항의 경우 가맹본부는 원·부재료 등의 공급중단조치를 취함과 동시에 재공급조건을 가맹점사업자에 서면으로 통지하여야 한다.

제30조(영업) ① 가맹점사업자는 주 (　　)일 이상 월 (　　)일 이상 개장하여야 하고, 연속하여 (　　)일 이상 임의로 휴업할 수 없다.

② 가맹점사업자가 특정일에 점포를 열지 못할 특별한 사정이 있는 경우에는 이를 3일 전부터 매장 입구에 개시하여 고객이 알 수 있도록

하여야 한다.
③ 가맹점사업자가 일정기간 휴업할 경우에는 사전에 가맹본부에게 그 사유를 서면으로 통지하고 가맹본부의 승인을 얻어야 한다.
④ 영업시간은 (　)부터 (　)까지로 한다.
⑤ 가맹본부는 가맹점사업자가 심야영업시간대(오전 1시부터 오전 6시까지)의 매출이 저조하여 영업시간 단축을 요구한 날이 속한 달의 직전 6개월 동안 영업손실이 발생함에 따라 영업시간 단축을 요구하거나 질병의 발병과 치료 등 불가피한 사유로 인하여 영업시간의 단축을 요구하는 경우에는 이를 허용한다.

제31조(복장) ① 가맹점사업자와 종업원은 가맹점영업과 관련하여 가맹본부가 지정한 복장을 착용하여야 한다.
② 가맹본부는 복장의 색상, 규격을 가맹점사업자에게 서면으로 통지한다.
③ 가맹본부는 가맹점사업자의 청구에 따라 종업원의 복장을 공급할 수 있다.
④ 가맹점사업자는 임직원 및 종업원이 외식업소에 근무하는 자로서의 품격에 어긋나지 않는 복장상태를 유지하도록 하여야 한다.

제32조(보고의무) ① 가맹점사업자는 가맹점 영업과 관련하여 영업장부와 회계자료를 성실히 작성·유지하여야 한다.
② 가맹점사업자는 년(월, 주) (　)회 매출상황과 회계원장 등을 가맹본부에 서면 또는 POS시스템을 통하여 보고하여야 한다.
③ 가맹점사업자는 가맹본부가 파견한 경영지도원의 서면에 의한 요구가 있을 때에는 영업장부 등 관련서류를 제시하여야 한다.
④ 가맹점사업자는 가맹본부로부터 사용허가를 받은 영업표지와 특허권 등에 대한 침해를 이유로 제3자가 소를 제기한 경우에는 이를 가맹본부에 보고하여야 한다.

제33조(보험) ① 가맹본부는 가맹점사업자가 영업상 과실, 상품의 하자, 점포의 화재 등으로 가맹점 이용 고객이나 제3자에게 부담하는 손해배

상책임을 보장하기 위하여 책임보험에 가입할 것을 권유할 수 있다.
② 가맹점사업자는 자신의 책임으로 보험업자, 보험의 종류, 피보험자를 정한다.

제34조(영업양도 및 담보제공) ① 가맹점사업자는 가맹본부의 승인을 얻어 영업을 양도, 임대하거나 영업재산을 담보로 제공(이하 "영업양도 등"이라 한다)할 수 있다.
② 제 1 항의 경우 가맹점사업자는 영업양도일(또는 영업임대일, 담보제공일. 이하 같다)(　　)일 전에 가맹본부에 대하여 서면으로 영업양도 등의 승인을 요청하여야 한다.
③ 가맹본부는 전항의 승인을 요청받은 날로부터 (　　)일 이내에 그 사유를 명시한 서면으로 승인 또는 거절의 의사를 표시하여야 한다. 가맹본부가 이 기간 중에 이유를 적시하여 거절하지 않으면 영업양도 등을 승인한 것으로 본다.
④ 가맹점사업자가 영업 양도의 승인을 요청한 경우 가맹본부는 영업양도 승인조건으로 점포환경 개선을 요구하지 아니한다.
⑤ 영업양도의 경우 영업양수인은 가맹점사업자의 가맹본부에 대한 권리와 의무를 승계한다.
⑥ 영업양수인, 영업임차인은 제15조의 최초가맹금의 지급의무가 면제된다. 다만, 양도 등에 따라 가맹본부에게 초래된 행정적 실비 및 소정의 교육비, 계약이행보증금은 면제되지 아니한다.
⑦ 가맹본부는 영업양수인이 요청하는 경우에는 영업양도인의 잔여 계약기간 대신에 완전한 계약기간을 영업양수인에게 부여할 수 있다. 이 경우에는 신규계약을 체결하여야 한다.
⑧ 가맹본부가 가맹사업을 타인에게 양도하는 경우 가맹점사업자는 가맹계약을 종료하고 계약관계에서 탈퇴할 수 있다. 이 경우 가맹본부는 가맹점사업자에 대하여 제16조 제 2 항의 금원을 반환하여야 한다.
⑨ 가맹본부는 가맹점운영권의 양도와 관련된 분쟁을 예방하기 위하여, 승인 전후를 불문하고 양도인의 투자비 내역, 영업 현황 등의 자료를 양수희망자 또는 양수인에게 제공할 수 있다.

제35조(영업의 상속) ① 가맹점사업자의 상속인은 가맹점 영업을 상속할 수 있다.

② 상속인이 영업을 상속할 경우에는 상속개시일로부터 3개월 이내에 상속사실을 가맹본부에게 통지하여야 한다.

③ 상속인이 미성년자, 피성년후견인, 피한정후견인에 해당하거나 이에 준하는 사유가 있는 경우 가맹본부는 영업의 상속을 승인하지 아니할 수 있으며, 이 경우 가맹계약은 종료한다. 다만, 가맹본부는 상속인에게 제38조 제 2 항 및 제 3 항의 금원을 지급하여야 한다.

④ 상속인에 대해서는 제15조의 최초가맹금이 면제된다. 단, 소정의 교육비, 계약이행보증금은 면제되지 아니한다.

## 제 5 장 계약의 갱신, 해지, 종료

제36조(계약의 갱신과 거절) ① 가맹본부는 가맹점사업자가 가맹계약기간 만료 전 180일부터 90일까지 사이에 가맹계약의 갱신을 요구하는 경우에는 정당한 사유가 없으면 이를 거절하지 못한다. 다만 가맹점사업자가 다음 각 호의 어느 하나에 해당하는 경우에는 갱신을 거절할 수 있다.

1. 가맹계약상의 가맹금 등의 지급의무를 지키지 아니한 경우
2. 다른 가맹점사업자에게 통상적으로 적용되는 계약조건이나 영업방침을 가맹점사업자가 수락하지 아니한 경우
3. 가맹점의 운영에 필요한 점포・설비의 확보나 법령상 필요한 자격・면허・허가의 취득에 관한 가맹본부의 중요한 영업방침을 지키지 아니한 경우
4. 상품의 품질을 유지하기 위하여 필요한 조리법, 식자재 구입 및 관리 또는 서비스기법의 준수에 관하여 가맹본부가 정한 영업방침을 지키지 아니한 경우
5. 가맹본부의 가맹사업 경영에 필수적인 지식재산권의 보호에 관하여 가맹본부가 정한 영업방침을 지키지 아니한 경우
6. 다른 가맹본부가 통상적으로 요구하는 비용에 의하여 가맹본부가 가

맹점사업자에게 정기적으로 실시하는 교육·훈련의 준수에 관한 가맹본부의 영업방침을 지키지 아니한 경우.

② 제1항의 가맹점사업자의 계약갱신요구권은 최초 가맹계약기간을 포함한 전체 가맹계약기간이 10년을 초과하지 아니하는 범위 내에서만 행사할 수 있다.

③ 가맹본부가 제1항에 따른 갱신요구를 거절하는 경우에는 갱신을 요구받은 날로부터 15일 이내에 가맹점사업자에게 거절사유를 적은 서면으로 통지하여야 한다.

④ 가맹본부가 제1항 단서의 어느 사유를 들어 계약만료 전 180일부터 90일까지 갱신하지 않는다는 사실을 서면으로 통지하거나 제3항의 거절통지를 한 경우가 아니면, 가맹계약은 종전계약과 동일한 조건으로 (　　)년간 갱신된 것으로 본다.

⑤ 다음 각 호의 어느 하나에 해당하는 경우에는 제4항을 적용하지 아니한다.

1. 가맹점사업자가 계약만료 60일전까지 이의를 제기한 경우
2. 천재지변 등 양 당사자에게 책임 없는 사유로 인하여 가맹계약을 유지하기 어려운 경우
3. 가맹본부나 가맹점사업자에게 파산신청이 있거나 강제집행절차 또는 회생절차가 개시된 경우
4. 가맹본부나 가맹점사업자가 발행한 어음·수표가 부도 등으로 지급거절된 경우
5. 가맹점사업자에게 중대한 일신상의 사유가 발생하여 더 이상 가맹사업을 경영할 수 없게 된 경우

제37조(계약의 해지) ① 가맹본부는 가맹점사업자에게 제29조 제1항 각호의 사유가 있는 경우에는 가맹계약을 해지할 수 있다. 이 경우 가맹계약을 해지하기 위해서는 가맹점사업자에게 2개월 이상의 유예기간을 두고 계약의 위반사실을 구체적으로 밝히고 이를 시정하지 아니하면 그 계약을 해지한다는 사실을 서면으로 2회 이상 통지하여야 하고, 이 절차를 거치지 아니한 가맹계약의 해지는 그 효력이 없다.

② 가맹본부는 가맹사업의 거래를 지속하기 어려운 경우로서 다음 각 호의 어느 하나에 해당하는 경우에는 제 1 항의 절차를 거치지 아니하고 계약을 해지할 수 있다.

1. 가맹점사업자에게 파산신청이 있거나 강제집행절차 또는 회생절차가 개시된 경우
2. 가맹점사업자가 발행한 어음·수표가 부도 등으로 지급거절된 경우
3. 천재지변, 중대한 일신상의 사유 등으로 가맹점사업자가 더 이상 가맹사업을 경영할 수 없게 된 경우
4. 가맹점사업자가 공연히 허위사실을 유포함으로써 가맹본부의 명성이나 신용을 뚜렷이 훼손하거나 가맹본부의 영업비밀 또는 중요정보를 유출하여 가맹사업에 중대한 장애를 초래한 경우
5. 가맹점사업자가 가맹사업의 운영과 관련되는 법령의 위반사실을 통보받은 후 10일 이내에 이를 시정하지 아니한 경우
6. 가맹점사업자가 제 1 항 후문에 따른 가맹본부의 시정요구에 따른 후 다시 같은 위반행위를 2회 이상 반복한 경우
7. 가맹점사업자가 가맹점운영과 관련된 행위로 형사처벌을 받은 경우
8. 가맹점사업자가 공중의 건강이나 안전에 급박한 위해를 일으킬 염려가 있는 방법이나 형태로 가맹점을 운영하는 경우
9. 가맹점사업자가 정당한 사유 없이 연속하여 7일 이상 영업을 중단한 경우.

③ 가맹점사업자는 가맹본부가 약정한 원·부재료 등의 공급, 경영지원 등을 정당한 이유 없이 이행하지 않거나 지체하는 경우 등 이 계약상의 의무를 불이행하는 경우에는 상당한 기간을 정하여 서면으로 그 시정을 요구하고 그래도 시정하지 않을 경우에는 가맹계약을 해지할 수 있다.

④ 가맹점사업자는 다음 각 호의 어느 하나에 해당하여 재정상태가 객관적으로 악화됨에 따라 본 계약의 유지가 어렵다고 합리적·객관적으로 판단되는 경우에는 최고 없이 즉시 계약을 해지할 수 있다.

1. 가맹본부가 파산한 경우
2. 가맹본부가 발행한 어음·수표가 부도 등으로 지급거절된 경우
3. 가맹본부가 (가)압류, 가처분, 강제집행, 체납처분 또는 이와 유사한

법적 · 행정적 처분을 당한 경우
4. 천재지변으로 가맹점 운영이 곤란한 경우
⑤ 가맹본부와 가맹점사업자는 계약기간 중에도 서면에 의하여 양 당사자가 합의하여 해지할 수 있다. 다만, 해지를 원하는 당사자는 상대방에 대하여 「약관의 규제에 관한 법률」 제 8 조(손해배상액의 예정)에 위반되지 아니하는 범위 내에서 금 (　　)원을 위약금으로 지급하여야 하며, 이는 손해배상액의 예정으로서의 성격을 갖는다.

제38조(계약의 종료와 조치) ① 계약이 기간만료나 해지로 인하여 종료된 경우, 가맹점사업자는 지체 없이 가맹본부의 상호 · 간판 등 영업표지의 사용을 중단하고 이를 철거 내지 제거하여야 하며, 가맹본부가 제공한 설비, 전산시스템 등 영업관련 자산을 가맹본부에 반환하여야 한다.
② 제 1 항의 규정에도 불구하고 가맹점사업자가 계약이행보증금을 지급한 경우에는 가맹본부로부터 제18조 제 3 항의 정산잔액과 정산서를 받을 때까지(계약이행보증보험증권이나 물적 담보를 제공한 경우에는 잔존 채무 · 손해배상액의 통지서를 받을 때까지) 제 1 항의 의무이행을 거절할 수 있다. 가맹본부가 제16조 제 2 항에 의하여 가맹금의 일부를 반환해야 하는 경우에도 또한 같다.
③ 제 1 항의 철거 · 원상복구의 비용은 계약이 가맹점사업자의 귀책사유로 종료되는 경우에는 가맹점사업자가 부담하고 가맹본부의 귀책사유로 종료되는 경우에는 가맹본부가 부담한다. 다만, 합의해지의 경우에는 가맹본부와 가맹점사업자가 협의하여 비용을 분담할 수 있다.
④ 가맹본부는 가맹계약서를 가맹사업의 거래가 종료된 날부터 3년간 보관하여야 한다.

## 제 6 장 기　타

제39조(가맹점사업자의 비밀유지, 경업금지 의무) ① 가맹점사업자는 계약 및 가맹점 운영상 알게 된 가맹본부의 조리법 등 영업비밀을 계약

기간은 물론 계약종료 후에도 제 3 자에게 누설해서는 아니된다.
② 가맹점사업자는 가맹본부의 허락 없이 교육과 세미나 자료 기타 가맹점운영과 관련하여 가맹본부의 영업비밀이 담긴 관계서류의 내용을 인쇄 또는 복사할 수 없다.
③ 가맹점사업자는 계약의 존속 중에 가맹본부의 허락 없이 자기 또는 제 3 자의 명의로 가맹본부의 영업과 동종의 영업을 하지 않는다.

제40조(개량기술의 사용) 가맹점사업자가 가맹본부로부터 지원받은 영업노하우 등 기술과 관련하여 독자적으로 기술을 개량한 경우, 개량기술에 대한 소유권은 가맹점사업자에게 있는 것으로 한다. 다만, 가맹본부는 기술개발비, 예상수익, 원천기술의 기여분, 개량기술의 가치 등이 반영된 정당한 대가를 지급하고 그 소유권의 이전이나 실시권, 사용권 등의 설정을 가맹점사업자에게 청구할 수 있다.

제41조(지연이자) 계약의 일방당사자가 본 계약과 관련하여 상대방에게 부담하는 일체의 금전지급의무를 지체하는 경우에는 미지급액에 대하여 지급기일의 다음날부터 지급하는 날까지 연 (  )%의 비율에 의한 지연이자를 가산하여 지급한다.

제42조(손해배상) 이 계약의 당사자는 상대방의 계약위반이나 불법행위로 인한 손해에 대하여 본 계약상 구제수단 외에 별도로 손해배상을 청구할 수 있다.

제43조(분쟁의 해결) ① 이 계약의 당사자는 이 계약의 해석 또는 이 계약에 의하여 명시되지 아니한 사항에 관하여 다툼이 있을 경우 우선적으로 대화와 협상을 통하여 분쟁을 해결하도록 최선을 다한다.
② 제 1 항에 의한 해결이 되지 아니한 경우에는 「가맹사업거래의 공정화에 관한 법률」 제22조에 따라 한국공정거래조정원의 가맹사업거래분쟁조정협의회에 조정을 신청하거나 다른 법령에 의하여 설치된 중재기관에 중재를 신청할 수 있다.

③ 가맹본부 및 가맹점사업자의 협의에 의하여 제 2 항에 의한 중재를 신청하지 아니하는 경우, 이 계약에 관한 분쟁의 관할법원은 가맹점사업자의 주소지나 점포소재지를 관할하는 법원으로 한다. 다만, 가맹본부와 가맹점사업자가 합의하여 관할법원을 달리 정하는 경우에는 그러하지 아니하다.

제44조(정보공개서의 자문) ① 가맹본부는 이 계약을 체결하기 전에 가맹희망자에게 정보공개서를 제공하고 충분한 숙고기간을 부여하여야 하며 정보공개서의 이해를 돕기 위하여 가맹거래사 또는 변호사의 자문을 받을 수 있다는 사실을 고지하여야 한다.
② 가맹점사업자는 제 1 항의 자문을 받은 경우 자문일자가 기재된 확인서를 가맹본부에 제출하여야 한다.

제45조(정보공개서 및 가맹계약서의 수령일) ① 가맹점사업자는 가맹금의 일부를 지급하거나 이 계약을 체결하는 날로부터 14일(제43조의 자문을 받은 경우에는 7일) 이상 이전인 20 년 월 일에 가맹본부로부터 관련 정보공개서를 제공받았음을 확인한다.
② 가맹점사업자는 가맹본부가 가맹금을 최초로 수령한 날(가맹금을 예치한 경우에는 예치한 날, 예치하기로 합의한 경우에는 예치 예정일)과 이 계약을 체결한 날 중 빠른 날 전인 20 년 월 일에 이 계약서를 사전제공 받았음을 확인한다.

별첨 [1] : 영업지역의 표시
별첨 [2] : 가맹점사업자에게 사용이 허가된 영업표지의 표시
별첨 [3] : 공급 원·부재료 등의 내역
별첨 [4] : 공급 주방기기 등의 내역

가맹본부와 가맹점사업자는 이 가맹계약서에 열거된 각 조항을 면밀히 검토하고 충분히 이해하였으며, 이 계약의 체결을 증명하기 위하여 계약서 2통을 작성하여 각각 기명·날인한 후 각 1통씩 보관한다.

20 년 월 일

[가맹본부]

대 표 자: (인)

사업자등록번호:

상 호:

주 소:

연 락 처:

[가맹점사업자]

성 명: (인)

주민등록번호:

점 포 명:

주 소:

연 락 처:

## 별첨 [1] : 영업지역의 표시

※ 영업지역을 표시한 지도를 첨부하여 주십시오

## 별첨 [2] : 가맹점사업자에게 사용이 허가된 영업표지의 표시

(1) 허용대상 영업표지

| 영업표지 견본 | |
|---|---|
| 등록번호(출원번호) | |
| 등록결정(심결) 연월일 | |
| 존속기간 (예정) 만료일 | |
| 지정상품 또는 지정서비스업 | |
| 등록권리자 | |

(2) 영업표지 사용방법 : 간판, 상징물, 홍보물, 집기 비품, 문구류 등에 표시

(3) 영업표지의 사용기간 : 이 계약의 효력이 존속되는 기간과 원칙적으로 동일함

(4) 영업표지의 사용지역 : 별도 약정이 없는 한 해당 영업지역 내로 한정됨

## 별첨 [3] : 공급 원·부재료 등의 내역

| 연번 | 원·부재료명 | 공급가격 |
|---|---|---|
| | | |
| | | |
| | | |
| | | |
| | | |
| | | |
| | | |
| | | |
| | | |
| | | |
| | | |
| | | |
| | | |
| | | |
| | | |
| | | |
| | | |
| | | |
| | | |

## 별첨 [4] : 공급 주방기기의 내역

| 연번 | 주방기기명 | 공급가격 |
|---|---|---|
| | | |
| | | |
| | | |
| | | |
| | | |
| | | |
| | | |
| | | |
| | | |
| | | |
| | | |
| | | |
| | | |
| | | |
| | | |
| | | |
| | | |
| | | |
| | | |

## 2. 교육서비스업

### 프랜차이즈(교육서비스업) 표준계약서

이 표준계약서의 목적은 교육서비스업을 운영하는 가맹사업에 있어서 가맹본부와 가맹점사업자 간에 공정한 계약조건에 따라 가맹계약(프랜차이즈계약)을 체결하도록 하기 위한 표준적 계약조건을 제시함에 있습니다.

이 표준계약서에서는 교육서비스업 가맹사업의 운영에 있어서 표준이 될 계약의 기본적 공통사항만을 제시하였습니다. 따라서 실제 가맹계약을 체결하려는 계약당사자는 이 표준계약서의 기본 틀과 내용을 유지하는 범위에서 이 표준계약서보다 더 상세한 사항을 계약서에 규정하거나 특약으로 달리 약정할 수 있습니다.

또한 이 표준계약서의 일부 내용은 현행 「가맹사업거래의 공정화에 관한 법률」 및 그 시행령을 기준으로 한 것이므로 계약당사자는 이들 법령이 개정되는 경우에는 개정내용에 부합되도록 기존의 계약을 수정 또는 변경할 수 있으며 특히 개정법령에 강행규정이 추가되는 경우에는 반드시 그 개정규정에 따라 계약내용을 수정하여야 합니다.

이 표준계약서는 하위가맹본부(지사 등)가 가맹본부로부터 계약체결권을 부여받아 가맹점사업자를 모집할 경우에도 그 하위가맹계약의 표준이 될 수 있습니다.

## 제1장 총　　칙

제 1 조(목적)　이 표준계약서는 교육서비스업을 영업으로 하는 가맹사업에 있어서 가맹본부와 가맹점사업자 간에 공정한 계약조건에 따른 가맹계약을 체결하도록 하기 위한 표준적 계약조건을 제시함을 목적으로 한다.

제 2 조(용어의 정의)　이 계약서에서 사용된 용어는 다음 각 호와 같은 의미를 갖는다.

1. "가맹사업"이라 함은 가맹본부가 가맹점사업자(가맹희망자를 포함한다)로 하여금 자신의 상표·서비스표·상호·간판 그 밖의 영업표지(이하 "영업표지"라 한다)를 사용하여 일정한 품질기준이나 영업방식에 따라 학원사업을 영위하도록 함과 아울러 이에 따른 경영 및 영업활동 등에 대한 지원·교육과 통제를 하고, 가맹점사업자는 이에 대한 대가로 가맹본부에 가맹금을 지급하는 것을 내용으로 하는 계속적인 거래관계를 말한다.
2. "가맹본부"라 함은 가맹계약과 관련하여 가맹점사업자에게 가맹점운영권을 부여하는 사업자를 말한다.
3. "가맹점사업자"라 함은 가맹계약과 관련하여 가맹본부로부터 가맹점운영권을 부여받은 사업자를 말한다.
4. "가맹금"이라 함은 명칭이나 지급형태의 여하에 관계없이 가맹점사업자가 가맹계약에 따라 가맹본부에 지급하는 대가를 말하며, 최초가맹금, 계속가맹금, 계약이행보증금을 포함한다.
5. "최초가맹금"이라 함은 가입비·입회비·계약금·할부금·오픈지원비·최초교육비 등 명칭을 불문하고 가맹점사업자가 가맹점운영권을 부여받아 가맹사업에 착수하기 위하여 가맹본부에 지급하는 대가를 말한다.
6. "계속가맹금"이라 함은 상표사용료, 교육비, 경영지원비 등 명칭을 불문하고 가맹점사업자가 가맹사업에 착수한 이후 가맹사업을 유지

하기 위하여 영업표지의 사용과 영업활동 등에 관한 지원·교육, 그 밖의 사항과 관련하여 가맹본부에 정기적으로 또는 비정기적으로 지급하는 모든 대가를 말한다.

7. "계약이행보증금"이란 가맹점사업자가 가맹본부로부터 공급받는 상품의 대금 등에 관한 채무액이나 이와 관련한 손해배상액의 지급을 담보하기 위하여 가맹본부에 지급하는 대가를 말한다.
8. "영업비밀"이라 함은 공공연히 알려져 있지 아니하고 독립된 경제적 가치를 가지는 것으로서, 가맹본부의 상당한 노력에 의하여 비밀로 유지된 생산방법, 판매방법, 그 밖에 영업활동에 유용한 기술상 또는 경영상의 정보를 말한다.

제 3 조(계약당사자의 지위) ① 가맹본부와 가맹점사업자는 상호간에 독립한 사업자로서 대등한 관계에서 이 건 가맹계약을 체결한다.
② 가맹본부와 가맹점사업자 사이에는 상호간에 대리관계나 위임관계, 사용자와 피용자 관계, 동업자 관계 등 여하한 특별한 관계도 존재하지 아니한다.

제 4 조(신의성실의 원칙) 가맹본부와 가맹점사업자는 이 가맹계약에 따라 가맹사업을 영위함에 있어서 각자의 업무를 신의에 따라 성실하게 수행하여야 한다.

제 5 조(가맹본부의 준수사항) 가맹본부는 이 계약에서 정한 의무 외에 다음 각 호의 사항을 준수한다.

1. 가맹사업의 성공을 위한 사업구상
2. 상품이나 용역의 품질관리와 판매기법의 개발을 위한 계속적 노력
3. 가맹점사업자에 대하여 합리적 가격과 비용에 의한 점포설비의 설치, 상품 또는 용역 등의 공급
4. 가맹점사업자와 그 직원에 대한 교육·훈련
5. 가맹점사업자의 경영·영업활동에 대한 지속적인 조언과 지원
6. 가맹계약기간 중 가맹점사업자의 영업지역에서 자기의 직영점을 설

치하거나 가맹점사업자와 동일한 업종의 가맹점을 설치하는 행위의 금지

7. 가맹점사업자와의 대화와 협상을 통한 분쟁해결 노력

제 6 조(가맹점사업자의 준수사항) 가맹점사업자는 이 계약에서 정한 의무 외에 다음 각 호의 사항을 준수한다.

1. 가맹사업의 통일성 및 가맹본부의 명성을 유지하기 위한 노력
2. 가맹본부의 공급계획과 소비자의 수요충족에 필요한 적정한 재고유지 및 상품진열
3. 가맹본부가 상품 또는 용역에 대하여 제시하는 적절한 품질기준의 준수
4. 제 3 호의 규정에 의한 품질기준의 상품 또는 용역을 구입하지 못하는 경우 가맹본부가 제공하는 상품 또는 용역의 사용
5. 가맹본부가 사업장의 설비와 외관, 운송수단에 대하여 제시하는 적절한 기준의 준수
6. 취급하는 상품 · 용역이나 영업활동을 변경하는 경우 가맹본부와의 사전 협의
7. 상품 및 용역의 구입과 판매에 관한 회계장부 등 가맹본부의 통일적 사업경영 및 판매전략의 수립에 필요한 자료의 유지와 제공
8. 가맹점의 업무현황 및 제 7 호의 규정에 의한 자료의 확인과 기록을 위한 가맹본부의 임직원 그 밖의 대리인의 사업장 출입 허용
9. 가맹본부의 동의를 얻지 아니한 경우 사업장의 위치변경 또는 가맹점운영권의 양도금지
10. 가맹계약기간 중 가맹본부와 동일한 업종을 영위하는 행위의 금지
11. 가맹본부의 영업기술이나 영업비밀의 누설 금지
12. 가맹본부의 영업표지 기타 지적재산권에 대한 침해사실을 인지하는 경우 가맹본부에 대한 침해사실의 통보와 금지조치에 필요한 적절한 협력

제 7 조(불공정거래행위의 금지) 가맹본부는 다음 각 호의 어느 하나에

해당하는 행위로서 가맹사업의 공정한 거래를 저해할 우려가 있는 행위를 하거나 제3자에게 이를 행하도록 하지 아니한다.

1. 가맹점사업자의 귀책으로 보기 어려운 행위 등을 이유로 가맹점사업자에게 상품이나 용역의 공급 또는 영업지원 등을 중단 또는 거절하거나 그 내용을 현저히 제한하는 행위
2. 가격구속, 거래상대방 구속, 상품판매 또는 용역의 제한, 영업지역 준수강제 등의 방법으로 가맹점사업자가 취급하는 상품 또는 용역의 가격, 거래상대방, 거래지역이나 가맹점사업자의 사업활동을 가맹본부의 상표권 보호, 상품 또는 용역의 동일성 유지 등 가맹사업 경영에 필수적인 수준에 비추어 과도하게 구속하거나 제한하는 행위
3. 거래상 지위를 이용하여 구입강제, 경제적이익제공 또는 비용부담 강요, 가맹점사업자에게 불리한 계약조항의 설정 또는 변경, 경영간섭, 판매목표 강제 등의 방법으로 가맹점사업자에게 불이익을 주는 행위
4. 계약의 목적과 내용, 발생할 손해 등에 비하여 과중한 위약금 또는 지연손해금을 설정・부과하는 행위
5. 경쟁가맹본부의 가맹점사업자를 자기와 거래하도록 유인하여 자기의 가맹점사업자의 영업에 불이익을 주는 행위 등 제1호 내지 제4호 외의 행위로서 가맹사업의 공정한 거래질서를 저해할 우려가 있는 행위

## 제 2 장 개점의 준비

**제 8 조(학원의 표시)** 이 계약에 의하여 가맹점사업자가 개설하게 되는 가맹학원의 표시는 다음과 같다.

(1) 학원 명 :

(2) 상호 및 대표자 :

(3) 학원 소재지 :

(4) 학원 규모 : $m^2$

(5) 영업지역 : 별첨[1]에 표시된 지역

제9조(학원운영권의 부여) ① 가맹본부는 가맹점사업자가 계약기간 중에 가맹본부의 영업시스템에 따라 교육서비스업을 운영하도록 하기 위하여 필요한 범위에서 가맹점사업자에게 다음 각 호의 권리를 부여한다.

1. 가맹본부의 영업표지의 사용권
2. 가맹사업과 관련하여 등기·등록된 권리나 영업비밀의 사용권
3. 이 계약에서 규정한 서비스, 교재 또는 교구(이하 "교재 등"이라 한다)를 공급받을 권리
4. 노하우(know-how) 전수, 지도, 교육 기타 경영지원을 받을 권리
5. 기타 가맹본부가 본 계약상의 영업과 관련하여 보유하는 권리로서 당사자가 사용허가의 대상으로 삼은 권리

② 이 계약에서 가맹점사업자에게 사용이 허가된 영업표지의 표시는 별첨[2]와 같다.

제10조(지식재산권의 확보) ① 가맹본부는 가맹사업에 사용하는 영업표지에 대한 배타적 독점권을 확보하여야 한다.

② 가맹본부는 가맹점사업자에게 사용을 허가한 각종 권리의 진정성과 적법성 및 대항력에 대하여 책임을 진다.

③ 가맹본부가 사용을 허가한 지식재산권이 기간 만료 등으로 인하여 더 이상 사용할 수 없게 된 경우 가맹본부는 가맹본부의 책임과 비용으로 가맹점사업자에게 이를 대체할 수 있는 수단을 제공하여야 하며 이로 인하여 발생한 손해를 배상할 책임을 진다.

제11조(계약의 발효일과 계약기간) 이 계약은 20　년　월　일부터 발효되며 그 기간은 계약 발효일로부터 20　년　월　일까지 (　　)년간으로 한다.

제12조(학원의 장소 선정) ① 가맹점사업자는 자신의 책임 하에 가맹학원을 설치할 지역 및 장소를 선정하여야 한다.

② 가맹본부는 학원의 설치 지역 및 장소에 대하여 시장특성, 교통량, 교육대상(수강생)의 분포 및 수강특성, 주요 근린시설, 학원별 특성에

따른 매출성향 등을 고려하여 가맹점사업자에게 조언을 할 수 있다.

제13조(영업지역의 보호) ① 가맹점사업자의 영업지역은 별첨[1]과 같이 하며, 가맹본부는 계약기간 중 가맹점사업자의 영업지역에서 가맹점사업자와 동일한 업종의 자기 또는 계열회사의 직영점이나 가맹점을 개설하지 아니한다.

② 가맹계약의 당사자는 계약기간 중 상대방의 동의 없이 영업지역을 변경할 수 없다. 가맹본부는 도로사정의 변경이나 재개발 등으로 인하여 영업지역이 충돌되는 경우에는 가맹점사업자 상호간의 이해관계를 합리적으로 조정할 수 있다.

③ 가맹점사업자는 가맹본부와 약정한 영업지역을 준수하며, 영업지역을 벗어나 다른 가맹점의 영업지역을 침범하지 아니한다. 가맹점사업자가 자신의 영업지역을 벗어나 다른 가맹점사업자의 영업지역에 속한 고객에게 영업활동을 하는 경우 가맹본부는 다음 각 호의 어느 하나의 조치를 취하여 가맹점사업자 상호간의 이해관계를 합리적으로 조정할 수 있다.

1. 가맹본부가 두 가맹점사업자 간의 보상금 지불에 대한 중재안을 제시
2. 영업지역을 침해받은 가맹점사업자의 영업지역 조정 요구가 있는 경우 매출액 현황 조사 등 필요한 조치 수행
3. 특정 가맹점사업자가 다른 가맹점사업자의 영업지역을 반복적으로 침해하여 다른 가맹점사업자의 영업과 가맹본부의 가맹사업 경영에 심각한 손해를 가한 경우 그 가맹점사업자에게 행위의 시정을 요구하고 손해배상 청구

제14조(학원의 설비) ① 가맹점사업자의 가맹학원설비(인테리어)는 가맹사업 전체의 통일성과 독창성을 유지할 수 있도록 가맹본부가 정한 사양에 따라 설계·시공한다(기존시설을 변경하는 경우에도 같다). 가맹본부는 기본적인 설계도면과 시방서를 마련하고 계약체결 이후 가맹점사업자에게 이를 제공하여야 한다.

② 가맹점사업자는 가맹본부가 정한 사양에 따라 직접 시공하거나 가

맹본부가 지정한 업체를 선정하여 시공할 수 있다. 이 경우 가맹본부는 공사의 원활한 진행을 위하여 자신의 비용으로 직원을 파견할 수 있고, 영업설비기간 · 공사세부내역 · 구체적인 부담액 · 담보기간 등 구체적인 내용은 별도로 협의하여 정한다.

③ 가맹점사업자의 의뢰가 있는 경우에는 가맹본부가 직접 시공할 수 있다.

④ 점포설비에 따른 제반 인 · 허가는 이 계약체결일로부터 (　　)일 이내에 가맹점사업자가 자신의 책임과 비용으로 취득한다. 다만, 가맹본부가 직접 시공한 경우 또는 가맹본부가 지정하거나 권유한 업체를 통하여 시공한 경우에는 당사자간 협의하여 그 책임과 비용을 분담할 수 있다.

⑤ 가맹본부는 점포의 시설, 장비, 인테리어 등의 노후화가 객관적으로 인정되는 경우 또는 위생 · 안전의 결함이나 이에 준하는 사유로 인하여 가맹사업의 통일성을 유지하기 어렵거나 정상적인 영업에 현저한 지장을 주는 경우에는 점포환경개선을 요구 또는 권유할 수 있다.

⑥ 가맹본부는 가맹점사업자의 점포환경개선에 간판교체비용, 인테리어 공사비용(장비 · 집기의 교체비용을 제외한 실내건축공사에 소요되는 일체의 비용을 말한다)이 소요될 경우에는 그 금액의 20%(점포의 확장 또는 이전을 수반하는 경우에는 40%)를 부담한다. 다만, 가맹본부의 권유 또는 요구가 없음에도 가맹점사업자가 자발적 의사에 의하여 점포환경을 개선하거나 가맹점사업자의 귀책사유로 위생 · 안전 및 이와 유사한 문제가 발생하여 불가피하게 점포환경을 개선하는 경우는 그러하지 아니하다.

제15조(학원 설명회 지원) ① 가맹점사업자는 개원을 전후로 하거나 가맹본부와 합의한 기일에 가맹학원의 영업활성화를 위하여 가맹본부의 직원이나 기타 저명 강사를 초빙하여 학원 설명회를 개최할 수 있다.

② 제 1 항의 학원설명회를 개최하는 비용은 가맹본부와 가맹점사업자가 협의하여 분담할 수 있다.

**제16조(가맹점사업자 피해보상보험계약 등의 체결)** ① 가맹본부는 가맹점사업자의 피해를 보상하기 위하여 다음 각 호의 어느 하나에 해당하는 계약(이하 "가맹점사업자 피해보상보험 등"이라 한다)을 체결할 수 있다.

1. 「보험업법」에 따른 보험계약
2. 가맹점사업자 피해보상금의 지급을 확보하기 위한 「금융감독기구의 설치 등에 관한 법률」 제38조에 따른 기관의 채무지급보증계약
3. 공정거래위원회의 인가를 받아 설립된 공제조합과의 공제계약

② 가맹본부가 가맹점사업자 피해보상보험 등을 체결한 경우, 가맹본부는 가맹점사업자로부터 최초가맹금을 직접 수령할 수 있다.

## 제 3 장 가맹점사업자의 부담

**제17조(최초가맹금)** ① 가맹점사업자가 가맹본부에 지급하여야 할 최초가맹금의 내역은 다음 표와 같다.

| 최초가맹금 내역 | 금액 (단위: 천원) | 포함내역 | 지급 기한 | 반환조건 | 반환될 수 없는 사유 |
|---|---|---|---|---|---|
| 가입비 | | 장소선정 지원비, 가맹사업운영매뉴얼 제공비, 오픈 지원비 등 | | | |
| 최초교육비 | | | | | |
| | | | | | |
| | | | | | |
| 합계 | | | | | |

② 가맹점사업자는 가맹점 영업이 개시되거나 계약체결일로부터 (　)일이 경과할 때까지 제1항의 최초가맹금 중 다음 표에 기재된 내역을 가맹본부가 지정하는 아래 금융회사에 예치하여야 한다. 다만, 가맹본부가 제16조의 가맹점사업자 피해보상보험 등을 체결한 경우에는 가맹본부가 직접 지급받을 수 있다.

**예치가맹금 내역**

금액(단위: 천원)

| 가입비 | |
|---|---|
| 최초교육비 | |
| | |
| | |
| 합계 | |

* 예치금융회사: 은행 지점 부
계좌번호: 예금주:

③ 가맹본부는 다음 각 호의 어느 하나에 해당하는 경우에 위 예치기관의 장에게 예치가맹금의 지급을 요청할 수 있다.
1. 가맹점사업자가 영업을 개시한 경우
2. 가맹계약 체결일로부터 2개월이 경과한 경우

제18조(가맹금의 반환) ① 가맹점사업자 또는 가맹희망자는 다음 각 호의 어느 하나에 해당하는 경우에 이 계약의 체결일로부터 4개월 이내(제3호의 경우 가맹본부의 영업중단일로부터 4개월 이내)에 가맹본부에 서면으로 가맹금의 반환을 청구할 수 있다. 이 경우 반환하는 가맹금의 금액은 가맹계약의 체결 경위, 금전이나 그 밖에 지급된 대가의 성격, 가맹계약기간, 계약이행기간, 가맹사업당사자의 귀책정도 등을 고려하여 당사자의 협의에 의하여 결정한다.
1. 가맹본부가 등록된 정보공개서를 제공하지 아니하거나 정보공개서를 제공한 날로부터 14일(제41조에 따라 변호사 또는 가맹거래사의 자문을 받은 경우에는 7일)이 지나지 아니하였음에도 가맹금을 수령(가맹금을 예치하는 경우에는 예치)하거나 가맹계약을 체결한 경우
2. 가맹본부가 가맹희망자에게 정보를 제공함에 있어 허위 또는 과장된 정보를 제공하거나 중요사항을 누락하여 계약 체결에 중대한 영향을 준 것으로 인정되는 경우
3. 가맹본부가 정당한 사유 없이 가맹사업을 일방적으로 중단한 경우

② 가맹점사업자는 계약기간 내에 자기의 귀책사유 없는 사유로 계약이 해지되는 등 가맹계약이 중도에 종료되는 경우에는 영업표지 사용료, 영업시스템의 계속적 이용료 등과 같이 전체 계약기간에 대한 선급금의 성질을 갖는 가맹금 중 미경과 잔여계약기간의 비율에 해당하는 금액의 반환을 청구할 수 있다. 다만, 이는 손해배상의 청구에 영향을 미치지 아니한다.

③ 제2항의 경우에 최초교육비 등과 같이 계약기간에 따른 선급금의 성질을 갖지 않는 가맹금 중 이행이 완료된 급부의 대가에 해당하는 가맹금에 관하여는 공평의 관념에 어긋나지 않는 범위에서 당사자의 약정에 따라 반환하지 아니할 수 있다.

④ 제2항에 의해 가맹본부가 가입비의 일부를 반환해야 하는 경우에는 가맹점사업자의 청구가 있는 날로부터 (　)일 이내에 반환하여야 한다.

※ 가맹사업법 제10조 제2항에 의하여 가맹점사업자의 청구가 있는 날로부터 1개월을 초과할 수 없음

제19조(계속가맹금) ① 가맹점사업자가 가맹본부에 지급하여야 할 계속가맹금의 내역은 다음 표와 같다.

| 계속가맹금 내역 | 금액<br>(단위: 천원) | 지급기한 | 반환조건 | 반환될 수 없는 사유 |
|---|---|---|---|---|
| 영업표지 사용료 | | | | |
| 수시교육비 | | | | |
| 광고비 | | | | |
| 판촉비 | | | | |
| | | | | |
| | | | | |
| 합계 | | | | |

② 가맹점사업자는 분기 종료 후 (　　)일 까지 직전 분기의 총매출액을 서면을 통하여 가맹본부에게 통지하여야 한다.

제20조(계약이행보증금) ① 가맹점사업자는 영업표지 사용료, 광고・판

축비(가맹점사업자가 부담하게 되는 금액에 한한다) 등 계속가맹금 및 상품 등의 대금과 관련한 채무액 또는 손해배상액의 지급을 담보하기 위하여 직전년도 전체 가맹점사업자의 1회 평균 상품 등의 대금의 3배 이내에서 계약이행보증금으로 (　　　)원을 가맹본부에게 지급하거나 이에 상당하는 계약이행보증보험증권 또는 담보를 제공하여야 한다.
② 전항의 계약이행보증금을 금전으로 지급하는 경우, 가맹점사업자는 가맹점 영업이 개시되거나 계약체결일로부터 (　)일이 경과할 때까지 위 금전을 제17조 제2항에 지정된 금융기관에 예치하여야 한다. 다만, 가맹본부가 제16조의 가맹점사업자 피해보상보험 등을 체결한 경우에는 가맹본부에 직접 지급할 수 있다.
③ 계약이 기간만료 또는 해지 등의 사유로 인하여 종료된 경우 가맹본부는 기간만료일 또는 해지일로부터 (　)일 이내에 가맹점사업자에게 계약이행보증금으로 잔존 채무액과 손해배상액을 정산한 잔액을 상환하고 정산서를 교부하여야 한다.
④ 물적담보가 제공된 경우에는 가맹본부는 가맹점사업자로부터 잔존 채무액과 손해배상액을 지급받음과 동시에 물적담보의 말소에 필요한 서류를 담보권설정자에게 교부하여야 한다.
⑤ 가맹본부는 가맹점사업자가 적정한 계약이행보증금 등을 제공하였음에도 인적보증 등 담보를 추가로 요구해서는 아니 된다.

## 제 4 장 영업활동의 조건

제21조(교육 및 훈련) ① 가맹본부가 정한 교육 및 훈련과정을 이수하지 아니하는 자는 가맹점의 관리자로 근무할 수 없다.
② 가맹본부의 교육훈련은 다음 표와 같이 구분하여 실시한다.

| 교육훈련과정 | 실시시기 | 가맹점사업자 부담비용<br>(단위: 천원) |
|---|---|---|
| 최초교육 | | |
| 정기교육 | 연 ( )회 | |
| 특별교육 | | |
| | | |
| | | |

③ 정기교육은 이를 실시하기 ( )일 전에 그 교육계획을 수립하여 가맹점사업자에게 서면으로 통지한다.

④ 특별교육은 이를 실시하기 ( )일 전에 장소와 시간을 정하여 서면으로 통지한다.

⑤ 가맹본부는 실비를 기준으로 교육비용을 산출하고, 그 산출근거를 명시한 서면에 의하여 가맹점사업자에게 그 지급을 요구하여야 한다.

⑥ 가맹점사업자는 자신이 비용을 부담하여 가맹본부에게 교육 및 훈련요원의 파견을 요청할 수 있다.

제22조(경영지도) ① 가맹본부는 가맹점사업자의 경영활성화를 위하여 경영지도를 할 수 있다.

② 가맹점사업자는 자신의 비용부담으로 가맹본부에게 경영지도를 요청할 수 있다. 다만, 가맹점사업자가 부담하여야 할 비용은 가맹금에 포함된 통상의 경영지도 비용을 초과한 부분에 한한다.

③ 제 2 항의 요청을 받은 가맹본부는 경영지도계획서를 가맹점사업자에 제시하여야 한다.

④ 제 3 항의 경영지도계획서에는 경영지도내용, 기간, 경영진단 및 지도관계자의 성명, 소요비용 등이 포함되어야 한다.

⑤ 가맹본부는 경영지도결과 및 경영개선 방안을 경영지도 후 ( )일 이내에 가맹본부 담당자가 가맹점사업자에게 직접 방문하여 서면으로 제시하고 이를 설명하도록 한다.

제23조(강사의 채용 및 교육) ① 가맹점사업자는 통일적 강의와 교육

방법을 준수하고 가맹본부의 명예와 신용이 훼손되지 아니하도록 가맹본부가 합리적으로 정하는 기준에 따라 우수한 능력과 자질을 가진 강사를 채용하여야 한다.

② 가맹점사업자는 채용대상자의 이력서와 증빙서류를 채용예정일 (  )일 전까지 가맹본부에게 제출하여야 한다. 다만, 이 계약이 체결되기 전에 강사를 채용한 경우에는 본 계약 체결 후 (  )일 이내에 가맹본부에게 강사의 이력서와 급여명세서를 제출하여야 한다.

③ 가맹점사업자가 가맹본부의 자격기준에 미달한 자를 강사로 채용한 경우 가맹본부는 가맹점사업자에게 강사의 해임을 요구할 수 있다. 이 경우 합리적 이유가 없는 한 가맹점사업자는 가맹본부의 해임요구에 응하여야 한다.

④ 가맹본부는 가맹점사업자의 요청이 있을 경우 외국인 강사의 채용을 지원할 수 있다.

⑤ 가맹점사업자가 신규로 고용하고자 하는 모든 강사 및 교직원은 이 계약서에 규정된 소정의 교육과정을 반드시 수료하여야 한다. 이 경우 교육에 필요한 교육자의 선정과 강의장소의 준비 등에 소요되는 교육관련 비용은 가맹본부의 부담으로 하고 수강자의 숙식비, 여비 등의 비용은 가맹점사업자의 부담으로 하는 것을 원칙으로 하되, 세부적인 내용은 별도로 협의하여 결정한다.

⑥ 가맹점사업자가 고용한 내·외국인 강사 및 교직원과 관련한 제반 법적·행정적 사항 및 이에 수반되는 의무는 가맹점사업자가 부담한다. 다만, 제 4 항에 의하여 가맹본부가 외국인 강사의 채용을 지원한 경우에는 양 당사자가 협의하여 의무를 분담한다.

제24조(감독 및 통제) ① 가맹본부는 가맹점사업자의 경영상태를 파악하기 위하여 월(주)(  )회 가맹학원을 점검하고 가맹점사업자에 그 결과를 지체 없이 통지하여야 하며 기준에 위반하는 사항에 대해 시정을 요구할 수 있다.

② 가맹학원의 점검은 강사의 현황과 관리, 회계처리, 각종설비관리, 교재·교구 관리, 학원의 위생과 청결 등의 상태를 대상으로 한다.

③ 가맹본부는 점포관리기준을 가맹점사업자에게 제시하고, 제시 후 (    )일부터 그 기준에 의하여 점검한다. 점포관리기준을 변경하는 경우에도 같다.

第25조(설비 및 기기) ① 가맹점사업자는 가맹학원의 운영에 필요한 설비 및 기기를 구비하여야 한다.

② 가맹본부는 가맹점사업자의 요청이 있는 경우 가맹학원 영업에 필요한 설비·기기를 유상으로 대여할 수 있다. 이 경우 대여할 설비 및 기기의 내역, 대여비용 등 구체적인 사항은 당사자간에 합의하여 별도로 결정한다.

③ 가맹점사업자는 대여 받은 설비·기기를 제3자에게 양도하거나 담보로 제공할 수 없다.

④ 가맹점사업자는 대여 받은 설비·기기를 자신의 비용으로 유지·보수한다.

⑤ 가맹점사업자가 대여 받은 설비·기기를 멸실·훼손한 경우에는 구입가격에서 감가상각한 금액으로 배상한다.

第26조(광고) ① 가맹본부는 가맹사업 및 가맹학원 영업의 활성화를 위하여 전국단위 및 지역단위로 광고를 시행할 수 있다. 다만, 해당지역 가맹점사업자 과반수의 반대가 있는 경우에는 그러하지 아니하다.

② 광고의 목적·횟수·시기·매체 등에 관한 기본적 사항은 가맹본부가 정하는 바에 의한다. 이와 관련하여 필요한 세부사항은 가맹본부가 합리적으로 결정하여 시행하고 위 세부사항을 기재한 서면으로 가맹점사업자에게 사후 통지한다.

③ 전국단위 광고에 소요되는 비용은 가맹본부가 (    )%, 해당 가맹점사업자가 (    )%씩 각각 분담한다. 가맹점사업자 간의 개별 분담액은 광고시행 직전 분기의 각 가맹점사업자의 총매출액 비율에 따라 산정한다.

④ 가맹본부는 당해분기에 지출한 광고비 중에서 각 가맹점사업자가 부담해야 할 금액을 다음 분기 첫달의 말일까지 명세서를 첨부하여 통지하고, 가맹점사업자는 그 통지를 받은 날로부터 (    )일 이내에 지급

한다.

⑤ 가맹점사업자는 자기의 비용으로 영업지역 내에서 광고를 시행할 수 있다. 이 경우 가맹점사업자는 광고의 계획과 문안, 기타 광고와 관련된 세부사항에 관하여 사전에 가맹본부의 승인을 받아야 한다.

제27조(판촉) ① 가맹본부는 가맹사업 및 가맹점 영업의 활성화를 위하여 전국단위 및 지역단위로 할인판매, 경품제공, 이벤트 등과 같은 판촉활동을 시행할 수 있다. 다만, 해당지역 가맹점사업자 30%이상이 판촉활동의 시행여부 및 판촉행사의 주요내용에 반대가 있는 경우에는 그러하지 아니하다.

② 제1항의 절차에 따라 판촉행사를 실시하는 경우에 가맹본부는 판촉행사의 주요내용(판촉시기, 판촉물품의 종류, 가맹본부와 가맹점사업자 간의 비용분담 기준)을 포함한 판촉계획을 사전에 가맹점사업자에게 제공하여야 한다.

③ 가맹점에서 판매하는 상품의 할인비용이나 제공하는 경품・기념품 등의 비용, 판촉활동을 위한 통일적 팜플렛・전단・리플렛・카달로그 등의 제작비용 등 판촉행사에 소요되는 비용은 가맹본부와 가맹점사업자가 균등하게 분담한다.

④ 가맹점사업자는 자기의 비용으로 자기 지역 내에서 판촉활동을 할 수 있다. 이 경우 가맹점사업자는 판촉활동의 구체적 내용에 관하여 가맹본부와 사전에 협의하여야 한다.

제28조(교재 등의 조달과 관리) ① 가맹본부가 가맹점사업자에게 공급하여야 할 교재 등의 내역 및 가격은 별첨[3]와 같다. 다만, 물가인상 기타 경제여건의 변동으로 인하여 교재 등의 공급내역, 가격의 변경이 필요할 경우 가맹본부는 변경내역, 변경사유 및 변경가격 산출 근거를 가맹점사업자에 서면으로 제시하고 양 당사자가 협의하여 결정한다.

② 가맹본부가 공급하지 아니하거나 합리적 사유 없이 공급을 지연하는 교재 등은 가맹점사업자가 직접 조달하여 판매할 수 있다. 이 경우 가맹점사업자는 브랜드의 동일성을 해치지 않도록 하여야 한다.

③ 가맹본부는 가맹점사업자가 제 2 항에 의하여 직접 조달하는 교재 등에 대하여 품질관리기준을 제시하고 그 기준의 준수여부를 검사할 수 있다. 이 경우 가맹점사업자는 가맹본부의 품질검사에 협조하여야 한다.
④ 가맹본부와 가맹점사업자는 관련 법률에서 정한 설비와 장비를 갖추고 교재 등의 성질에 적합한 방법으로 운반·보관하여야 한다.
⑤ 가맹본부는 가맹사업의 목적달성에 필요한 합리적 사유가 있는 경우에는 교재 등의 공급원을 자기 또는 특정한 제 3 자로 한정할 수 있다.
⑥ 가맹점사업자는 공급받은 교재 등을 가맹본부의 허락 없이 타인에게 제공하거나 대여할 수 없다.

제29조(교재 등의 검사와 하자통지의무) ① 가맹점사업자는 교재 등을 공급받는 즉시 수량 및 품질을 검사하여야 하고, 하자를 발견하였을 경우 지체 없이 이를 서면으로 가맹본부에게 통지하여야 한다.
② 가맹점사업자가 교재 등의 성질상 수령 즉시 하자를 발견할 수 없는 경우에는 6개월 이내에 이를 발견하여 통지하고 완전물로 교환을 청구할 수 있다.
③ 가맹점사업자가 제 1 항 및 제 2 항의 검사를 태만히 하여 이로 인한 손해가 발생한 경우에는 가맹본부에 대하여 반품·수량보충 또는 손해배상을 청구할 수 없다. 다만, 가맹본부가 교재 등에 하자가 있음을 알면서 공급한 경우에는 제2항의 기간과 상관없이 가맹본부에 손해배상 등을 청구할 수 있다.
④ 가맹본부는 그의 상표를 사용하여 공급한 교재 등의 하자로 인하여 소비자 등 제 3 자가 입은 손해에 대하여 책임이 있다. 다만, 가맹본부가 공급하지 않은 교재 등을 가맹점사업자가 판매하여 제 3 자에게 손해를 가한 경우나 가맹점사업자의 보관상의 주의의무위반, 가맹점사업자의 상품제공상의 별도 과실로 인한 경우에는 이에 대한 책임을 지지 아니한다.
⑤ 계약이 기간만료, 해지 등으로 인하여 종료한 때에는 가맹점사업자는 공급된 교재 등의 중에서 완전물을 가맹본부에 반환할 수 있고, 이에 대하여 가맹본부는 공급가격으로 상환하여야 한다. 다만, 가맹점사

업자의 책임있는 사유로 인하여 해지된 경우에는 그러하지 아니하다.
⑥ 제5항의 경우에 하자 있는 교재 등에 대하여는 그 상태를 감안하여 가맹본부와 가맹점사업자의 협의에 의하여 상환가격을 결정한다.

제30조(교재 등 공급의 중단) ① 가맹본부는 다음 각 호의 어느 하나에 해당하는 경우에는 (　)일 전에 해당사유를 적시한 서면으로 예고하고 가맹점사업자에 대한 교재 등의 공급을 중단할 수 있다. 다만, 위 기간 중 가맹점사업자가 해당사유를 시정한 경우에는 그러하지 아니하다.

1. 가맹점사업자가 (　)개월에 걸쳐 3회 이상 교재 등에 관한 대금 등의 지급의무를 지체하는 경우
2. 가맹점사업자가 2회 이상 정기납입경비의 지급을 연체하는 경우
3. 가맹점사업자가 정기납입경비의 산정을 위한 총매출액 또는 매출액 증가비율을 3회 이상 허위로 통지하는 경우
4. 가맹본부의 품질관리기준을 (　)개월에 걸쳐 3회 이상 위반하는 경우
5. 가맹점사업자가 가맹본부와의 협의 없이 가맹학원 운영을 3일 이상 방치하는 경우
6. 가맹점사업자가 가맹본부와 약정한 판매촉진활동을 이행하지 않는 경우
7. 가맹점사업자가 정당한 사유 없이 제14조제5항에 의한 노후 점포설비의 교체·보수 요청에 따르지 않는 경우
8. 가맹점사업자가 가맹본부로부터 본 계약상의 의무위반을 지적받고 상당한 기간 내에 시정조치를 취하지 않는 경우

② 가맹본부는 다음 각 호의 어느 하나에 해당하는 경우에는 즉시 교재 등의 공급을 중단할 수 있다.

1. 가맹점사업자에게 파산 신청이 있거나 강제집행절차 또는 회생절차가 개시된 경우
2. 가맹점사업자가 발행한 어음·수표가 부도 등으로 지급거절된 경우
3. 천재지변, 중대한 일신상의 사유 등으로 가맹점사업자가 더 이상 가맹사업을 경영할 수 없게 된 경우

4. 가맹점사업자가 공연히 허위사실을 유포함으로써 가맹본부의 명성이나 신용을 뚜렷이 훼손하거나 가맹본부의 영업비밀 또는 중요 정보를 유출하여 가맹사업에 중대한 장애를 초래한 경우
5. 가맹점사업자가 가맹사업의 운영과 관련되는 법령의 위반사실을 통보받은 후 10일 이내에 이를 시정하지 아니한 경우
6. 가맹점사업자의 가맹사업과 관련한 가맹본부의 시정요구에 따른 후에 다시 같은 위반행위를 2회 이상 반복한 경우
7. 가맹점사업자가 가맹학원 운영과 관련된 행위로 형사처벌을 받은 경우
8. 가맹점사업자가 공중의 건강이나 안전에 급박한 위해를 일으킬 염려가 있는 방법이나 형태로 가맹학원을 운영하는 경우
9. 가맹점사업자가 정당한 사유 없이 연속하여 7일 이상 영업을 중단한 경우

③ 제 1 항 및 제 2 항의 경우 가맹본부는 교재 등의 공급중단조치를 취함과 동시에 재공급조건을 가맹점사업자에 서면으로 통지하여야 한다.

제31조(영업) ① 가맹점사업자는 수강생과 약속한 바에 따라 학원을 개원하고 매 해당일에 수강생에게 교육을 시행하여야 하며 (　 )일 이상 임의로 휴업할 수 없다.

② 가맹점사업자가 특정일에 학원을 열지 못할 특별한 사정이 있는 경우에는 이를 충분한 기간을 두어 사전에 수강생들에게 고지하고 보충교육일정을 제시하여 불만이 제기되지 않도록 하여야 한다.

③ 가맹점사업자가 일정기간 휴업할 경우에는 사전에 가맹본부에게 그 사유를 서면으로 통지하고 가맹본부의 승인을 얻어야 한다.

④ 영업시간은 ( )부터 ( )까지로 한다.

⑤ 가맹본부는 가맹점사업자가 심야영업시간대(오전 1시부터 오전 6시까지)의 매출이 저조하여 영업시간 단축을 요구한 날이 속한 달의 직전 6개월 동안 영업손실이 발생함에 따라 영업시간 단축을 요구하거나 질병의 발병과 치료 등 불가피한 사유로 인하여 영업시간의 단축을 요구하는 경우에는 이를 허용한다.

제32조(보고의무) ① 가맹점사업자는 가맹학원 영업과 관련하여 영업장부와 회계자료를 성실히 작성·유지하여야 한다.
② 가맹점사업자는 년(월, 주) ( )회 매출상황과 회계원장 등을 가맹본부에 서면을 통하여 보고하여야 한다.
③ 가맹점사업자는 가맹본부가 파견한 경영지도원의 서면에 의한 요구가 있을 때에는 영업장부 등 관련서류를 제시하여야 한다.
④ 가맹점사업자는 가맹본부로부터 사용허가를 받은 영업표지와 특허권 등에 대한 침해를 이유로 제3자가 소를 제기한 경우에는 이를 가맹본부에 보고하여야 한다.

제33조(보험) ① 가맹본부는 가맹점사업자가 영업상 과실, 교재 등의 하자, 점포의 화재 등으로 수강생이나 제3자에게 부담하는 손해배상책임을 보장하기 위하여 책임보험에 가입할 것을 권유할 수 있다.
② 가맹점사업자는 자신의 책임으로 보험업자, 보험의 종류, 피보험자를 정한다.

제34조(영업양도 및 담보제공) ① 가맹점사업자는 가맹본부의 승인을 얻어 영업을 양도, 임대하거나 영업재산을 담보로 제공(이하 “영업양도 등”이라 한다)할 수 있다.
② 제1항의 경우 가맹점사업자는 영업양도일(또는 영업임대일, 담보제공일. 이하 같다)( )일 전에 가맹본부에 대하여 서면으로 영업양도 등의 승인을 요청하여야 한다.
③ 가맹본부는 전항의 승인을 요청받은 날로부터 ( )일 이내에 그 사유를 명시한 서면으로 승인 또는 거절의 의사를 표시하여야 한다. 가맹본부가 이 기간 중에 이유를 적시하여 거절하지 않으면 영업양도 등을 승인한 것으로 본다.
④ 영업양도의 경우 영업양수인은 가맹점사업자의 가맹본부에 대한 권리와 의무를 승계한다.
⑤ 영업양수인, 영업임차인은 제17조의 최초가맹금의 지급의무가 면제된다. 다만, 양도 등에 따라 가맹본부에게 초래된 행정적 실비 및 소정

의 교육비, 계약이행보증금은 면제되지 아니한다.
⑥ 가맹본부는 영업양수인이 요청하는 경우에는 영업양도인의 잔여 계약기간 대신에 완전한 계약기간을 영업양수인에게 부여할 수 있다. 이 경우에는 신규계약을 체결하여야 한다.
⑦ 가맹본부가 가맹사업을 타인에게 양도하는 경우 가맹점사업자는 가맹계약을 종료하고 계약관계에서 탈퇴할 수 있다. 이 경우 가맹본부는 가맹점사업자에 대하여 제18조제 2 항의 금원을 반환하여야 한다.
⑧ 가맹본부는 가맹학원운영권의 양도와 관련된 분쟁을 예방하기 위하여, 승인 전후를 불문하고 양도인의 투자비 내역, 영업 현황 등의 자료를 양수희망자 또는 양수인에게 제공할 수 있다.

제35조(영업의 상속) ① 가맹점사업자의 상속인은 가맹점 영업을 상속할 수 있다.
② 상속인이 영업을 상속할 경우에는 상속개시일로부터 3개월 이내에 상속사실을 가맹본부에게 통지하여야 한다.
③ 상속인이 미성년자, 피성년후견인, 피한정후견인에 해당하거나 이에 준하는 사유가 있는 경우 가맹본부는 영업의 상속을 승인하지 아니할 수 있으며, 이 경우 가맹계약은 종료한다. 다만, 가맹본부는 상속인에게 제38조 제 2 항 및 제 3 항의 금원을 지급하여야 한다.
④ 상속인에 대해서는 제17조의 최초가맹금이 면제된다. 단, 소정의 교육비, 계약이행보증금은 면제되지 아니한다.

## 제 5 장 계약의 갱신, 해지, 종료

제36조(계약의 갱신과 거절) ① 가맹본부는 가맹점사업자가 가맹계약기간 만료 전 180일부터 90일까지 사이에 가맹계약의 갱신을 요구하는 경우에는 정당한 사유가 없으면 이를 거절하지 못한다. 다만 가맹점사업자가 다음 각 호의 어느 하나에 해당하는 경우에는 갱신을 거절할 수 있다.
1. 가맹계약상의 가맹금 등의 지급의무를 지키지 아니한 경우

2. 다른 가맹점사업자에게 통상적으로 적용되는 계약조건이나 영업방침을 가맹점사업자가 수락하지 아니한 경우
3. 가맹점의 운영에 필요한 학원·설비·강사진 등 인력의 확보나 법령상 필요한 자격·면허·허가의 취득에 관한 가맹본부의 중요한 영업방침을 지키지 아니한 경우
4. 교육의 수준을 유지하기 위하여 필요한 서비스기법의 준수에 관하여 가맹본부가 정한 영업방침을 지키지 아니한 경우
5. 가맹본부의 가맹사업 경영에 필수적인 지식재산권의 보호에 관하여 가맹본부가 정한 영업방침을 지키지 아니한 경우
6. 다른 가맹본부가 통상적으로 요구하는 비용에 의하여 가맹본부가 가맹점사업자에게 정기적으로 실시하는 교육·훈련의 준수에 관한 가맹본부의 영업방침을 지키지 아니한 경우.

② 제1항의 가맹점사업자의 계약갱신요구권은 최초 가맹계약기간을 포함한 전체 가맹계약기간이 10년을 초과하지 아니하는 범위 내에서만 행사할 수 있다.

③ 가맹본부가 제1항에 따른 갱신요구를 거절하는 경우에는 갱신을 요구받은 날로부터 15일 이내에 가맹점사업자에게 거절사유를 적은 서면으로 통지하여야 한다.

④ 가맹본부가 제1항 단서의 어느 사유를 들어 계약만료 전 180일부터 90일까지 갱신하지 않는다는 사실을 서면으로 통지하거나 제3항의 거절통지를 한 경우가 아니면, 가맹계약은 종전계약과 동일한 조건으로 (　　)년간 갱신된 것으로 본다.

⑤ 다음 각 호의 어느 하나에 해당하는 경우에는 제4항을 적용하지 아니한다.

1. 가맹점사업자가 계약만료 60일전까지 이의를 제기한 경우
2. 천재지변 등 양 당사자에게 책임 없는 사유로 인하여 가맹계약을 유지하기 어려운 경우
3. 가맹본부나 가맹점사업자에게 파산신청이 있거나 강제집행절차 또는 회생절차가 개시된 경우
4. 가맹본부나 가맹점사업자가 발행한 어음·수표가 부도 등으로 지급

거절된 경우

5. 가맹점사업자에게 중대한 일신상의 사유가 발생하여 더 이상 가맹사업을 경영할 수 없게 된 경우

第37조(계약의 해지) ① 가맹본부는 가맹점사업자에게 제30조제1항 각호의 사유가 있는 경우에는 가맹계약을 해지할 수 있다. 이 경우 가맹계약을 해지하기 위해서는 가맹점사업자에게 2개월 이상의 유예기간을 두고 계약의 위반사실을 구체적으로 밝히고 이를 시정하지 아니하면 그 계약을 해지한다는 사실을 서면으로 2회 이상 통지하여야 하고, 이 절차를 거치지 아니한 가맹계약의 해지는 그 효력이 없다.

② 가맹본부는 가맹사업의 거래를 지속하기 어려운 경우로서 다음 각 호의 어느 하나에 해당하는 경우에는 제1항의 절차를 거치지 아니하고 계약을 해지할 수 있다.

1. 가맹점사업자에게 파산신청이 있거나 강제집행절차 또는 회생절차가 개시된 경우
2. 가맹점사업자가 발행한 어음·수표가 부도 등으로 지급거절된 경우
3. 천재지변, 중대한 일신상의 사유 등으로 가맹점사업자가 더 이상 가맹사업을 경영할 수 없게 된 경우
4. 가맹점사업자가 공연히 허위사실을 유포함으로써 가맹본부의 명성이나 신용을 뚜렷이 훼손하거나 가맹본부의 영업비밀 또는 중요정보를 유출하여 가맹사업에 중대한 장애를 초래한 경우
5. 가맹점사업자가 가맹사업의 운영과 관련되는 법령의 위반사실을 통보받은 후 10일 이내에 이를 시정하지 아니한 경우
6. 가맹점사업자가 제1항 후문에 따른 가맹본부의 시정요구에 따른 후 다시 같은 위반행위를 2회 이상 반복한 경우
7. 가맹점사업자가 가맹점운영과 관련된 행위로 형사처벌을 받은 경우
8. 가맹점사업자가 공중의 건강이나 안전에 급박한 위해를 일으킬 염려가 있는 방법이나 형태로 가맹점을 운영하는 경우
9. 가맹점사업자가 정당한 사유 없이 연속하여 7일 이상 영업을 중단한 경우.

③ 가맹점사업자는 가맹본부가 약정한 교재 등의 공급, 경영지원 등을 정당한 이유 없이 이행하지 않거나 지체하는 경우 등 이 계약상의 의무를 불이행하는 경우에는 상당한 기간을 정하여 서면으로 그 시정을 요구하고 그래도 시정하지 않을 경우에는 가맹계약을 해지할 수 있다.
④ 가맹점사업자는 다음 각 호의 어느 하나에 해당하여 재정상태가 객관적으로 악화됨에 따라 본 계약의 유지가 어렵다고 합리적·객관적으로 판단되는 경우에는 최고 없이 즉시 계약을 해지할 수 있다.
1. 가맹본부가 파산한 경우
2. 가맹본부가 발행한 어음·수표가 부도 등으로 지급거절된 경우
3. 가맹본부가 (가)압류, 가처분, 강제집행, 체납처분 또는 이와 유사한 법적·행정적 처분을 당한 경우
4. 천재지변으로 가맹학원 운영이 곤란한 경우
⑤ 가맹본부와 가맹점사업자는 계약기간 중에도 서면에 의하여 양 당사자가 합의하여 해지할 수 있다. 다만, 해지를 원하는 당사자는 상대방에 대하여 「약관의 규제에 관한 법률」 제 8 조(손해배상액의 예정)에 위반되지 아니하는 범위 내에서 금 (　　)원을 위약금으로 지급하여야 하며, 이는 손해배상액의 예정으로서의 성격을 갖는다.

제38조(계약의 종료와 조치) ① 계약이 기간만료나 해지로 인하여 종료된 경우, 가맹점사업자는 지체 없이 가맹본부의 상호·간판 등 영업표지의 사용을 중단하고 이를 철거 내지 제거하여야 하며, 가맹본부가 제공한 설비, 전산시스템 등 영업관련 자산을 가맹본부에 반환하여야 한다.
② 제 1 항의 규정에도 불구하고 가맹점사업자가 계약이행보증금을 지급한 경우에는 가맹본부로부터 제20조 제 3 항의 정산잔액과 정산서를 받을 때까지(계약이행보증보험증권이나 물적 담보를 제공한 경우에는 잔존 채무·손해배상액의 통지서를 받을 때까지) 제 1 항의 의무이행을 거절할 수 있다. 가맹본부가 제18조 제 2 항에 의하여 가맹금의 일부를 반환해야 하는 경우에도 또한 같다.
③ 제 1 항의 철거·원상복구의 비용은 계약이 가맹점사업자의 귀책사

유로 종료되는 경우에는 가맹점사업자가 부담하고 가맹본부의 귀책사유로 종료되는 경우에는 가맹본부가 부담한다. 다만, 합의해지의 경우에는 가맹본부와 가맹점사업자가 협의하여 비용을 분담할 수 있다.
④ 가맹본부는 가맹계약서를 가맹사업의 거래가 종료된 날부터 3년간 보관하여야 한다.

## 제6장 기 타

제39조(가맹점사업자의 비밀유지, 경업금지 의무) ① 가맹점사업자는 계약 및 가맹학원 운영상 알게 된 가맹본부의 영업비밀을 계약기간은 물론 계약종료 후에도 제3자에게 누설해서는 안 된다.
② 가맹점사업자는 가맹본부의 허락 없이 교육과 세미나 자료 기타 가맹점운영과 관련하여 가맹본부의 영업비밀이 담긴 관계서류의 내용을 인쇄 또는 복사할 수 없다.
③ 가맹점사업자는 계약의 존속 중에 가맹본부의 허락 없이 자기 또는 제3자의 명의로 가맹본부의 영업과 동종의 영업을 하지 않는다.

제40조(개량기술의 사용) 가맹점사업자가 가맹본부로부터 지원받은 영업노하우 등 기술과 관련하여 독자적으로 기술을 개량한 경우, 개량기술에 대한 소유권은 가맹점사업자에게 있는 것으로 한다. 다만, 가맹본부는 기술개발비, 예상수익, 원천기술의 기여분, 개량기술의 가치 등이 반영된 정당한 대가를 지급하고 그 소유권의 이전이나 실시권, 사용권 등의 설정을 가맹점사업자에게 청구할 수 있다.

제41조(지연이자) 계약의 일방당사자가 이 계약과 관련하여 상대방에게 부담하는 일체의 금전지급의무를 지체하는 경우에는 미지급액에 대하여 지급기일의 다음날부터 지급하는 날까지 연 ( )%의 비율에 의한 지연이자를 가산하여 지급한다.

제42조(손해배상) 이 계약의 당사자는 상대방의 계약위반이나 불법행

위로 인한 손해에 대하여 이 계약상 구제수단 외에 별도로 손해배상을 청구할 수 있다.

제43조(분쟁의 해결) ① 이 계약의 당사자는 이 계약의 해석 또는 이 계약에 의하여 명시되지 아니한 사항에 관하여 다툼이 있을 경우 우선적으로 대화와 협상을 통하여 분쟁을 해결하도록 최선을 다한다.
② 제 1 항에 의한 해결이 되지 아니한 경우에는 「가맹사업거래의 공정화에 관한 법률」 제22조에 따라 한국공정거래조정원의 가맹사업거래분쟁조정협의회에 조정을 신청하거나 다른 법령에 의하여 설치된 중재기관에 중재를 신청할 수 있다.
③ 가맹본부 및 가맹점사업자의 협의에 의하여 제 2 항에 의한 중재를 신청하지 아니하는 경우, 이 계약에 관한 분쟁의 관할법원은 가맹점사업자의 주소지나 점포소재지를 관할하는 법원으로 한다. 다만, 가맹본부와 가맹점사업자가 합의하여 관할법원을 달리 정하는 경우에는 그러하지 아니하다.

제44조(정보공개서의 자문) ① 가맹본부는 이 계약을 체결하기 전에 가맹희망자에게 정보공개서를 제공하고 충분한 숙고기간을 부여하여야 하며 정보공개서의 이해를 돕기 위하여 가맹거래사 또는 변호사의 자문을 받을 수 있다는 사실을 고지하여야 한다.
② 가맹점사업자는 제 1 항의 자문을 받은 경우 자문일자가 기재된 확인서를 가맹본부에 제출하여야 한다.

제45조(정보공개서 및 가맹계약서의 수령일) ① 가맹점사업자는 가맹금의 일부를 지급하거나 이 계약을 체결하는 날로부터 14일(제43조의 자문을 받은 경우에는 7일) 이상 이전인 20　년　　월　　일에 가맹본부로부터 관련 정보공개서를 제공받았음을 확인한다.
② 가맹점사업자는 가맹본부가 가맹금을 최초로 수령한 날(가맹금을 예치한 경우에는 예치한 날, 예치하기로 합의한 경우에는 예치 예정일)과 이 계약을 체결한 날 중 빠른 날 전인 20　년　　월　　일에 이 계약

서를 사전제공 받았음을 확인한다.

별첨 [1] : 영업지역의 표시

별첨 [2] : 가맹점사업자에게 사용이 허가된 영업표지의 표시

별첨 [3] : 공급 교재 등의 내역

가맹본부와 가맹점사업자는 이 가맹계약서에 열거된 각 조항을 면밀히 검토하고 충분히 이해하였으며, 이 계약의 체결을 증명하기 위하여 계약서 2통을 작성하여 각각 기명·날인한 후 각 1통씩 보관한다.

20 년 월 일

[가맹본부]
대 표 자: (인)
사업자등록번호:
상 호:
주 소:
연 락 처:

[가맹점사업자]
성 명: (인)
주민등록번호:
점 포 명:
주 소:
연 락 처:

## 별첨 [1] : 영업지역의 표시

※ 영업지역을 표시한 지도를 첨부하여 주십시오

## 별첨 [2] : 가맹점사업자에게 사용이 허가된 영업표지의 표시

(1) 허용대상 영업표지

| | |
|---|---|
| 영업표지 견본 | |
| 등록번호(출원번호) | |
| 등록결정(심결) 연월일 | |
| 존속기간 (예정) 만료일 | |
| 지정상품 또는 지정서비스업 | |
| 등록권리자 | |

(2) 영업표지 사용방법 : 간판, 상징물, 홍보물, 집기 비품, 문구류 등에 표시

(3) 영업표지의 사용기간 : 이 계약의 효력이 존속되는 기간과 원칙적으로 동일함

(4) 영업표지의 사용지역 : 별도 약정이 없는 한 해당 영업지역 내로 한정됨

## 별첨 [3] : 공급 교재 등의 내역

| 연번 | 교재(교구)명 | 공급가격 |
|---|---|---|
| | | |
| | | |
| | | |
| | | |
| | | |
| | | |
| | | |
| | | |
| | | |
| | | |
| | | |
| | | |
| | | |
| | | |
| | | |
| | | |
| | | |
| | | |
| | | |

# 부록 5. 편의점 표준가맹계약서

## 편의점(완전가맹형) 표준가맹계약서

이 표준계약서의 목적은 편의점업을 운영하는 가맹사업에 있어서 가맹본부와 가맹점사업자 간에 공정한 계약조건에 따라 가맹계약(프랜차이즈계약)을 체결하도록 하기 위한 표준적 계약조건을 제시함에 있습니다.

이 표준계약서에서는 편의점업 가맹사업의 운영에 있어서 표준이 될 계약의 기본적 공통사항만을 제시하였습니다. 따라서 실제 가맹계약을 체결하려는 계약당사자는 이 표준계약서의 기본 틀과 내용을 유지하는 범위에서 이 표준계약서보다 더 상세한 사항을 계약서에 규정하거나 특약으로 달리 약정할 수 있습니다.

또한 이 표준계약서의 일부 내용은 현행 「가맹사업거래의 공정화에 관한 법률」 및 그 시행령을 기준으로 한 것이므로 계약당사자는 이들 법령이 개정되는 경우에는 개정내용에 부합되도록 기존의 계약을 수정 또는 변경할 수 있으며 특히 개정법령에 강행규정이 추가되는 경우에는 반드시 그 개정규정에 따라 계약내용을 수정하여야 합니다.

이 표준계약서는 하위가맹본부(지사 등)가 가맹본부로부터 계약체결권을 부여받아 가맹점사업자를 모집할 경우에도 그 하위가맹계약의 표준이 될 수 있습니다.

## 제1장 총　칙

제1조(목적) 이 표준계약서는 편의점업을 영업으로 하는 가맹사업 중 "완전가맹형"으로 계약을 체결하는 가맹본부와 가맹점사업자 간에 공정한 계약조건에 따른 가맹계약을 체결하도록 하기 위한 표준적 계약조건을 제시함을 목적으로 한다.

제2조(용어의 정의) 이 계약서에서 사용된 용어는 다음과 같다.

① "가맹사업"이라 함은 가맹본부가 가맹점사업자(가맹희망자를 포함한다)로 하여금 자신의 상표·서비스표·상호·간판 그 밖의 영업표지(이하 "영업표지"라 한다)를 사용하여 일정한 품질기준이나 영업방식에 따라 편의점업을 영위함과 아울러 이에 따른 경영 및 영업활동 등에 대한 지원·교육과 통제를 하고, 가맹점사업자는 이에 대한 대가로 가맹본부에 가맹금을 지급하는 것을 내용으로 하는 계속적인 거래관계를 말한다.

② "가맹본부"라 함은 가맹계약과 관련하여 가맹점사업자에게 가맹점운영권을 부여하는 사업자를 말한다.

③ "가맹점사업자"라 함은 가맹계약과 관련하여 가맹본부로부터 가맹점운영권을 부여받은 사업자를 말한다.

④ "가맹금"이란 명칭이나 지급형태가 어떻든 간에 다음 각 호의 어느 하나에 해당하는 대가를 말한다. 단, 가맹본부에 귀속되지 아니하는 것으로서 소비자의 구매수단으로 인하여 신용카드사, 상품권 발행회사에 지급하는 수수료, 직불전자지급수단·선불전자지급수단, 전자화폐, 전자지급결제대행 서비스 등에 대하여 발생하는 수수료나 할인금은 제외한다.

1. 가입비·입회비·가맹비·교육비 또는 계약금 등 가맹점사업자가 영업표지의 사용허락 등 가맹점운영권이나 영업활동에 대한 지원·교육 등을 받기 위하여 가맹본부에 지급하는 대가
2. 가맹점사업자가 가맹본부로부터 공급받는 상품의 대금 등에 관한 채무액이나 손해배상액의 지급을 담보하기 위하여 가맹본부에 지급하는 대가

3. 가맹점사업자가 가맹점운영권을 부여받을 당시에 가맹사업을 착수하기 위하여 가맹본부로부터 공급받는 정착물・설비・상품의 가격 또는 부동산의 임차료 명목으로 가맹본부에 지급하는 대가
4. 가맹점사업자가 가맹본부와의 계약에 의하여 허락받은 영업표지의 사용과 영업활동 등에 관한 지원・교육에 대하여 지급하는 대가
5. 그 밖에 가맹희망자나 가맹점사업자가 가맹점운영권을 취득하거나 유지하기 위하여 가맹본부에 지급하는 모든 대가

⑤ "영업비밀"이라 함은 공공연히 알려져 있지 아니하고 독립된 경제적 가치를 가지는 것으로서, 가맹본부의 상당한 노력에 의하여 비밀로 유지된 생산방법, 판매방법, 그 밖에 영업활동에 유용한 기술상 또는 경영상의 정보를 말한다.

⑥ "점포환경개선"이란 가맹점 점포의 기존 시설, 장비, 인테리어 등을 새로운 디자인이나 품질의 것으로 교체하거나 신규로 설치하는 것을 말한다. 이 경우 점포의 확장을 또는 이전을 수반하거나 수반하지 아니하는 경우를 모두 포함한다.

⑦ "영업지역"이란 가맹점사업자가 가맹계약에 따라 상품 또는 용역을 판매하는 지역을 말한다.

제3조(가맹사업의 합의) ① 가맹점사업자는 가맹본부와 (　　　) 가맹사업과 관련하여 가맹본부의 (　　　) 시스템 및 (　　　) 영업표지를 사용할 것을 약정한다.

② 가맹본부와 가맹점사업자는 가맹사업을 영위함에 있어서 사업운영에 필요한 관계법령을 준수하고 각자의 업무를 신의에 따라 성실하게 수행하여야 한다.

③ 이 계약은 20　년　월　일부터 발효되며 그 기간은 계약 발효일로부터 20　년　월　일까지 (　　)년간으로 한다.

제4조(당사자의 지위) ① 가맹본부와 가맹점사업자는 상호간에 독립한 사업자로서 대등한 관계에서 이 건 가맹계약을 체결한다.

② 가맹본부와 가맹점사업자 사이에는 상호간에 대리관계나 위임관계,

사용자와 피용자 관계, 동업자 관계 등 여하한 특별한 관계도 존재하지 아니한다.

③ 가맹점사업자는 자신의 책임과 부담으로 가맹점을 운영하고, 종업원을 고용하는 등 사업주로서의 모든 권리와 의무를 가진다.

제 5 조(가맹점사업자의 권리와 권리행사의 한계) ① 가맹본부는 가맹계약기간동안 가맹점사업자에게 다음 각 호의 권리를 부여한다.

1. 가맹본부가 제공하는 경영노하우 및 운영에 관한 각종 정보를 제공받아 이를 사용하는 권리
2. 가맹점사업자의 경영을 위하여 가맹본부가 제공하는 가맹본부의 상표 등의 지식재산권 및 영업표지를 사용할 권리
3. 가맹본부가 제공 또는 대여하는 각종 서식·장비 및 내·외장 시설을 사용할 권리
4. 기타 가맹본부가 이 계약상의 영업과 관련하여 보유하는 권리로서 당사자가 사용허가의 대상으로 삼은 권리

② 가맹점사업자는 제 1 항의 권리를 행사할 경우 다음 각 호의 행위를 해서는 아니된다.

1. (　　　) 시스템에 유해한 행위 및 제 3 장에서 규정하는 영업활동의 내용에 위배되는 매입·판매·기타 영업을 하는 행위
2. 가맹본부의 특허, 디자인·상표권, 실용신안, 영업비밀 등 지식재산권을 침해하거나 또는 침해할 우려가 있는 행위
3. 가맹본부의 영업표지·로고, 기타 이미지 도안 등을 가맹사업 이외의 목적으로 사용하여 가맹본부의 신뢰에 해를 끼치는 행위
4. 가맹본부의 영업기술이나 영업비밀을 누설하는 행위
5. 가맹계약기간 중 가맹본부와 동일한 업종을 영위하는 행위
6. 가맹본부의 동의를 얻지 아니하고 사업장의 위치변경 또는 가맹점 운영권에 대한 질권의 설정, 양도, 증여 등 기타 당사자간 권리변동을 수반하는 행위

제 6 조(가맹점사업자의 투자비용) ① 가맹점의 경영을 위한 가맹점사업

자의 다음 각 호의 초기 투자비용은 다음과 같다.

| | | 금액 | 지급기한 |
|---|---|---|---|
| 1 | 가맹점가입비 | | |
| 2 | 상품준비금 | | |
| 3 | 소모품준비금 | | |
| 4 | 시설・인테리어 | | |
| 5 | 집기 | | |
| 6 | 기타 | | |
| | 합계 | | |

② 가맹본부는 투자비용중 시설・인테리어[내장공사,전기공사, 정수설비, 냉장부대시설(한전부담금, 설계비 포함), 냉난방기 등]공사 비용에 대한 내역을 가맹점 개점 후 1개월 이내에 가맹점사업자에게 제공하기로 한다.

제7조(가맹금의 반환) ① 가맹본부는 다음 각 호의 어느 하나에 해당하는 경우에는 가맹희망자나 가맹점사업자가 서면으로 요구하는 날부터 1개월 이내에 가맹금을 반환하여야 한다. 이 경우 반환하는 가맹금의 금액은 가맹계약의 체결 경위, 금전이나 그 밖에 지급된 대가의 성격, 가맹계약기간, 계약이행기간, 가맹사업당사자의 귀책정도 등을 고려하여 당사자의 협의에 의하여 결정한다.

1. 가맹본부가 등록된 정보공개서 및 인근가맹점 현황문서(이하 "정보공개서 등"이라고 한다)를 제공하지 아니하거나 정보공개서를 제공한 날로부터 14일(제46조에 따라 변호사 또는 가맹거래사의 자문을 받은 경우에는 7일)이 지나지 아니하였음에도 가맹금을 수령(가맹금을 예치하는 경우에는 예치)하거나 가맹계약을 체결한 경우로서 가맹희망자 또는 가맹점사업자가 가맹계약 체결전 또는 가맹계약체결후 4개월이내에 가맹금의 반환을 요구하는 경우
2. 가맹본부가 가맹희망자에게 정보를 제공함에 있어 허위 또는 과장된 정보를 제공하거나 중요사항을 누락하여 가맹희망자가 가맹계약 체

결 전에 가맹금의 반환을 요구하는 경우
3. 제2호의 행위를 통하여 계약 체결에 중대한 영향을 준 것으로 인정되어 가맹점 사업자가 가맹계약의 체결일부터 4개월 이내에 가맹금의 반환을 요구하는 경우
4. 가맹본부가 정당한 사유 없이 가맹사업을 일방적으로 중단한 경우로서 가맹점사업자가 가맹사업중단일로부터 4개월 이내에 가맹금의 반환을 요구하는 경우

② 가맹점사업자는 제3항에 따라 가맹금의 반환을 요구하고자 할 때에는 다음 각 호의 사항이 기재된 서면으로 요구하여야 한다.
1. 가맹금의 반환을 요구하는 가맹점사업자 또는 가맹희망자의 주소·성명
2. 가맹본부가 허위 또는 과장된 정보를 제공하거나 중요사항을 누락한 사실
3. 가맹본부가 허위 또는 과장된 정보를 제공하거나 중요사항을 누락하여 계약체결에 중대한 영향을 준 것으로 인정되는 사실
4. 가맹본부가 정당한 이유없이 가맹사업을 일방적으로 중단한 사실과 그 일자
5. 반환대상이 되는 가맹금의 금액
6. 가맹본부가 정보공개서를 제공하지 아니한 사실 또는 정보공개서를 제공한 날부터 14일(제45조에 따라 변호사 또는 가맹거래사의 자문을 받은 경우에는 7일)이 지나지 아니한 상태에서 가맹희망자로부터 가맹금을 수령하거나 가맹희망자와 가맹계약을 체결한 사실과 그 날짜

③ 가맹점사업자는 계약기간 내에 자기의 귀책사유 없는 사유로 계약이 해지되는 등 가맹계약이 중도에 종료되는 경우에는 영업표지 사용료, 영업시스템의 계속적 이용료 등과 같이 전체 계약기간에 대한 선급금의 성질을 갖는 가맹금 중 잔여계약기간의 비율에 해당하는 금액의 반환을 청구할 수 있다. 단, 이는 손해배상의 청구에 영향을 미치지 아니한다.

④ 제3항의 경우에 최초교육비 등과 같이 계약기간에 따른 선급금의

성질을 갖지 않는 가맹금 중 이행이 완료된 급부의 대가에 해당하는 가맹금에 관하여는 공평의 관념에 어긋나지 않는 범위에서 당사자의 약정에 따라 반환하지 아니할 수 있다.

제8조(가맹점사업자의 확인사항) ① (        ) 시스템은 가맹본부의 투자와 노력으로 독자적으로 개발한 가맹본부의 고유한 경영노하우이자 기업비밀로서 보호하여야 한다.
② 가맹본부의 상호, 상표, 서비스마크, 배포하는 자료, 상품진열 등에 대한 지적재산권은 가맹본부가 갖는다.
③ 가맹점사업자는 가맹사업의 통일성 및 가맹본부의 명성을 유지하기 위해 노력하여야 한다.
④ 가맹점사업자는 취급하는 상품의 품질 및 사업장의 위생을 적정하게 유지하여야 한다.
⑤ 가맹점사업자는 가맹본부가 사업장에 제공한 설비·집기 일체를 자기 책임 하에 성실하게 유지·관리하여야 한다.
⑥ 가맹점사업자는 가맹본부가 이 계약에서 정한 사항의 이행을 위하여 필요한 경우 가맹본부의 사업장 출입을 허용하여야 한다.

## 제2장 개점의 준비

제9조(입지선정) ① 가맹점사업자는 자신의 판단과 책임 하에 점포의 입지를 선정한다.
② 가맹본부는 제1항의 입지선정과 관련하여 해당지역의 행정구역상의 구분, 시장의 특성, 주요한 근린시설, 업종특성에 따른 매출성향 등을 고려하여 해당점포의 실사를 통하여 가맹점사업자에게 조언을 할 수 있다.
③ 가맹점사업자의 입지선정과 관련하여 가맹본부의 조언이 있는 경우라도 최종 결정은 가맹점사업자 스스로의 책임하에 결정하며, 점포의 매출액 및 수익액은 가맹점사업자의 관리능력이나 여건의 변화에 의하여 변동될 수 있음을 충분히 고려하고 확인한다. 또한 가맹점사업자 자신의 책임으로 점포 개점과 관련된 인허가 사항 및 상가규약 등을 확인

하고 절차를 진행하여야 한다.

제10조(교육) ① 가맹본부는 가맹점사업자의 원활한 경영을 위하여 교육 및 훈련을 실시하며, 가맹점사업자는 교육 및 훈련의 전 과정을 일정수준 이상의 성적으로 수료하여야 한다.
② 가맹본부는 가맹점사업자의 점포 운영 능력 향상을 위해 정기적으로 교육훈련을 실시 할 수 있으며, 이 경우 가맹점사업자는 교육훈련에 적극적으로 참여하여야 한다. 이때의 교육비용은 가맹본부와 가맹점사업자가 협의하여 정하도록 하며, 가맹점사업자는 필요시 자신의 비용부담으로 가맹본부에 특별교육 및 훈련요원의 파견을 요청할 수 있다.
③ 가맹본부는 개점시 가맹점사업자의 교육 성적이 정하는 일정 수준에 미달하는 경우 가맹점사업자에게 (　)회의 재교육의 기회를 부여한다. 그러나 가맹점사업자가 재교육 후에도 불합격한 경우 가맹본부는 계약을 해지할 수 있으며, 점포공사비 지급 및 집기류 등의 반환에 대하여는 제15조 제1항 및 제2항이 준용된다.

제11조(점포 (시설 · 인테리어)) ① 가맹본부는 가맹점사업자의 점포(시설 · 인테리어)를 가맹본부가 정한 점포공사표준사양의 범위 내에서 가맹본부의 부담으로 실시하고, 가맹점사업자에게 가맹계약기간동안 제공한다.
② 가맹점사업자는 문서로 가맹본부의 사전 승인을 얻지 않고서는 가맹본부가 실시한 시설, 인테리어 등 점포공사를 변경하거나 점포공사표준사양 외의 추가공사를 할 수 없다.

제12조(대여설비 및 상품 등의 점검) ① 가맹본부는 제11조에서 정하는 개점에 필요한 점포공사가 완성된 경우 대여설비 및 상품 · 소모품 등을 가맹점사업자에게 인도한다. 이때 가맹본부가 제공하는 대여설비의 목록 등은 별첨 I 로 한다.
② 가맹점사업자는 제1항에 따라 인도받은 대여설비의 상태, 상품 및 소모품 등의 수량 · 상태를 점검하고 이상이 없다는 것을 문서로서 즉

시 확인한다. 단, 가맹점사업자는 7일 이내에 이의를 제기할 수 있으며, 이후에는 하자와 수량 부족이 없는 완전한 상태로서 인도가 된 것으로 본다.

제13조(인·허가) ① 이 계약에 따른 가맹점 운영을 위하여 필요한 영업신고증, 사업자등록증, 관련 자격증 및 면허증 등의 제반 인·허가는 영업개시일 전까지 가맹점사업자의 책임과 비용으로 취득하여야 하고, 필요에 따라 갱신하여야 한다.
② 가맹점사업자가 제 1 항의 의무를 이행하지 않아서 발생하는 일체의 법적책임은 가맹점사업자에게 있다.

제14조(개점일) ① 가맹점사업자의 개점일은 점포공사 등의 진척상황을 감안해서 가맹본부와 가맹점사업자가 협의하여 진행한다.
② 가맹본부 또는 가맹점사업자가 각각 귀책사유로 인하여 개점일이 지연되는 경우 발생하는 손해에 대하여는 귀책사유가 있는 당사자가가 부담한다.

제15조(개점전 계약해지) ① 가맹점사업자가 불가피한 사유로 개점일 이전에 계약을 해지하고자 할 경우에는 가맹본부에 대하여 (　　)일 전까지 문서로써 의사표시를 하고, 위약금 (　　　　　)원을 지급한다. 또한 가맹본부가 점포 건물의 점포 내·외장 공사에 착수한 이후에는 투입된 점포공사비용 일체를 별도로 지급한다.
② 가맹점사업자의 제 1 항에 따른 해지의 의사표시가 가맹본부가 대여·제공하는 집기·설비의 설치 후에 이루어진 경우, 가맹점사업자는 자신의 부담으로 해당 집기·설비를 철거하고 이를 가맹본부에 반환하여야 한다.
③ 가맹본부 또는 가맹점사업자가 각각 사정으로 인하여 개점일 이전에 계약을 해지하고자 하는 경우 점포 내·외장공사의 원상회복 및 집기·설비의 철거 비용 및 위약금 (　　　　　)원을 해지사정이 있는 당사자가 부담한다.

**제16조(개점 점검)** ① 가맹점사업자는 개점일 전까지 가맹본부에 대하여 점포시설 및 초도물품 등에 대하여 점검 및 진열을 완료하여야 한다.
② 가맹점사업자는 개점에 앞서 직접 실시한 점포의 설비와 비품의 구입 등에 관하여 가맹본부가 정한 기준과 사양을 준수하였는지 여부와 시설공사의 완전성과 가맹사업의 이미지 통일성을 준수하였는지 등에 대하여 가맹본부로부터 점검을 받아야 한다.
③ 가맹본부는 다음 각 호의 어느 하나에 해당하는 경우에는 가맹점사업자에 대한 개점을 거부하거나 보류할 수 있다.

1. 가맹점사업자의 사업장에 적정 직원이 채용되지 않아 정상적인 운영이 어렵다고 판단되는 경우
2. 가맹본부 또는 가맹본부가 지정하는 공급자로부터 정해진 초도물품과 상품 기타 기기의 공급 주문을 완료하지 않은 경우
3. 가맹점 사업자가 가맹점 개설에 소요되는 비용의 지급을 가맹점 개점 전까지 완료하지 못한 경우
4. 그 밖에 가맹점사업자의 귀책사유로 개점이 연기되는 경우
5. 기타 객관적으로 판단하여 정상적인 운영이 어렵다고 인정되는 경우

④ 제3항의 각호의 사유로 계약이 해지되는 경우 가맹점사업자는 가맹본부에게 위약금(　　　)원 및 시설·인테리어 잔존가 및 철거·운반비용을 가맹본부에 지급하기로 한다.

## 제 3 장 영업활동

**제17조(영업시간)** 가맹점사업자의 영업시간은 원칙적으로 매일 24시간으로 하기로 하되, 다음 각 호의 경우에 해당하여 가맹점사업자가 영업시간 단축을 요구하는 경우 가맹본부는 이를 허용하여야 한다.

1. 심야 영업시간대(오전 1시부터 오전 6시까지)의 매출이 그 영업에 소요되는 비용에 비하여 저조하여 직전 6개월 동안 영업손실이 발생하는 경우 가맹점사업자가 서면으로 영업시간 단축을 요구하는 경우
2. 가맹점사업자가 질병의 발병과 치료 등 불가피한 사유로 인하여 필

요 최소한의 범위에서 영업시간 단축을 요구하는 경우
3. 기타 가맹본부에 요청하여 사전 승인을 얻은 경우

제18조(영업지역의 보호) ① 가맹점사업자의 영업지역은 별첨Ⅱ로 한다.
② 제1항에도 불구하고 다음 각 호의 사유가 발생하는 경우에는 가맹계약 갱신과정에서 가맹본부와 가맹점사업자는 협의를 통하여 기존 영업지역을 합리적으로 변경할 수 있다.
1. 재건축, 재개발 또는 신도시 건설 등으로 인하여 상권의 급격한 변화가 발생하는 경우
2. 해당 상권의 거주인구 또는 유동인구가 현저히 변동되는 경우
3. 소비자의 기호변화 등으로 인하여 해당 상품·용역에 대한 수요가 현저히 변동되는 경우
4. 제1호부터 제3호까지의 규정에 준하는 경우로서 기존 영업지역을 그대로 유지하는 것이 현저히 불합리하다고 인정되는 경우
③ 가맹본부는 정당한 사유없이 가맹계약기간 중 가맹점사업자의 영업지역 안에서 가맹점사업자와 동일한 업종(수요층의 지역적·인적 범위, 취급품목, 영업형태 및 방식 등에 비추어 동일하다고 인식될 수 있을 정도의 업종을 말한다)의 자기 또는 계열회사(「독점규제 및 공정거래에 관한 법률」 제2조 제3호에 따른 계열회사를 말한다)의 직영점이나 가맹점을 설치하는 행위를 하여서는 아니된다.

제19조(상품매입 및 재고유지 관리) ① 가맹점사업자는 가맹본부가 제공하는 표준 상품진열안내서를 기초로 하여 적합한 상품의 구색과 LAY OUT 및 진열 표준화를 가맹본부의 지도하에 실행하여야 하며, 결품, 상품의 부족, 상품의 선도 또는 품질의 저하 등이 발생하지 않도록 최적의 발주 및 상품관리를 해야 한다.
② 가맹점사업자는 제1항의 상품관리를 위해서 가맹본부가 추천하는 상품을 가맹본부 및 가맹본부가 지정한 거래처로부터 매입한다. 만일 그 외의 자로부터 상품을 매입하고자 할 때에는 사전에 가맹본부에 문서로 승인 요청을 받아야 한다.

③ 가맹점사업자는 상품매입에 대한 모든 거래명세 서류를 가맹본부에 지체없이 송부하여야 하고 거래명세에 대한 전산 데이터를 해당일에 지체없이 등록하여야 한다.
④ 가맹점사업자는 통상의 판매실적에 의거한 적절한 발주를 통해 적정 상품 재고를 유지하여야 한다.

제20조(판매가격 결정) 가맹점사업자는 가맹본부의 권장에 따른 판매가격을 기준으로 하여 자신의 판단으로 판매가격을 결정한다. 단, 가맹점사업자가 가맹본부가 제시한 표준판매가격과 판매가격을 다르게 정하고자 하는 경우에는 사전에 그 내역을 문서로써 가맹본부에 통지해야하며, 가맹본부는 정당한 이유없이 이를 거절하지 못한다.

제21조(광고 및 마케팅) ① 가맹본부는 필요한 경우 가맹본부의 부담으로 다음 각 호의 판매촉진활동을 할 수 있다.
1. 가맹점에서 사용하는 홍보물의 제공
2. (　　　) 시스템 및 (　　　) 영업표지를 고양시키기 위한 판매촉진활동
② 가맹점사업자는 자기의 부담으로 가맹본부의 통일성을 해치지 않는 범위 내에서 영업을 위해 필요한 판매촉진활동을 할 수 있다.
③ 가맹본부가 상품이나 서비스를 구매하는 고객에 대해 마일리지 적립, 할인 등의 보상을 할 경우 가맹점사업자는 자신의 판단으로 이에 참여하고, 이에 따른 비용은 가맹본부와 가맹점사업자가 제30조에서 정한 비율(가맹수수료비율)로 부담하기로 한다.

제22조(POS 등록) ① 가맹점사업자는 모든 매출액 및 수입금 등을 POS에 등록하여야 한다.
② 가맹점사업자는 자가소비하는 상품에 대해서는 그 당시 판매가격으로 매출등록을 하여야 한다.
③ 가맹점사업자가 제1항 또는 제2항의 어느 하나를 위반하는 경우에 가맹본부는 이를 확인한 즉시 가맹점사업자에 대하여 상품공급·전

산지원 · 각종 장려금(초기 안정화 지원금 포함)을 중단할 수 있다.
④ 가맹점사업자는 가맹점의 상품 운영에 있어 발주마감 시간 및 정산 시간을 준수하고, POS시스템을 이용한 정확한 스캐닝 판매, 일 단위 단품별 마감을 하여야 한다.

제23조(매출액 송금) ① 가맹점사업자는 매일의 총매출액(상품매출액 및 부가세 등을 포함한 총수입금액) 및 판매장려금, 대행수납금(공과금 등 일체), 대행판매(로또, 스포츠 토토, 선불카드, 상품권 등 일체), 기타 잡수입금의 합계를 가맹본부가 지정하는 금융기관에 개설된 계좌로 송금해야 한다. 다만, 가맹본부와 가맹점사업자가 별도로 사전 협의한 경우 그에 따른다.
② 가맹점사업자가 정당한 이유없이 제1항을 위반한 경우 가맹본부는 가맹점사업자에게 상품공급, 전산지원, 제 장려금 지급, 초기안정화 지원금 등을 중단할 수 있다. 또한 정당한 이유가 없으면 가맹점사업자는 지체 1일당(공휴일 제외) 연 (  )%의 비율로 계산한 지체송금수수료를 가맹본부에게 지불한다. 동 수수료는 연 20% 이내로 한다.
③ 이 조에서 정하지 않은 사항은 특약으로 정하도록 한다.

제24조(점포시설 등 관리) ① 가맹점사업자는 가맹본부의 문서에 의한 승낙없이 가맹점의 경영 · 영업활동에 사용하는 대여설비, 본건점포, 부속건축물, 기계, 서비스 상품 운영용 기기, 집기, 조명기구, 비품, 간판류 등의 모든 물건(이하 "영업용물건"이라 한다)의 사양 · 설비를 변경(또는 처분)할 수 없다.
② 대여설비 및 영업용물건의 유지 · 관리 및 보수와 그 위탁에 대해서는 별첨Ⅲ에 따른다.
③ 가맹본부는 가맹점사업자의 점포에 출입하여 영업용물건의 사양 및 그 수리, 도장, 청소상태 등 유지 · 보수 및 관리 상태를 조사할 수 있다. 또한 가맹본부에 대한 대중의 이미지, 인식 등을 고양하기 위하여 필요한 경우 가맹점사업자에게 영업용물건의 관리 상태에 관한 개선을 요구할 수 있고, 가맹점사업자는 이에 따라야 한다.

제25조(점포의 환경개선) ① 가맹본부는 제11조에 따른 점포의 시설 · 인테리어를 가맹점사업자가 부담하여 실시한 경우 다음 각 호에 해당하는 정당한 사유가 있을 때에는 점포환경개선을 요구할 수 있다.

1. 점포의 시설, 장비, 인테리어 등의 노후화가 객관적으로 인정되는 경우
2. 위생 또는 안전의 결함이나 이에 준하는 사유로 인하여 가맹사업의 통일성을 유지하기 어렵거나 정상적인 영업에 현저한 지장을 주는 경우

② 가맹본부는 제11조에 따른 점포의 시설 · 인테리어를 가맹점사업자가 부담하여 실시한 경우 가맹점사업자의 점포환경개선에 소요되는 비용으로서 점포의 확장 또는 이전을 수반하지 아니하는 경우에는 간판 교체비용과 인테리어공사비용(장비 · 집기의 교체비용을 제외한 실내건축공사에 소요되는 일체의 비용을 말한다)의 100분의 20, 점포의 확장 또는 이전을 수반하는 경우에는 위의 비용의 100분의 40을 부담하여야 한다. 다만, 다음 각 호의 어느 하나에 에 해당하는 경우에는 그러하지 아니하다.

1. 가맹본부의 권유 또는 요구가 없음에도 가맹점사업자의 자발적 의하에 의하여 점포환경개선을 실시한 경우
2. 가맹점사업자의 귀책사유로 인하여 위생 · 안전 및 이와 유사한 문제가 발생하여 불가피하게 점포환경개선을 하는 경우

③ 가맹점사업자는 제 2 항의 가맹본부부담액을 청구하려면 가맹본부에 공사계약서 등 공사비용을 증명할 수 있는 서류를 제출하여야 한다.

④ 가맹본부는 전항에 따른 지급청구일부터 90일 이내에 가맹본부부담액을 가맹점사업자에게 지급하여야 한다. 다만, 가맹본부와 가맹점사업자가 별도의 협의가 있는 경우에는 1년의 범위에서 가맹본부부담액을 분할하여 지급할 수 있다.

⑤ 가맹본부는 점포환경개선이 끝난 날부터 3년 이내에 가맹본부의 책임없는 사유로 계약종료(계약의 해지 또는 영업양도를 포함한다)되는 경우에는 가맹본부부담액 중 나머지 기간에 비례하는 부담액에 한해서는 이를 지급하지 아니하거나 이미 지급한 경우에는 환수할 수 있다.

第26條(손해부담 및 보험가입) ① 가맹점사업자는 이 계약에 달리 명시된 사항을 제외하고는 자신의 책임과 부담으로 가맹점을 운영하므로 점포 운영과 관련된 모든 손해를 부담한다.
② 가맹점사업자는 제 1 항의 손해에 대비하기 위하여 보험에 가입할 수 있다. 단, 가입한 보험의 손실보상 범위를 초과하는 가맹점사업자의 자산 등의 손실분에 대하여는 가맹점사업자가 그 위험을 부담한다.
③ 가맹본부는 도난·화재 등에 대비하기 위하여 가맹본부를 보험금 수취인으로 하는 각종 보험에 가맹본부의 명의와 비용으로 가입할 수 있다.

## 제 4 장 회　　계

第27條(회계자료 작성·제공 및 세금신고의 협력) ① 가맹본부는 가맹점사업자의 경영상황에 대한 회계자료를 가맹본부의 부담으로 작성하여 다음달 ( )일까지 가맹점사업자에게 제공한다. 또한 가맹본부는 이 회계자료에 반영되어 있는 범위 내에서 가맹점사업자의 경영에 관련한 세무신고를 위하여 정보·자료를 제공하고 협력한다.
② 가맹점사업자는 가맹본부가 제 1 항에서 제공하는 자료를 기초로 하여 가맹점사업자의 책임과 비용부담으로 세무신고를 하여야 한다. 단, 부가가치세 및 원천징수세와 가맹점사업자의 정산보고서 작성을 위한 세무대행수수료에 대해서는 가맹본부가 가맹점사업자의 위탁을 받아 그 납부를 대행할 수 있으며, 납부내역은 상호계산계정에서 정산하도록 한다.

第28條(실재고 및 현장입점 조사) ① 가맹본부는 가맹점사업자가 적정한 재고품 관리를 행하도록 하기 위하여 재고품의 출입 변동 시 마다 장부에 기재한다. 이때, 재고금액의 산정방식은 가맹본부와 가맹점사업자가 협의하여 정하기로 한다.
② 가맹본부는 다음 각 호와 같이 가맹점사업자의 재고 상품·유가증권 등에 대한 실재고조사를 실시할 수 있다.

1. 가맹본부는 가맹본부의 비용으로 연 ( )회 또는 필요하다고 인정되는 경우에 가맹점사업자의 재고 상품·유가증권 등에 대한 실재고조사를 실시할 수 있다. 이 경우 가맹점사업자는 정당한 이유없이 이를 거부할 수 없다.
2. 가맹점사업자는 자신의 부담으로 가맹본부에게 실재고조사의 실시를 요구할 수 있다.
3. 가맹본부는 가맹점사업자에게 사전에 구두 또는 문서로 통지하고 실재고조사를 실시하되, 긴급한 경우는 통지없이 실시할 수 있다.
4. 가맹본부는 실재고조사의 결과를 가맹점사업자에게 문서로 통지하며, 가맹점사업자가 자료의 확인시점에서 (　　　)시간 이내에 문서로서 이의를 제기하지 않으면 실재고조사 결과가 확정된 것으로 한다. 가맹점사업자가 이의를 제기할 경우 가맹본부는 재조사를 실시하며 이때의 비용부담은 상호 협의하는 것으로 한다.
5. 실재고조사의 결과 장부상 재고와의 불일치에 대한 처리 등은 별첨 Ⅳ에서 정하는 바에 따른다.

③ 가맹본부는 가맹점사업자의 경영상태를 파악하기 위하여 필요하다고 판단되는 경우에는 재고상품·판매가격·매출액·현금·영업용 물건 및 전표 등에 대하여 현장입점조사를 실시할 수 있다.

제29조(상호계산계정) ① 가맹본부와 가맹점사업자는 이 계약을 바탕으로 상호거래상의 대차 및 그 결제를 가맹본부가 가맹점사업자를 위하여 순차 기장하는 상호계산절차와 결제방식에 따라 계속적으로 처리한다.
② 상호계산계정의 내용 및 상호계산계정에 계리하는 채권·채무 및 정산방법은 별첨Ⅴ로 정한다.
③ 상호계산개정은 개점일에 개설하고, 이 계약이 종료한 경우에 제42조에 따라 폐쇄하여 성산한다.

## 제 5 장 영업이익의 배분

제30조(가맹수수료) ① 가맹점사업자는 가맹점의 경영을 위한 가맹본

부의 지원의 대가로 월 매출이익의 ( )%의 금액(이하 "가맹수수료"라 한다)을 매월 ( )일에 가맹본부에게 지급한다(부가가치세 별도).
② 제 1 항에서 정하는 가맹수수료율은 별첨Ⅵ에 따라 조정할 수 있다.

제31조(영업지원금 및 장려금) 가맹본부는 가맹점사업자가 초기안정화 단계에서 손실을 보전해 주는 등 초기안정화를 돕기 위하여 가맹점사업자에게 초기안정화 지원금을 지급할 수 있으며, 가맹점사업자의 운영에 대하여 장려금제도를 운영할 수 있다. 다만, 가맹점사업자가 본 계약에서 정한 사항을 위반하여 가맹본부로부터 시정요청을 받고도 이를 시정하지 않을 경우에는 가맹본부는 가맹점사업자에게 지급하기로 한 일체의 지원금 등을 중단할 수 있다.

제32조(정산금) 가맹본부는 가맹점사업자에게 매월 ( )일에 가맹점사업자의 영업실적에 따른 이익배분금을 포함한 정산금을 계산하여 지급하는 것으로 한다.

## 제 6 장 계약의 갱신, 해지, 종료

제33조(영업양도) ① 가맹점사업자는 어떠한 경우에도 가맹본부로부터 사전에 문서에 의한 승낙을 받지 않고 이 계약에 기초한 권리·의무 기타 계약상 지위의 전부 또는 일부를 제 3 자에게 이전 또는 양도하거나 담보설정을 하는 등의 처분을 할 수 없다.
② 가맹점사업자가 제 3 자에게 영업을 양도하고자 하는 경우, 문서로써 가맹본부에 통지하고 승인을 받아야 한다. 이에 대하여 가맹본부는 양수인이 가맹자격과 조건에 비추어 자격을 갖추었는지 여부와 가맹점사업자의 양도요청시점의 계약준수 상태 등을 고려하여 승인여부를 판단할 수 있으며, 승인하는 경우 제35조의 중도해지규정을 적용하지 않는다.
③ 영업양도의 경우 영업양수인은 가맹점사업자의 가맹본부에 대한 권리와 의무를 승계한다.
④ 가맹본부는 영업양수인이 요청하는 경우에는 영업양도인의 잔여계약

기간 대신에 완전한 계약기간을 영업양수인에게 부여할 수 있다. 이 경우에는 신규계약을 체결하여야 한다.

**제34조(계약의 갱신과 거절)** ① 가맹본부는 가맹점사업자가 가맹계약기간 만료 전 180일부터 90일까지 사이에 가맹계약의 갱신을 요구하는 경우에는 정당한 사유가 없으면 이를 거절하지 못한다. 단, 가맹점사업자가 다음 각 호의 어느 하나에 해당하는 경우에는 갱신을 거절할 수 있다.

1. 가맹점사업자가 이 계약상의 금전지급의무를 지키지 아니한 경우
2. 다른 가맹점사업자에게 통상적으로 적용되는 계약조건이나 영업방침을 가맹점사업자가 수락하지 아니하는 경우
3. 가맹사업의 유지를 위하여 필요하다고 인정되는 것으로서 다음 각 목의 어느 하나에 해당하는 가맹본부의 중요한 영업방침을 가맹점사업자가 지키지 아니한 경우
   가. 가맹점의 운영에 필요한 점포·설비의 확보나 법령상 필요한 자격·면허·허가의 취득에 관한 사항
   나. 판매하는 상품이나 용역의 품질을 유지하기 위하여 필요한 제조공법 또는 서비스기법의 준수에 관한 사항
   다. 가맹본부의 가맹사업 경영에 필수적인 지식재산권의 보호에 관한 사항
   라. 가맹본부가 가맹점사업자에게 실시하는 정기적인 교육·훈련의 준수에 관한 사항. 단, 가맹점사업자가 부담하는 교육·훈련비용이 같은 업종의 다른 가맹본부가 통상적으로 요구하는 비용보다 뚜렷하게 높은 경우는 제외한다.

② 제1항의 가맹점사업자의 계약갱신요구권은 최초 가맹계약기간을 포함한 전체 가맹계약기간이 10년을 초과하지 아니하는 범위 내에서만 행사할 수 있다.

③ 가맹본부가 제1항에 따른 갱신요구를 거절하는 경우에는 갱신을 요구받은 날로부터 15일 이내에 가맹점사업자에게 거절사유를 적은 서면으로 통지하여야 한다.

④ 가맹본부가 제 1 항 단서의 어느 사유를 들어 계약만료 전 180일부터 90일까지 갱신하지 않는다는 사실의 통지 또는 조건의 변경에 대한 통지를 서면으로 하거나 제 3 항의 거절통지를 한 경우가 아니면, 가맹계약은 종전계약과 동일한 조건으로 갱신된 것으로 본다.

⑤ 다음 각 호의 어느 하나에 해당하는 경우에는 제 4 항을 적용하지 아니한다.

1. 가맹점사업자가 계약만료 60일전까지 이의를 제기한 경우
2. 천재지변 등 양 당사자에게 책임 없는 사유로 인하여 가맹계약을 유지하기 어려운 경우
3. 가맹본부나 가맹점사업자에게 파산신청이 있거나 강제집행절차 또는 회생절차가 개시된 경우
4. 가맹본부나 가맹점사업자가 발행한 어음·수표가 부도 등으로 지급거절된 경우
5. 가맹점사업자에게 중대한 일신상의 사유가 발생하여 더 이상 가맹사업을 경영할 수 없게 된 경우

제35조(임의 중도해지 및 위약금) ① 가맹본부와 가맹점사업자가 개점 후 계약기간 중에 이 계약을 중도해지 하려는 경우에는 상대방에게 해지일로부터 90일 전에 문서로 통보하기로 한다.

② 제 1 항에 따라 계약을 해지하는 경우에는 가맹본부 또는 가맹점사업자는 위약금으로서 다음 각 호에서 정하는 금액을 상대방에게 지급하기로 한다(월 평균 이익배분금은 해지일이 속한 달의 전월부터 12개월간으로 계산한다).

1. 개점일 이후 3년 미 경과 시 : 상대방 월 평균 이익배분금 × 6개월
2. 개점일 이후 3년 경과 시 : 상대방 월 평균 이익배분금 × 4개월
3. 개점일 이후 4년 경과 시 : 상대방 월 평균 이익배분금 × 2개월

※ 상대방 월 평균 이익배분금이라 함은 가맹점사업자의 경우 '가맹수수료율', 가맹본부의 경우 '1-가맹수수료율'에 매출이익을 곱한 금원을 말한다

**제36조(가맹본부의 계약해지)** ① 가맹본부는 가맹점사업자가 다음 각 호에 위반하는 행위를 하는 경우 가맹계약을 해지할 수 있다. 이 경우 가맹계약을 해지하기 위해서는 가맹점사업자에게 2개월 이상의 유예기간을 두고 계약의 위반사실을 구체적으로 밝히고 이를 시정하지 아니하면 그 계약을 해지한다는 사실을 서면으로 2회 이상 통지하여야 한다.

1. 가맹점사업자가 가맹본부의 서면에 의한 승낙없이 가맹점의 영업 및 주요 자산을 양도한 경우
2. 가맹점사업자가 가맹본부의 서면에 의한 승낙없이 가맹점의 경영의 전반적 · 실질적인 부분에 관여하지 않고 방치한 경우
3. 가맹점사업자가 정당한 이유없이 가맹점의 영업을 중단한 경우
4. 기타 정당한 이유없이 이 계약을 이행하지 않은 것이 가맹계약을 계속하기 어려운 중대한 계약위반에 해당하는 경우

② 가맹본부는 가맹사업의 거래를 지속하기 어려운 경우로서 다음 각 호의 어느 하나에 해당하는 경우에는 제 1 항의 절차를 거치지 아니하고 계약을 해지할 수 있다.

1. 가맹점사업자에게 파산 신청이 있거나 강제집행절차 또는 회생절차가 개시된 경우
2. 가맹점사업자가 발행한 어음 · 수표가 부도 등으로 지불정지된 경우
3. 천재지변, 중대한 일신상의 사유 등으로 가맹점사업자가 더 이상 가맹사업을 경영할 수 없게 된 경우
4. 다음 각 목의 어느 하나에 해당하여 가맹사업에 중대한 장애를 초래한 경우
   가. 가맹점사업자가 공연히 허위사실을 유포함으로써 가맹본부의 명성이나 신용을 뚜렷이 훼손한 경우
   나. 가맹점사업자가 가맹점과 관련되는 법령을 위반하여 다음의 해당하는 행정처분을 받음으로써 가맹본부의 명성이나 신용을 뚜렷이 훼손한 경우
      1) 그 위법사실을 시정하라는 내용의 행정처분
      2) 그 위법사실을 처분사유로 하는 과징금 · 과태료 등 부과처분
      3) 그 위법사실을 처분사유로 하는 영업정지명령

다. 가맹점사업자가 가맹본부의 영업비밀 또는 중요정보를 유출한 경우

5. 가맹점사업자가 가맹점 운영과 관련되는 법령을 위반하여 이를 시정하라는 내용의 행정처분(과징금 · 과태료 등의 부과처분을 포함한다)을 통보받고도 행정청이 정한 시정기한(시정기한을 정하지 아니한 경우에는 통보받은 날부터 10일) 내에 시정하지 않는 경우
6. 가맹점사업자가 가맹점 운영과 관련되는 법령을 위반하여 자격 · 면허 · 허가 취소 또는 영업정지 명령(15일 이내의 영업정지 명령을 받은 경우는 제외한다) 등 그 시정이 불가능한 성격의 행정처분을 받은 경우. 단, 법령에 근거하여 행정처분을 갈음하는 과징금 등의 부과 처분을 받은 경우는 제외한다.
7. 가맹점사업자가 제 1 항에 따른 가맹본부의 시정요구에 따라 위반사항을 시정한 날부터 1년(계약갱신이나 재계약된 경우에는 종전 계약기간에 속한 기간을 합산한다) 이내에 다시 같은 사항을 위반하는 경우. 단, 가맹본부가 시정을 요구하는 서면에 다시 같은 사항을 1년 이내에 위반하는 경우에는 제 1 항의 절차를 거치지 아니하고 가맹계약이 해지될 수 있다는 사실을 누락한 경우는 제외한다.
8. 가맹점사업자가 가맹점 운영과 관련된 행위로 형사처벌을 받은 경우
9. 가맹점사업자가 공중의 건강이나 안전에 급박한 위해를 일으킬 염려가 있는 방법이나 형태로 가맹점을 운영하는 경우
10. 가맹점사업자가 정당한 사유 없이 연속하여 7일 이상 영업을 중단한 경우

제37조(가맹점사업자의 계약해지) ① 가맹점사업자는 가맹본부가 다음 각 호의 어느 하나에 해당하는 경우에 한하여 가맹본부에게 사전에 문서로 통지 또는 최고를 하고 그 문서가 도달된 후 7 일 이상이 경과하여도 가맹본부가 개선하거나 의무를 이행하지 않은 경우는 문서 통지로써 이 계약을 해지 할 수 있다.

1. 가맹본부가 약정한 상품 등의 공급. 경영지원 등을 정당한 이유없이 이행하지 않거나 지체하는 경우 정당한 이유 없이 대금지급의무를

위반하는 경우

2. 기타 정당한 이유없이 이 계약을 이행하지 않은 것이 중대한 계약위반에 해당하는 경우

② 가맹점사업자는 가맹본부가 다음 각 호의 어느 하나에 해당하는 경우에 한하여 가맹점사업자는 사전에 통지 또는 최고를 하지 않고 곧바로 이 계약을 해지할 수 있다.

1. 회생 또는 파산 절차의 개시를 신청하거나 또는 타인의 신청 등에 의하여 회생 또는 파산절차가 개시된 경우
2. 채권자에 의하여 자산·부채의 전반적인 관리 또는 정리를 받은 경우
3. 천재지변으로 가맹점운영이 곤란한 경우

**제38조(계약위반 중도해지 및 위약금)** ① '가맹본부' 또는 '가맹점사업자'가 제36조, 제37조에 따라 계약을 해지하는 경우 귀책사유 있는 당사자는 다음 각 호 중 하나의 위약금을 지급하여야 한다(월 평균 이익배분금은 해지일이 속한 달의 전월부터 12개월간으로 계산한다).

1. 개점일 이후 3년 미 경과 시 : 상대방 월 평균 이익배분금 × (   )개월
2. 개점일 이후 3년 경과 시 : 상대방 월 평균 이익배분금 × (   )개월
3. 개점일 이후 4년 경과 시 : 상대방 월 평균 이익배분금 × (   )개월

※ 상대방 월 평균 이익배분금이라 함은 가맹점사업자의 경우 '가맹수수료율', 가맹본부의 경우 '1-가맹수수료율'에 매출이익을 곱한 금원을 말한다.

② 가맹점사업자의 귀책사유로 계약이 해지되는 경우, 가맹점사업자는 가맹본부가 부담한 시설·인테리어 잔존액과 철거·보수비용을 가맹본부에 별도로 배상하여야 한다.

③ 가맹본부의 귀책사유로 계약이 해지되는 경우, 가맹본부가 시설·인테리어 잔존액과 철거·보수 비용을 부담하여야 한다.

## 제 7 장  계약해지 이후의 조치

**제39조(권리상실)** 이 계약의 종료시 가맹점사업자는 이 계약에 기한

가맹점의 경영에 관한 모든 권리를 상실하며, 상실한 후에는 가맹본부의 지적재산권을 침해하거나 부정경쟁이 되는 행위를 해서는 아니된다.

제40조(정산재고조사) 계약기간 만료나 계약해지 및 기타 사유로 이 계약이 종료한 경우에는 가맹본부는 이 계약의 종료와 동시에 사업장 내에 입회해서 모든 영업용물건·매상금·현금·재고상품을 점유·관리할 수 있으며, 즉시 재고조사를 실시하는 것으로 하고, 가맹점사업자는 원활하고 신속한 정산종료를 위하여 가맹본부에 협력하여야 한다.

제41조(원상회복) 가맹점사업자는 이 계약의 종료에 따라 다음 각 항에서 정하는 바에 따라 원상회복 의무를 지체없이 이행하여야 한다.
① 가맹점의 영업을 중지하고 폐점하여야 한다.
② 가맹점시스템 및 기타 경영기밀에 속하는 모든 정보자료·서식 용구 등을 가맹본부에 반환하고, 가맹본부를 표시하는 모든 간판·공작물·점포 내·외장을 파기 내지 제거하고 가맹본부의 확인을 받아야 한다.
③ 가맹본부의 대여설비를 철거하고 파손부위를 수리한 후 가맹본부가 통보한 기일 내에 지정한 장소에 반환하여야 하며, 가맹본부는 가맹점사업자의 비용으로 이를 대신할 수 있다. 단, 계약종료에 대한 귀책사유가 가맹본부에 있는 때에는 가맹본부의 부담으로 한다.
④ 가맹점사업자는 가맹계약 종료로 인한 폐점을 위한 재고조사, 정산수수료 등에 필요한 폐점수수료 (        )원을 가맹본부에 지급한다. 단, 불가피한 사유로 계약이 종료하거나 계약종료에 대한 귀책사유가 가맹본부에 있는 때에는 가맹점사업자는 이를 부담하지 아니한다.

제42조(상호계산계정의 폐쇄) ① 가맹본부와 가맹점사업자간의 상호계산계정은 계약해지일부터 (   )일 이내에 폐쇄하기로 하며 영업용 물건 등의 관리·회복 과정이나 이 계약에 바탕한 가맹본부와 가맹점사업자간의 원상회복 등 정산과정에서 발생하는 모든 채권·채무는 상호계산계정의 해당 차변 및 대변에 계리하도록 한다.

② 위 제 1 항의 약정에도 불구하고 상호계산계정에 계리되지 않은 채권 · 채무에 대해서는 가맹본부가 별도로 작성하는 가맹점사업자의 최종정산합의서에 계리한다.

③ 가맹본부는 가맹점사업자에 대해 이 계약의 종료일부터 ( )일 이내에 최종정산합의서를 가맹점사업자에게 교부한다. 이 경우, 가맹점사업자는 이 계약 종료일부터 ( )일 이내에 정산을 위한 모든 자료를 가맹본부에 제출해야 하며, 비협력 등 가맹점사업자의 귀책사유에 의해서 최종정산합의서의 작성이 ( )일 이내에 불가능할 경우에는 가맹본부의 자료만으로 최종정산합의서를 작성한다.

④ 가맹본부가 교부한 최종정산합의서에 대하여 가맹점사업자는 수령 후 ( )일 내에 문서로 이의를 제기 할 수 있으며, 그 기간 내에 이의가 없을 경우에 그 기간이 경과한 날에 최종정산합의서의 정산액은 확정된다.

⑤ 제 4 항에 따라 최종정산합의서의 정산액이 확정된 경우에는 최종정산합의서 상의 채무자는 채권자에 대하여 ( )일 이내에 채무금 전액을 변제하기로 한다. 단, 가맹본부와 가맹점사업자는 채무변제일전에 지급받을 은행계좌, 지급받을 금액 등이 기재된 최종정산합의서를 확인 · 제공하기로 한다.

⑥ 제 5 항에 따른 최종정산합의서는 채무자의 채무변제 의무에는 아무런 영향을 미치지 아니하나, 채무변제일까지 채무금 전액이 변제된 경우에는 영수증에 갈음할 수 있다.

## 제 8 장 기 타

**제43조(개량기술의 사용)** 가맹점사업자가 가맹본부로부터 지원받은 영업노하우 등 기술과 관련하여 독자적으로 기술을 개량한 경우, 개량기술에 대한 소유권은 가맹점사업자에게 있는 것으로 한다. 다만, 가맹본부는 기술개발비, 예상수익, 원천기술의 기여분, 개량기술의 가치 등이 반영된 정당한 대가를 지급하고 그 소유권의 이전이나 실시권, 사용권 등의 설정을 가맹점사업자에게 청구할 수 있다.

제44조(손해배상) 이 계약의 당사자는 상대방의 계약위반이나 불법행위로 인한 손해에 대하여 이 계약상 구제수단이 있는 경우 그에 따르고 그 외의 경우에는 별도로 손해배상을 청구할 수 있다.

제45조(분쟁해결) ① 이 계약의 당사자는 이 계약의 해석 또는 이 계약에 의하여 명시되지 아니한 사항에 관하여 다툼이 있을 경우 우선적으로 대화와 협상을 통하여 분쟁을 해결하도록 최선을 다한다.
② 제 1 항에 의한 해결이 되지 아니한 경우에는 「가맹사업거래의 공정화에 관한 법률」 제22조에 따라 한국공정거래조정원의 가맹사업거래분쟁조정협의회에 조정을 신청하거나 다른 법령에 의하여 설치된 중재기관에 중재를 신청할 수 있다.
③ 가맹본부 및 가맹점사업자의 협의에 의하여 제 2 항에 의한 중재를 신청하지 아니하는 경우, 이 계약에 관한 분쟁의 관할 법원은 가맹점사업자의 주소지나 점포소재지를 관할하는 법원으로 한다. 다만, 가맹본부와 가맹점사업자가 합의하여 관할법원을 달리 정하는 경우에는 그러하지 아니하다.

제46조(정보공개서의 자문) ① 가맹본부는 이 계약을 체결하기 전에 가맹희망자에게 정보공개서를 제공하고 충분한 숙고기간을 부여하여야 하며, 정보공개서의 이해를 돕기 위하여 가맹거래사 또는 변호사의 자문을 받을 수 있다는 사실을 고지하여야 한다.
② 가맹점사업자는 가맹본부의 비용으로 제 1 항의 자문을 받은 경우 자문일자가 기재된 확인서를 가맹본부에 제출하여야 한다.

## 참고문헌


**[국내]**

김기홍, 프랜차이즈 경영론, 형설출판사, 2006

김의근 외, 외식사업경영론, 백산출판사, 2000

김의근 외, 외식사업창업론, 현학사, 2007

김의근 외, 호텔경영학개론, 백산출판사, 1997

김의근, 프랜차이저의 공정성이 프랜차이지의 성과에 미치는 영향에 관한 연구, 아주대학교 경영학 박사 논문, 1999

변명식, 유통과 프랜차이즈, 학문사, 2006

안광호 외, 유통관리, 학현사, 1997

오세조, 유통관리, 박영사, 1997

윤태식 편역, 프랜차이즈 바이블, 백산출판사, 2005

임재석 외, 프랜차이즈 창업실무, 무역경영사, 2004

임재석 외, 2008년 프랜차이즈업 현황 및 발전방안 연구, (사)한국프랜차이즈협회, 2010

최영홍, 가맹계약론, 프랜차이즈 시스템 연구소, 2003

홍금표 외, 프랜차이즈 경영론, 글로벌, 2005

**[외국]**

Barkoff 외, Fundamentals of Franchising, ABA Publishing, 2004

Blair 외, The Economics of Franchising, Cambridge, 2005

Clarkin 외, How Franchiser Choose Franchisee: A Comparision of Perspective Franchisee Evaluation Criteria, Internal Society of Franchising Proceedings, 2003

Judd 외, Franchising: An Entrepreneur's Guide, Thomson, 2008

Kosteca, Franchising in the Economy, US Government Printing Office, 1985

Shevman, Franchising & Licensing, AMACOM, 2004

# 찾아보기

[저자약력]


**김 의 근**
Florida International University 호텔・외식 경영학 석사
아주대학교 경영학 박사
동아대학교 국제관광학과 교수

**선 동 규**
Florida International University 호텔・외식 경영학 석사
동아대학교 관광경영학 박사
동아대학교 국제관광학과 초빙교수

**현 경 호**
부경대학교 경영학 박사
주식회사 하수련식품회사 대표이사

**우 문 호**
동아대학교 관광경영학 박사
부산디지털대학교 외식조리경영학과 초빙교수
경영지도사

**추 승 우**
동아대학교 관광경영학 석사
동아대학교 관광경영학 박사
동의대학교 호텔경영학과 교수

**배 금 련**
동아대학교 관광경영학 박사
TBS 파트너스 소상공인 센터장

**박 선 주**
동아대학교 관광경영학 석사
동아대학교 관광경영학 박사

**이 철 우**
동아대학교 관광경영학 석사
동아대학교 관광경영학 박사
부산여자대학교 겸임교수



**프랜차이즈 경영론 [제 2 판]**

2011년 2월 20일 초판 발행
2017년 3월 7일 제2판 발행

저 자 김 의 근 외 7 인
발행인 배 효 선
발행처 도서출판 法 文 社
주 소 10881 경기도 파주시 회동길 37-29
등 록 1957년 12월 12일/제2-76호(윤)
전 화 (031)955-6500~6 FAX (031)955-6525
E-mail (영업) bms@bobmunsa.co.kr
(편집) edit66@bobmunsa.co.kr
홈페이지 http://www.bobmunsa.co.kr
조 판 (주) 성 지 이 디 피

정가 25,000원 ISBN 978-89-18-12299-1



불법복사는 지적재산을 훔치는 범죄행위입니다.
이 책의 무단전재 또는 복제행위는 저작권법 제136조 제1항에 의거, 5년 이하의 징역 또는 5,000만원 이하의 벌금에 처하게 됩니다.